普通高等教育"十一五"国家级规划教材

高等院校本科财务管理专业教材新系
省级精品课程教材
21世纪新概念教材

U0657008

资产评估学 （第三版）

Valuation

姜楠 编著

东北财经大学出版社
Dongbei University of Finance & Economics Press
大连

图书在版编目（CIP）数据

资产评估学／姜楠编著．—3版．—大连：东北财经大学出版社，
2015.8（2016.8重印）
　（高等院校本科财务管理专业教材新系）
　ISBN 978-7-5654-2053-5

　Ⅰ．资…　Ⅱ．姜…　Ⅲ．资产评估-高等学校-教材　Ⅳ．F20

中国版本图书馆 CIP 数据核字（2015）第 174856 号

东北财经大学出版社出版
（大连市黑石礁尖山街 217 号　邮政编码　116025）
教学支持：(0411) 84710309
营 销 部：(0411) 84710711
总 编 室：(0411) 84710523
网　　址：http://www.dufep.cn
读者信箱：dufep @ dufe.edu.cn
大连雪莲彩印有限公司印刷　　　东北财经大学出版社发行
幅面尺寸：170mm×240mm　字数：461 千字　印张：22.25　插页：1
2015 年 8 月第 3 版　　　　　　　2016 年 8 月第 14 次印刷
责任编辑：李智慧　　　　　　　　责任校对：贝　鑫
封面设计：张智波　　　　　　　　版式设计：钟福建

定价：36.80 元

第三版重印说明

《资产评估学》第三版重印修改主要是针对 2016 年 5 月起实施营改增的变化，以及《中华人民共和国资产评估法》的颁布所进行的局部修改。

1. 修改的内容主要集中在第 8 章房地产评估。

为了反映营改增前后税收变化对房地产评估的影响，在第 8 章把【例 8-6】和【例 8-8】中的营业税金及其附加的计算改成了增值税金及其附加的计算。而在【例 8-7】中，仍然按照例题中的评估基准日——2015 年 10 月，保留了营业税金及其附加的计算。这样【例 8-6】、【例 8-8】和【例 8-7】这三个例题就能把营改增前后的变化对资产评估的影响反映出来。

2. 2016 年 7 月 2 日，《中华人民共和国资产评估法》颁布。由于相关司法解释尚未发布，本次重印只是在第 3 章和第 14 章适当的位置把《中华人民共和国资产评估法》颁布的事实和相关内容进行了简要的介绍。

对本教材存在的疏漏和不足之处，敬请读者批评指正。

姜 楠
2016 年 7 月 27 日

"高等院校本科财务管理专业教材新系"
编写指导委员会

第三版前言

我国经济进入新常态，"一带一路"国家战略的实施，中央企业混合所有制改革的深入，以及市场经济的深入发展等，都对资产评估及其人才培养提出了新的、更高的要求。形势的发展需要资产评估学历教育紧贴实践需求，不断更新观念，完善资产评估理论教学体系，适应新形势发展对评估行业提出的新要求。

资产评估作为一种新兴的社会经济活动，在我国改革开放和社会主义市场经济建设过程中取得了令世人瞩目的成就，特别是在维护社会主义市场经济秩序、保障各类产权主体合法权益的过程中发挥了不可替代的作用。随着我国社会主义市场经济的不断完善和改革的进一步深入，以及建立创新型国家的发展战略的实施，资产评估面临着新的机遇和挑战。企业间的资本流动和产权重组、企业的投资和融资、财产税改革的稳步推进、企业资产公允价值计量等都将以多样的形式对资产评估提出新要求，资产评估实践将面临着许多新课题。为了适应资产评估行业发展的需要，强化资产评估学科建设和理论建设，满足资产评估教学和培养大批合格资产评估后备人才的需要，我们在第二版《资产评估学》的基础上进行了必要的充实与修订，形成了目前的第三版《资产评估学》，以满足资产评估学历教育的需求。

前两版《资产评估学》具有理论体系相对完整和实务要领清晰的特点，受到相关院校师生的好评。相关院校的广泛采用，也给予了作者再版的动力。第三版《资产评估学》仍然坚持理论联系实际的原则，力求全面系统地介绍和阐述资产评估基本原理、基本概念、基本原则、基本技术思路和基本技术方法，并在此基础上，结合当前资产评估实践中主要评估对象的特点，较为详细地介绍了资产评估原理和技术的具体应用。希望读者能在具有一个较为坚实的资产评估理论与方法技术的基础上，了解和掌握这些资产评估理论与方法在资产评估实践中的应用技巧，为今后深入研究资产评估理论或参加资产评估实践打下良好的基础。

本次修订仍然按照资产评估基本理论与方法、资产评估理论与方法在各类资产评估中的应用以及资产评估管理与规范的体系安排章节。全书共分 14 章，其中第 1 至 6 章主要介绍资产评估基本理论和方法，第 7 至 12 章主要介绍资产评估操作程序和资产评估理论方法在各类主要资产评估中的应用，第 13 至 14 章主要介绍资产评估报告以及国内外资产评估管理与规范概要。本教材在第二版的基础上，根据近年来我国评估理论研究的最新成果、评估实践经验、新颁布的政策法规、评估准则和评估行业管理体制变革的最新发展情况，以及相关院校授课教师的反馈意见，对全书做了系统的修订，重点对第 3 章、第 10 章、第 11 章和第 14 章等章节的内容做了修改、充实和完善。本版教材无论从结构、内容还是语言表达方面，都与第二版保持基本一致，力求体现出扎实系统的资产评估理论、通俗易懂的评估技术应用和紧跟国内外评估管理趋势的特点，为教师授课、学生自学，以及资产评估人员参考提供帮助。

　　本教材在编著、修改和完善过程中参考和借鉴了相关资料，本人特向这些作者表示感谢。同时也要感谢使用本教材的院校和读者长期以来对本教材及作者的支持、信任和鼓励，作者力争将这些鼓励转作精益求精编著此书的精神和动力，希望能以编写一部优秀的教科书作为回报。还要感谢东北财经大学出版社默默奉献的编辑们，本教材的成功也凝聚着你们的智慧和汗水。

　　作者虽已尽心尽力，但由于视野和水平的局限，本教材疏漏和不足之处在所难免，恳请读者批评指正。

姜　楠

2015 年 6 月于大连

目　　录

1

导 论

学习目标

　　通过本章的学习，学生应掌握资产评估活动、资产评估学、资产评估基本要素、资产评估特性以及资产评估与社会经济发展的关系等资产评估最基本的概念和理论问题。

1.1　资产评估及其发展

　　资产评估亦称评估、估价和估值。一般意义上的资产评估是指专业人士根据所掌握的相关数据资料，对评估对象价值进行定性、定量的分析，评价和说明的过程及其活动。以现代人的眼光来看，首先，资产评估是一种社会经济活动，其活动和服务范围涉及不同市场主体之间的资产转让、资产重组、资产抵押、财产保险、财产纳税等经济行为。其次，资产评估还是一门学科或科学。它涉及工程学、技术学、经济学和管理学等，是一门典型的边缘学科。现代的资产评估活动是在资产评估理论的指引下进行的。

1.1.1　资产评估活动

　　资产评估活动已经有上百年的历史，而关于它的起源也有很多版本和说法。例如交易所引发的交易行为起源说、海上贸易保险起源说、房地产交易起源说等。不论哪种学说，有一点是大家所公认的，即资产评估是市场经济发展的必然产物，它伴随着市场经济和市场交易行为的发展而产生。资产评估在市场经济和市场交易行为中发挥着重要的作用，没有市场经济及资产交易，资产评估就失去了存在的意义。可以说，资产评估是随着市场经济和商品交换的发展随之产生，并得到发展的一种社会经济活动。作为现代人考察和研究资产评估的起源，目的并不一定是非要弄清楚到底是哪一种社会活动引起了资产评估行为，而是要探究资产评估活动产生的社会经济背景及其发展规律。

　　1）资产评估活动产生的社会背景

　　从现象上看，资产评估活动的开展与交易所的交易行为、海上贸易保险行为，以及房地产交易行为密切相关。从本质上看，这些引起资产评估活动的经济行为反映出一个共同的事实——市场经济的发展，以及由市场经济发展对社会经济生活的改变是资产评估产生的社会经济基础。由市场经济发展引起的变化主要体现在以下几个方面：

（1）交易对象和交易空间的扩大。商品经济和商品交换远在资产评估出现之前就已经存在了。一般的或者普通的商品交换并不一定会引起资产评估的产生。只有当市场经济发展到了相当的程度，交易对象和交易空间的扩大，出现了透明度不同的细分市场，资产评估作为一种估值咨询活动才应运而生。像珠宝首饰、不动产等成为交易的对象，而这些交易对象具有价值大、个体差异大、市场不透明、价值难以把握等特点，交易当事人往往有利用估值专业人士协助交易的需求。而交易空间的扩大往往伴随着陆路运输和海上运输的发展，由于当时的运输设备相对简陋和运输条件的不确定性因素太多，海上运输风险十分巨大，这就引发了海上运输保险业的兴起，以及为保险理赔服务的资产评估活动的出现。

（2）交易各方信息的不对称。从理性的角度去看待交易对象和交易空间的扩大，以及细分市场透明度的不同，其实都反映了一个共同的问题——交易各方信息的不对称。伴随着市场经济的发展及交易对象和交易空间的扩大，细分市场的不断增加，交易各方信息的不对称情况的加剧应该是产生资产评估的重要的深层次原因之一。不论是过去还是现在，只要交易各方信息的不对称情况存在，而且此项交易还要继续进行，就存在着对资产评估的社会需求。

（3）交易的公允性要求。交易的公允性始终都是相对的。随着市场经济的发展，交易对象、交易数量、交易金额和交易空间的扩大，交易各方对交易公允性的要求也在不断提高。交易当事人由于受到知识、专业、经验和经历等的局限，很难保证每一次交易活动的结果公允，聘请相关专业人士保证交易的顺利进行和交易的公允性就成为必要。资产评估师及资产评估所扮演的正是维护交易顺利进行和交易的公允性的角色。

从资产评估活动产生的社会背景中可以透视出资产评估在社会经济生活中应该扮演的角色，以及应该发挥的作用。当然，资产评估在社会经济生活中应该扮演的角色和应该发挥的作用是随着市场经济的发展而发展的，表现为资产评估的不同发展阶段。

2）资产评估不同的发展阶段

资产评估是伴随着市场经济的发展而发展的，这个发展脉络是非常清晰的。当然，资产评估作为一种相对独立的社会经济活动，在其整个发展过程中也呈现出较为清晰的阶段性特征。现代人在归纳总结资产评估发展历史的时候，往往依据不同的标准将其划分为不同的发展阶段。例如，以评估活动的规模划分，分为个别评估活动阶段和形成评估行业阶段；以评估对象划分，分为单项评估对象阶段和综合评估对象阶段；以评估的规范化程度划分，分为初级评估阶段和规范评估阶段等。从现代人的角度看，依据评估的规范化程度将资产评估划分为原始评估阶段、初级（经验）评估阶段和规范评估阶段，这种划分可能更有借鉴意义。

（1）原始评估阶段。在原始社会后期，生产的进一步发展导致剩余财产的出现，从而为私有制的产生提供了必要的物质基础。随着私有制的诞生，出现了商品生产和商品交易，这就要求交易双方在等价原则的基础上进行剩余财产的交易。在房屋、土地、牲畜和珠宝等贵重财产的交易过程中，由于这些财产的价值具有较大的不确定性，交易双方出于各自利益的考虑往往对价格难以达成一致的意见，这就需要适时地出现一个双方都信赖的、有交易经验的第三方对财产的价值进行估计，从而形成一个公平价格，使买卖成交。因此，对剩余财产的价值估计，为等价交换创造了条件，从而产生了对资产评估的客观需要。

原始评估阶段的资产评估主要有以下几个特点：

①偶然性。这一阶段的资产交易还处于萌芽阶段，资产交易发生的偶然性决定了进行资产评估的偶然性。

②直观性。这表现在评估人员主要依赖其直观感觉和主观偏好进行估价，评估过程很少借助其他专业测评手段。这样的评估简洁明了，但评估的结果易受人为因素影响，客观公正性不足。

③非专业性。非专业性是指评估人员不具备专业评估手段和技能，或没有受过专门训练，评估时往往由资产交易双方或一方指定的人员来进行评估，甚至由那些并不具备多少评估知识，但在一定范围内德高望重的人员来进行评估。

④简单性。所谓简单性是指这一阶段的资产评估方法相对简单，评估过程完成迅速。

⑤无偿性。这一特性是指资产交易双方不必支付评估人员报酬，评估人员也无需对评估结果负法律责任。

（2）初级（经验）评估阶段。在前资本主义阶段，随着经济的进一步发展和资产交易频率的提高，社会对资产评估的需要与日俱增，资产评估业务向着专业化和经常化的方向逐步发展。伴随着资产评估业务专业化，社会上出现了一批具有一定实务经验的评估人员。这些评估人员依托自身长期实践所积累的评估知识与经验，利用经验数据对资产进行评估。由于他们对资产价值的评定更加准确，所以，资产交易双方都愿意委托他们进行评估，从而推动了资产评估业的进一步繁荣发展。

初级评估阶段的资产评估主要有以下几个特点：

①经验性。日益频繁的资产评估业务使得评估人员得以累积了丰富的评估经验，而这些经验则直接决定了评估结果的准确程度，但由于这一阶段仅限于经验的积累，并未将其提升到理论高度，因而并未形成系统化的评估理论与方法。

②有偿性。与原始阶段不同，初级（经验）评估阶段的评估人员对资产评估业务进行的是有偿服务。

③责任性。资产评估人员或资产评估机构对评估结果负有法律上的责任，特别是对因欺诈行为和其他违法行为而产生的后果负有法律责任。

从严格意义上讲，资产评估的初级（经验）评估阶段，资产评估人员和资产评估机构的操作和执业更多的是"各自为战"，执业中更多的是依赖自己的经历、经验、专业和信誉。此时，虽然也有一些资产评估的行业组织出现，但在全社会尚未形成统一、严谨和公认的评估执业规范，资产评估经验还未上升到理论高度，资产评估还未形成学科体系。所以，此阶段的资产评估只能笼统地将其称为初级（经验）评估阶段。

（3）规范评估阶段。产业革命的到来使资本主义经济飞速发展，以资产交易为主的资产业务急剧扩大，资产业务中的社会化分工日益细密，作为中介组织的资产评估机构也逐渐产生和发展，从而推动资产评估逐渐成为一个专门的行业。行业化的运作使得资产评估业务开展日益规范，评估理论和方法日益成熟，资产评估的发展随之步入规范评估阶段。

规范评估阶段的资产评估主要有以下几个特点：

①资产评估机构公司化。在现代资产评估行业中，资产评估机构通过为资产交易双方提供评估业务，积累了大量的资产评估资料和丰富的资产评估经验，管理模式日趋符合现代企业的特点，出现了一大批具有丰富评估经验的评估人员，于是，公司化的资产评估机构就应运而生了。

公司化的评估机构通常是产权清晰、权责明确和管理科学的现代服务型企业，并以自主经营、自负盈亏的独立法人形式进行经营管理。这些资产评估机构依靠强大的评估实力和现代化的管理方式为资产业务双方提供优质的评估服务，同时，大量业务的开展也使自身获得了快速发展。

②评估人员专业化。资产评估机构的经营人员主要分为三类：第一类是由董事、经理和其他管理人员构成的评估公司管理层，负责公司的经营管理工作；第二类是评估公司的销售人员，负责公司的业务承揽；第三类是专业评估人员，他们都是具有相当专业化水平的评估人员，以专业工程师和各类专家居多，负责完成评估业务的技术性工作，是资产评估公司的主体力量。这些专业的评估人员既可以是评估公司的员工，也可以是评估公司的兼职人员，但都必须了解、掌握资产评估的专业理论与业务知识。评估报告只能由具备资产评估师或价值评估师等资格者签发，这些人员往往以资产评估作为自己的终身职业。

③评估业务多元化。激烈的市场竞争促使评估公司注重品牌的培育，通过优质的服务不断扩展业务范围，实施多元化的经营战略。资产评估业务的范围非常广泛，包括有形资产评估和无形资产评估，甚至可以细分为机械设备评估、矿产资源评估和房地产评估等，几乎包含了资产评估行业所有的业务种类。

④评估手段和方法的科学化。在规范评估阶段，现代科学技术与方法在资产评估中得到了广泛应用，极大地提高了资产评估结果的准确性和科学性。

⑤评估技术规程和评估职业道德规范化。随着资产评估对象和评估范围的不断扩大，评估从业人员的不断增加，资产评估行业自律性管理组织的自我约束机制也逐步建立与完善起来。随着评估人员评估经历和经验的不断积累，人们对资产评估规律的认识也有了质的提高。为了防范资产评估行业风险，维护评估行业的社会信誉和专业荣誉，统一评估从业人员的认识、评估理念，资产评估专业组织纷纷制定

评估专业操守和规范，力求统一评估专业术语、评估原则、评估技术规程和评估职业道德规范等，进而在一个国家或地区范围内，形成统一的资产评估准则。此时，资产评估已不再是"单兵作战"或"各自为战"的境况了，资产评估实践是在评估理论及其规范的指引和约束下进行的，资产评估进入了规范评估阶段。

⑥评估结果的法律责任。评估人员在完成的评估报告上必须签章，同时加盖机构公章，资产评估机构和评估人员对签章的资产评估报告要负相应的法律责任。

目前，市场经济发达的国家一般都已进入规范评估阶段，中国的资产评估业也已经进入规范评估阶段，其中我国某些发达地区的资产评估已经具有较高的水准。

1.1.2 资产评估发展现状与趋势

1）发达国家资产评估发展的现状与趋势

资产评估是市场经济条件下资产交易和其他业务发展的产物。市场经济越发达，资产评估业务的范围越广，对资产评估的要求也就越高。从世界范围来看，市场经济发达国家资产评估业务的不断拓展，推动了其资产评估行业的迅速发展，基本上代表了目前资产评估的发展水平和现状。

（1）市场经济发达国家资产评估发展的现状。综观世界市场经济发达国家资产评估发展现状，集中体现为以下四个方面的特点：第一，资产评估的主体公司化。随着资产评估机构的逐渐发展、壮大，其慢慢发展成为自主经营、自负盈亏、产权明晰、管理科学的现代企业。第二，资产评估业务的多元化。从整个资产评估行业来看，大到航天工程项目的评估，小到企业边角废料的评估，评估业务几乎无所不包。第三，资产评估从业人员的多层次化。资产评估行业的发展壮大，资产评估机构的公司化，使得资产评估从业人员的分工更为细化。资产评估行业从业人员不仅包括行业管理人员，而且还包括企业经营人员。在企业经营人员中既有构成资产评估公司主要技术力量的专业评估人员，又有企业的管理人员和负责为公司承揽业务的销售人员。第四，评估技术规程和评估职业道德规范化。市场经济发达国家都在努力实现评估技术规程和评估职业道德规范化，像英国、美国、澳大利亚等国家经过长时期的努力都形成了本国相对统一的评估规则，各类资产评估机构和评估人员基本上可以在统一的评估理念、评估原则、评估技术规程下执业。相对统一评估技术规程和评估职业道德规范也为社会、市场及相关部门对评估过程及其结果实行的监控、约束和管理提供了依据和参照。

（2）市场经济发达国家资产评估发展的趋势。从发展趋势讲，市场经济发达国家的资产评估正在向评估领域多元化、细化、专业化，以及评估理念、认识与规范趋于统一两个方面进一步发展。评估领域多元化、细化、专业化方面是指资产评估逐步从传统的房地产评估向企业价值评估、无形资产评估、税基评估、以财务报告为目的的评估等方面全面扩散，从为产权交易服务为主向为产权交易服务与非产权交易服务并重的方面发展。与资产评估分工细化、专业化的趋势相对应的是一些专业性的分门别类的资产评估机构和专业评估师应运而生，其特点是执业范围集中在某一专业技术领域，专业化程度高、专业技术服务水准较高。与此同时，相应的专业性评估规范不断涌现。评估理念、认识和规范趋于统一的趋势方面是指，尽管资产评估分工进一步细化，相应的专业评估规范不断涌现。但是，各专业的评估技术规范的内容和要求不再是各自完全独立，彼此互不联系、"各自为战"的局面。一个国家或地区，甚至是整个欧洲、北美或更大范围内的各个评估组织都在努力通过评估技术规范和职业道德规范协调各个地区、各个评估专业组织中的评估人员的评估理念、专业术语、评估概念、评估原则、评估技术规程和职业操守等，评估理念、认识和规范趋于统一已经成为世界资产评估发展的趋势和潮流。

2）我国资产评估发展的历程及展望

新中国成立后长期实行计划经济体制，企业的资产归根结底是国有资产，产权都归国家所有，资产转移通过国家计划调拨的方式进行。在这样的经济环境下，资产业务主要表现为少量的民间交易和对外经济贸易，规范化的资产评估活动自然难以形成。

改革开放以后，中国商品经济和市场经济得到迅速发展，特别是社会主义市场经济体制的逐步确立，资产交易规模迅速扩大，大宗的资产交易日益频繁。在这样的背景下，中国的资产评估业务得到飞速发展，大批专业的资产评估公司和综合性的资产中介公司应运而生，这正是我国现代意义上的资产评估。历经20多年的发展，资产评估活动及其行业已经与注册会计师行业、律师行业一样，成为我国发展市场经济、推进改革开放不可缺少的基础性中介服务行业，为我国的经济发展发挥着不可或缺的重要作用。纵观资产评估业在我国的发展历程，大致可分为以下三个阶段：

（1）产生阶段（1988—1992）。20世纪80年代末，国有企业对外合资合作、承包租赁和兼并、破产等产权变动行为日益增多，为确定合理的转让价格，防止国有资产流失，出现了国有资产评估活动。1988年国家体制改革委员会委托中国企业培训中心在北京举办了企业资产评估研讨班，聘请美国评值联合公司的副总裁罗纳德·格尔根和该公司高级评估师罗伯特·芬博达讲授资产评估的理论与实务，从理论上开始引入资产评估。在这一期间，大连市成立了资产评估中心，对产权变动中的国有资产进行价值评估。1989年，原国家国有资产管理局颁发了《关于国有资产产权变化时必须进行资产评估的若干暂行规定》。随着改革开放对资产评估的迫切需要，国有资产管理局向中央编制委员会办公室申请，要求在国有资产管理局内成立一个专司资产评估管理的司局机构。1990年7月，我国唯一的全国性资产评估管理机构——国家国有资产管理局资产评估中心宣告成立，为资产评估的全面展开提供了组织保证。1991年11月，国务院发布《国有资产评估管理办法》，标志着我国国有资产评估制度基本形成，有力地推动了我国资产评估事业的进一步发展。这一系列行政法规确立了我国资产评估的基本方针和基本政策，为保证全国资产评估活动有序开展和逐步形成全国统一的资产评估行业体系奠定了初步的法律基础。

（2）初具规模阶段（1993—1995）。1993年12月10日，中国资产评估协会成立，标志着我国资产评估行业由政府直接管理开始向政府监督指导下的行业自律性管理过渡，行业协会成为国家宏观指导、评估人员及评估行业微观管理之间的纽带。1995 年 3 月，中国资产评估协会代表中国加入国际评估标准委员会，标志着我国评估业管理组织已经与国际评估组织接轨。1995 年 5 月 10 日，由人事部和国家国有资产管理局联合发布了《注册资产评估师执业资格制度暂行规定》和《注册资产评估师资格考试实施办法》及规范注册资产评估师签字制度，从而正式建立了注册资产评估师制度，并组织了全国统一考试，产生了我国第一批注册资产评估师。自此，我国资产评估行业的发展初具规模。

（3）规范化阶段（1996—2008）。1996 年 5 月，中国资产评估协会受托制定了《资产评估操作规范意见（试行）》，标志着我国资产评估业逐步走上规范化操作的新阶段。同时，随着我国对外开放进程的不断推进，我国迅速发展的资产评估业得到了国际评估界越来越多的认可与重视。1999 年，在北京国际评估准则委员会年会上，中国成为国际评估准则委员会常任理事国。在执业标准系统工程的建设方面，自 2001 年 9 月 1 日颁布《资产评估准则——无形资产》以来，截至目前已经正式颁布了 26 项资产评估准则。这 26 项资产评估准则的发布，标志着我国已初步建立起比较完整的、既适应中国国情又与国际接轨的资产评估准则体系，标志着我国资产评估业已经全面走上规范化发展的新阶段。目前我国资产评估实践的发展也呈现出了评估领域多元化与细化，传统评估领域与新兴评估领域交叉的局面。

1.1.3 资产评估学及其学科发展

1）资产评估学

资产评估学是伴随着资产评估活动范围的不断扩大，资产评估内容越来越复杂，客户对评估质量的要求不断提高，以及资产评估风险日益突出的情况下产生的。由于资产评估对象几乎囊括各种各样的资产，由于资产估值涉及这些资产的功能强弱、技术水平高低、充分使用与否、利用效果如何、市场供求状况如何等相关的知识和经验，资产评估学一经产生就成为一个跨行业、跨专业的边缘学科。从行业的角度，资产评估学涉及国民经济中的各个部门和各个领域。从学科的角度，资产评估学涉及商品学、各类工程学、各类技术学、经济学、各门类的部门经济学、市场及市场营销学等。简单地讲，资产评估学是一门研究资产评估规律的学科。由于资产评估是市场经济发展到了一定阶段的产物，资产评估与市场有着千丝万缕的联系。资产评估主要是对资产价值及其评估标的物价值的判断，资产评估又与资产的功能、使用等紧密相关。研究资产的功能、使用等与市场及其定价机理的有机联系，并从中找出规律性就是一般意义上的资产评估学。具体地讲，资产评估学是一门技术经济学，是一门探索资产功能与资产利用，以及资产功能和资产利用与市场供求和市场评价之间逻辑关系和数量关系的学问。

无论是在国内还是在国外，资产评估学都属于一门新兴的边缘学科。由于我国资产评估学研究起步较晚，且涉及的专业和领域又十分广泛。因此，资产评估学及其学科在我国尚属于一个新兴的不很成熟的学科。

2）资产评估的基本构成要素

资产评估活动作为一种评价活动和过程，是由各种评估要素组成的。就其基本要素而言主要包括资产评估主体、资产评估客体、资产评估目的、资产评估假设、资产评估价值类型、资产评估途径与方法、资产评估程序、资产评估执业标准、资产评估基准日和资产评估结论。

（1）资产评估主体。资产评估主体是指从事资产评估的机构和人员，他们是资产评估工作的主导者。

（2）资产评估客体。资产评估客体是指评估标的物，它是资产评估的具体对象，也称为评估对象。

（3）资产评估目的。资产评估目的是指资产业务引发的经济行为对资产评估结果的要求，或资产评估结果的具体用途。

（4）资产评估假设。资产评估假设是指资产评估设定的前提条件、假定条件等。

（5）资产评估价值类型。资产评估价值类型是指评估结果的价值属性的定义及其合理性指向。

（6）资产评估途径与方法。资产评估途径与方法是指资产评估分析标的物价值的技术思路，以及所运用的具体技术、分析工具和手段。

（7）资产评估程序。资产评估程序是指资产评估工作从开始准备到最后结束整个过程的逻辑顺序和工作步骤。

（8）资产评估执业标准。资产评估执业标准是指资产评估执业中所要遵循的执业理念、执业原则、执业技术规程等各种规范的总称。

（9）资产评估基准日。资产评估基准日是指资产评估价值对应的时点。

（10）资产评估结论。资产评估结论是指资产评估结果，一般采用货币金额表示。

3）资产评估的学科发展

资产评估学科无论从其产生的渊源，还是今后的发展都会紧紧围绕着资产评估活动。由于资产评估活动的发展，使得资产评估作为一门学问有了必要。正是资产评估活动的深入发展，资产评估变得越来越复杂，资产评估学科才有了研究的内容。

从发展趋势来讲，资产评估正在向评估领域多元化、细化、专业化，以及评估理念、认识与规范趋于统一两个方面进一步发展。评估领域的多元化、细化、专业化不断地为资产评估学科提供更多的研究领域，评估理念、认识与规范趋于统一要求对资产评估学科的研究要朝着更加深入、更加理性的方面发展。当然，资产评估学科发展建设也会呈现出多元化、细化和专业化特征。

当然，资产评估学作为一门学科或科学，是研究资产评估活动内在规律。资产评估学的不断发展，以及对资产评估活动规律认识的不断深化，又会对资产评估活动的健康发展提供指引和借鉴。

1.2 资产评估的种类、功能、特点和作用

1.2.1 资产评估的种类

资产种类的多样化和资产业务的多样性，以及资产评估委托方及相关当事人对资产评估内容及报告需求的多样性，资产评估也相应出现了多种类型。

1) 评估、评估复核和评估咨询

从资产评估的对象、评估的内容和评估报告形式等方面来看，目前国际上的资产评估主要分为评估、评估复核和评估咨询三类。

（1）评估。评估是指对产权变动、产权交易，以及非产权变动、产权交易涉及的具体对象所进行的价值评估活动及其过程。评估的具体对象通常是具体的资产及其相关事项，评估的过程是对具体的资产及其相关事项的价值进行具体分析和判断的过程，评估人员及其机构要出具符合相应规范的评估报告。

（2）评估复核。评估复核是指资产评估机构（评估师）对其他资产评估机构（评估师）出具的评估报告进行评判分析和再评估的活动和过程。它服务于特定的当事人，对某个评估报告的真实性和合理性做出判断和评价，并出具符合相应规范的评估报告。

（3）评估咨询。评估咨询是一个较为宽泛的术语。它既可以是评估人员对特定资产的价值提出咨询意见，也可以是评估人员对评估标的物的利用价值、利用方式、利用效果的分析和研究，以及与此相关的市场分析、可行性研究等。评估咨询通常没有统一的报告规范，评估咨询主体可以根据客户的要求出具个性化的咨询报告。

2) 完整性资产评估和限制性资产评估

从资产评估面临的条件、资产评估执业过程中遵循资产评估准则和资产评估程序的程度，以及对资产评估报告披露的要求的角度，资产评估又可分为完整性资产评估和限制性资产评估。

（1）完整性资产评估。完整性资产评估一般是指严格遵守资产评估准则及程序，按照资产评估准则及程序的要求和规定所进行的资产评估。

（2）限制性资产评估。限制性资产评估一般是指资产评估机构及其人员由于评估条件的限制不能完全按照资产评估准则及评估程序的要求进行执业，或在委托方允许的前提下未能完全按照评估准则及评估程序的规定进行的资产评估。

完整性资产评估和限制性资产评估对评估结果披露的程度和要求是不同的，限制性资产评估需要做更为详尽的说明和披露，并限定评估报告的使用者。

当然，依据其他分类标准资产评估还可以划分为其他类型。例如，从资产评估对象的构成和获利能力的角度，资产评估还可具体划分为单项资产评估和整体资产评估。对以单项可确指的资产为对象的评估称为单项资产评估，如机器设备评估、土地使用权评估、建筑物评估、可确指无形资产评估等。对若干单项资产组成的资

产综合体所具有的整体生产能力或获利能力的评估称为整体资产评估。最为典型的整体资产评估就是企业价值评估。单项资产评估和整体资产评估在评估的复杂程度和需考虑的相关因素等方面是有较大差别的，整体资产评估更为复杂，需考虑的因素更为全面。

1.2.2 资产评估的功能

1）资产评估的基本功能

评价和评值是资产评估具有的最基本的内在功能。资产评估源于人们希望了解和掌握在一定条件下资产的价值的需求。随着人们对在各种条件下了解资产价值的需求不断增加，资产评估也不断发展，其评价和评值的功能亦得到不断完善。当然，在不同的历史条件下，人们在充分利用资产评估的评价和评值功能的基础上，也曾赋予资产评估一些辅助性和过渡性功能。

2）资产评估的辅助功能

从我国的实际情况来看，资产评估曾被赋予了管理的功能。资产评估的管理功能是指在以公有制为基础的社会主义市场经济初级阶段，国家赋予资产评估的特殊功能。在社会主义市场经济初级阶段的某一历史时期，作为国有资产所有者代表的国家，不仅把资产评估视为提供专业服务的中介行业，而且将其作为维护国有资产、促使国有资产保值增值的工具和手段。国家通过制定申请立项、资产清查、评定估算和验证确认的国有资产评估管理程序，就使得资产评估具有了管理功能。但是，资产评估的管理功能并不是资产评估与生俱来的，它只是国有资产评估在特定历史时期的特定职能。它会随着国家在国有资产评估管理体制方面的变化而加强或弱化。2001年12月21日，国务院办公厅转发了《财政部关于改革国有资产评估行政管理方式加强资产评估监督管理工作意见的通知》（以下简称《通知》）。《通知》指出：（1）取消政府部门对国有资产评估项目的立项确认审批制度，实行核准制和备案制；（2）加强资产评估活动的监管力度；（3）完善制度建设，规范评估秩序。随着国有资产评估项目的立项确认审批制度的取消和核准制及备案制的确立，资产评估的管理功能也将随之发生变化。

从这个意义上讲，资产评估的管理功能是由资产评估评价和评值功能派生出来的辅助功能。

1.2.3 资产评估的特点

理解和把握资产评估的特点，有利于进一步认识资产评估的实质，对于搞好资产评估工作，提高资产评估质量具有重要意义。一般来说，资产评估具有以下特点：

1）市场性

资产评估是适应市场经济要求的专业中介服务活动，其基本目标就是根据资产业务的不同性质，通过模拟市场条件对资产价值做出经得起市场检验的评价和评判。

2）公正性

公正性是指资产评估应当维护社会公共利益和资产评估各方当事人的合法权益，而不是仅满足资产业务当事人一方的需要。资产评估公正性是建立在以下两个基础之上的：（1）资产评估执业规范的存在，即资产评估按公允、法定的准则和规程进行，公允的行为规范和业务规范是公正性的技术基础；（2）执业的评估人员是与资产业务及当事人没有利害关系，是相对独立的第三者，这是公正性的组织基础。

3）专业性

专业性是指资产评估是一种专业人员的专业技术判断活动，从事资产评估业务的机构应由一定数量和不同类型的专家及专业人士组成。一方面，这些资产评估机构形成专业化分工，使得评估活动专业化；另一方面，资产评估机构及其评估人员对资产价值的估计判断，也都是建立在专业技术知识和经验的基础之上的。

4）咨询性

咨询性是指资产评估结论是为资产业务提供专业化估价意见，该意见本身并无强制执行的效力，评估师只对结论本身合乎职业规范要求负责，而不对资产业务定价决策负责。事实上，资产评估为资产交易提供的估价往往由当事人作为要价和出价的参考，最终的成交价取决于当事人的决策动机、谈判地位和谈判技巧等综合因素。

1.2.4 资产评估的作用

在不同的历史时期和不同的社会经济条件下，资产评估可能会发挥着不同的作用。结合我国当前的社会经济条件，资产评估主要发挥着以下基本作用：

1）咨询

资产评估的咨询作用是指资产评估结论是为资产业务提供专业化估价意见，该意见本身并无强制执行的效力，它只是给相关当事人提供的有关资产交换价值方面的专业判断或专家意见，资产评估不能也不应该取代资产交易当事人的交易决策。

2）管理

资产评估的管理作用是指政府、企业利用资产评估进行国有资产管理或企业财务管理和价值管理所发挥出的特殊作用。在社会主义市场经济初级阶段，作为国有资产所有者代表的国家，不仅把资产评估视为提供专业服务的中介行业，而且将其作为维护国有资产、促使国有资产保值增值的工具和手段。许多企业也利用资产评估进行企业财务管理和价值管理，使得资产评估成为企业管理的工具。

3）鉴证

涉及国有资产或者公共利益等事项，法律、行政法规规定需要评估的，属于法定评估。法定评估的性质通常属于鉴证性的。鉴证由鉴别和举证两个部分组成，鉴别是专家依据专业原则对经济活动及其结果做出的独立判断，而举证则是为该判断提供理论和事实支撑，使之做到言之有理、持之有据。这类行为一般具有独立、客观和专业的特征。基于市场经济需求的多样性，经济鉴证类专业服务行业又可因服务性质、背景知识和执业准则的不同形成行业亚分类。以注册会计师和资产评估师行业为例，在服务性质方面，前者对财务报告进行事实判断，后者对标的资产进行价值判断；在背景知识方面，前者以会计理论和核算技术为基础，后者以经济分析理论和专项资产价值识别技术为基础；在执业准则方面，前者分别接受国际和国内会计准则和审计准则的约束，后者分别接受国际和国内资产评估准则的约束。我们不能简单否定资产评估行业的鉴证作用：一是资产评估是从事以专业鉴别和举证为主要内容的工作；二是资产评估行业的发展状况和水平在很大的程度上与资产评估在资产价值鉴证方面具备的整体能力相关；三是尽管资产评估这种鉴证活动一般不具有法律效力，但仍然是资产业务当事人各方进行决策的重要依据，所以资产评估师也必须对自己的行为承担相应的专业责任、民事责任和刑事责任。需要强调指出的是，资产评估从事的是价值鉴证，而不是权属鉴证。

1.3 资产评估与社会经济发展

1.3.1 国有资产产权变动与资产评估

我国资产评估是因国有资产产权变动，以及国有资产账面价值背离现值而产生的。伴随着国有资产管理体制改革的不断深入，资产评估在国有企业改制等重大改革实践中发挥着越来越重要的作用。

20世纪80年代，我国经济体制改革深入进行。随着经济体制改革步伐的加快，国有企业对外合资合作、承包租赁、兼并、破产等经济行为和产权变动行为日益增多。这些行为都需要建立在对所涉及国有资产的价值进行合理确定的基础上。80年代后期也是我国国有资产管理体制改革的起步阶段，政府对国有资产的管理方式已经从过去的无偿、行政划拨逐步转向有价转让，因此对资产价值的合理确定提出了要求。而在实践中，当时国有企业往往以账面价值与国外投资者合资，导致大量国有资产流失，这些现象引起了社会各界的广泛关注，要求合理重估国有资产价值而不是简单地以账面价值进行合资的呼声日益高涨。在这种时代背景下，根据当时经济体制改革和国有资产管理体制改革的需要，为确定合理的国有资产转让价格、维护国有资产所有者合法权益、防止国有资产流失，资产评估作为加强国有资产管理、维护国有资产所有者权益的一种重要手段被引入我国，并迅速发挥了重要作用。

随着我国社会主义市场经济体制的发展，国有资产管理体制和管理内容发生了很大变化，在国有企业改制大潮过后，央企混合所有制改革再次被推到风口浪尖上，国有资产管理体制的深化改革再次对资产评估提出了新的要求，资产评估成为维护国有资产及其权益的有利工具，成为社会主义市场经济发展过程中不可缺少的社会中介行业。

1.3.2 税制改革与资产评估

中共中央十六届三中全会在《中共中央关于完善社会主义市场经济体制若干问题的决定》中指出："实施城镇建设税费改革，条件具备时对不动产开征统一规范的物业税，相应取消有关收费。"由此，提出了我国物业税改革的方向，也加快了地方税制改革的步伐。

1986 年颁布的《房产税暂行条例》与现在的社会主义市场经济的发展已经不相适应，与国际惯例更是相距甚远。1994 年的税制改革虽然取得了巨大成功，但并没有触动到地方税制。在中央税收收入占整体税收收入的比重不断攀升，而地方税收却严重滞后的今天，地方税制的改革已是刻不容缓的紧要问题。

实行分税制后，我国目前的地方税从收入角度看，是以增值税、城市维护建设税及所得税为主体税种。这种收入结构与经济发展和深化税制改革的要求是不相符的。从长期目标看，地方税的现有主体税种都应改革，而代之以新的税种。这些新的税种应既能保持中央政府有足够的财力进行宏观调控，又能使地方政府有稳固的财源并有积极性来组织税收。借鉴国际惯例并结合我国的实际情况，不动产税能够充分满足上述条件。因此，将不动产税作为我国地方税体系的主体税种是十分必要的，而且是切实可行的。

将不动产保有税作为我国地方税收体系主体税种的改革，应当结合我国的国情，注意不动产保有税的特点，以及合理利用评估技术手段。

首先，不动产保有税是一种征税面广泛的税种。它不仅涉及城市的房地产，而且还涉及农村的房地产；不仅涉及企业的房地产，而且还涉及居民的房地产。从纳税人范围的角度看，不动产保有税的纳税人应该是中华人民共和国境内拥有房屋产权、土地使用权的单位和个人。产权属于全民所有的，以经营管理单位为纳税人；产权为共有的，以共有人为纳税人；产权关系不明确的，以代管人或使用人为纳税人。

其次，不动产保有税的课税对象收入水平不均衡。由于不动产保有税课税对象涉及城乡各地以及各种各类的房地产，而城乡房地产收入的巨大差异，不同地区地域、地段房地产收入的较大差异，以及不同种类、用途房地产收入的明显差异等造成了不动产保有税课税对象收入水平参差不齐。课税对象收入差异反映出城市和乡村、不同地区、不同用途的不动产保有人或使用人的纳税能力存在着较大的差异。

不动产保有税所具有的征税面广泛、课税对象收入水平不均衡的特点，要求不动产保有税计税依据的选择设计，既要符合不动产保有税面广量大的特点，又必须适应课税对象收入差异大、纳税人纳税能力参差不齐的特点，保证税负公平。从价计征应该是不动产保有税的另一个特点。从价计征，即以不动产价值为计税依据，能较好地兼顾不动产保有税征税范围广、纳税能力参差不齐的特点。因为房地产的城乡差异、地区区域差异，以及用途差异会在其市场价格上反映出来。从价计征不动产保有税，不同的不动产保有人依据其保有的不动产的价格水平纳税，能够基本体现公平纳税的思想。从价计征作为不动产保有税的基本计税依据是没有争议的，问题是从价计征中的"价"如何把握与确定。

作为一种面广量大的税种，其税基的确定恐怕难以完全采用现行市价方式，因为相当一部分房地产是没有经过市场交易的，或者说是无市无价可依。就是说在很大程度上讲，房地产保有税的税基需要通过资产评估取得。利用计算机批量评估税基应该是不动产保有税税基评估的基本方式和主导方式，也是不动产保有税税基评估的显著特点之一。

1.3.3 金融资产安全与资产评估

一个国家金融的发展、稳定与繁荣直接关系到该国社会和经济的发展、稳定与繁荣。在我们认识到金融行业在国民经济中占有举足轻重的地位和作用的同时，我们也应该看到金融业也是一个具有较高风险的行业，金融资产安全、避免金融风险的出现是世界各国政府、国际金融组织，以及金融机构本身十分注意的重大问题。在经历了20世纪80年代经济泡沫引发的金融风暴的美国、经历了亚洲金融风暴洗礼的国家和地区以及经历了2008年金融危机的国家和地区，都充分地认识到了资产评估在防范和化解金融风险方面的重要作用。在全世界范围内，为银行抵押贷款服务的资产评估，以及为金融不良资产处置提供参考意见的资产评估广泛开展，资产评估已经成为世界金融界防范和化解金融风险的重要手段。

金融创新是金融业迅速发展的重要方面，金融衍生工具的不断出现和交易的频繁发生，也给资产评估行业关于金融衍生工具的计价和估值提出了全新的课题，金融衍生工具的大量出现使得传统的评估技术遇到了前所未有的困难和挑战。

我国金融改革正步入一个关键时期，伴随金融企业改革创新的深入开展，工商企业资产抵押和知识产权质押融资活动的日益增加，都在向资产评估行业不断地提出新的服务内容要求和质量要求。

1.3.4 会计资产计价与资产评估

2005年1月1日，欧盟及世界其他90多个国家和地区开始采用《国际会计准则》。《国际会计准则》的发展和实质性应用，推动了以财务报告为目的的评估（valuation for financial report）在欧洲与北美地区的普及和发展。资产评估如何更好地服务于以财务报告为目的的评估，成为各国评估界和会计界重点研究的课题，为此各国评估界和会计界就以财务报告为目的的评估业务进行了广泛的合作和探索。我国香港地区已于2005年1月1日起执行《国际会计准则》，我国内地于2007年在上市公司中执行新的会计准则，这套会计准则引入了"公允价值"的计量属性，这为在我国开展以财务报告为目的的评估奠定了制度基础。

同时，美国财务会计准则委员会（FASB）在很大范围内采用"公允价值"概念，在商誉和企业并购会计准则中已经做出了相关规定，并指出，在进行公允价值计价时遵循的一个原则是："公允价值的估计应当建立在评估技术结果的基础上，评估技术应当尽可能地吸收来自活跃市场的市场信息，即使所计量的资产（负债）并不在活跃市场上交易……总而言之，市场信息吸收得越多，公允价值估计的可靠性就越大。"

《国际会计准则》规定，如果采用公允价值模式，可能会涉及对资产的评估和重估，有的具体会计准则甚至直接要求由专业评估师进行评估，如《国际会计准则》第16号。应当说，只有当采用公允价值模式计价以后，才产生了以财务报告为目的的评估业务，而在严格的历史成本模式下，没有必要进行以财务报告为目的的评估。资产评估由于其专业性和独立性，在公允价值的确定过程中发挥着越来越重要的作用。国际评估准则委员会近年来也积极与国际会计准则委员会进行对话，并根据《国际会计准则》的变化对《国际评估准则》进行必要修改。如2005年第七版《国际评估准则》序言中指出的，"资产评估能够在财务报告中反映资产现时价值的重要性受到了越来越广泛的认可。在会计处理和财务报告中列示资产价值时，以评估的现时价值为基础取代历史成本的做法已成为一种日益普遍的趋势"。

2006年2月15日，我国颁布的"企业会计准则"体系第一次全面地引入了公允价值，在投资性房地产、长期股权投资、交易性金融资产、债务重组、非货币性资产交换、非同一控制下企业合并、资产减值等具体准则中允许采用公允价值计量。2014年1月26日，财政部又发布了《企业会计准则第39号——公允价值计量》，在技术层面上又为以财务报告为目的的评估提供了具体的技术指引。因此，以财务报告为目的的评估已经成为我国评估服务领域中的一项重要业务内容。伴随着新会计准则的实施，会计与资产评估的联系更加紧密，出现了相互依存、相互合作、相互支持和共同发展的局面。在今后相当长的一段时间里，会计资产计量需要寻求资产评估的技术支持。

本章小结

资产评估的产生和发展有其客观基础，资产评估的发展演变与社会经济条件的发展演变密切相关。资产评估活动的出现、资产评估服务领域的不断扩大、资产评估学科的产生，都是由于市场经济的发展推动所致。与市场经济不同发展阶段相适应，在资产评估的不同发展阶段形成了不同时期鲜明的特点。把握社会经济发展与资产评估发展关系的主线是理解资产评估实践及理论体系和方法体系构建的基础，也是学习掌握资产评估理论及方法的基础。

关键概念

资产评估　税基评估　以财务报告为目的的评估　评估咨询

思考题

1. 简述资产评估产生发展的不同阶段与其历史条件和背景的关系。
2. 简述资产评估基本构成要素。
3. 简述资产评估种类的划分及其意义。
4. 简述资产评估的一般特点与中国资产评估的特殊性。

第 章

2

资产评估理论基础

学习目标

　　通过本章的学习，学生应粗略地了解有关资产评估价值及其价值决定等方面的各种价值理论、价值观、资产评估学的研究对象、资产评估价值的影响因素、评估价值多样性产生的条件等资产评估的基础理论问题，从而为进一步认识资产评估活动、资产评估的本质，以及理解资产评估技术原则和手段等打下坚实的理论基础。

2.1　资产评估价值论和价值观

　　本章所讨论的资产评估价值理论基础实际上就是关于资产评估价值决定的相关理论。关于资产价值和资产价值决定的理论及其决定因素有众多的流派和说法，这些流派和说法可能会使人们感到没有头绪，也可能产生误解。为了使资产评估价值决定因素的讨论有一个共同的基础，我们不仅需要对资产评估活动有一个较为清晰的认识，而且还需要对资产评估的研究对象、资产评估价值，以及资产评估评价目标有清晰和统一的认识。

　　资产评估首先是一种社会经济活动，同时又是一门研究资产估值及资产评估活动内在规律的科学和学科。作为一个研究资产估值及资产评估活动内在规律的学科，资产评估学的研究对象的确立，以及对其的正确认识和恰当把握，不仅对资产评估学来说是至关重要的，对我们研究和把握资产评估价值理论基础及资产评估价值决定理论也具有提供目标和研究方向的作用和效果。

2.1.1　资产评估研究对象

　　资产评估学的研究对象可能在很长的一段时间里并未纳入我们的研究视野，人们并没有把它作为一个独立的问题加以对待。事实上，人们在关于价格与价值的反复讨论中已经触及资产评估学的研究对象问题。由于对价格与价值的讨论往往被看成是对两个独立概念的讨论，大多数人并未意识到这种讨论已经涉及资产评估学的研究对象问题。资产评估学研究对象的复杂或模糊不清，源于我们对资产评估活动、资产评估价值与价格的认识不清；反过来，我们对资产评估学研究对象的认识模糊，又加重了我们对资产评估活动、资产评估价值与价格认识的模糊。明确资产评估学的研究对象是研究资产评估活动的出发点，也是讨论资产评估价值决定等一系列资产评估理论问题的基础。如果我们在没有界定资产评估学研究对象之前就讨论诸如资产评估价值决定等资产评估理论问题，可能会产生一系列不必要的分歧和争论。资产评估学研究对象问题应该成为我们研究和讨论资产评估理论问题的切入点。

资产评估作为一个专业或者学科确实存在一个研究对象问题，这是我们研究资产评估活动首先应该解决和明确的目标。显然，资产评估学研究对象是客观存在的，它并不是由哪个人或哪些人所决定的。它既不取决于学者的意愿，也不是由评估人员的好恶决定的。资产评估学研究对象是由资产评估的行为目标、服务目标，以及资产评估功能等因素决定的。从资产评估的行为目标和服务目标方面看，资产评估的行为目标和服务目标就是合理估计和评价资产的价值。从资产评估功能方面看，资产评估的基本功能就是对资产评价和估值。无论是从资产评估的行为目标和服务目标方面看，还是从资产评估功能的角度看，资产评估都与价值和评估价值有着密不可分的联系。如果把资产评估作为一门学问、学科或艺术来看待的话，资产评估学是一门探索资产功能与资产利用，以及资产功能和资产利用与市场供求和市场评价之间逻辑关系及数量关系的学问。就本质而言，资产评估学的研究对象就是资产的交换价值，以及由此衍生出来的资产交换价值决定、交换价值表现形式、衡量资产交换价值的手段和资产交换价值的表达。

明确资产评估学的研究对象之所以重要，实际上是因为资产评估学的研究对象反映了资产评估活动的本质。客观地讲，与资产价值或商品价值研究有关的学科、专业有很多，而资产评估学并不是孤立地研究资产价值，资产评估学研究的主要方面是在理性认识资产价值的基础上，研究资产价值由什么决定，在不同市场环境和条件下，决定资产价值的各种因素的作用方式和影响程度，以及如何将这些影响因素合理量化。正确认识和理解资产评估研究对象有两个基础：其一是理性地认识和理解价值和评估价值；其二是理性地认识和理解价值和评估价值决定因素及其作用方式、作用程度，以及量化方式。

资产价值与资产评估价值是人们经常使用的两个概念，同时也是经常被误解和误用的两个概念。因为资产价值的内涵极为广泛，在不同的领域、不同的学科可能都有各自领域的资产价值内涵。资产价值可以从不同的角度来定义，这可能就给人们认识和把握资产评估中的价值的确切含义带来困难。例如，资产价值包括了内在价值、账面价值、市场价值、投入价值和产出价值等各种各样的定义。那么，资产评估中的价值与上述各种价值是什么关系呢？许多评估人员经常将资产评估价值与上述各种资产价值混为一谈，了解资产的各种价值内涵有助于我们进一步讨论资产评估价值。

（1）资产的内在价值亦称资产的经济价值，广义地讲，资产的内在价值相当于资产的未来预计现金流量的折现值。

（2）资产的账面价值是一个以历史成本为基础进行计量的会计概念，是资在企业资产负债表上反映出来的价值。

（3）资产的市场价值，作为一个非特定专业术语的资产市场价值其实是一个价格范畴，广义地讲，可以被理解为是资产的内在价值或经济价值在市场上的货币表现或反映。

（4）资产的投入价值是从成本或所费的角度，是形成资产的各种生产要素的耗费累加值。

（5）资产的产出价值可以从资产的变现和投资回报的角度，以资产的变现价值、预期收益折现值等形式表现出来的价值。

资产的价值还可以从更多的角度去描述，而从资产评估的角度审视资产的价值，资产评估或者出于交易的目的，或者出于鉴证的角度，资产评估提供的服务主要是一种价值衡量，即用货币衡量资产评估标的物值多少钱。从这个意义上讲，资产评估中的价值，应该说是交换价值。交换价值实际上是一个价格范畴，是一个值多少钱的概念。既然资产评估中的价值是一个价格范畴，资产评估学研究对象自然就是资产的价格（范畴）问题了。明确资产评估中的资产价值或评估价值是一个价格范畴，进而明确了资产评估学的研究对象是资产的交换价值或价格（范畴）问题意义非常重大，这对于评估人员认识和把握影响资产评估价值的因素具有重要作用。

2.1.2 关于价格与价值的进一步说明

上面所说的资产评估中的价值是资产的交换价值或资产的价格（范畴），即资产评估中的价值是一个价格范畴的提法需要做进一步的说明。在这里我们将资产评估价值定义为交换价值和价格（范畴），而并没有将其直接定义为资产价格本身，这里涉及一个概念表述问题。因为，从经济学的角度来看，价格是指在特定的交易行为中，特定的买方和卖方对商品或服务的交换价值的认可，以及提供或支付的货币数额。价格是一个历史数据或事实，是特定的交易行为中特定买方和卖方对商品或服务实际支付或收到的货币数额。按照上面的分析结论，资产评估中的价值是一个价格（范畴），它反映了可供交易的资产与其买方、卖方之间的货币数量关系。但是，资产评估中的价值不是一个历史数据或事实，它只是专业人士根据特定的价值定义在特定时间内对商品或服务价值的估计。不论是从资产评估的性质来看，还是从资产评估结果的作用来看，资产评估结果或评估价值属于价格（范畴）但不是市场价格本身。所以再次强调，资产评估价值属于价格（范畴）但不是市场价格本身，资产评估研究对象是资产的交换价值，以及由此衍生出来的资产交换价值决定、交换价值表现形式、衡量资产交换价值的手段和资产交换价值的表达。其中，明确资产评估学研究对象的一个最重要作用，就是传递了一个最重要的信息——从资产价格形成及其决定的角度去把握资产评估。

我们重申资产评估学研究对象是资产的交换价值及其形成，以及资产评估价值的价格属性，是要告诫大家：（1）尽管人们在表述资产评估结论时习惯使用“价值（value）”这个词，如公平价值、公允价值、在用价值等。但评估结果的属性属于价格范畴。这是因为：①资产评估结果是一种用货币表示的价值量；②一项资产评估的结果除受其内在因素影响以外，市场供求对评估结果的影响非常大；③从可操作性的角度看，评估师可以评估的只能是资产的"价格"而非凝结在资产之中的抽象劳动。上述三点表明资产评估结果只能是一种价格（范畴）。（2）资产评估结果的属性属于价格（范畴），但它又不是市场价格本身，即资产评估结果并不是资产的实际市场价格。关于这一点需要格外强调，因为大多数人能够接受资产评估结果属于价格（范畴），但许多人并没有严格区分价格（范畴）与市场价格的区别。然而，这两者的区别对资产评估来说意义重大。它关系到资产评估到底是一种定价行为还是一种咨询行为。资产评估的定位准确与否直接关系到评估人员的执业理念和执业技术的运用。从这个意义上讲，我们必须强调资产评估结果属于价格（范畴）但不是市场价格本身。这可以从：①资产评估是在资产真正进入流通领域和市场之前进行的，资产的市场价格只能在流通中产生，而不能在市场及流通领域以外的地方产生；②资产评估结果并不能替代或取代资产交易当事人的讨价还价及定价行为，资产评估仅仅是一种专家判断，资产评估结果仅仅是资产评估专业人士对资产交换价值客观值的估计值。

当然，我们还可以从另一种角度指出为什么要把资产评估的研究对象界定为价格（范畴）而不是我们平常所说的"价值"。第一，人们习惯或潜意识中的价值作为资产客观内涵的规定性具有不可探测性；第二，资产评估服务引起资产评估的资产业务，而引起资产评估的资产业务无非是资产的交易或资产获利能力的确定；第三，资产评估中需要充分考虑的因素就是资产的供求状况；第四，在资产评估中采用的基本评估途径和方法，如收益途径及其方法、市场途径及其方法、成本途径及其方法的基本思想都是以市场为导向、以交易为目的，评估的结果当然要体现交易的公平性原则，而只有通过资产评估准确得知资产的市场交换价值，才能达到这样的要求；第五，当一宗资产评估工作完成以后，我们说它值多少钱，这本身就是一个价格的概念。正是上面的原因，我们才认为资产评估学的研究对象是一个价格（范畴），进而得出资产评估活动的核心工作是一种价格判断及其衡量。结合资产评估实践来看，我们目前资产评估实务操作中评估结论恰恰就是一个价格范畴。一方面，对资产值多少钱做出判断和估计是评估人员能够做到的，同时，这也是客户希望知道和得到的。

从上面的分析中可以确信资产评估价值是一个价格（范畴），资产评估学的研究对象就是资产的交换价值或价格（范畴）问题，即资产价格决定和量化问题。资产评估活动的核心和本质是一种属于价格范畴的价值判断。

为了进一步理解资产评估中的价值及其决定，我们需要了解有关经济学中价值与价值观的部分内容。

2.1.3　经济学中的价值理论和价值观

价值观在经济学和政治经济学中占有重要的地位，从某种意义上讲价值观是价值学说在相关领域的应用和体现。本教材是站在合理解释资产评估行为的角度有选择地审视和回顾与资产评估相关的价值学说及价值观，力图从实用的立场上为资产评估行为提供理论解释。

从资产评估的角度考察近一个世纪以来价值学说的演变时发现，在价值学说方面有截然不同的两类学说，即主观价值论和客观价值论。在西方经济学家眼中，价值始终是个充满主观估计色彩的概念。例如，18 世纪法国重农学派的杜尔阁就曾指出，商品具有客观价值和主观价值，前者由市场决定，而后者则取决于让渡自己物品的人对该物品的主观估计。著名经济学家马歇尔也曾说，"价值"这个词是相对的，表示在某一时间和地点两样东西之间的关系。相对于市场价格的客观性来说，价值是人们对一物所值的主观评价。在西方经济学家眼中，价值与价格的本质是一样的，都属于价格（范畴）。只不过价格是市场的产物，而价值则是人对物所值的主观估计或判断。从这个意义上讲，西方经济学中的价值理论实际上是价格理论。而以马克思为代表的劳动价值论则认为价值是客观的，价值是凝结在商品中的一般人类劳动，价值量是由凝结在商品中人类无差别的社会必要劳动时间决定的。价格是价值的货币表现，价格围绕着价值受供求关系的变化而波动。

从上述介绍可以看出，关于价值或价格理论在国际范围内并没有形成统一认识，而具有代表性的价值或价格理论有劳动价值论、边际效用价值论、生产费用论和供求均衡价值论等。

1）劳动价值论

劳动价值论认为，商品的价值是由劳动创造的，一切商品的价值由耗费在该商品上的无差别的人类劳动所决定，并随着社会生产率的变化而变化，主张劳动是价值的唯一源泉，价值是商品交换的基础。

关于劳动价值理论，许多人将耗费在该商品上的无差别的人类劳动理解为微观（行业）的必要劳动时间。其实，形成价值的必要劳动时间不仅仅是某种商品的行业必要劳动时间（微观层面上的），而且还包括宏观层面上的社会必要劳动时间。一定时期内的社会必要劳动时间总量是一定的，一定时期各类商品的社会必要劳动时间总量也应该是一个大致确定的量。每类商品社会必要劳动时间总量决定了这类商品总的市场价值。很多情况下，由于某种商品的社会投入（社会必要劳动时间）超过了社会分配给这类商品的必要劳动时间，就这一类商品而言，会出现贬值现象。相反的情况也当然存在，即某种商品的社会投入少于社会分配给这类商品的必要劳动时间，此时，此类商品的个别价值会出现升值情况。这种情况的把握在实践中通常是通过商品的社会供求关系体现。当商品供不应求，说明社会投入的必要劳动时间低于该类商品应分配的社会必要劳动时间总量；当商品供过于求，说明社会投入的必要劳动时间高于该类商品应分配的社会必要劳动时间总量。在社会实践中要想把握社会必要劳动时间在各类商品间的分配，借助于市场供求关系是其中最重要的途径和手段。

2）边际效用价值论

19 世纪末边际效用学派提出的边际效用价值论认为，价值是由物品的稀缺性与效用决定的。边际效用价值论认为效用是价值的源泉，也是形成价值的一个重要条件，同时价值的形成还依赖于物品的稀缺，稀缺性与效用的结合是价值形成的基础。边际效用价值论认为，商品的价值量由物品为其占有者带来的效用所决定，把价值归结为人的需要和商品效用之间的关系。

3）生产费用论

生产费用论认为，商品的价值是由劳动、资本和土地三种生产要素在生产经营过程中有机结合、共同创造的。与此相对应，劳动、资本和土地分别得到相应的收入即工资、利润和地租。一方面，工资、利润和地租是工人、资本家和土地所有者的收入；另一方面，这些收入又构成了生产费用。由工资、利润和地租所构成的生产费用是决定商品价值的基础。

4）供求均衡价值论

由马歇尔为代表的新古典主义在先前理论的基础上，将效用价值论和生产费用论结合起来，用供求力量来解释价值和价格。实现了价格论对价值论替代以及主观价值论与客观价值论的融合，在他的学说中，价值、交换价值和价格是没有区别的，价值就是由市场供求关系所决定的均衡价格，即商品价格是在供给和需求达到均衡时决定的。

上述理论观点都是从不同的角度解释价格决定问题，它们既提供了如何看待价值及其价格决定的视角，也为资产评估技术路径和方法体系的建立提供了理论基础。既然我们已经明确了资产评估的研究对象是资产的价格（范畴）或交换价值问题，西方经济学中的价值理论或价格理论中的许多精华就值得我们借鉴，而马克思的劳动价值理论中的价格形成理论也是需要我们认真学习领会的。

上述所列举的与资产评估相关的价值学说对资产评估理论与实践研究起到了一定的指导和引导作用，于是不同的价值学说应用在资产评估领域上就形成了各种不同的资产评估价值衡量的观点。

（1）生产成本观

生产成本观是基于劳动价值论中的价格形成理论而得出的有关资产评估价值决定性因素的观点。因为劳动价值论认为资产的价值由凝聚在资产中的物化劳动和活劳动所决定，人们因此就引申出资产评估价值是由凝结在资产中的社会必要生产成本（时间）决定的观点。人们还从社会再生产理论的角度把这一观点解释为投入价值，即从投入的角度来衡量资产的评估价值。

（2）供求平衡价值观

供求平衡价值观强调"价值"是由"供求关系"决定的。价值是需求的函数，供给大于需求时价值就小，供给小于需求时价值就大。价值是个相对名词，某一商品的价值，指的不是该商品本身具有的某种内在的本质特征，而是该商品所能换得的其他物品的数量，因此某一物品的价值是相对于另外某一物品或一般物品而言的，即某个物品的经济价值是由具有同样满意程度的替代物的支出决定的。价值和价格只是在市场上由竞争决定，而市场上的价格应当遵循同一律，即同质同量的商品，在同一市场上的价格应当是相等的。供求平衡价值观是借鉴了马歇尔的新古典主义理论中的价格-价值论形成的资产评估价值决定观。因为资产评估价值属于价格范畴，而马歇尔的新古典主义理论中的价格—价值论则是一种把需求和供给结合起来，用市场交易价格作为价值的理论。根据马歇尔的新古典主义理论中的价格—价值论的说法，资产评估价值就是一种价格，所有影响资产价格的因素都会影响资产评估价值，市场供求关系在影响资产评估价值中具有举足轻重的作用。

（3）预期效用观

预期效用观源于边际效用价值论，边际效用价值论的思想是资产的价值由资产为其所有者或控制者所能带来的效用所决定。而资产的效用显然指的是资产为其所有者、占有者或控制者所带来的未来预期收益，因为对投资者来说，占有资产的根本目的就是实现收益，并尽可能最大化收益。边际效用价值论是从产出的角度来评估资产的价值的。

资产的评估价值到底是由什么决定的呢？其实不同的价值理论和价值观都有自己的阐述，有的侧重于资产价值形成时的内在因素，有的则侧重于资产价值形成时的外部因素。按照辩证唯物主义和历史唯物主义的观点，资产价值形成过程中的内在因素和外在因素在资产价值形成过程中的地位和作用有时是会发生变化的。资产的价格本身就是由其内在的价值和外部条件共同作用形成的，我们不一定要苛求得出是哪一种理论或哪一种要素决定了资产的评估价值。我们应该本着辩证的思想，从理论联系实际的角度来认识和把握资产评估价值决定理论和思想。

2.2 资产评估价值的影响因素

对资产评估中价值的进一步理解应该从资产评估目的，以及资产评估对评估价值的要求的角度来分析。从一般意义上讲，资产评估的目的是要对拟进行产权交易的资产在某种约束条件下的公允价值做出判断。评估人员对资产所做的公允价值判断，不是一种作秀或展示，而是服务于资产或产权交易，以及其他资产业务。从资产或产权交易对资产公允价值的要求来看，资产评估中的价值或公允价值是人们对一物（资产）所值的主观评价，属于交换价值性质，即价格范畴。就是说，凡是影响资产价格的因素都会影响资产的评估价值，同理，凡是能够影响资产交换价值的因素也都会影响资产的评估价值。我们不能说生产商品（资产）的社会必要劳动时间不会影响资产的评估价值；也不能不认为商品（资产）的效用（使用价值）是决定资产评估价值的重要因素；当然，也不能无视商品（资产）的市场供求关系对资产市场价格及其评估价值的影响。就是说，作为价格范畴的资产评估价值，要受到资产内在价值、使用价值和市场供求关系的影响，资产评估价值是以资产内在价值为基础，考虑评估基准日各种条件及多种变量影响可实现的价值的估计值。当我们明确了资产评估价值的性质及其决定因素以后，我们就不会只强调某种理论及其对应的因素对资产评估价值的影响，而不考虑其他因素对评估值的影响。

2.2.1　资产的使用价值

资产的使用价值是资产具有价值或价格的物质基础。资产使用价值的大小是由资产的功能和资产的使用方式决定的。由于资产的种类繁多，功能性能各异，关于各类各种资产的功能，只能概括为资产本身的性质、性能、功效和基本作用。一般而言，不同的资产存在着功能上的差异，这是导致不同资产可能具有不同使用价值的根本性原因。资产自身的功能是资产具有使用价值的物质基础，不同资产自身功能上的差异决定了它们之间可能存在着使用价值和价值上的差异。资产的功能是资产具有使用价值的物质基础。如果说，资产自身的功能是资产具有使用价值的物质基础的话，那么，资产的使用方式或利用方式是将资产自身功能转化为现实使用价值的过程和手段。准确地讲，资产自身功能使得资产具有的使用价值是潜在的。要将资产潜在的使用价值转化为现实的使用价值，还需要正确使用或利用资产，并将其功能充分释放。同样功能的资产，其潜在的使用价值可能是相同的，而现实的使用价值未必完全相同。这种差异主要源于它们的使用方式或利用方式上的差异。从理论上讲，资产使用价值的大小是由资产的功能和资产的使用方式决定的。换一个角度说，资产的功能和资产的使用方式决定了资产使用价值的大小或量的多少。

事实上，用资产自身功能和使用方式或利用方式直接来描述或衡量资产使用价值的大小是比较困难的，因为资产间的使用价值难以比较。如果我们将所有资产的使用价值的物理形式抽象掉，我们就可以直接利用资产使用价值的外在表现——资产的生产能力、服务能力和获利能力了。如果我们利用资产的获利能力来表现资产的使用价值，那么，不管是不同的资产，还是相同的资产，它们的使用价值一目了然。将资产的获利能力作为资产使用价值的表现形式，进而作为资产具有价值的基础就非常容易理解和把握了。如果我们用资产的获利能力来表现资产的使用价值，那么资产的使用价值又与经济学中的资产的内在价值联系在一起了。因为，资产的内在价值恰恰是资产的预期获利能力或预期收益的折现值，也是资产评估价值或交换价值的基础。

2.2.2　市场供求关系

既然资产评估价值属于价格（范畴），供求关系对价格形成的作用和影响是不言而喻的。对市场供求关系的理解可能会涉及需求定律和供给定律及其若干相关概念和专业术语。

在一段时期，人们愿意并且能够购买的某种商品量，称为对该商品的需求量。在其他条件不变的情况下，一种商品的需求量与该商品的价格呈反方向变动关系：需求量随价格上升而下降，随价格下降而上升。商品价格与需求量的这种关系，被称为需求定律。除了价格以外，还有许多因素在影响着消费者的选择，其中最重要的是消费者的收入、相关品价格、消费偏好及消费者的预期。

相关品指的是可以相互替代的商品，相关品的价格会直接或间接地影响标的商品的需求。如果大米价格不变，而小麦价格下降，人们将以更多的小麦替代大米，从而减少大米的需求量。小麦和大米是两种不同的商品，但小麦可以代替大米给消费者带来类似的满足，小麦成为大米的替代品。当然，除了小麦，大米还有大量的其他替代品。从某种意义上讲，只要一种物品能够满足人的某种需要，它就可以在一定程度上替代标的商品给人带来的满足，只是替代的程度有所不同而已。在给定的价格下，一种商品的需求量与其替代品的价格呈正相关关系。

偏好用以描述人们对商品的评价，即在一系列可供选择的商品中，人们更喜欢或更偏爱什么商品。显然，在给定的价格下，人们总是愿意购买更多自己偏爱的商品。

对未来的预期会明显影响消费者今天对商品或服务的需求。例如，如果你预计收入会不断地增加，那么你现在就会愿意消费得更多，或者，如果你预计未来的商品价格会下降，你可能会持币待购，减少现在的消费。

由于收入、相关品价格、偏好和预期的变化，人们就可能会在给定的价格下改变商品的需求量。如果在每一价格下需求量都增加了，称为需求的增加。这时，在每一个价格水平，都有更多的需求量，或者说对每一个数量水平，消费者都愿意支付更高的价格；反之，需求会下降。

在一段时期，企业愿意并且能够提供的某种产品数量称为该产品的供给量。在其他条件不变的情况下，如果一种商品价格上涨，企业就能够获得更多的收益，因而会将用于其他商品生产的资源用于这种商品生产，或者说以更多的这种商品替代其他商品的生产；反之，当一种商品价格下跌时，人们会以其他商品替代这种商品的生产，从而减少这种商品的生产。商品价格与供给量的这种关系，称为供给规律。

除了价格以外，许多其他因素的变化也会对企业供给造成影响，例如生产技术和要素价格。所有影响供给的因素都是通过影响企业的成本发挥作用的。成本降低就会使企业在既定的价格水平上获得更大利润，企业会扩大生产，新的企业也会进入该市场，扩大产品供给量；反之，企业则会减少生产，降低供给量。因此，对于每一个市场价格，产品供给量都会随成本下降而扩大。

企业为生产特定数量的产品所花费的成本等于每种投入品的数量与其价格的乘积之和。技术条件给定，每个产量水平所需的各种投入品的数量就给定了，于是成本由每种投入品的价格决定。如果某种或若干种投入品的价格上升，在其他条件不变时，意味着生产一定量产品的成本上升，企业愿意生产的产品数量会减少。如果投入品的价格大幅度上升，以至生产产品变得无利可图时，企业甚至会停止产品生产和供给。

运用一定的要素组合能够生产多少产品，或生产一定量产品需要什么样的要素组合，决定于生产技术。因此，要素组合与产出品之间的关系，或投入与产出的关系，本质上是一种技术性关系。如果技术进步了，企业就可以用相同的投入生产出更多的产品，或者说在每一个产量水平上企业的生产成本降低了。

企业现在供给的产品数量还取决于企业对未来的预期。如果预期未来产品价格会上升，企业会减少现在的产品销售，将其储存到以后，从而减少了现在的供给；

如果预期未来产品价格会下降，企业会增加现在的产品销售，从而增加了现在的供给。

前面已经说明了市场需求和供给，以及决定需求和供给的因素。需求和供给分别说明了消费者的选择和生产者的选择。这些选择是通过市场交易完成的，在正常市场情况下，市场交易是自愿的交易，或交易双方达成一致的交易。因此，市场交易价格和交易数量，应该是供求双方愿意并能够接受的。当消费者愿意并且能够接受的商品价格和数量与生产者愿意并且能够提供的商品价格和数量达到一致时，即消费者和生产者都愿意接受的价格和数量达成一致时被称为市场均衡，其对应的价格被称为均衡价格。在现实中，市场均衡和市场均衡价格时常会被打破，供给曲线和需求曲线随时都可能变动，它们可能向同一方向，也可能向不同方向以不同的幅度变动，从而改变市场均衡价格和均衡数量。

资产有价值或市场价格，是因为资产能够为其所有者或控制者带来收益。因此，资产购买者愿意为一项资产支付的最高价格，即需求价格决定于该资产能够带来的收益，确切地讲，取决于该资产未来收益流的折现值。资产的出售价格或资产的供给价格，则依存于资产的成本，资产成本决定了资产的最低要价。一项资产的成本，并不一定取决于生产该资产的实际耗费，而是取决于这种资产在其可选择的用途上能够带来的收益，即该资产的（机会）成本是在所有可能的用途上能够带来的最高收益，即卖方预期的该资产未来收益流的折现值。

因此，资产预期收益流的折现值，既决定了资产的需求价格，也决定了资产的供给价格。然而，资产的预期收益并未实际发生，而只是基于当事人对资产收益及折现率的预期。资产的收益决定于资产本身及其他生产要素的生产率，还决定于所生产出来的产品的需求及价格。折现率的影响因素就更为复杂，无风险报酬率既决定于资金供求双方的行为，还取决于宏观经济环境及政府的货币政策。风险报酬率则与宏观经济环境、产业发展情况和资产本身的状况等有着紧密的联系。不论是资产的预期收益及其决定因素，还是折现率及其决定因素都会发生变动，这些变动都会影响到特定资产的收益现值和价值。

事实上，无论是买方还是卖方，都很难对资产的未来收益及折现率形成准确的预期。他们只能根据各自所拥有的相关信息，形成自己对资产价值或价格的预期。为了避免人们对资产价值或价格的预期出现较大的偏差，应该更多地利用市场。如果存在一个充分发育的资产市场，有众多的自愿参与者进入市场参与交易，市场就会汇集到充分多的信息，市场会将这些信息反映在资中产价格上，即充分发育的资产市场会给资产一个较为客观的价值或价格。因此，评估人员只有充分利用市场才有可能为特定资产评估出客观的价值或价格。

当然，这里我们还要强调的是，市场与市场供求是需要细分的。例如，从地域的方面讲，市场可以划分为国际市场、国家市场、地区市场，这些市场既有联系也有区别。从市场活动的内容方面讲，市场又可以分为商品市场、服务市场、要素市场和资本市场等，这些市场之间的差异比较明显。从同一市场的级次方面看，有些市场分为一级市场和二级市场，而有些市场分为"一手市场"和"二手市场"等。不论是市场地域上的差异、活动内容方面的差异，还是级次上的不同，都会使这些市场具有相对独立性和市场供求个性差异。

2.3 评估价值的多样性及价值类型

2.3.1 资产评估结论多样性的特点

资产评估结论多样性包括了两个方面的情况：其一是同类、同种或同样的非同一资产可能存在着不同的评估结论；其二是同一资产可能存在着不同的评估结论。第一种情况似乎相对容易理解一些，即同类、同种或同样的非同一资产可能存在着不同的评估结论，其中较为明显的原因或理由可能产生于它们的不同利用方式及其表现出来的不同的使用价值——获利能力。而同一资产可能存在着不同的评估结论容易被人误解，至少是不容易被人一下子所认识和理解。不论是非同一的同类、同种或同样的资产可能存在着不同的评估结论的情况，还是同一资产可能存在着不同的评估结论的情况，都是资产评估中价值类型理论的研究内容。

如前所述，评估人员对资产的未来收益及折现率难以形成准确预期。他们只能根据各自所拥有的相关信息，形成自己对资产价值或价格的预期和判断。而每个评估人员对资产价值所做的估计和判断，都是基于他们各自所拥有的相关信息，以及他们对这些信息的理解、判断。不论是非同一的同类、同种或同样的资产或是同一资产在同一评估基准日可能会有不同的评估结论，都有可能产生于评估人员对资产的未来收益及折现率预期上的差异。但是，本节所讨论的非同一的同类、同种或同样的资产以及同一资产在同一评估基准日可能会有不同的评估价值，并不包括由于评估人员对资产的未来收益及折现率预期上的差异形成的不同评估结论。因为这种差异是由评估人员能力及其信息占有方面的差异所造成的，这种差异会自始至终存在。合理的资产评估结果本身就是一个区间值，由于评估人员及其信息所造成的误差，只要是在一个相对合理的范围内就属于正常情况，不属于我们所讨论的非同一的同类、同种或同样的资产以及同一资产在同一评估基准日具有不同的评估价值的范围。本节所讨论的非同一的同类、同种或同样的资产以及同一资产在同一评估基准日可能会有不同的评估价值，是指资产评估结果已经超出上面所说的正常的、合理的区间值范围，是实实在在的非同一的同类、同种或同样的资产以及同一资产在同一评估基准日有着不同的评估价值。这似乎有悖于资产评估的客观性，有悖于资产评估公正性原则。事实上，同样的资产，包括同一资产在同一评估基准日可能会有不同的评估结论，即相同或同一资产评估价值具有多样性恰恰是资产评估的一个非常明显的特征。当然，也有许多非专业人士，以及部分资产评估业内人士根据相同或同一评估对象评估价值的多样性的特点不承认资产评估及其结果的客观性和严肃性，也有人依据了相同或同一评估对象评估价值的多样性的特点将资产评估定性为艺术而不是科学。其实，资产评估价值的多样性的特点与资产评估及其结论是否客观、科学并没有直接的关系，就像同一上市公司的股票在一级市场和二级市场上的价格并不完全一致，同一商品在"一手市场"和"二手市场"上的价格并非完全等同，同一资产在同一评估基准日可能会有不同的评估价值。

相同或同一资产在同一评估基准日可能会有不同的评估价值也并不是任意的，评估人员不能因为同一资产在同一评估基准日可能会有不同的评估价值就可以随心所欲地评估资产价值。同一资产在同一评估基准日可能会有不同的评估价值是有条件和原因的，这些条件和原因包括：①相同或同一资产因环境或条件所限，存在着使用方式和利用程度上的差异；②相同或同一资产在同一评估基准日可能面对着不同的细分市场，如正常交易市场或拍卖市场；③相同或同一资产即使在同一细分市场中，可能面对不同的交易主体，不同的交易主体拥有着不同的交易动机和交易地位；④相同或同一资产即使在同一细分市场中可能面对不同的交易时限和交易方式等。上述原因和情况都能够导致相同或同一资产在同一评估基准日可能会有不同的评估结论的情况出现。相同或同一资产在同一评估基准日可能会有不同的评估结论的现象，正是资产评估区别于会计资产计价、工程造价中的资产定价等其他资产定价活动的显著特点，也是资产评估具有魅力和神秘感的关键所在。当然，这也正是需要评估人员把握其中规律的核心所在。

2.3.2 影响评估结论多样性因素的分析

关于相同或同一资产在同一评估基准日可能存在多种评估结论的原因和影响因素已经做了归纳。为了便于进一步认识评估结论多样性，需要对影响评估结论多样性的原因和因素做进一步的分析。

相同或同一资产因环境或条件所限，存在着使用方式和利用程度上的差异而导致使用价值和价格及其价值方面的差异是很容易理解的。在资产评估中，评估人员要么按照资产实际的使用方式，要么根据评估条件设定资产的使用方式。由于作为评估对象的资产的使用方式并不一定就是评估时点作为评估对象的资产的实际使用方式和利用程度，评估人员可以根据评估目的和评估条件进行设定，相同或同一资产在同一评估基准日可能会有不同的评估价值就很容易理解了。

这里的细分市场是指相同或同一资产市场中的不同市场条件下的具体市场。例如，房地产市场中的正常交易市场、拍卖市场、抵押物处置市场；机器设备市场中的正常交易市场、二手设备市场、拍卖市场，以及抵押物处置市场等。由于不同的细分市场的市场条件存在差异，即使是同样的资产在同一评估基准日也有不同的市场表现。以房地产为例，同样一宗房地产，也可以是在同一评估时点，在正常交易市场中的交易价格与其作为抵押物在抵押物处置市场中可以实现的交易价格，以及作为被拍卖物在拍卖市场中能够变现的价值可能会有较大的差异。

同一市场中交易条件的差异主要是指同一市场中交易主体、交易动机、交易时间约束、交易方式等方面的差异。

交易主体差异主要是指市场中交易主体的数量，或者称为市场活跃程度。市场中交易主体的数量的多寡，或者说市场活跃程度的不同都会影响同一资产在市场上的表现。市场活跃程度越高，资产可以实现的价值或价格就可能越客观；反之，则可能有着偶然性。

交易动机是指参与交易的当事人的交易意愿，甚至是一种交易计划。交易当事人的交易意愿如何可能会影响资产或商品的交易价格。

交易时间约束包括了被交易商品或资产的展示时间、交易当事人了解市场行情和信息的时间、交易当事人讨价还价及决策的时间。同一资产在交易过程中如果面对着不同的交易时间约束，其交易价格可能出现差异。

交易方式包括了一次性付款交易或分期付款交易、单个资产交易或批量资产交易等。交易方式的不同也会在一定程度上影响资产的交易价格。

在资产评估中，一项特定资产可能会有不同的使用方式和利用程度，可能要面对不同的潜在投资者，可能会面临不同的细分市场及其市场条件，当然就会存在着不同的评估结果。从资产评估学的角度，资产评估价值类型理论和价值类型本身就是全面反映资产评估价值这种现象和情况的专业解释和载体。相同或同一资产在同一评估基准日可能会有不同的价值，反映了在相同或同一资产在不同条件下具有不同的价值类型和价值表现形式。相同或同一资产在同一评估基准日可能会有不同的价值类型，也表明相同或同一资产在同一评估基准日可能会有不同的评估结果，即相同或同一资产在同一评估基准日存在着评估数额上的差异是正常的。资产评估活动中的这种情况或现象表明资产评估价值类型理论和资产评估价值类型在资产评估中具有极其重要的地位和意义。这就决定了评估人员在进行资产评估时，对价值类型的界定和选择应该是评估人员进行资产评估之初首先要考虑的问题。

简单地讲，资产评估中的价值类型是指人们按照某种标准对资产评估结果及其表现形式的价值属性的抽象和归类。当然，资产评估中的价值类型无论在理论上还是在实践中从来都不是唯一的。人们按照不同的标准、条件和依据，将资产评估结果及其表现形式划分为若干种价值类型。关于价值类型问题将在以后相关章节详细讨论。

2.4　资产评估适用的一般经济技术原则

资产评估适用的一般经济技术原则是指将在资产评估执业过程中需要遵循的经济学原理和市场法则浓缩成的主要技术规范。它们为评估人员在执业过程中的专业判断提供理论依据和保证。这些技术原则主要包括：

（1）预期收益原则。预期收益原则是以技术原则的形式概括出资产及其资产价值的最基本的决定因素。资产之所以有价值是因为它能为其拥有者或控制者带来未来经济利益，资产价值的高低主要取决于它能为其所有者或控制者带来的预期收益量的多少。预期收益原则是评估人员判断资产价值的一个最基本的依据。

（2）供求原则。供求原则是经济学中关于供求关系影响商品价格原理的概括。假定在其他条件不变的前提下，商品的价格随着需求的增长而上升，随着供给的增加而下降。尽管商品价格随供求变化并不成固定比例变化，但变化的方向都带有规律性。供求规律对商品价格形成的作用力同样适用于资产价值的评估，评估人员在判断资产价值时也应充分考虑和依据供求原则。

（3）贡献原则。从一定意义上讲，贡献原则是预期收益原则在某种情况下的具体应用原则。贡献原则主要适用于构成某整体资产的各组成要素资产的评估，它要求要素资产价值要由该要素资产对整体资产的贡献来决定，或者是当整体资产缺少该项要素资产将蒙受的损失来决定。

（4）替代原则。作为一种市场规律，在同一市场上，具有相同使用价值和质量的商品，应有大致相同的交换价值。如果具有相同使用价值和质量的商品，具有不同的交换价值或价格，买者会选择价格较低者。当然，作为卖者，如果可以将商品卖到更高的价格水平上，他会在较高的价位上出售商品。在资产评估中确实存在着评估数据、评估方法等的合理替代问题，正确运用替代原则是公正进行资产评估的重要保证。

（5）评估时点原则。市场是变化的，资产的价值会随着市场条件的变化而不断改变。为了使资产评估得以操作，同时，又能保证资产评估结果可以被市场检验。在资产评估时，必须假定市场条件固定在某一时点，这一时点就是评估基准日，或称估价日期。它为资产评估提供了一个时间基准。资产评估的评估时点原则要求资产评估必须有评估基准日，而且评估值就是评估基准日的资产价值。

本章小结

对资产评估研究对象的正确认识和理解是正确认识资产评估理论的基础。资产评估作为一种价值判断活动，它要解决和解释的是如何衡量价值，其理论基础是市场定价理论。资产评估学所要研究的是资产功能与资产利用，以及资产功能和资产利用与市场供求和市场评价之间逻辑关系及数量关系。把握资产评估研究对象及理论基础是理解资产评估方法体系，以及学习掌握资产评估方法的钥匙。

关键概念

资产评估研究对象　交换价值　边际效用价值论　供求平衡价值论

思考题

1. 简述价值与价格的关系。
2. 简述资产评估价值影响因素。
3. 简述资产评估价值的多样性。

第 章

3

资产评估主体与客体

学习目标

通过本章的学习，学生应当了解和掌握资产评估主体及基本管理制度，以及资产评估行业管理体制。了解和掌握评估对象及其分类，以及评估对象的实体边界、权益边界、作用方式和盈利模式的界定。

3.1 资产评估主体

3.1.1 资产评估主体及其分类

1）资产评估主体

资产评估主体是指资产评估业务的承担者，具体包括资产评估工作的从业人员及由评估人员组成的资产评估机构。

2）资产评估机构分类

从目前发展趋势来看，我国的资产评估机构大致可以从以下两个方面进行分类：

（1）从资产评估机构的执业范围的角度划分，包括综合资产评估机构和专项资产评估机构两种类型。

①综合资产评估机构。综合资产评估机构是指那些开展多种评估服务活动的资产评估机构。一般情况下，综合资产评估机构的评估业务范围和领域比较广泛，像机器设备评估、房地产评估、无形资产评估、企业价值评估等。各种专业评估人员比较固定，评估机构的整体素质相对较高。

②专项资产评估机构。专项资产评估机构是指专门评估某一种或某一类资产的专项评估机构，如土地估价事务所、房地产估价事务所等。专项资产评估机构由于评估范围较窄，评估对象的性质、功能比较统一，专业性比较强，因而，专项资产评估机构的专业化程度和专业技术水平比较高，具有比较明显的专业优势。

（2）从资产评估机构的企业组织形式的角度划分，大致可划分为合伙制资产评估机构和有限责任制资产评估机构。

①合伙制资产评估机构由发起人共同出资设立、共同经营，对合伙债务承担无

限连带责任。

②有限责任制资产评估机构由发起人共同出资设立，评估机构以其全部财产对其债务承担责任。

（3）从资产评估机构的资格等级划分，资产评估机构的职业资格主要划分为A级和B级两个等级。

①A级资产评估机构可以从事包括上市公司资产评估业务在内的各类资产评估项目；

②B级资产评估机构可以从事除上市公司相关评估业务以外的各类资产评估项目。

3.1.2 资产评估机构职业资格制度

按照国际惯例和规范的做法，资产评估机构必须具有资产评估资格。我国现行的资产评估机构管理制度规定，凡欲取得资产评估职业资格的中介机构，必须满足国家工商行政主管部门对企业及公司设立的相关要求，在获得国家工商行政主管部门企业及公司设立批准后，相关的资产评估机构行政及行业自律管理组织再进行评估职业资格的后置审批。在满足注册资本、人员构成、内部制度建设等方面的要求和条件后，可以取得省级以上资产评估管理行政主管部门授予的资格证书。国家对已取得资产评估执业资格的资产评估机构实行等级制度，并采取统一政策、分级管理的原则。

[小资料3-1]

财政部关于资产评估机构后置审批的现行要求

根据财政部第22号令《资产评估机构审批管理办法》的相关条款，设立合伙制资产评估机构，除符合国家有关法律、法规规定外，还应当具备下列条件：

（1）由2名以上符合本办法规定的合伙人合伙设立；

（2）有5名以上注册资产评估师（含合伙人）；

（3）合伙人实际缴付的出资为人民币10万元以上。

设立公司制资产评估机构，除符合国家有关法律、法规规定外，还应当具备下列条件：

（1）由2名以上符合本办法规定的股东出资设立；

（2）有8名以上注册资产评估师（含股东）；

（3）注册资本为人民币30万元以上。

2009年12月29日，财政部下发了《关于推动评估机构做大做强做优的指导意见》（财企【2009】453号），对评估机构的发展提出了新的目标。"指导意见"指出，推动评估机构做大做强做优，要立足于进一步增强评估机构的综合服务能力，提高评估行业社会公信力，更好地适应社会经济发展的需要。"做大"是指评估机构业务收入、人员数量等方面达到较大规模；"做强"是指评估机构具有较强的专业服务能力和核心竞争力；"做优"是指评估机构具有较高的服务质量和执业水平。争取用3到5年的时间，培育出3到5家年业务收入超过2亿元，评估师人数达到200人，具有较强的综合服务能力，能够参与国际竞争的"旗舰型"评估机构；30家左右年收入超过3 000万元，评估师人数达到50人，具有较强的核心竞争力，能够胜任国内大型企业和上市公司评估业务的评估机构；100家左右年收入超过500万元，适应区域经济发展需要，具有地区竞争力的评估机构。

为了建立与市场经济相适应，与国际惯例相衔接的资产评估新体制，保证资产评估机构在执业中杜绝行政干预、行政垄断、地区垄断，强化资产评估机构风险意识，激励资产评估机构提高服务质量，使资产评估机构真正成为独立、客观、公正的社会中介组织，包括资产评估机构资格管理在内的资产评估体制的改革已全面展开，这必将促进我国的资产评估事业朝着健康、有序的方向发展。

3.1.3 资产评估师职业资格制度

我国的资产评估师职业资格制度大致经历了两个阶段：1995年至2014年的注册资产评估师行政准入管理制度；2014年之后的由资产评估行业自律组织自律管理为主的资产评估师管理制度。

1）注册资产评估师行政准入管理制度

从1995年至2014年，我国资产评估师实行的是注册资产评估师行政准入管理制度。该制度主要由国家相关行政主管部门组织的准入类注册资产评估师资格考试制度，以及后续由资产评估行业自律管理组织负责的注册资产评估师注册制度、注册资产评估师职业管理制度，以及注册资产评估师后续教育制度组成。

由国家相关行政主管部门组织的准入类注册资产评估师考试制度规定，凡欲取得注册资产评估师资格的人员，必须参加准入类注册资产评估师职业资格全国统一考试。注册资产评估师职业资格全国统一考试办法，由国家负责资产评估管理的行政主管部门与人事部门共同制定。凡具有中等专科以上学校毕业的学历，或者具有会计、工程或者相关专业初级以上技术职称的相应工作经历的中国公民，可以申请参加准入类注册资产评估师全国统一考试，考试合格者将获得准入类注册资产评估师的注册资格。

获得准入类注册资产评估师注册资格的人员应在取得资格证书3个月内到当地省级资产评估行政主管部门申请办理注册登记手续。准予注册的人员，由相关部门核发统一印制的《注册资产评估师注册证》。

如果资产评估人员有下列情形的，不予注册：①完全丧失民事行为能力的；②因在资产评估等业务中犯有严重错误，受行政处罚的；③受刑事处罚的。

准入类注册资产评估师注册有效期一般为3年，有效期满前3个月，持证者要按规定主动到注册管理机构重新办理注册登记。对不符合要求的，不予重新注册。

注册资产评估师职业管理制度主要由注册资产评估师职业技术规范和职业道德规范组成。注册资产评估师职业技术规范从原则上规定了注册资产评估师的职业范围、职业技术规程和职业责任。注册资产评估师职业道德规范具体规定了注册资产评估师的职业理想、职业态度、职业职责、执业立场、执业者与委托人之间的关系、回避制度，以及专业胜任能力等。

注册资产评估师后续教育制度是指已经注册取得了注册资产评估师职业资格并正在执业的注册资产评估师必须接受重新学习和教育的制度。在其执业过程中，每年不得少于若干学时的再学习、再教育时间，以保证执业中的注册资产评估师的知识更新和技术进步。对未接受再学习、再教育以及未完成再学习、再教育规定学时的注册资产评估师将在每3年重新注册时不予重新注册。

2）由资产评估行业自律组织以自律管理为主的资产评估师管理制度

2014年，国务院发布了《关于取消和调整一批行政审批项目等事项的决定》（国发【2014】27号）文件，取消了注册资产评估师等准入类职业资格，改为水平评价类职业资格。资产评估师管理制度由注册资产评估师行政准入管理制度转入由资产评估行业自律组织自律管理为主的资产评估师管理制度。由资产评估行业自律组织自律管理为主的资产评估师管理制度主要由资产评估行业自律管理组织负责的水平评价类资产评估师资格考试制度、资产评估师资格管理制度、资产评估师职业管理制度，以及资产评估师后续教育制度等组成。

2016年7月2日，全国人民代表大会常务委员会第二十一次会议通过的《中华人民共和国资产评估法》，对资产评估从业人员的组成做出了新的规定："评估专业人员包括评估师和其他具有评估专业知识及实践经验的评估从业人员。评估师是指通过评估师资格考试的评估专业人员。"

3.1.4 资产评估机构的年检制度

为了加强对资产评估机构的管理，促进资产评估行业的健康发展，各级资产评估行政主管部门对所管辖的资产评估机构，除加强日常管理、监督与检查外，应按照国家规定进行年检。年检制度包括年检内容、年检方法和确认年检结果三部分。

1）年检内容

（1）资产评估机构内部机构设置及人员配备情况。综合性资产评估机构是否设有独立的评估部门，是否建立了正常的工作制度，评估人员的数量结构、年龄结构、专业结构、技术职务结构是否符合规定，评估人员参加内部培训及外部培训的情况。

（2）资产评估机构业务开展情况，评估的项目类型、数量、规模。

（3）评估工作质量情况。其主要检查项目的评估依据、过程、方法，结果是否科学、合理，是否符合有关规定和内容。

（4）资产评估机构信誉情况。

（5）对法律、法规的执行情况及遵守职业道德情况。

（6）资产评估机构的收费情况等。

2）年检方法

由资产评估机构按照以上检查内容准备资料，并将如下资料报资产评估行政主管部门审查：资产评估年检表、资产评估人员参加培训的情况以及有关证书或证明的影印件、两个评估案例及资产评估行政主管部门认为有必要提供的其他资料。

负责组织年检的资产评估行政主管部门应对资产评估机构报来的资料逐户逐项进行审查，有选择地抽查一部分资产评估机构，必要时可跟踪评估项目，实际考察资产评估机构的评估水平。

3）确认年检结果

对于符合年检内容要求和基本符合要求的资产评估机构，可作为合格处理。对于合格的资产评估机构，在资产评估资格证书上加盖"资产评估机构年检专用章"，并在当地通告。对于年检不合格的资产评估机构限期调整，提出处理意见，报资产评估行政主管部门备案，在整顿期间不得开展评估业务。整顿期满后，由资产评估行政主管部门对其进行审查，并提出审查意见。审查合格的，作为年检合格处理，对于经过限期整顿仍不合格或者有严重错误的资产评估机构，要吊销其资产评估资格，收回资产评估资格证书。

《关于推动评估机构做大做强做优的指导意见》（财企【2009】453 号）指出，争取用 3 到 5 年的时间，造就具有行业先进文化理念、引领评估理论研究和技术创新、善于培养评估人才、广受社会尊重的"评估大师"10 名；培养职业道德过硬、评估理论水平较高、技术功底扎实、享有较高诚信声誉的"评估名师"100 名；打造一支忠于评估事业、恪守职业道德、胜任评估专业的优秀评估师队伍。

3.2 我国资产评估行业管理体制

随着社会主义市场经济的发展，我国资产评估行业在不断发展壮大，客观上要求建立健全资产评估行业管理体制，对整个资产评估行业加强管理和监督。我国的资产评估行业管理体制也经历了以政府管理与行业自律管理并重的时期，以及以评估行业自律管理为主与政府监督指导相结合的阶段。

3.2.1 资产评估行业的政府管理

我国资产评估起步于国有资产评估，自 1991 年国务院颁布《国有资产评估管理办法》（国务院 91 号总理令）起，政府就介入了国有资产评估的管理工作。政府对国有资产评估的管理实行的是"统一政策、分级管理"的原则。在 2005 年财政部第 22 号令《资产评估机构审批管理办法》颁布之前，国有资产评估工作按照国有资产管理权限，由国有资产管理行政主管部门负责管理和监督。

根据 2005 年财政部第 22 号令《资产评估机构审批管理办法》的规定，财政部为全国资产评估主管部门，依法负责审批、管理、监督全国资产评估机构，统一制定资产评估机构管理制度。各省、自治区、直辖市财政厅（局）（简称省级财政部门）负责对本地区资产评估机构进行审批管理和监督。资产评估协会负责对资产评估行业进行自律性管理，协助资产评估主管部门对资产评估机构进行管理与监督检查。

2016 年 7 月 2 日，全国人民代表大会常务委员会第二十一次会议通过的《中华人民共和国资产评估法》将评估行业的行政管辖权下放到设区的市级以上人民政府。

我国政府监管资产评估行业的主要内容包括对资产评估机构的监管、对评估专业人员的监管、对评估行业协会实施监督检查等。

《中华人民共和国资产评估法》规定，有关评估行政管理部门依据各自职责，负责监督管理评估行业，对评估机构和评估专业人员的违法行为依法实施行政处罚，将处罚情况及时通报有关评估协会，并依法向社会公开。评估行政管理部门对有关评估行业协会实施监督检查，对发现的问题和针对协会的投诉、举报，应当及时调查处理。

评估行政管理部门对评估机构的监管，主要是对已经取得工商管理部门登记手续并领取了营业执照后的评估机构实施备案管理，依法维护评估机构的合法权益，评估行政管理部门不得违法对评估机构依法开展业务进行限制。同时，评估行政管理部门对评估机构的违法行为实施行政处罚。

评估行政管理部门对评估专业人员的监管，主要是依法维护评估专业人员的合法权益，对评估专业人员的违法行为进行行政处罚。

评估行政管理部门对评估行业协会的监督检查管理，主要是监督评估行业协会依法履行行业自律管理的情况，对行业协会利用职权为评估机构招揽业务等违规违法行为，以及对投诉、举报情况进行及时调查处理。

3.2.2 资产评估的行业自律管理

我国的资产评估工作是从国有资产开始的，因此它一直是由政府来进行管理的，而且主要是由政府国有资产管理部门来管理的，但随着我国社会主义市场经济的发展，产权流动和资产重组在范围上的日益扩大，资产评估的对象已不仅是国有资产，还包括其他权利主体拥有的资产，资产评估需要维护所有产权主体的财产权益，这就需要建立全国性的资产评估行业管理组织，对我国资产评估实行社会性的行业自律管理。2014 年国务院发布的《关于取消和调整一批行政审批项目等事项的决定》（国发【2014】27 号），取消了注册资产评估师等准入类职业资格，改为水平评价类职业资格。国家工商注册登记制度改革，则取消了公司设立注册资本制度，评估机构的审批由前置审批改为后置审批。

2016 年 7 月 2 日，全国人民代表大会常务委员会第二十一次会议通过的《中华人民共和国资产评估法》对评估行业协会的性质、设立、章程制定、权利职责，以及行业自律管理做出了明确的规定。

因此，我国的资产评估由政府管理转向在政府指导下的行业自律管理。这既是社会主义市场经济发展的需要，也是与国际惯例接轨的需要。要充分发挥协会的行业管理作用，必须有一个健全的协会组织体系。

[小资料 3-2]

中国资产评估协会

中国资产评估协会成立于 1993 年 12 月 10 日，它是一个自我教育、自我约束、自我管理的全国性资产评估行业组织。中国资产评估协会作为独立的社团组织，具有跨地区、跨部门、跨行业、跨所有制的特点，使资产评估管理工作覆盖整个行业和全社会，它既可把培训评估人员、研究评估理论方法、制定评估技术标准和执业标准、进行国内外业务交流合作等作为己任，又可接受政府授权和委托，办理属于政府职能的工作。中国资产评估协会的建立，标志着我国资产评估行业建设进入了一个新的历史发展阶段。

[小资料 3-3]

资产评估协会的宗旨、职责和组织机构

1）资产评估协会的宗旨

建立资产评估协会的宗旨是为了适应社会主义市场经济发展的需要，加强资产评估工作的行业管理和监督，引导资产评估机构及执业人员强化自律管理，独立、客观、公正地开展资产评估业务，维护产权所有者各方面的合法权益，研究资产评估的理论，交流资产评估的经验，沟通业务信息，提高资产评估机构和评估执业人员的素质和评估水平，指导资产评估机构和评估执业人员正确执行国家法律、法规，遵守职业道德，维护资产评估机构和评估人员的合法权益，促进评估工作健康发展。

2）资产评估协会的基本职责

（1）负责协会会员及组织联络工作；

（2）开展资产评估理论、方法政策的研究，制定资产评估准则和标准；

（3）办理协会日常文秘工作，管理协会财务收支，定期向理事会提供财务及工作报告；

（4）受理资产评估纠纷的调解和仲裁；

（5）反映会员的意见和要求，维护会员的合法权益；

（6）出版协会刊物，组织编写、出版有关资产评估书籍、资料，开展资产评估宣传工作；

（7）开展国际交流；

（8）收集评估信息和数据，逐步建立以电子信息技术为基础的信息网络，为资产评估提供信息服务；

（9）对资产评估人员进行业务培训，提高执业技能；

（10）其他应由协会办理的事项。

3）资产评估协会组织机构

我国资产评估协会最高权力机构为会员代表大会，并由会员代表大会选举产生理事会。理事会是协会的执行机构，协会设会长 1 名、副会长若干名和秘书长 1 名、副秘书长若干名。

会员代表大会可行使的职权：（1）选举产生协会理事会理事；（2）制定和修改协会章程；（3）决定协会的工作方针和任务；（4）审查批准理事会的工作报告；（5）其他应由会员代表大会行使的职权。

理事会可行使的职权：（1）召集会议代表大会，向大会报告工作，组织执行大会决议；（2）提交会议代表大会审议的提案；（3）选举会长、副会长、秘书长、副秘书长；（4）审查协会年度经费收支；（5）会员代表大会闭幕期间，增补、撤销理事，报下届会员代表大会追认；（6）其他应由理事会行使的职权。

会长的主要职责：（1）主持会员代表大会，召集主持协会理事会和专业委员会会议；（2）听取秘书长工作汇报，批准协会各种计划和其他重要事项；（3）监督、检查会员代表大会、协会理事会决议的情况；（4）签署协会公布的重要文件；

（5）协会章程与会员代表大会及其理事会授予的其他职权。

秘书长的主要职责：（1）在会长领导下主持协会日常管理工作，组织实施会员代表大会和协会理事会决议及国有资产行政主管部门授权的各项工作；（2）组织制定和实施协会的年度工作计划；（3）向会长请示、汇报工作；（4）拟订协会内部管理机构设置方案；（5）组织拟订协会的日常管理制度和具体规章；（6）聘任和解聘正、副秘书长以外的协会管理人员；（7）协会章程和理事会授予的其他职权。

作为代表性的行业自律组织，中国资产评估协会的重要职能是加强行业自律监管。一方面有赖于协会组织体系的进一步完善，包括建立地方组织和专业分会；另一方面要通过吸收国际资产评估行业的有益经验，建立起适应我国国情的资产评估行业操作准则，以及评估人员职业道德准则、资产评估师考试和资格管理制度等一系列规范行业行为的规则和制度，使我国资产评估行业不断走向成熟。

3.3 资产评估客体

就一般意义上讲，资产评估客体泛指资产及需要利用估值技术服务的所有可以用货币表示的经济事项。资产评估客体可以从理论层面和操作层面分别加以论述。在资产评估理论层面上，资产及需要利用估值技术服务的所有可以用货币表示的经济事项统称为资产评估客体；而在资产评估操作层面上，特定条件下的被评估资产及其可以用货币表示的经济事项被称为资产评估对象。

3.3.1 资产评估客体及其特征

1）资产评估客体

从资产评估理论层面上讲，资产评估客体通常是泛指资产及需要利用估值技术服务的所有可以用货币表示的经济事项。

资产是一个具有多角度、多层面的概念，既有经济学中的资产概念，也有会计学中的资产概念及其他学科中的资产概念等。这些关于资产的概念是评估人员理解资产评估中的资产或评估对象的基础。

经济学中的资产是泛指特定经济主体拥有或控制的，能够给特定经济主体带来经济利益的经济资源，也有将其表述为特定经济主体拥有或控制的，具有内在经济价值的实物和无形的权利。

会计学中的资产是指企业过去的交易或事项形成的由企业拥有或控制的资源，该资源预期会给企业带来经济利益。会计学中的资产主要指的是企业中的资产，这是资产评估对象中的重要组成部分，但资产评估对象或资产评估中的资产并不完全局限于企业中的资产。

资产评估中的资产，其内涵更接近于经济学中的资产，即特定权利主体拥有或控制的并能给特定权利主体带来未来经济利益的经济资源；而外延则包括具有内在经济价值，以及市场交换价值的所有实物和无形的权利。

需要利用估值技术服务的所有可以用货币表示的经济事项是指资产以外的其他

需要利用估值技术服务的可以用货币计量的事项，如企业负债、成本等。

2）资产评估客体的基本特征

（1）作为资产评估客体中的资产具有以下基本特征：

①资产必须是经济主体拥有或者控制的。依法取得财产权利是经济主体拥有并支配资产的前提条件。由于市场经济的深化，财产所有权基本权能形成不同的排列与组合不仅成为必要，而且成为可能。如果将这些排列与组合称为产权，那么，在资产评估中应了解被评估资产的产权构成。例如，对于一些以特殊方式形成的资产，经济主体虽然对其不拥有完全的所有权，但依据合法程序能够实际控制的，如融资租入固定资产、土地使用权等，按照实质重于形式原则的要求，也应当将其作为经济主体的资产予以确认。

②资产是能够给经济主体带来经济利益的资源，即可能给经济主体带来现金流入的资源。也就是说，资产具有能够带来未来利益的潜在能力。如果被恰当使用，资产的获利潜力就能够实现，进而使资产具有使用价值和交换价值。也就是说，具有使用价值和交换价值，并能给经济主体带来未来效益的经济资源，才能作为资产确认。

③资产评估中的资产必须能以货币计量。也就是说，资产价值必须能够运用货币进行计量，否则就不能作为资产评估中的资产确认。

（2）需要利用估值技术服务的其他经济事项的特征。需要利用估值技术服务的其他经济事项泛指资产以外的需要利用估值技术服务才能实现其计量目的的经济事项。所以，作为资产评估客体的其他经济事项必须能以货币计量，而且这种计量需要利用估值的思想、思路和评估技术才能实现其计量的目的。

3.3.2　资产评估客体分类

1）资产评估客体分类

作为资产评估客体的资产，存在形式是多种多样的，为了科学地进行资产评估，可对资产进行适当的分类：

（1）按资产存在形态分类，可以分为有形资产和无形资产。有形资产是指那些具有实物形态的资产，包括机器设备、房屋建筑物、流动资产等。由于这类资产具有不同的功能和特性，在评估时应分别进行。无形资产是指那些没有实物形态，但在很大程度上制约着企业物质产品生产能力和生产质量，直接影响企业经济效益的资产，主要包括专利权、商标权、非专利技术、土地使用权、商誉等。

（2）按资产的构成和是否具有综合获利能力分类，可以分为单项资产和整体资产。单项资产是指单台、单件的资产。整体资产是指由一组单项资产组成的具有整体获利能力的资产综合体。

（3）按资产能否独立存在分类，可以分为可确指的资产和不可确指的资产。可确指的资产是指能独立存在的资产，前面所列示的有形资产和无形资产，除商誉以外都是可确指的资产。不可确指的资产是指不能脱离企业有形资产而单独存在的资产，如商誉。商誉是指企业基于地理位置优越、信誉卓著、生产经营出色、劳动效率高、历史悠久、经验丰富、技术先进等原因，所获得的投资收益率高于一般正常投资收益率所形成的超额收益资本化的结果。

（4）按资产与生产经营过程的关系分类，可以分为经营性资产和非经营性资产。经营性资产是指处于生产经营过程中的资产，如企业中的机器设备、厂房、交通工具等。经营性资产又可按是否对盈利产生贡献分为有效资产和无效资产。非经营性资产是指处于生产经营过程以外的资产。

（5）按企业会计制度及其资产的流动性分类，可以分为流动资产、非流动资产。

2）需要利用估值技术服务的其他经济事项的分类

需要利用估值技术服务的其他经济事项并不是一个边界十分清晰的概念，只要能以货币计量，而且这种计量需要利用估值的思想、思路和评估技术才能实现其计量目的的都可以称为需要利用估值技术服务的其他经济事项。所以，需要利用估值技术服务的其他经济事项的分类只能就资产评估实务中较为常见的经济事项进行列举。

（1）债务。从资产评估的角度划分，债务可以划分为企业的全部债务（如企业价值评估中涉及的企业全部债务）以及其他经济行为涉及的单项债务；从是否需要付息的角度划分，债务可以划分为付息债务和非付息债务；从是否现实已经体现的角度，债务还可以划分为现实债务和或有负债。

（2）成本费用。从资产评估的角度划分，成本费用可以划分为产品成本、资产成本、工程成本和项目成本等。

（3）获利能力。从资产评估的角度划分，获利能力可以划分为单项资产获利能力、资产组及资产组组合获利能力、项目获利能力和企业获利能力等。

（4）其他。

3.3.3　资产评估对象及其界定

从资产评估操作层面上讲，需要把资产评估客体转换成资产评估对象。资产评估操作层面的评估对象，是由资产本身及其承载的权益，以及由引起资产评估的经济行为对于评估结果用途的具体要求（资产评估特定目的）等对资产功能、作用、使用方式等影响所构成的。由于资产的存在形态千差万别、性质功能丰富多彩，在实际资产评估过程中，需要评估人员考虑资产评估特定目的对资产功能、作用、使用方式等的影响，从而具体把握评估对象的性质、功能、作用、盈利模式、使用方式、使用状态等，以便相对合理地估计其价值。

从某种意义上讲，评估对象界定就是资产评估具体标的物的界定。界定评估对象就是要准确界定评估对象的内涵及外延。

由于资产既有有形资产也有无形资产，既包括了单项资产也包括了整体资产，因此评估对象界定自然就分为有形资产界定和无形资产界定，以及单项资产界定和整体资产界定几个方面。

1）有形资产的界定

从把握有形资产作为评估对象的角度，需要考虑有形资产的实体边界和权益边界两个方面。

（1）单项有形资产的界定

关于有形资产边界的界定，重点在于有形资产的实体边界，单项有形资产的实体边界通常是清晰的，评估人员界定单项有形资产的实体边界相对比较简单，像一台机床、一辆汽车、一幢楼房等很容易被界定。

单项有形资产的产权边界基本上是清楚的。大概是因为我国处于经济转型时期，旧体制遗留了一些产权不清晰的资产，以及体制创新、制度创新产生的一些产权不清晰的资产，这样就需要评估人员在明确评估目的的前提下核实鉴定评估对象的权益，例如资产的所有权、使用权、租赁权、抵押权等。评估对象承载的是什么样的权益、本次评估的是什么权益，是评估人员在进行资产评估时必须明确的问题。如果评估对象是单项资产，评估人员可以通过评估对象的产权证明材料、购置合同、协议、相关票据凭证和引起资产评估的具体经济事项等落实评估对象产权及其权益。评估人员在核实鉴定评估对象的产权过程中应切实注意评估对象中是否存在经营租赁、未办理产权、未登记入账，以及产权文件记载内容与实物资产不符的情况，尽量查明原因并妥善处理。

（2）资产组及资产组组合的界定

资产组是企业可以认定的最小资产组合，其产生的现金流应当基本上独立于其他资产或者资产组。资产组应当由创造现金流入的相关资产组成。

资产组组合是指由若干个资产组组成的最小资产组组合，包括资产组或者资产组组合，以及按合理方法分摊的总部资产部分。

（3）整体资产的界定

整体资产的界定，就方式方法而言与单项有形资产的界定并无多大差别，也是相对容易界定的，只是在界定时需要考虑整体资产的评估对象与评估范围之间的差异。

就一般而言，整体资产的评估对象是整体资产承载的权益。单项有形资产的权益相对容易界定和把握，而整体资产承载的权益可能需要评估人员进行分析来把握。关于整体资产的评估对象，不能简单地将其与构成整体资产的各个要素资产的界定混同起来，评估人员还必须关注整体资产所承载的权益并不完全等同于构成整体资产的各个要素资产承载的权益之和。整体资产的评估对象说到底是整体资产所承载的权益。例如，企业价值评估中的评估对象是企业的整体价值、股东全部权益价值和股东部分权益价值。

整体资产承载的权益与整体资产产权范围内各单项资产之间是评估对象与评估范围之间的关系。整体资产的界定涉及评估对象的界定与评估范围的界定两个方面，二者的关系不能混淆。

整体资产评估范围的边界也是相对容易界定的，整体资产的产权边界就是其评估范围的边界。只是在界定过程中需要考虑整体资产中的工艺要求，各要素资产之间的匹配，以及各要素资产在形成整体生产能力和获利能力中的作用。可以考虑按各要素资产在形成整体生产能力和获利能力中的作用将其进一步划分为构成整体资产中的有效资产和对整体资产不发挥效用的无效资产等。将整体资产划分为有效资产和无效资产，有利于评估人员清晰地把握评估对象、合理地运用评估技术、恰当地选择评估参数，以及较为准确地判断评估对象价值。

2）无形资产的界定

就无形资产本身而言，无形资产不存在物质实体，所以并不存在实体边界的界定问题。然而，无形资产发挥作用必须借助于有形资产，无形资产对有形资产的依附性决定了作为评估对象的无形资产的界定，必须考虑其所依附的有形资产。

无形资产权益的界定相对于有形资产而言就显得复杂一些：其一，无形资产没有物质实体，无形资产评估对象本身就不很容易把握，而蕴含其中的权益自然就难以把握；其二，无形资产的种类繁多，就大的方面讲，包括知识产权类、权利类、关系类和其他类等，其使用价值鉴定和产权鉴定相对比较复杂。无形资产本身的鉴定涉及相关技术、科学研究成果、科学研究成果转化能力、工艺等方方面面；无形资产权益的界定涉及相关法律、法规，如知识产权法、财产法、行政许可法、经济合同法等。无形资产不但产权界定比较复杂，而且无形资产权益的存在形式更是丰富多彩。无形资产权益基本上是以权益束的形式出现的，包括无形资产的所有权、使用权、质押权等。在无形资产的使用权或许可权利中，具体划分为独占许可、独家许可、普通许可等诸多形式。无形资产权益的界定在无形资产评估中具有非常重要的意义，无形资产权益的界定准确与否将直接影响着被评估无形资产的价值。

无形资产权益的界定，评估人员可以通过评估对象的产权证明材料、相关行政主管部门或企业的授权、购置合同、协议和相关凭证等核实界定其产权及其权益。

无形资产评估对象的界定除了需要明确无形资产权益以外，还需要掌握无形资产评估的目的，以及无形资产发挥作用的载体及对象的状况。无形资产权益的界定是界定无形资产评估对象的基础。无形资产权益与无形资产评估的目的，以及无形资产发挥作用的载体及对象的状况共同构成了无形资产评估对象。例如，某科研机构甲拥有从高原盐湖水中提取贵金属技术，企业乙拥有我国最大的高原盐湖水资源，企业丙拥有我国最小的高原盐湖水资源。乙企业和丙企业都想利用某科研机构甲的从高原盐湖水中提取贵金属技术，都想与甲研究机构合资合作。通过协商甲研究机构同意用从高原盐湖水中提取贵金属技术与乙企业及丙企业合资合作，现在涉及甲研究机构的从高原盐湖水中提取贵金属技术的评估问题。从表面上看，评估对象是从高原盐湖水中提取贵金属的技术。但是，很显然，同一技术对乙企业和丙企业来讲，其评估价值和合资入股的价值并不相同。此时，评估对象可能就不是从高原盐湖水中提取贵金属的技术，而是该技术与不同规模的高原盐湖水资源的结合体。

3.3.4 评估对象作用方式的界定

从某个角度讲，资产的评估价值是资产所承载的权益价值的说法是正确的，但同时，资产所承载的权益价值是要通过资产的运用及其所体现出来的获利能力和市场表现实现的。在评估对象所承载的权益已经确定的前提下，评估对象如何被使用、以什么方式被使用将直接影响甚至决定评估对象获利能力的产生和形成。这就是说，评估对象的作用方式将影响评估对象的盈利模式。关于评估对象的讨论涉及评估对象的作用方式与评估对象的盈利模式两个方面的问题。

1）评估对象作用方式的界定

作为评估对象的单项有形资产的作用方式，指被评估资产是作为整体资产中的要素资产被使用，还是作为独立的资产被使用将影响评估对象的作用空间和获利空间。不同的被使用方式还将影响评估对象评估结果的价值类型的选择和评估参数的选择。如果评估对象是作为整体资产中的要素资产被使用，在资产评估过程中将适用贡献原则评价其价值，评估结果通常是在用价值；如果被评估资产是作为独立的资产被使用，在资产评估过程中将适用替代原则等评价其价值，一般情况下要求评估结果是市场价值。

评估对象为整体资产的作用方式，指被评估整体资产是将持续经营或使用，还是作为非持续经营的若干需要变现的单项要素资产组合。整体资产的持续经营与整体资产变现或者拆零变现，无论在价值类型选择或评估参数选择，还是在评估结果等方面都可能存在着较大的差异。

作为评估对象的单项无形资产的作用方式，指被评估资产是作为整体资产中的要素资产被使用，还是作为独立的资产被使用将影响评估对象的作用空间和获利空间。评估对象不同的被使用方式还将影响评估对象评估结果价值类型的选择和评估参数的选择。如果被评估无形资产是作为整体资产中的要素资产被使用，在资产评估过程中将适用贡献原则评价其价值，评估结果通常是在用价值；如果被评估无形资产是作为独立的资产被转让、投资等，在资产评估过程中将适用替代原则、供求原则和贡献原则等评价其价值，一般情况下要求评估结果是投资价值或市场价值等。无形资产对有形资产的依附性、无形资产发挥作用与有形资产的匹配关系，都是在无形资产评估过程中需要十分关注的方面。

2）盈利模式判断

评估对象的盈利模式与评估对象自身的性质、功能，以及与评估目的相关的使用方式紧密相关。整体资产的盈利模式相对比较容易把握，单项资产的盈利模式把握起来则较为困难；有形资产的盈利模式相对比较容易把握，无形资产的盈利模式把握起来较为困难。有些单项有形资产本身就具有独立的获利能力，而有些单项有形资产本身并不具有独立的获利能力，要么与若干个单项资产组成资产组或资产组组合形成获利能力载体，要么作为整体资产的一部分融入整体资产之中。无形资产本身具有很强的获利能力，但无形资产本身通常并不具有独立的获利能力，无形资产的获利能力大都需要借助于有形资产共同形成获利能力载体。无形资产在多大的范围内，与什么规模和质量的有形资产结合，对无形资产评估价值影响巨大。无形资产的作用方式以及盈利模式是评估人员选择评估参数、评估途径与技术方法的重要依据之一，是影响无形资产评估价值的最重要的因素之一。

评估对象的实体边界、权益边界、作用方式和盈利模式的界定是资产评估过程中非常重要的组成部分，是准确合理评价资产价值的基础工作。评估对象的实体边界、权益边界、作用方式和盈利模式的界定可能并没有固定的模式，需要评估人员根据评估对象自身的性质、功能，以及评估目的等分析确认。评估对象的实体边界、权益边界、作用方式和盈利模式的准确界定将是评估人员选择价值类型和评估途径与技术方法的重要依据。

本章小结

资产评估主体的基本管理制度主要包括资产评估师管理制度、资产评估机构资格管理制度以及资产评估机构的年检制度等。随着资产评估行业的发展壮大，资产评估行业的管理模式也由以政府监管为主向行业自律监管方向发展。评估对象的实体边界、权益边界、作用方式和盈利模式的界定是资产评估过程中非常重要的组成部分，是准确、合理评价资产价值的基础工作。

关键概念

资产评估主体　资产评估客体　评估对象

思考题

1. 简述资产评估对象分类。
2. 如何界定评估对象的作用方式？
3. 简述评估对象权益边界。

第4章

资产评估目的与假设

学习目标

　　通过本章的学习，学生应当了解和掌握资产评估的一般目的和特定目的，以及它们在资产评估中的地位和作用。了解和掌握资产评估中的各类假设和各种假设，如评估条件假设、评估环境假设、评估对象利用程度假设和特定假设等，并能充分理解资产评估假设在资产评估中的地位和作用。

4.1　资产评估目的

　　在我国资产评估理论研究和评估实践中，评估目的都是一个十分重要的概念和评估专业术语。按照传统的解释，资产评估目的被认为是资产评估所要实现的目标，包括一般目的和特定目的。资产评估一般目的是泛指所有资产评估活动共同的目的或目标，即抽象掉所有引起资产评估的经济事项的特殊性，抽象掉所有个别经济事项及相关条件对资产评估的特殊条件要求，只保留进行资产评估所要实现的最基本的目标和要求。资产评估特定目的是每一项资产评估所要实现的具体目标，是每一个引起资产评估的经济事项及相关条件对资产评估的具体条件要求和目标要求。

　　既然资产评估一般目的是泛指所有资产评估活动共同的目的或目标，因此，资产评估一般目的是站在客户总体的角度和立场上，认识和看待评估报告及评估结论的目的和用途。资产评估一般目的应该被理解为：在符合法律法规、评估规范及社会公共利益的前提下，评估报告和评估结论应当满足客户经济事项对资产估值结论的用途需要和目标要求。

　　既然资产评估特定目的是每一项资产评估所要实现的具体目标，是每一个引起资产评估的经济事项及相关条件对资产评估的具体条件要求和目标要求，就应该基于个别客户的角度和立场来认识和理解资产评估特定目的，即评估报告及评估结论的特殊目的和具体用途。资产评估特定目的是站在特定客户的角度和立场上，认识和看待评估报告及评估结论的目的和用途。资产评估特定目的应该被理解为：在符合法律法规、评估规范及社会公共利益的前提下，评估报告和评估结论应当满足特定客户进行某个具体经济事项对资产估值结论的用途需要和目标要求。如果要很好地理解与把握个别客户使用评估报告及结论的特殊目的和具体用途，就需要从引起资产评估的经济事项入手。

资产评估一般目的的提出，实际上是要求评估人员站在客户使用评估报告及结论的立场上，考虑资产评估的条件约束和目标约束，并在资产评估的全过程中体现出这些约束。

资产评估特定目的的提出，实际上是要求评估人员站在具体客户使用评估报告及结论的立场上，考虑每一个资产评估项目的条件约束和目标约束，并在该资产评估项目的全过程中体现出这些约束。

由于资产评估活动都是具体的，在资产评估实践中直接发挥作用的主要是资产评估特定目的。而为了很好理解资产评估特定目的并能切实实现评估特定目的对评估全过程的约束和影响，就需要全面理解引起资产评估的经济行为或事项、评估报告及结论的预期用途和评估报告及结论的预期使用者三者间的关系及作用方式。

我国评估界对资产评估目的的传统解释更倾向于把评估的一般目的与评估的价值目标相联系，这种理解不一定会造成多大的问题，但有可能混淆资产评估目的与资产评估价值目标之间的区别。

4.1.1 引起资产评估的经济事项与资产评估报告的预期用途

资产评估报告的预期用途（intended use）是指评估师及评估机构承接业务时在与客户沟通的基础上，并通过评估委托协议或合同所确定的评估报告的使用用途。

资产评估活动并不是评估人员可以随意或随机进行的，它通常是客户为进行某项经济活动需要相关的价值意见而委托评估专业人员提供的价值咨询服务。很显然，评估人员提供的价值咨询服务不仅应当具备良好的专业性，而且还必须有极强的针对性，以满足客户为进行某项经济活动需要的相关价值意见要求。一般意义上的"引起资产评估的经济事项"，可以理解为客户拟要进行的对评估价值意见有需求的经济活动。

资产评估作为一种资产价值判断活动，总是为满足特定资产业务的需要而进行的。引起资产评估的经济事项既是资产评估的起因和条件约定，同时又对资产评估报告和结论的预期用途有着极强的约束。引起资产评估的经济事项与因此而做的资产评估报告及结论的预期用途存在着十分紧密的联系，很多人把二者等同起来，即将引起资产评估的经济事项直接作为评估报告和评估结论预期用途的代名词。而评估实务界更愿意把引起资产评估的特定经济事项（资产业务）对资产评估报告和评估结论的条件约束和目标约束称为资产评估特定目的。不论在理解上还是事实上，资产评估特定目的既包含对资产评估条件的约束，也包含对评估报告和结论预期用途的约束。所以在资产评估实务中，评估人员都十分关注资产评估特定目的，即引起资产评估的经济事项（资产业务）对评估条件及评估结论预期用途的约束和要求。资产评估特定目的是评估人员在进行资产评估时必须明确的基本事项之一。

从我国资产评估实际情况来看，引起资产评估的资产业务主要有以下两类：其一是相关法律法规要求，即需要有资产评估鉴证或价值咨询意见才可以开展的经济活动或事项；其二是市场主体自主要求，即需要资产评估提供价值鉴证或咨询服务支持才能开展的经济活动或事项等。

1）法律法规要求

对某些经济活动或事项规定或要求进行资产评估鉴证或咨询支持的法律法规主要有国有资产管理的相关法规、公司法、证券法、担保法和税法等。这些法律法规对于某些经济活动或事项的发生及运作要求提供资产评估报告。

（1）国有资产管理法规规定的需要进行资产评估的国有资产产权变动及相关的经济活动。例如，国有资产转让、国有企业兼并、国有企业出售、国有企业联营、股份经营、中外合资或合作、国有企业清算、国有资产担保、国有企业租赁、国有债务重组等。

①国有资产转让。国有资产转让是指国有资产拥有单位有偿转让其拥有的国有资产，通常是指转让非整体性资产的经济行为。

②国有企业兼并。企业兼并是指一个企业以承担债务、购买、股份化或控股等形式有偿接收其他企业的产权，使被兼并方丧失法人资格或改变法人实体的经济行为。当兼并主体或被兼并方是国有企业时，就可以称之为国有企业兼并。

③国有企业出售。国有企业出售是指独立核算的国有企业或企业内部的分厂、车间及其他整体资产产权出售行为。

④国有企业联营。企业联营是指国内企业、单位之间以固定资产、流动资产、无形资产及其他资产投入组成各种形式的联合经营实体的行为。当上述经济行为涉及国有企业时，就可以称之为国有企业联营。

⑤股份经营。股份经营是指资产占有单位实行股份制经营方式的行为，包括法人持股、内部职工持股、向社会发行非上市股票和上市股票。当股份经营涉及国有股权的时候，股份经营行为将要受到国有资产相关法规的约束。

⑥中外合资或合作。中外合资或合作是指我国的企业和其他经济组织与外国企业和其他经济组织或个人在我国境内举办合资或合作经营企业的行为。当合资或合作的中方企业是国有企业时，中外合资或合作行为也要受到国有资产相关法规的约束。

⑦国有企业清算。国有企业清算包括了国有破产清算、终止清算和结业清算等经济活动。

⑧国有资产担保。国有资产担保是指国有资产占有单位以本企业的资产为其他单位的经济行为担保，并承担连带责任的行为。担保通常包括抵押、质押和保证等。

⑨国有企业租赁。国有企业租赁是指国有资产占有单位在一定期限内，以收取租金的形式，将国有企业全部或部分资产的经营使用权转让给其他经营使用者的

行为。

⑩国有债务重组。国有债务重组是指国有债权人按照其与债务人达成的协议或法院的裁决，同意债务人修改债务条件的事项。

⑪引起国有资产评估的其他合法经济事项。

（2）公司法、证券法等法规规定的需要或可以进行资产评估的投资、融资及相关的经济事项。

《中华人民共和国公司法》第二十七条规定："股东可以用货币出资，也可以用实物、知识产权、土地使用权等可以用货币估价并可以依法转让的非货币财产作价出资；但是，法律、行政法规规定不得作为出资的财产除外。对作为出资的非货币财产应当评估作价，核实财产，不得高估或者低估作价。法律、行政法规对评估作价有规定的，从其规定。"

《中华人民共和国证券法》（以下简称《证券法》）第十七条第一款第（四）项规定："申请公开发行公司债券，在向国务院授权的部门或者国务院证券监督管理机构报送的文件中包括资产评估报告。"《证券法》第一百四十九条规定："国务院证券监督管理机构认为有必要时，可以委托会计师事务所、资产评估机构对证券公司的财务状况、内部控制状况、资产价值进行审计或者评估。"

（3）其他法律法规规定的需要或可以进行资产评估的涉及财产、经济赔偿等的案件、事项等。如税法对某些或某种房地产交易、转移和保有等经济事项涉及的房地产要求进行的价值评估；城市与建设相关法规要求对城市改造或重大工程涉及的企业搬迁、房屋拆迁进行的价值评估等；民事诉讼法及有关刑法对涉及经济犯罪、损失赔偿要求进行的资产评估等。

2）市场主体要求

这主要是指市场主体进行的投融资活动和交易活动。例如，资产转让、企业兼并、资产重组、企业联营、股权收购、企业清算、财产抵押、企业租赁等。

引起资产评估的经济事项对于评估报告的预期用途具有明确和直接的约束。从非严格的意义上讲，可以将引起资产评估的经济事项理解为评估报告的预期用途。

4.1.2 评估报告预期使用者

评估报告预期使用者是指评估师及评估机构承接业务时在与客户沟通的基础上，并通过评估委托协议或合同所确定的评估报告的使用者。

引起资产评估的经济事项是多种多样的，其执行或操作主体也各不相同。因不同经济事项引发的资产评估报告的预期使用者也是不同的。这些不同的评估报告预期使用者既有政府相关部门、法律执行机关和经济监管部门，也有企业组织和个人。由于评估报告预期使用者的地位及使用评估报告的目的不同，他们对评估活动本身及评估报告的要求等也存在差异。这样一来，评估报告的预期使用者就不是简单的同质客户整体，而是需要根据引起资产评估的经济事项相关的评估报告预期使用者的具体情况，考虑不同的评估报告预期使用者对于相应的评估项目在评估过程、评估依据、价值类型和参数选择等方面的不同要求和规范。例如，因国有资产产权变动引起的资产评估，其评估报告及结论的预期使用者是国有资产管理部门。国有资产管理部门对于国有资产评估制定了一整套法规和规范，在这些法规和规范中对资产评估做出了一系列要求。如对国企改制评估要求选择市场价值类型，国有资产评估报告在格式及内容方面都必须满足国有资产管理的需要等。其他的评估报告使用者，如工商行政管理部门、证券、期货交易监管部门、金融监管部门、人民法院和司法主管部门等，也会通过相关法规规定和部门规章等对评估过程、评估依据、价值类型和参数选择等提出具体的要求和规范。

通过引起资产评估经济事项明确评估报告及结论的具体用途，以及评估报告及结论的具体使用者，并根据以上要素明确具体评估项目的条件约束和目标约束，就是评估人员在进行资产评估过程中必须做到的工作。

4.1.3　资产评估特定目的在资产评估中的地位作用

概括地讲，资产评估特定目的的作用就是由引起资产评估的特定经济事项（资产业务），以及满足特定经济事项有关当事人对评估报告和结果的用途需要和目标要求所形成的对资产评估项目的条件约束和目标约束。从前面资产评估特定目的的表述中可以看出，资产评估特定目的包含了为什么要进行资产评估、资产评估报告和评估结论的具体用途，以及谁来使用评估报告和评估结论三个基本问题。所以，评估特定目的在资产评估中有着极为重要的地位和作用。资产评估特定目的不仅是某项具体资产评估活动的起点，同时又对资产评估活动所要达到的目标具有极强的约束作用。资产评估特定目的贯串了资产评估的全过程，影响着评估人员对评估对象界定、评估工作范围、评估参数及资产价值类型选择等，它是评估人员在进行具体资产评估时必须首先明确的基本事项。

资产评估特定目的是界定评估对象的基础。任何一项资产业务，无论产权是否发生变动，它所涉及的评估标的及范围必须接受资产业务本身的制约。资产评估委托方正是根据资产业务的需要提出需要评估的对象及范围。评估人员也必须根据评估特定目的来界定评估对象和评估范围，明确评估对象和范围在资产评估中的重要作用是不言而喻的。

明确评估对象或界定评估对象其实是资产评估首先需要解决的问题。而关于如何明确或界定评估对象在我国评估理论界和实务界都还并不十分清晰，造成这种问题最直接的原因是许多人没有正确认识评估客体或评估标的物与评估对象之间的关系。确切地说，是把评估客体或评估标的物与评估对象简单地等同起来。实际上，评估客体或评估标的物只是评估对象的"载体"，并不是评估对象本身。评估对象实际上是被赋予了特定条件的评估客体或评估标的物，或者说是特定条件约束下的评估客体或评估标的物。没有条件约束的评估客体或评估标的物的价值也是没有条件约束的，在资产评估中没有条件约束的价值（定义）其实是不存在的。例如，某人委托评估师评估一不动产，理由是委托人要转让该不动产。在此种情况下，其实评估师是无法确切评估该不动产价值的。因为评估师并不清楚委托人转让的是不动产的所有权还是使用权，也就是说上述委托并没有构成一项规范的引起资产评估的经济事项，即不构成评估的特定目的。当然，没有评估特定目的条件约束的评估客体也不能构成评估对象。只有当委托人明确提出因何种经济活动而转让该不动产的所有权或使用权的条件和目的时，上述委托才构成有明确评估目的的规范委托，评估师才可以根据特定经济行为或事项的目标约束和条件约束来界定评估对象，即用于特定经济活动或事项的所有权权益的不动产或使用权权益的不动产。

资产评估特定目的对于资产评估中具体参数选择具有约束作用。评估参数是形成评估结论最直接的数据，在具体评估项目中，评估参数的采集和选择受制于评估特定目的。因为在不同的评估特定目的下，不同的评估报告使用者对评估报告及结论的形成、披露等有着不同的要求。在资产评估中，满足上述要求最直接的做法就是采用不同的评估参数。例如，委托人拟抵押 A 不动产进行融资，委托评估师评估 A 不动产价值。该项评估业务中的评估报告及评估结论的使用者包括两类，其一是不动产的产权主体，其二是贷款方的金融机构。两类评估报告及评估价值使用者对抵押物评估的条件要求和价值目标要求可能一致，也可能不一致。如果两类评估报告及评估价值使用者对抵押物评估的条件及价值目标要求不一致，构成评估特定目的要素之一的具体的评估报告及评估价值使用者将成为决定本次抵押物评估基本参数选择的重要因素。假如，A 不动产产权主体要求评估抵押物的市场价值，评估师就必须采用与评估抵押物市场价值相匹配的评估参数数据；而如果金融机构要求评估抵押物的有序清算价值，那么评估师就只能选择与抵押物有序清算价值相匹配的评估参数数据。

资产评估特定目的对于资产评估具体价值目标（评估结论的价值定义及价值类型）的选择具有约束作用。特定经济事项或资产业务约束着资产的存续条件、使用方式、利用状态和资产面临的市场条件以及评估报告的使用者，资产评估具体价值目标受制于上述条件及可能发生的变化。上述条件的不同排列组合对资产评估所形成的条件约束和目标约束，要求评估人员在资产评估具体价值目标选择上应当采用与之相匹配的价值定义及价值类型。根据评估特定目的的条件约束选择与之相适应的评估结论价值定义和价值类型，是评估人员进行具体评估时最重要的工作之一。按照评估特定目的的条件约束和目标约束与评估具体价值目标匹配性原则进行评估，是保证资产评估趋于科学、合理的基本前提。例如，委托人拟抵押 A 不动产进行融资，委托评估师评估 A 不动产价值，本次评估报告及评估价值的预期使用者是某金融机构（贷款方）。假设该金融机构根据评估时点房地产市场供需状况和借款人的信誉状况，要求评估师在评估抵押品价值时必须将借款人可能违约的潜在风险及不动产难以变现的因素考虑进去。在此种条件约束下，评估师在选择本次评估的具体价值目标（价值定义及价值类型）时，可能就需要放弃抵押物的市场价值而选择抵押物的抵押价值或有序清算价值。

需要指出的是，由于时间、地点、市场条件和预期使用者等的差异，同一类型的经济事项或资产业务对资产评估的条件约束和目标约束并不完全相同，对评估结论的价值定义及价值类型的要求也会有差别。这表明，引起资产评估的资产业务对资产评估的条件约束和目标约束，以及对评估结果的价值类型要求并不是抽象和绝对的。每一类经济事项或资产业务因不同的时间、地点、市场环境和预期使用者的差异，会对资产评估具体价值目标形成不同的条件约束，也会对资产评估结果的价值定义及价值类型有着不同的要求。换一个角度讲，引起资产评估的经济事项或资产业务本身并不是资产评估特定目的的全部。理解和掌握资产评估特定目的及其条件约束和目标约束，必须把引起资产评估的经济事项或资产业务本身与评估报告预期用途及评估结论预期使用者三者一并考虑，并根据上述三者的不同组合来确定评估特定目的对资产评估的条件约束和目标约束。所以，把引起资产评估的经济事项或资产业务本身的作用绝对化，或者把引起资产评估的经济事项或资产业务本身与评估特定目的等同化，以及将评估特定目的与评估结果的价值类型或应采用的评估方法等关系固定化的想法和做法都是不可取的。

资产评估结果的价值类型与评估的特定目的直接匹配，资产评估的技术方法应用与评估的特定目的直接匹配，曾是我国评估界非常"流行的说法和做法"。其实，这种"流行的说法和做法"的背后，是人们在资产评估特定目的的理解上出现了偏差，甚至是夸大了评估特定目的的作用领域和作用程度。资产评估特定目的固然重要，它对评估过程、评估参数及价值类型选择等的影响也非常明显。在具体评估操作过程中，忽视评估特定目的作用的做法非常危险，夸大评估特定目的的作用的做法同样危险。不论是在评估对象、评估工作范围界定方面，还是在评估参数、评估结果价值类型选择方面，或者在评估技术方法应用方面，重视评估特定目的的约束作用与避免将评估特定目的约束作用固定化和僵化同样重要。

再次重申，资产评估特定目的对资产评估条件和目标的具体约束，是由引起资产评估的特定经济行为或资产业务，以及由此引出的评估报告预期用途及预期使用者三者的排列组合形成的。在理解评估特定目的的过程中，不要顾此失彼。

[小资料4-1]

资产评估特定目的

资产评估特定目的可能有多种解释，但从本质上讲，资产评估特定目的是对影响资产评估运作的条件约束和用途约束的概括。同一资产在不同的评估特定目的下可能会有不同的评估结果，根本原因就是不同的评估特定目的会对同一资产产生不同的条件约束和目标约束。资产评估特定目的的实质是由为什么要进行资产评估（引起资产评估的经济事项）、评估报告及结论的具体用途和评估报告及结论的具体使用者等的有机结合所形成的对资产评估的条件约束和目标约束。

4.2　资产评估假设

由于认识客体的无限变化和认识主体有限能力的矛盾，人们不得不依据已掌握的数据资料对某一事物的某些特征或全部特征做出合乎逻辑的推断。这种依据有限事实，通过一系列推理，对于所研究的事物做出合乎逻辑的假定说明叫做假设。假设必须依据充分的事实，运用已有的科学知识，通过推理（包括演绎、归纳和类比）而形成。当然，无论如何严密的假设都带有推测，甚至是主观猜想的成分。但是，只要假设是合乎逻辑、合乎情理的，对科学研究都具有重大意义。资产评估与其他学科一样，其理论体系和方法体系的确立也是建立在一系列假设的基础之上的。

以上关于资产评估特定目的本身及其作用的说明，我们已经清楚了评估特定目的在资产评估中的主要作用是形成对资产评估的条件约束和目标约束。由于在引起资产评估经济事项、评估报告预期用途和评估报告预期使用者的层面上讨论评估特定目的对资产评估的条件约束和目标约束，仍然存在着相对抽象和难以展开的局限，难以将资产评估涉及的各个方面的条件予以充分的说明。资产评估假设借助于条件设定及假设的形式，可以尽可能地展示和表现评估特定目的及其他因素对资产评估的条件约束和目标约束。换一个角度讲，包括评估特定目的在内的所有对资产评估形成约束的因素，都需要借助于评估假设实现其对资产评估的条件约束和目标约束。

由于评估资产的价值涉及评估对象本身的条件和状况、利用的方式和状态，涉及评估时的市场条件和交易条件等，因此，资产评估假设设定的条件也是多种多样的。为了便于理解与把握各种评估条件假设，人们习惯上按照一定的标准将评估假设划分成若干种类。例如，按照评估假设设定条件约束的内容进行分类，或者按照评估假设设定条件的真实性程度进行分类等。

4.2.1 按照评估假设设定条件约束的内容分类

按照评估假设设定条件约束的内容，可以将资产评估假设具体划分为基本情景假设、市场条件假设、评估对象状况假设、环境假设、评估对象利用程度假设等。

4.2.1.1 基本情景假设

引起资产评估的经济事项其实既包含了产权变动（交易）类的经济活动，如资产买卖、企业并购重组等，也包括了非产权变动类的经济活动，如资产抵押、财产课税等。按照经济学的说法，价值只能在流通领域出现，只能在市场交易中产生。对于非产权变动类经济活动引起的资产评估，如果没有一个虚拟的市场和交易平台，非产权变动类经济活动涉及的资产的价值评估就缺少了市场基础。交易假设是资产评估得以进行的一个最基本的情景假设，交易假设是假定所有待评估资产已经处在交易过程中，评估师根据待评估资产的交易条件等模拟市场进行估价。众所周知，即使是由产权变动类的经济活动引起的资产评估，其实在评估师实施资产价值评估及提供评估结论之前，经济活动涉及的资产并未真正进入市场，也未真正发生交易，而由非产权变动类经济活动引起的资产评估所涉及的评估对象根本就不存在进入市场一说。就是说，不论是因为产权变动还是非产权变动经济活动引起的资产评估所涉及的资产，在进行资产评估之前都在市场之外，都需要借助于某些假设将它们置于"市场交易"当中。因为只有将评估对象置于"市场交易"当中，评估人员才有可能模拟市场对资产的交换价值进行专业判断。否则，资产评估将无法进行。所以，交易假设是资产评估得以进行的一个最基本的情景假设。

交易假设一方面为资产评估得以进行"创造"了条件，另一方面也明确限定了资产评估应该处于市场交易之中。交易假设暗示了交易环境和市场条件也将是影响资产评估的重要条件之一。

4.2.1.2　市场条件假设

交易假设是假定评估对象已经处在交易过程中，评估师根据评估对象的交易条件等模拟市场进行估价。资产评估市场条件假设是在交易假设的基础上，进一步限定评估对象在何种市场条件下进行"交易"。资产评估市场条件假设具体包括两种假设：其一是公开市场假设；其二是非公开市场假设。公开市场假设和非公开市场假设是依据决定市场条件的两大基本要素的情况划分的：其一是参与交易的市场主体的地位及数量；其二是交易时间是否充分。当参与交易的市场主体的数量足够多（即有众多的自愿买者和卖者参与交易）且地位平等，以及交易时间足够充分（即交易对象有充分的时间展示，交易双方或各方都有足够的时间了解交易对象和市场情况）同时具备的情况下，我们将其定义为公开市场。上述两个条件不能同时具备的情况下，我们将其定义为非公开市场。

1）公开市场假设

公开市场假设是对资产拟进入的市场的条件，以及资产在这样的市场条件下接受何种影响的一种界定或假定说明。公开市场假设的关键在于认识和把握公开市场的实质和内涵。就资产评估而言，公开市场是指充分发达与完善的市场条件，是指一个有众多自愿的买者和卖者的竞争性市场。在这个市场上，买者和卖者的地位是平等的，彼此都有获取足够市场信息的机会和时间，买卖双方的交易行为都是在自愿的、理智的，而非强制或不受限制的条件下进行的。事实上，现实中的市场条件未必真能达到上述公开市场的完善程度。公开市场假设就是假定那种较为完善的公开市场存在，评估对象将要在这样一种公开市场中进行交易。当然，公开市场假设也是基于市场客观存在的现实，即以资产在市场上可以公开买卖这样一客观事实为基础。

由于公开市场假设假定市场是一个充分竞争的市场，资产在公开市场上实现的交换价值隐含着市场对该资产在当时条件下有效使用的社会认同。当然，在资产评估中，市场是有范围的，它可以是地区性市场、国内市场和国际市场，还可以是一级市场、二级市场和各种细分市场。关于资产在公开市场上实现的交换价值所隐含的对资产效用有效发挥的社会认同也是有范围的，它可以是区域性的、全国性的或国际性的。

公开市场假设旨在界定一种充分竞争的市场条件，在这种条件下，资产的交换价值受市场机制的制约并由市场行情决定，而不是由个别交易决定。

公开市场假设是资产评估中的一个重要假设，其他假设都是以公开市场假设为基本参照。公开市场假设也是资产评估中使用频率较高的一种假设，凡是能在公开市场上交易、用途较为广泛或通用性较强的资产，都可以考虑按照公开市场假设前提进行评估。

2）非公开市场假设

非公开市场假设是对于所有不能满足公开市场假设条件的其他市场条件的界定或假定说明的一种概括。非公开市场假设包括了以下几种具体情景：其一是交易时间充分而参与交易的主体数量有限；其二是交易时间充分而参与交易的主体之间存在特殊关系；其三是交易时间受限而参与交易的主体的数量很多；其四是交易时间受限，参与交易的主体数量也有限。第一种情况我们将其称为有限交易主体假设，第二种情况我们将其称为关联交易假设，第三种和第四种情况我们将其称为快速变现假设（或清算假设）。

（1）有限交易主体假设。有限交易主体假设是假定参与交易的市场主体数量有限，这样的市场并不是一个充分活跃的市场，而是一个有着局限性的市场。造成这种情况的原因可能有许多，其中包括垄断买方或卖方的存在、交易对象应用范围过窄导致交易主体数量有限，以及信息不畅造成的市场狭小等。在有限交易主体假设前提下，市场可能会出现买方或卖方市场，市场交易价格可能会偏离正常市场价格。

（2）关联交易假设。关联交易假设是假定参与交易的市场主体存在着某种利害关系，这样的市场并不是一个充分竞争的市场，而是一个有着局限性的市场。在关联交易主体假设前提下，市场价格或价值可能会偏离正常市场价格或价值。

（3）快速变现假设。快速变现假设是对资产拟进入的市场条件的一种界定或假定说明。具体而言，是对资产在非公开市场条件下快速变现条件的假定说明。快速变现假设首先是基于评估对象面临交易时间受限的事实或可能性，再根据相应数据资料推定评估对象处于快速变现的状态。交易时间受限可能是由于评估对象处于被迫出售状态或其他非被迫但必须在短时间内变现等原因造成的。由于快速变现假设假定被评估资产处于快速变现条件之下，被评估资产的评估价值通常要低于在公开市场假设前提下相同资产的评估价值。因此，在快速变现假设前提下的资产评估结果的适用范围是有限的。当然，快速变现假设本身的使用也是较为特殊的。

4.2.1.3 评估对象状况假设

从大的方面讲，评估对象状况可以简单归纳为持续使用（整体资产是持续经营的）。因为从资产的定义的角度来看，资产是能够给其拥有者或控制者带来未来经济利益的资源，能够持续使用或经营是成为资产的起码条件。持续使用假设是对资产在特定市场条件下的资产状况的一种界定或假定性说明。该假设首先设定被评估资产正处于使用状态，包括正在使用中的资产和备用的资产，其次根据有关数据和信息，推断这些处于使用状态的资产还将继续使用下去。持续使用假设着重说明了资产的存续状况。但是，在实际经济生活当中，资产的持续使用或持续经营又可能有多种情况，评估对象状况假设力图将这些具体情况加以规范。单个评估对象或单项资产的状况假设具体包括在用续用假设、转用续用假设和移地续用假设。

1）在用续用假设

在用续用假设是假定评估对象将按其在评估基准时点正在使用的地点、用途及使用方式继续使用下去。在用续用假设有时也被称作原地续用假设，即假定评估对象将按其在评估基准时点正在使用的地点、用途及使用方式继续使用下去。

2）转用续用假设

转用续用假设是假定评估对象在评估基准日后，将改变资产在评估基准日时的使用用途，调换新的用途继续使用下去。转用续用假设有时也被称作改用续用假设，即假定评估对象在评估基准日后将改变资产现时的使用用途，调换新的用途继续使用下去。

3）移地续用假设

移地续用假设是假定评估对象在评估基准日后，将改变资产现在的空间位置、转移到其他空间位置上继续使用。

由于在用续用假设、转用续用假设和移地续用假设都是对评估对象在一定市场条件下使用状态的一种界定或假定性说明，而它们对评估对象状况的设定并不完全一样。不同持续使用假设前提下的资产评估及其结果的价值类型、评估结论和适用范围常常是有差异的。评估人员首先应当明确本次评估中的评估对象状况，不可以笼统地使用持续使用或持续经营假设。充分认识和掌握各种持续使用假设的内涵和实质，对于我国的资产评估来说具有重要意义。

对于企业及整体性资产而言，评估对象状况可以归纳为持续经营和非持续经营两种情况。

4.2.1.4　环境假设

资产评估环境假设是对评估对象使用或经营的外部环境，以及进行资产评估面对的条件的界定或假定性说明。由于评估对象使用或经营的外部环境，以及进行资产评估面对的条件涉及的方面和范围较为广泛，按照重要性原则，将那些对评估对象使用或经营，以及资产评估影响较大的环境因素，运用假设的形式予以限定。从大的方面讲，资产评估环境假设包括宏观环境假设和微观环境假设。

1）宏观环境假设

资产评估中的宏观环境假设主要是对国家产业经济政策、财政政策、货币政策、价格、利率和汇率政策等对资产评估影响较大的具有全局性的外部因素，以及行业竞争、企业竞争等市场竞争因素的界定或假定性说明。因为国家产业经济政策、财政政策、货币政策、价格、利率和汇率政策等的变化和变动对资产经营，尤其是企业经营的效果影响较大。市场竞争因素对资产利用以及利润平均化的影响也是很大的，所以对资产评估结论的影响较大。在进行资产评估时，对资产评估的宏观环境进行合理设定，不但是资产评估所必需的，也是评估报告使用者正确理解评估结论的重要参考。

2）微观环境假设

资产评估中的微观环境假设主要是对评估对象存在环境、资产评估面对的具体条件的界定或假定性说明。评估对象存在的环境包括企业法人治理结构和经营水平等；资产评估面对的具体条件主要包括资产评估依据的信息资料来源的可靠性、数据资料的完整性和真实性等。评估对象存在的环境和资产评估面对的具体条件的优劣将直接影响评估结论的可靠性。在进行资产评估时，对资产评估的微观环境进行合理设定，不但是资产评估所必需的，也是评估报告使用者正确理解评估结论的重要参考。

4.2.1.5　评估对象利用程度假设

评估对象利用程度假设是对评估对象利用程度和效果的一种界定或假定说明。很显然，评估对象利用程度直接影响评估结果，在进行资产评估时，评估人员必须界定评估对象的利用程度。根据评估对象的差异，评估对象利用程度假设可以划分为整体资产利用程度假设和单项资产利用程度假设。

1）整体资产利用程度假设

整体资产利用程度假设主要是针对企业价值评估设置的一种假设条件，是对整体评估对象利用程度、利用状况和利用效果的一种界定或假定说明。企业的经营情况、要素资产的利用状况和利用效果受许多因素影响，其中包括企业要素资产自身的状况、要素资产之间的匹配情况、企业经营管理水平、宏观经济环境、相关行业竞争，以及同行业内部竞争等。整体资产利用程度既包括评估时点的情况，也包括预期的情况，在很多情况下，需要评估人员根据现有的数据资料进行判断和界定。整体资产利用程度假设是进行企业预期收益预测、风险预测的重要基础，也是企业价值评估的直接依据之一。在进行企业价值评估时，必须界定企业经营程度及经营状况。

2）单项资产利用程度假设

单项资产利用程度假设主要是针对单项资产评估设置的一种假设条件。单项资产的评估价值与单项资产的利用程度紧密相关。在一般情况下，单项资产的利用程度可以划分为正常使用（最佳使用）和非正常使用两类。单项资产的非正常使用意味着资产可能存在着贬值因素，如果评估人员使用了单项资产的非正常使用假设，应当给出充分的理由。

4.2.2　按照评估假设设定条件的真实性程度分类

资产评估假设除了从限定条件约束的内容角度划分以外，还可以根据评估假设设定条件的真实性程度分类。按照评估假设设定条件真实性程度分类，资产评估假设又可以划分为真实性条件假设（一般假设）、不确定性条件假设（特别假设）和非真实性条件假设等。

4.2.2.1　一般假设

资产评估中的一般假设（ordinary assumption）亦称资产评估真实性条件假设，通常是指评估师依据评估基准日客观存在的事实或者是可以被视为真实的条件所做的描述或假设。这些条件包括评估对象的物理、法律或经济特征，以及在评估分析中使用的数据等。

资产评估一般假设是资产评估中使用频率最高及最基本的假设。在许多情况下，前面提到的评估对象使用方式中的一系列假设，在评估市场条件中的若干假设，以及在评估环境假设和评估对象利用程度中的假设大都采用了一般假设。例如，根据评估对象在评估时点的正在使用的方式和良好的利用状况，假设评估对象的使用方式与使用状态为"在用续用和正常使用（最佳使用）"。再如，根据被评估无形资产是企业中的一个要素资产的事实，假设评估对象无形资产为一"要素资产或局部资产"，并以要素资产适用的评估原则及方式进行评估。对于存在活跃市场的评估对象，假设评估时的市场条件为"公开市场"也是一般假设的普遍做法。

4.2.2.2　特别假设

简单地讲，特别假设（extraordinary assumption）是对资产评估中的某些不确定性条件所做的肯定假设。具体地说，是指评估师对其在评估基准日尚不能确定的情况和条件设定为事实的假设。这些情况和条件包括评估对象的物理、法律或经济特征，资产的外部条件，如市场情况或趋势，以及在评估分析中使用数据的完整性等。特别假设直接与某项特定评估业务相关，如果此假设不成立或是错误的，将改变评估师的意见或结论。

在资产评估实践中经常会遇到某些不确定但对评估结论影响又很大的因素，比如国家经济政策因素、市场前景因素、汇率、利率因素等。如果对上述因素不加以确定，很多评估项目是无法进行的。利用特别假设对于这些在未来尚不能确定的因素进行设定（其实其真实性并不确定），以保证评估过程得以继续。例如，在企业价值评估中，假设国家的产业政策、财政政策和货币政策在未来不发生重大改变。再如，假设评估基准日的在建工程评估对象在未来某一时点可以顺利完工并投入运营。此外，在评估房地产时，假设一年后的房地产市场需求会有明显的下降或上升等。通过特别假设将未来某些影响资产评估实施的不确定性条件得以"确定"，使得资产评估可以顺利进行。当然，特别假设本身包含着非确定性，评估人员在使用特别假设时，应当注意特别假设赖以存在的基础，以及相关推理的科学性和逻辑性，不可以毫无根据地随意假设。例如，在没有确定的事实和明显的证据前提下，假设某传统行业中的一个普通企业未来每年的净资产利润率以50%的比率递增，就是毫无根据的假设。

4.2.2.3　非真实性条件

简单地讲，非真实性条件（hypothetical condition）是评估师所做的与其在评估基准日所知事实和真实情况相反的假定说明。具体地讲，非真实性条件所设定的评估对象物理、法律和经济特征、市场条件或趋势等资产外部条件以及分析中使用数据的真实性与评估师在评估基准日已知的实际情况相背。非真实性条件是人们为了评估分析方便所做的假设。

在资产评估实践中经常会遇到某些评估对象，其在评估基准日的状态和利用程度与其客观价值有着巨大的差异。例如，评估基准日处于待开发状态的规划商业用地评估对象，如果就按评估基准日评估对象待开发的状况进行评估，将会大大低估评估对象的客观价值。从某种意义上讲，很多情况下土地都是一种在制品或半成品，如果不将土地这种在制品或半成品加工成产成品，土地的内在价值就无从体现。基于这样的认识和思维方式，在资产评估中经常采用非真实性条件假设，将评估基准日待开发的土地假设为完成开发了的房地产。尽管这个假设的情况是非真实的，但这种假设符合土地资产作为资产发挥作用的常识，只要披露充分并不一定造成客户的误解。

正是由于非真实性条件是对与现实不同或与事实不符的情况的界定或假定说明，因此在使用上应当谨慎，不能滥用非真实性条件。如果评估人员使用了非真实性条件，就需要详细说明使用的理由，限制条件，以及提醒评估报告使用者正确理解非真实性条件及假设条件下的评估结论。

为了恰当理解从设定条件真实性角度划分的三类评估假设，以下举例说明。A委托人委托评估师对一在建工程评估对象进行评估。此时，评估师就评估对象状况条件设定而言有三种选择：其一，将评估基准日确定为评估时点并与评估报告出具日同步（合理的时间区间），以在建工程评估对象的现实存在状况为依据（条件）进行评估；其二，将评估基准日确定为评估时点并与评估报告出具日同步（合理的时间区间），按评估基准日在建工程评估对象已经完工的假定状况为依据（条件）进行评估；其三，将评估基准日确定为将来某个时点（预计完工日）并与评估报告出具日不同步，按评估基准日在建工程评估对象预期完工的状况为依据（条件）进行评估。在上述三种情形下，如果评估师选择了第一种情况作为评估在建工程评估对象在评估基准日的资产状况，他实际上采用的就是一般假设，即以现实存在的状态为依据设定评估对象状态条件。如果评估师选择了第二种情况作为评估在建工程评估对象在评估基准日的资产状况，评估师实际上采用的就是非真实性条件假设，即以与现实不符的情况作为评估基准日时评估对象的状态（评估基准日在建工程并没有完工）。第三种情形评估师实际上采用了特别假设，即将未来某个时点（评估基准日）可能实现的情况（预期完工）设定为评估对象的存在状态。

如果说按照评估假设设定条件的内容划分，评估假设所要表明的是各种评估假设限定条件的范围和领域的话，按照评估假设设定条件的真实性划分的评估假设，则是要说明各种评估假设的性质，以及不同假设设定条件与评估基准日条件的关系及"主客观程度"。两种分类的资产评估假设并不是彼此独立相互排斥的关系，它们之间存在着相互渗透和包含的关系。评估市场条件假设、评估对象使用状况假设、评估环境假设和评估对象利用程度假设等既可以采用真实性条件为设定条件（一般假设），也可以采用不确定性的条件为设定条件（特别假设），还可以将与真实性条件不符的条件为设定条件（非真实性条件）。反过来，一般假设、特别假设和非真实性条件假设既可能是限定评估市场条件的，也可能是约束评估对象状态的，或是界定评估环境的，还可能是设定评估对象利用程度的，不一而足。两种分类评估假设只是站在不同的角度和标准来说明评估假设的作用和性质。

[小资料4-2]

　　本章从两个方面讨论资产评估假设。从假设设定条件的内容方面讨论了包括资产评估中的市场条件假设、评估对象自身条件及状态假设、评估环境假设和评估对象利用程度假设等。公开市场假设和非公开市场假设属于资产评估的市场条件假设，而持续使用假设则属于评估对象自身条件和状态假设。通常情况下，交易假设是进行资产评估的最基本的情景假设，是所有资产评估项目通用的评估环境假设。资产评估的市场条件假设和评估对象条件和状态假设，在某一具体评估项目中，有些假设通常是不可以并列或同时使用，如公开市场假设与非公开市场假设一般是不会同时作为某一特定条件下资产评估的市场条件的。持续使用假设中的在用续用与改用续用及移地续用假设一般也不会同时作为某一具体评估对象的自身条件和状态的假设前提。从评估假设设定条件的真实性程度的角度，又将评估假设划分为真实性条件假设（一般假设）、不确定性条件假设（特别假设）和非真实性条件假设。两大类评估假设分别从假设的作用范围和条件性质两个角度来说明评估假设在资产评估中的作用，以及在运用不同性质假设时需要注意的问题。

4.2.3　资产评估假设在资产评估中的作用

　　以上资产评估两类假设以及各种具体假设，并不一定包含了资产评估实际操作过程中运用的所有具体假设。但是，上述两类假设以及各种具体假设却是资产评估实务中最基础、最基本的条件假设，它们在资产评估实务操作中具有举足轻重的作用。如果说资产评估的特定目的是资产评估的起点，并规定了资产评估结果的具体用途，资产评估假设则是创造或构筑了资产评估得以按部就班顺利进行的基础和条件。资产评估的特定目的在一定意义上可以理解为资产业务价值属性的一种抽象，要把资产业务价值属性这种抽象的范畴体现到资产评估结果及价值类型中，必须借助于资产评估中的各种条件假设。资产评估人员只有借助于资产评估各种条件假设，才能够在资产评估中将资产业务对评估结果的价值类型及其量的要求体现到资产评估结果中。没有资产评估假设，资产评估的特定目的是无法科学合理地实现的。

　　资产评估假设在资产评估中创造或构筑资产评估得以顺利进行的基础和条件的作用，是通过资产评估各种条件假设将被评估资产置于一个相对固定的市场环境中，以及将被评估资产设定到某一种状态下。这样，评估人员就可以根据资产评估假设所限定的市场条件及评估对象的作用空间和作用方式，评定估算出符合资产评估特定目的的评估结果。如果评估对象面临的市场条件不确定，被评估对象的作用空间和作用方式不确定，资产评估实际上是无法进行的。如果在未明确评估对象所面临的市场条件及作用空间和作用方式的情况下进行了资产评估，可以肯定地讲，这种资产评估充其量是一种数字游戏，不可能真实地反映评估对象符合其评估目的的评估结果。从这个意义上讲，资产评估假设是资产评估得以按部就班顺利进行的基础条件，在资产评估中具有举足轻重的地位和作用。

4.3 资产评估假设与评估价值

在资产评估理论研究和实际操作过程中有一个无法回避的问题，那就是什么是决定被评估资产评估值的最重要的因素。关于这个问题目前可能并没有定论，人们的认识并没有完全统一。其实这个问题本身并不复杂，但如果要从理论上说清这个问题可能就会复杂一些。问题的核心或焦点只要集中在资产的价值是由抽象劳动决定或是由资产的效用决定两个方面。抽象劳动决定论的理论基础是劳动价值论，持此观点的人认为资产的评估值是属于价值范畴，价格是价值的货币表现，而价值是由一般人类无差别的抽象劳动或社会必要劳动决定的。如果按照抽象劳动决定论的观点进行资产评估，就需要从资产所耗费的社会必要劳动时间的角度来评价。而事实上每一种资产或资产组合体所耗费的社会必要劳动时间几乎是无法准确计量的。不论抽象劳动决定论是否成立，最起码此种观点是难以付诸实施的。更何况资产评估的目的不在于追求资产评估值的价值性质、价值属性和价值的真正源泉，而仅仅是为资产业务能顺利进行或完成提供可让资产交易双方或资产业务各当事人能够接受的资产交换价值或特定价值的专家意见。从资产评估功能的角度，以及从资产交易各方在资产交易中的心态的角度，能够让资产交易双方或资产业务各当事人圆满完成资产业务，心平气和地接受评估结论。资产的效用，即满足资产业务各当事人经济上及心理上的需要程度，尤其是满足潜在买者自身利益及其他利益上的需要程度，恐怕是计量或把握评估值是否合理的基本依据。资产的效用不仅受资产自身的使用价值影响，同时受资产的使用方式，以及资产在某种使用方式下的作用空间影响。

1）资产的效用与评估价值

如前所述，资产的效用并不直接等同于资产的使用价值，资产的效用是由资产本身所具有的使用价值、资产被使用的方式，以及资产使用的空间范围等共同决定的。例如，农业土地的效用通常以它的产出数量和质量来衡量，而城镇土地的效用往往是以地上物，包括建筑物的数量和质量来体现。不同的资产，其使用价值各不相同，其效用的表现形式亦不相同。但是，尽管不同资产效用的体现形式各有差别，但它们都可归纳为一种获利能力或为其所有者或控制者带来预期经济利益的一种能力。把资产的效用归结为一种获利能力而抛开不同资产效用的具体体现形式，这样就可以清楚地描述出资产评估值与资产效用之间的关系，为评估人员评估资产价值提供了一个可操作的理论基础。如前所述，资产之所以成为资产，并能成为交易的对象和评估对象，根本原因在于它能为其所有者或控制者带来预期经济利益。如果把资产的效用归结为资产的获利能力，可以说，资产具有交换价值的基础在于资产具有效用。

2）资产的效用与资产的使用方式

1995年版的《国际资产评估标准》中有这样一段说明："从根本上说，资产的评估受资产的使用方式或（及）资产如何在市场上正常交易所决定。对于一些资产，如果它们单个使用的话，可以得到最佳的效用。其他资产如果作为一组资产的一部分使用则可以有更大的效用。因此，必须明确资产的独立使用和作为资产组合整体中的一部分使用的区别。"①

国际资产评估标准已明确说明资产的使用方式对于资产效用的影响。对于一些资产而言，如果作为独立的资产单独使用可能或可以得到最佳的使用效用，而另一些资产只有当它们作为整体资产中的局部资产使用时，才能发挥其最佳效用。这就是说，对于不同类型的资产，其单独使用或作为局部资产使用将直接影响其效用发挥的，当然也就直接影响其评估值。所以，估价师必须熟悉各种类型使用方式对其效用的影响，以及不同使用方式对其效用水平发挥的影响程度。例如，生产线上的配套设备，当这些配套设备被作为生产线的组成部分使用时，其效用会得到充分的发挥，如果把这些配套设备从生产线上撤下来而单独使用，这些设备几乎没有什么效用。相反，一个年产 50 万吨钢的钢铁企业购置一台年轧钢能力为 100 万吨的轧钢机，并把该轧钢机作为本企业整体资产的一分子。当然，无论如何该轧钢机最多只能发挥其效用的 50%。

3）资产的效用与资产的作用空间

资产的作用空间简单地解释就是资产发挥作用的场所或作用的范围。资产在一个什么样的范围内发挥作用，对其效用发挥的影响也是不容忽视的。例如，一台通用设备既可以是某家企业中的资产也可以是公开市场上待售的资产。作为前者，该设备的作用空间就局限在那家企业，它能否充分发挥其效用完全取决于那家企业的生产规模、资产匹配是否合理等各种因素上。作为后者，待售资产的作用空间可以理解为全社会。作为待售资产，它的具体作用空间与作用方式都还属于未知数，对于未知因素只能依靠合理的假设加以限定。在通常情况下，对于在公开市场上的待售资产一般是假定其作用空间是不受限制的。换一句话说，其效用的发挥是不受限制的，即可以理解为其效用能够达到最佳状态。

资产的作用空间对资产效用的发挥影响并不绝对。对于有些资产其作用空间的大小与其效用发挥的水平成正比，如无形资产，而有些有形资产的作用空间与其效用发挥的正相关关系就不是绝对的，即资产的效用并不随其作用空间的不断扩大而无限增加。熟悉各种资产的功能和属性，以及它们作用空间对其效用发挥的影响，也是一名合格的评估师不可或缺的基础知识。

4）资产的作用方式、作用空间与资产评估的特定目的和资产评估假设的关系

对于资产或评估对象作用方式和作用空间的分析判断，并不可以凭主观想象去抽象地设定。作为评估对象，它的作用方式与作用空间首先是由资产评估的特定目的和评估范围规范的。被评估对象是单项资产或整体资产或整体资产中的局部资产就基本限定了资产的作用方式，而被评估资产用于合资合作，还是用于抵押担保，

---

① 中国资产评估协会. 国际资产评估标准（1994、1995 卷）［S］. 北京：经济科学出版社，1995：85.

或用于公开出售本身就限定了被评估资产的作用空间，从这个意义上讲，资产评估的特定目的不仅是资产评估的起点并规定着资产评估结果的具体用途，同时也在宏观上规范了被评估资产的作用空间。资产评估特定目的对被评估资产作用方式，尤其是作用空间的规范具体是通过资产评估基本前提假设体现出来。公开市场假设可以把以公开出售为目的的评估对象的作用空间明确到了公开市场上，而在用续用假设则可以把以联营、合资合作等目的的评估对象的作用空间限定在联营企业及合资合作企业之中。

从上述分析中可以发现，被评估资产的作用方式和作用空间并不可以由评估人员随意设定。它是由资产评估的特定目的和评估范围基本限定的。当然，被评估资产自身的功能、属性等也会对其作用方式和作用空间产生影响。有些资产只能作为一组合资产中的局部资产发挥作用而不能独立运作。有一些资产既可以作为独立资产发挥作用，又可以成为一组合资产中的一部分发挥作用。有些资产的作用空间可以是全社会（包括国内和国际），就其自身的功能而言，其作用空间是没有界限的，如技术等无形资产。有些资产的作用空间受其自身功能及属性的限制具有明显的区域特征和企业特征，如码头和专用设备等。被评估资产的作用方式和作用空间直接关系其效用水平的发挥，以及评估值的高低。当评估人员明确了资产评估的特定目的、评估范围以及评估假设与被评估资产作用方式和作用空间之间的关系后，可通过对资产评估特定目的及评估范围的认真分析，并借助于评估假设恰当地反映被评估资产的作用方式和作用空间，以便得出一个相对科学合理的评估结果。

5）资产评估假设与评估结果的价值类型

资产评估假设不但对评估对象交易的前提条件、作用方式、作用空间等具有约束和限定作用，而且通过这种约束和限定影响着评估结果的价值类型。资产评估中的市场价值总是与资产评估的公开市场假设联系在一起的，公开市场假设是评估资产市场价值的最重要的市场条件前提。资产评估市场价值以外价值类型中的清算价值总是与资产评估的快速变现假设联系在一起的，当评估人员运用了快速变现假设，其评估结果只能是清算价值。当然，资产评估中的价值类型及其价值表现形式远比资产评估假设的数量多，资产评估中的价值类型及其表现形式与资产评估假设并不是都能一一对应起来的，在许多情况下还需要评估人员根据评估假设及其他条件综合判断评估结果的价值类型。从某种意义上讲，资产评估特定目的对评估结果的价值类型的约束作用是通过资产评估假设具体体现出来的。

资产评估特定目的作为资产评估的起点、缘由和评估结果的具体用途，对每次评估项目的市场条件和评估对象条件有着重要的约束作用和限定。客观地讲，资产评估特定目的在很大程度上决定了每次资产评估项目的前提条件。由于资产评估目的及特定目的的相对抽象性，评估目的对评估条件的约束和限定往往需要借助评估假设体现出来。资产评估特定目的与评估假设在一定意义上讲就是评估前提条件的宏观限定和概括与具体化及其表象化的关系。根据资产评估特定目的对评估条件的约束和限定情况恰当选择评估假设前提，以及资产评估结果的价值类型是资产评具有科学合理性的重要基础。

本章小结

　　资产评估中的一般目的和特定目的规定着资产评估的基本目标和具体方向，是理解资产评估的切入点。资产评估中的两类假设及各种具体假设，如市场条件假设、评估对象使用方式假设、评估环境假设及评估对象利用程度假设、一般假设、特别假设和非真实性条件假设等是资产评估理论体系的基础内容之一，也是学习掌握资产评估理论及方法的重要基础。

关键概念

　　评估特定目的　公开市场假设　特别假设　非真实性条件假设

思考题

1. 如何理解资产评估一般目的和特定目的之间的关系？
2. 在资产评估中为什么要设定交易假设？
3. 资产评估特定目的在资产评估中所起的作用是什么？
4. 你认为资产评估假设如何对评估结论产生影响？

5

资产评估价值目标

第 章

学习目标

通过本章的学习，学生应当了解和熟悉资产评估价值目标中的一般目标和具体目标。熟知价值类型与定义，掌握价值定义分类的依据、市场价值和市场价值以外价值的主要表现形式及使用范围，价值定义及类型在资产评估中的作用，以及如何恰当地选择和定义评估价值。

资产评估中的价值目标理论是由资产评估结论的价值定义理论、价值定义内涵与其相对应的条件的关系理论，以及价值定义分类理论共同组成。

5.1 资产评估价值目标及其分类

通俗地讲，资产评估价值目标就是资产评估结论所要达到的要求。不论是从一般意义上讲，还是从具体的角度看，任何一项受托评估的结果都是有目标约束和条件约束的。

客观地讲，资产评估价值目标有两个层次：资产评估一般价值目标和特定价值目标。资产评估一般价值目标是泛指对所有资产评估项目结论具有共同约束力的要求或目标，即抽象掉所有个别资产评估项目及其对评估结论要求的特殊性，只保留适用于所有资产评估项目对其评估结论的最基本的要求，即共同目标或一致目标。资产评估特定价值目标，是每一项资产评估所要实现的具体价值目标，是每一个引起资产评估的经济事项及其相关条件对资产评估结论的具体要求和目标要求。从这个意义上讲，资产评估一般价值目标包含了资产评估的特定价值目标，而资产评估特定价值目标则是资产评估一般价值目标在具体评估项目中的具体化。

5.1.1 资产评估一般价值目标

资产评估的一般价值目标也可以理解为资产评估价值的基本目标。资产评估作为一种专业人士对特定时点及特定条件约束下资产价值的估计和判断的社会中介活动，一经产生就被赋予了为委托人以及资产交易当事人提供合理的资产价值专业意见的功能。不论是资产评估的委托人，还是与资产交易有关的当事人，他们所需要的无非是评估师对资产在一定时间及一定条件约束下资产公允价值的判断。如果我们暂且不考虑个别资产交易或引起资产评估的特殊需求，资产评估所要实现的一般价值目标只能是资产在评估时点的公允价值，它是由资产评估的性质及基本功能决定的。

公允价值是一个有着广泛意义的概念，是会计、资产评估等专业和行业广泛使用的专业术语。公允价值概念有广义与狭义之分，资产评估中的公允价值是一个广义概念。作为一个广义的概念，资产评估中的公允价值有别于会计中的公允价值。资产评估中的公允价值是一个相对抽象的价值概念，它是对评估对象在各种条件下与评估条件相匹配的合理的评估价值的抽象。评估对象在各种条件下与评估条件相匹配的合理的评估价值，是泛指相对于当事人各方的地位、资产的状况及资产面临的市场条件的合理的评估价值。它是评估人员根据被评估资产自身的条件及所面临的市场条件，对被评估资产客观价值的合理估计值。资产评估中的公允价值的一个显著特点，是它与相关当事人的地位、资产的状况及资产所面临的市场条件相吻合，且并没有损害各当事人的合法权益，亦没有损害他人的利益。

资产评估作为资产进入市场之前进行的一种资产价值判断活动，它的结果显然不会是一种客观事实。资产评估的性质也决定了资产评估结论不能取代资产交易当事人的交易决策，资产评估结果仅仅是评估人员对资产客观价值的一种估计。另外，资产评估的性质要求资产评估结果必须合理和公允的事实，决定了资产评估中的公允价值并不仅仅是对哪个评估项目的评估结果的特殊要求，而是对所有评估项目的评估结果的共同要求。因此，资产评估中的公允价值不是资产的某种具体价值表现形式，而是资产评估的基本价值目标或一般价值目标。资产评估中的公允价值是广义上的公允价值，它是对相对于资产交易当事人各方的地位、被评估资产的状况及评估时面临的市场条件应该形成的合理的交换价值的估计值的一种概括。它包含了在各种资产交易当事人之间、资产的各种状况，以及资产面临的各种市场条件下的合理的交换价值的估计值。它要求评估人员根据被评估资产自身的条件及所面临的市场条件，对这种条件下的被评估资产客观交换价值进行合理估计和判断。

广义的公允价值是一个应用非常广泛，但定义并不十分具体的概念，它更多地像是对一种理念、目的、要求和愿望的抽象和概括，至今并未形成一个严格的定义。事实上，广义的公允价值伴随着现代资产评估的发展而逐步被接受和认同。

5.1.2 资产评估的特定价值目标

资产评估作为一种资产价值判断活动，总是为满足特定资产业务的需要而进行的。引起资产评估的经济行为（资产业务），既是资产评估的起因和条件约定，同时又对资产评估结果有着相应的要求。因此，人们通常把引起资产评估的资产业务及其相关条件对评估结果用途的具体要求称为资产评估特定价值目标。在长期的资产评估实践和理论的发展完善过程中，资产评估特定价值目标理论逐步形成了相对完善的资产评估价值定义及分类理论，亦称资产评估价值类型理论。

资产评估价值定义实际上就是对资产评估结论（资产评估特定价值目标）的描述、说明和表达。因为资产评估业务是多样的，资产评估特定价值目标是多样的，所以，表达多样资产评估特定价值目标的资产评估价值定义也是多样的。为了帮助评估人员系统地理解与把握多样的评估价值定义，按照某种标准将各种价值定义进行分类，便形成了资产评估价值类型。

5.1.2.1　评估价值定义及其基本依据

怎样表达或表述符合特定要求的评估结果涉及如何定义评估价值的问题。事实上，价值概念本身的内涵就极其丰富，其表现形式也多种多样，这在不同学科和不同领域对价值概念及定义表达中就可见一斑。在资产评估中同样存在着这样的问题，即站在不同的角度对评估结论进行定义，即便是对于同一被评估对象，其评估结论的内涵及属性也可能是不同的。所以，无论是从资产评估人员执业的角度，还是站在评估报告预期使用者的立场，科学定义资产评估价值都是十分重要的。从最一般的要求上讲，资产评估价值定义应当含义明确、指向清楚、表述规范和通俗易懂。

在资产评估特定价值目标的层面上讨论价值定义，其实是对一个具体的评估对象在具体的评估条件下的评估结论的表达。前面提及的评估价值定义的含义明确、指向应清楚、表述规范和通俗易懂的要求包含了满足一个具体评估对象在具体评估条件下对评估结果要求的因素。因此，资产评估价值定义，或定义资产评估中的价值是就一个具体的评估对象在具体的评估条件下的评估结论定义。从这个角度来讲，资产评估中的价值定义是指对资产评估结论的价值内涵、属性及合理性指向的概括和规范说明。

资产评估价值内涵是资产评估价值定义中最重要的组成部分，是决定一种评估价值区别于其他评估价值的基本标志。资产评估价值内涵通常要体现出评估人员评价资产价值的视角和所考虑的影响资产价值的决定性因素换言之，资产评估价值内涵是评价资产价值的视角和所考虑的影响资产价值的决定性因素的浓缩和概括。例如，价值定义既可以选择投入的角度，也可以选择产出的角度；既可以从效用决定价值方面定义评估价值，也可以站在费用支出方面定义评估价值，从而就有了重置价值、变现价值、收益现值、清算价值等各种属性不同的价值定义。

资产评估价值属性指的是对资产评估价值内涵所蕴含的主要特性、特质和特点的彰显与概括。

资产评估价值合理性指向是资产评估价值定义中较为特殊的组成部分。它的作用是表明评估结论合理性的具体指向，即评估结果对谁合理，以及评估结果的具体用途。在资产评估价值定义中，评估价值合理性指向既可以采取直接指向的方式，也可以利用评估行业对价值定义的某些约定俗成的潜在指向，间接表明评估结论的合理用途。

要保证评估结论含义明确、指向清楚、表述规范，就需要恰当地选择定义资产评估价值的依据和标准。从一般意义上讲，评估价值是可以从多个角度进行定义的，包括投入的角度、产出的角度，效用的角度、成本的角度，以及市场均衡的角度等。而就评估实践和评估结论有用的角度而言，资产评估结论的价值定义必须满足引起资产评估活动的相关经济行为对特定评估结论的要求和需要。满足相关经济行为需要的资产评估结论的价值定义，其合理性的基础应当是引起资产评估的特定经济行为及其相关条件所形成的对评估价值的要求，特别是评估结论的预期使用者对评估价值的要求以及相关经济行为对评估价值用途的要求。不论从哪个角度定义资产评估价值，都需要反映评估结论预期使用者与相关经济行为对评估价值内涵、价值属性和合理性指向等的具体要求或限定。概括地讲，定义资产评估价值应当把满足引起资产评估的经济事项的条件约束和满足评估结论预期使用者对评估结论的要求作为定义资产评估结论，或进行资产评估价值定义的基本依据和标准。

5.1.2.2　关于定义评估价值具体依据的实践过程

资产评估结论的价值定义在资产评估中具有举足轻重的地位和作用，甚至可以说是资产评估的灵魂。就我国的资产评估历程来看，在选择评估结论的价值定义的依据方面，也呈现出"百花齐放、百家争鸣"的局面。这正是我国资产评估实践不断推进，评估理论不断完善的历史发展进程的写照之一。我国最早定义评估结论的价值定义依据，是当时的"资产评估四大估价标准"，即重置成本、收益现值、现行市价和清算价值。客观地讲，由于当时我国评估实务界和理论界对资产评估理论以及世界评估实践了解甚少，在定义资产评估价值时，参照或遵循了会计资产计价标准。当时所谓的"资产评估四大估价标准"带有浓厚的会计计量属性的色彩和烙印。可以说，我国定义评估价值的最早的依据和标准与会计计量属性有着密切的关联。

随着我国的资产评估实践的深入，很多评估人员尝试从资产评估依据的假设前提的角度来表述和定义资产的评估价值，比如继续使用价值、公开市场价值和清算价值。

当然，也有一些评估人员更愿意从引起资产评估的资产业务，即因其资产评估的经济行为本身（有人称其为评估特定目的），或资产评估结果的直观用途来表述和定义评估价值，比如抵押价值、保险价值、课税价值、投资价值、清算价值、转让价值、保全价值、交易价值、兼并价值、拍卖价值、租赁价值、补偿价值等。

到了20世纪90年代后期，评估行业又出现了以满足引起资产评估的经济事项的条件约束和评估价值合理性指向为依据来定义资产的评估价值的情况。比如市场价值、投资价值、在用价值、持续经营价值、清算价值、特殊价值、合并价值等。

综上所述，在我国资产评估实践中，评估人员在定义资产评估价值的过程中，具体的依据和标准具有多样性。这虽然丰富了我国资产评估价值定义的理论内容，同时也给规范资产评估价值定义，以及相对统一评估人员对评估价值的认识增加了不确定因素。

5.1.2.3　不同价值定义依据的特点与评价

从纯粹学术的角度来看，上述四种评估价值定义依据各有其特点。如果从服务于产权变动，以及满足相关经济行为的需要的角度来看，不同的价值定义依据可能就有选择之分了。

"资产评估的四大估价标准"基本上承袭了现代会计理论中关于资产计量属性的划分方法和标准。虽然依据这样的标准定义评估价值有助于将资产评估与会计的资产计价紧密地联系在一起，但是其价值合理性的依据及指向不清晰，不利于评估结论使用人理解和使用评估结论，尤其不利于产权变动下的评估报告使用人理解评估结论。因为重置成本、收益现值和现行市价的合理性指向不很明确。

以资产评估假设前提为依据定义评估价值有利于人们了解资产评估结果的假设前提条件和使用条件，同时也能强化评估人员对评估假设前提条件的运用。但是，由于资产的评估价值与每一个资产评估假设并不是一一对应的关系，或者说，资产的评估价值并不是哪一种评估假设（条件）下的结果，根据评估假设选择评估结果价值类型将有失偏颇。另外，有些资产评估假设前提具有概括性，以此作为依据定义评估价值显得过于笼统。例如，继续使用价值包含着原地续用价值、移地续用价值等不同的价值内涵。所以，以资产评估假设前提为依据定义评估价值，在某些情况下，其价值合理性的依据及指向不够清晰。

依据资产评估结果的具体用途来表述资产的评估价值，强调了与引起资产评估的资产业务的对应性，评估结论使用的指向性非常明确。但是，由于引起资产评估的资产业务种类繁多，评估人员很难给出与每种资产业务相对应且具有独立价值内涵的价值定义。

以资产评估所依据的条件，以及资产评估结论合理性指向为依据定义评估价值，注重了资产评估结果适用范围与资产评估所依据条件的匹配，资产评估结论合理性指向相对明确。由于以资产评估所依据的条件，以及资产评估结论合理性指向为依据定义的评估价值较为抽象，与评估特定目的、评估的前提假设，以及评估方法等直观的因素并不一一对应，评估人员在实际运用过程中可能会有一定的难度。

从纯学术的角度来看，不同的价值定义可能并无优劣之分，只是依据的标准和定义的角度有差异。但是，从资产评估的角度来看，依据什么来定义资产评估价值，确实存在着是否适当，以及如何选择的问题。对资产价值进行合理定义主要有两个层面的目的，或两个基本标准：第一，为评估人员科学合理地进行资产评估提供指引；第二，使资产评估报告使用者能正确理解和恰当使用资产评估结果。

5.1.2.4　资产评估中的价值定义推介

如上所述，由于定义资产评估价值的标准的多样性，资产评估中的价值定义也呈现出多样性的特点。为了相对统一和规范资产评估中的价值定义，这里拟推介一些被评估行业业内人士广泛使用的价值定义，也是评估行业中最具代表性的价值定义。

1）市场价值

市场价值是《国际评估准则》和许多国家评估准则最为推崇的价值定义。在《国际评估准则》中市场价值的定义如下：

市场价值是自愿买方与自愿卖方在评估基准日进行正常的市场营销之后所达成的公平交易中，某项资产应当进行交易的价值估计数额，当事人双方应各自理性、谨慎行事，不受任何强迫压制。

根据市场价值的定义，市场价值具有以下要件：

第一，自愿买方，指具有购买动机，但并没有被强迫进行购买的一方当事人。该购买者会根据现行市场的真实状况和现行市场的期望值进行购买，不会特别急于购买，也不会在任何价格条件下都决定购买，即不会付出比市场价格更高的价格。

第二，自愿卖方，指既不准备以任何价格急于出售或被强迫出售，也不会因期望获得被现行市场视为不合理的价格而继续持有资产的一方当事人。自愿卖方期望在进行必要的市场营销之后，根据市场条件以公开市场所能达到的最高价格出售资产。

第三，评估基准日，指市场价值是某一特定日期的时点价值，仅反映评估基准日的真实市场情况和条件，而不是评估基准日以前或以后的市场情况和条件。

第四，以货币单位表示，市场价值是在公平的市场交易中，以货币形式表示的为资产所支付的价格，通常表示为当地货币。

第五，公平交易，指在没有特定或特殊关系的当事人之间的交易，即假设在互无关系且独立行事的当事人之间的交易。

第六，资产在市场上有足够的展示时间，指资产应当以最恰当的方式在市场上予以展示，不同资产的具体展示时间应根据资产特点和市场条件而有所不同，但该展示时间应当使该资产能够引起足够数量的潜在购买者的注意。

第七，当事人双方各自精明、谨慎行事，指自愿买方和自愿卖方都合理地知道资产的性质和特点、实际用途、潜在用途以及评估基准日的市场状况，并假定当事人都根据上述知识为自身利益而决策，谨慎行事以争取在交易中为自己获得最好的价格。

第八，估计数额，是指资产的价值是一个估计值，而不是预定的价值或真实的出售价格。它是在评估基准日，满足对市场价值定义的其他因素的条件进行交易的情况下资产最有可能实现的价格。

资产的市场价值反映了市场作为一个整体对其效用的认可，而并不仅仅反映其物理实体状况。某项资产对于某特定市场主体所具有的价值，可能不同于市场或特定行业对该资产价值的认同。市场价值反映了各市场主体组成的市场整体对被评估资产效用和价值的综合判断，不同于特定市场主体的判断。

2）在用价值

在用价值是指作为企业组成部分的特定资产对其所属企业能够带来的价值，而并不考虑该资产的最佳用途或资产变现所能实现的价值量。在用价值是特定资产在特定用途下对特定使用者的价值，是以该特定资产未来预计可实现的现金流量，以及处置该资产可实现的现金流量的折现值表示。

3）投资价值

投资价值是指资产对于具有明确投资目标和特定投资偏好的特定投资者或某一类投资者所具有的价值。例如，企业并购中的被评估企业对于特定收购方的收购价值。资产的投资价值可能正好等于资产的市场价值，也可能高于或低于资产的市场价值。资产的投资价值与投资性资产价值是两个不同的概念，投资性资产价值是指特定主体以投资获利为目的而持有的资产在公开市场上按其最佳用途实现的市场价值。

4）持续经营价值

持续经营价值是指被评估企业按照评估基准日时的用途、经营方式、管理模式等继续经营下去所能实现的预期收益（现金流量）的折现值。企业的持续经营价值是一个整体的价值概念，是相对于被评估企业自身既定的经营方向、经营方式、管理模式等所能产生的现金流量和获利能力的整体价值。由于企业的各个组成部分对企业的整体价值都有相应的贡献，企业持续经营价值可以按企业各个组成部分资产的相应贡献被分配给企业的各个组成部分资产，即构成企业各局部资产的在用价值，但所有这些组成部分本身的价值并不构成市场价值，而构成企业持续经营的各要素资产的在用价值之和也就是企业的持续经营价值。企业的持续经营价值本身并不是市场价值，但其数量可能正好等于企业的市场价值，也可能高于或低于企业的市场价值。

5）残余价值

残余价值是指假设在未进行特别修理或改进的情况下，将资产中所包含的各组成部分进行变卖处置的价值。残余价值不是继续使用时的价值，且不包括土地价值在内。该价值中可能还需考虑总的处置成本或净处置成本，在后一种情况下可能等同于可变现净值。

6）清算价值（或强制变卖价值）

清算价值（或强制变卖价值）是指在销售时间过短，达不到市场价值定义所要求的市场营销时间要求的情况下，变卖资产所能合理收到的价值数额。在某些国家，强制变卖价值还可能涉及非自愿买方和非自愿卖方，或买方在购买时知晓卖方不利处境的情况。

7）特殊价值

特殊价值是指按评估对象相对于特定所有者或使用者（或潜在所有者、使用者）具有特殊作用和功效的情况为依据判断的资产价值估计数额。

特殊价值通常要高于市场价值，它产生于相邻相关资产的特殊位置、整合效应，或暂时的优越条件等。从一定意义上讲，特殊价值可以理解为一种合并价值或整合价值。投资价值是针对某一特定投资者而言的，而特殊价值是相对于交易双方的。

8）合并价值

合并价值是由两种或者两种以上资产相结合而产生的价值增值，即合并后的资产价值要大于原有各项资产价值的简单加总。

以上推介的价值定义仅仅是评估行业中经常使用的价值定义。由于引起资产评估的经济行为和事项的多样性，以及评估对象的多样性，可能会不断地有新的价值定义的出现，也可能会有一些原有的价值定义不再被人们使用。所以说，资产评估中的价值定义远不止上述推介的内容。事实上，不同评估目的下，以及不同种类的评估对象可能还有许多特定的价值定义以及细分的价值定义。如果评估人员所做的评估结论符合上述推介的价值定义条件，评估人员可以直接选择上述推介的价值定义。如果评估人员所做的评估结论不符合上述推介的价值定义条件，评估人员就必须对所做的评估结论自行进行定义。

5.2 价值定义分类

由于引起资产评估的经济行为和事项的多样性，以及评估对象的多样性，资产评估价值定义也是多种多样的。为了使评估人员更好地把握价值定义的内涵和合理性指向，将资产评估的价值定义按其合理性指向及适用范围进行分类，便形成了资产评估价值类型。

资产评估中的价值类型是对资产评估结果的价值属性及其合理性指向的归类。不同的价值类型从不同的角度反映资产的评估价值及其合理性指向。不同属性的价值类型所代表的资产评估价值不仅在性质上存在着差别，而且在数量上往往也存在着差异。资产评估的价值类型从其形成的角度看，不同的价值类型与引起资产评估的特定经济行为，即资产评估特定目的，与被评估对象的功能、状态，以及评估时所设定的市场条件等因素有着密切的联系。根据资产评估特定目的、被评估资产的功能状态，以及评估时的各种条件是合理地选择和确定资产评估价值类型的基础。

根据资产评估价值定义分类的目标，以及对资产评估价值类型作用和意义的理解，目前资产评估行业对资产评估的价值类型的最主要分类是将资产评估中的价值分为市场价值与市场价值以外的价值两大类。

5.2.1 市场价值

市场价值（market value）首先是一个独立的价值定义。前面已经对市场价值进行过表述，在《国际评估准则》中，市场价值被定义为："自愿买方与自愿卖方在评估基准日进行正常的市场营销之后，所达成的公平交易中某项资产应当进行交易的价值的估计数额，当事人双方应当各自理性、谨慎行事，不受任何强迫压制。"

由于市场价值不仅是一个使用频率很高，而且是一个多含义的概念术语，因此，市场价值也是一个极易引起误解的概念术语。造成这一情况的主要原因是，市场价值既有习惯上的概念，也有专业上的概念。如果将这些概念加以归类，也可以划分为广义的市场价值和狭义的市场价值。广义的市场价值是泛指经过市场（条件下）形成的价值的统称，或者是指利用市场价格衡量各种货物或服务的价值的总称。狭义的市场价值可能并无严格的定义，它只是相对于广义的市场价值而言，是针对特定条件或在特定领域使用的有限制条件的价值概念。本节讨论的市场价值，即资产评估中的市场价值属于狭义市场价值范畴，是一个专业术语，而不是广义的市场价值或泛指的市场价值。明确资产评估中的市场价值是一个狭义的市场价值，而且是一个专业术语，是非常重要的。资产评估人员以及资产评估相关当事人，在从事资产评估工作以及使用资产评估报告的过程中，应把市场价值作为一个专业术语或专有名词加以理解。根据《国际评估准则》对市场价值的定义，以及关于对市场价值的其他补充说明，我们把资产评估中的市场价值定义整理概括如下：资产评估中的市场价值是指资产在评估基准日公开市场上正常使用（最佳使用或最有可能使用条件下）所能实现的交换价值的估计值。由于市场价值是一种面对市场参与者整体的公允价值，其合理性指向具有整体性和广泛性，虽然它仅仅是一种价值定义，但它同时也代表了一种价值类型，即市场整体认同的资产价值（市场参与者整体认同的价值）。

市场价值作为评估结果的价值定义，以及表明价值合理性指向的价值类型应当满足以下基本要求：

（1）承载市场价值的评估对象及其权益是明确的。

（2）评估师在整个评估过程中是以公开市场（假设）来设定资产评估所依据的市场条件。公开市场条件包含着这样的市场条件假定，即有众多的市场参与者，包括众多的自愿买方和自愿卖方，他们之间的地位平等，没有受到胁迫和压力，都足够理性并有充分的时间了解行情信息以讨价还价。

（3）评估师是以评估对象被正常使用，并能达到正常使用水平和效益水平作为评估对象在评估时的使用状态。

评估对象被正常使用的假设就剔除了评估对象没有被正常使用的情况，包括超负荷超常规使用及达到使用水平，以及低负荷使用及其出现的贬值。

（4）评估师是以评估对象在评估基准日按市场价值在市场上交易之前，有一个合理的展示时间为前提。

这里提及的展示时间通常被定义为：假设被评估资产在评估基准日按市场价值在市场上交易之前，应该以该报价在公开市场上展示的时间估计数。

展示时间是一个基于充分竞争市场或公开市场假设基础，对过去事项进行分析的追溯性概念。而合理的展示时间，并不是一个固定的时间概念，根据资产类型的不同和市场条件的变化，合理展示时间是不同的。合理展示时间在理解上应当考虑并包括对评估基准日的供需条件、现行成本信息、历史销售信息（在展示期后和买卖双方谈判完成后成交）以及对未来预期收益的预期做出充分分析所需的合理的时间。合理的展示期与价格、时间和用途成函数关系，而不是一个孤立的时间估计。

例如，有一幅国画在市场上按 500 万元已经展示了 2 年却没有成交，这表明市场参与者认为该报价不合理。而后国画所有者把价格降到 400 万元，6 个月后以 350 万元成交。就这幅国画而言，虽然实际的市场展示期是 2 年零 6 个月。但是市场认同的价值范围（350 万元至 400 万元）的合理展示期是 6 个月。

再如，一座写字楼在市场上按每平方米 12 000 元的价格已经展示了 1 年零 7

个月仍没有成交，这表明市场参与者认为该报价不合理，然后业主把价格降到每平方米 10 000 元，5 个月后以每平方米 9 800 元成交。虽然该写字楼实际的市场展示期是 2 年，但是在市场认同的价值范围（每平方米 10 000 元至每平方米 9 800 元）的合理展示期是 5 个月。

（5）评估师在资产评估过程中所使用的数据均来自于市场。

资产评估过程中所使用的数据均来自于市场是指评估人员所使用的各种数据要么直接来源于市场，要么是评估人员根据市场中的信息数据归纳整理分析得出的，包括评估对象被正常使用的标准，众多的自愿买方和自愿卖方形成的市场行情信息等。

5.2.2　市场价值的特点

市场价值是一个反映市场整体认同的价值概念（value to market），是市场经济条件下大部分被评估资产的价值基础。市场价值能够为资产评估提供一个基准。市场价值的特点主要表现在以下几个方面：

（1）市场价值是一种经过严格定义的价值。市场价值在资产评估业务中有严格的定义，不能将只要是通过市场（交易）的价值都理解为资产评估中的市场价值。市场价值的内涵在定义中已明确，只有同时满足该定义中的全部条件才能构成资产评估中的市场价值。

（2）市场价值是一种相对理想状态下的价值。市场价值定义中的各项前提条件均是相对理想状态下的市场条件，这些相对理想状态下的市场条件可以是评估对象现实存在时的条件，也可以是评估对象所具备的潜在条件，在具体评估过程中需要评估人员充分考虑评估对象是否具有现实的或潜在的相对理想状态市场条件的基础。

（3）市场价值是评估业务中使用频率最高的一种价值定义和类型。根据资产评估所要实现的目的，以及市场价值的合理性指向范围，市场价值是资产评估中使用频率最高的价值定义和类型，也是多数评估业务所要求的价值定义和类型。

（4）市场价值是整体市场认同的价值，而不是个性化的价值。资产的效用对于不同的个体而言可能会有很大不同，因此不同的市场参与者对同一资产价值的认知也有很大区别。

市场价值概念建立了一个"标准"价值，使得对于资产价值的计量具有意义。同一资产对不同人、在不同条件下具有不同的价值，这是不争的事实，但评估行业需要解决这样一个问题：评估师在大多数情况下评估的是哪一种价值？资产价值认知的不一致是因为不同的市场参与者对该资产的效用认知不同，但对于资产的效用市场整体还是有一个共同的认知的。因此，尽管资产对不同人而言有着不一样的价值，但对于整个市场而言应当有一个共同的价值标准，这就是我们所定义的市场价值。市场价值反映了市场每个参与者的意见，但不是简单地直接反映每个参与者的意见，而是集中反映了包括每个市场参与者在内的市场主体的集中意见。因此，市场价值定义中设定了严格的条件，确保其严密性，避免不必要的混淆或概念误用，不能因为市场价值与具体价值或成交价格不一致而否定市场价值。

市场价值是资产相对于市场整体的价值，而不是资产对特定市场主体的价值（value to particular user or group）。市场价值反映了资产评估所依据的市场整体对资产效用及其价值的认知和认同，即反映了作为一个整体的市场对被评估资产价值的认可。

5.2.3 市场价值以外的价值

市场价值以外的价值（the value other than market value）也称非市场价值、其他价值。它是一个相对于狭义的资产评估专有的市场价值概念的专有名词。它并无独立的定义，而是泛指所有不符合市场价值定义条件的其他价值定义的统称。市场价值以外的价值或非市场价值中的"市场价值以外"或"非"字并不是否定评估结论与市场的联系，而是强调非市场价值是那些不满足、不具备资产评估中市场价值定义条件的价值。所以说，市场价值以外的价值或非市场价值是一个相对于市场价值的专有名词和专业术语，包括《国际评估准则》在内，也并没有直接定义市场价值以外的价值，而是指出凡不符合市场价值定义条件的资产价值都属于市场价值以外的价值。

在资产评估中为什么要分出一类市场价值以外的价值呢？从市场交换的实际情况来看，有些交易是在竞争较为充分的市场中进行的，交易价格是整个市场竞争的结果。还有一些交换是在关联方之间，以及个别市场主体之间进行的，交易结果和交易价格与整体市场关系并不十分紧密。在资产评估中设立市场价值以外的价值来反映个别市场主体之间的交易行为及其交易价值是客观和必要的。《国际评估准则》第八版在论及市场价值以外的价值存在的必要性时，认为市场价值以外的价值的存在是基于以下三种情况，同时也可以分为以下三类：

第一类指评估主体从资产所有权中获得的收益。资产价值对评估主体来说是特定的。尽管某些情况下等同于销售资产时获得的价值，这一类资产价值基本上反映了持有资产获得的收益。因此，没有必要假设资产交换，投资价值属于这一类。特定主体的某项资产价值与市场价值之间的不同促使买方和卖方进入市场交易。

第二类指为交换某项资产，特定双方达成合理的协议价格。如果各方之间没有关联，交易正常，没有必要将资产放在更大范围的市场上交易。持续经营价值、特殊价值、清算价值、残余价值、合并价值等属于这一类。

第三类指法律、法规或合同协议中规定的价值。

为特定经济行为服务的资产评估，其评估结果的价值类型的选择和定义要受到相关法律、法规、合同、协议等具体条款的约束或限定。对这些服务于特定经济行为的资产评估，其评估结果的价值类型的选择和定义应根据相关法律、法规、合同、协议等具体条款的规定确定。从严格意义上讲，服务于课税、保险、抵押和拆迁补偿等目的的评估，评估结果的价值定义和价值类型并不是事先确定的。因为服务于课税、保险等目的的评估结果的价值定义和价值类型取决于保险法、保险合同、担保法及税法等的具体规定。在不同的国家和地区，以及在同一国家的不同地区，相关法律、法规、合同、协议等可以要求或规定服务于课税目的、保险目的、抵押目的和城市拆迁补偿目的等的评估结果采用市场价值。相关法律、法规、合同、协议等也可以要求或规定服务于课税目的、保险目的、抵押目的和城市拆迁补偿目的等的评估结果只能采用市场价值以外的价值。所以，服务于课税目的、保险目的和城市拆迁改造目的等的评估结果价值定义及其价值类型取决于相关法律、法规、合同、协议等对这些评估结果价值内涵的规定，人们不可以主观地事先将其限定在市场价值或市场价值以外的价值表现形式之中。评估师可以根据评估项目所在地相关法律、法规等的具体规定，以及评估过程来具体判断评估结论的最终价值属性。如果相关法律、法规、合同、协议等要求或规定服务于课税目的、保险目的、抵押目的和城市拆迁补偿目的等的评估结果采用市场价值，评估师就应该用市场价值去定义服务于课税、保险、抵押和拆迁补偿等目的的评估结果。但是，一旦相关法律、法规、合同、协议等对服务于课税目的、保险目的、抵押目的和城市拆迁补偿目的等的评估结果的价值内涵规定不满足市场价值定义条件，评估师就只能使用课税价值、保险价值、抵押价值和拆迁补偿价值等价值定义等来反映服务于课税、保险、抵押和拆迁补偿等目的的评估结论。服务于课税目的、保险目的、抵押目的和城市拆迁补偿目的等的评估结果的价值内涵天然不是市场价值以外的价值，它们也可以是市场价值，但是课税价值、保险价值、抵押价值和拆迁补偿价值等的价值属性天然是市场价值以外的价值。

课税价值是指在税法等相关法律、法规对课税对象税基价值的规定和要求不满足市场价值定义条件的前提下，课税对象相对于税法等相关法律、法规的有关规定和要求所具有的价值估计数额。

保险价值是指在财产保险等相关法律、法规和保险契约等对保险标的物评估价值的有关规定和要求不满足市场价值定义条件的前提下，保险标的物相对于财产保险等相关法律、法规和保险契约等的有关规定和要求所具有的价值估计数额。

抵押价值是指在担保法等相关法律、法规及金融监管机关对抵押物评估价值的有关规定和要求不满足市场价值定义条件的前提下，抵押物相对于担保法等相关法律、法规及金融机关的有关规定所具有的价值估计数额。

拆迁补偿价值是指在有关城市规划、建设和房地产管理等相关法律、法规对拆迁物价值补偿的具体规定和要求不满足市场价值定义条件的前提下，拆迁标的物相对于有关城市规划、建设和房地产管理等相关法律、法规的具体规定和要求所具有的价值估计数额。

当评估师需要用课税价值、保险价值、抵押价值和拆迁补偿价值等来表达服务于纳税目的、财产保险目的、抵押目的和城市拆迁补偿目的等的评估结论时，评估人员必须明确说明课税价值、保险价值、抵押价值和拆迁补偿价值等不是市场价值，而是属于市场价值以外的价值。

从市场价值以外的价值的表述来看，市场价值以外的价值不是一种具体的资产评估价值存在形式，它是一系列不符合资产市场价值定义条件的价值定义的总称或组合，它是在用价值、投资价值、持续经营价值、特殊价值、清算价值、残余价值、合并价值、课税价值、保险价值、抵押价值和拆迁补偿价值等一系列不符合市场价值定义条件的其他具体价值的概括。对市场价值以外的价值的理解和把握不应仅仅局限在它与市场价值的区别上，而是要理解和把握市场价值以外的价值中的具体价值表现形式的确切定义。在用价值、投资价值、持续经营价值、特殊价值、清算价值、残余价值、合并价值、课税价值、保险价值、抵押价值和拆迁补偿价值等是市场价值以外的价值中具有代表性、使用频率较高的一些价值定义，这些价值定义已经在前面做了介绍，这里就不再重述。

属于市场价值以外的价值中的具体价值定义表达或表现了某个或某些市场参与者对资产价值的认同，而不是整体市场对资产价值的认同。市场价值与市场价值以外的价值的区分，在很大程度上取决于其市场参与者（买卖双方）的数量和交易时间，即参与者是众多的还是个别的，交易是否有时间限制等。也就是说，资产评估依据的是充分竞争的公开市场、买方市场或卖方市场将会影响评估师对资产评估价值类型的选择。

另外，我国作为新兴市场经济国家，市场环境的特殊性，以及经济转型过程中的特殊情况，在我国资产评估实践中还不能排除出现市场经济发达国家不曾使用过的特殊的价值定义的可能性，但是，只要遵循资产评估中定义评估价值的原则和要求，我们并不一定完全拘泥于已有的、经常使用的价值定义及其表现形式，完全可以根据资产评估价值类型理论和我国的实际情况，因地制宜地对评估结论做出恰当的价值定义。

[相关链接5-1]

《资产评估价值类型指导意见》第二章 价值类型及其定义

第五条 市场价值是指自愿买方和自愿卖方在各自理性行事且未受任何强迫的情况下，评估对象在评估基准日进行正常公平交易的价值估计数额。

第六条 市场价值以外的价值类型包括投资价值、在用价值、清算价值、残余价值等。

第七条 投资价值是指评估对象对于具有明确投资目标的特定投资者或某一类投资者所具有的价值估计数额，亦称特定投资者价值。

第八条 在用价值是指将评估对象作为企业组成部分或要素资产按其正在使用方式和程度及其对所属企业的贡献的价值估计数额。

第九条 清算价值是指在评估对象处于被迫出售、快速变现等非正常市场条件下的价值估计数额。

第十条 残余价值是指机器设备、房屋建筑物或其他有形资产等的拆零变现价值估计数额。

第十一条 某些特定评估业务评估结论的价值类型可能会受到相关法律、法规或契约的约束，这些评估业务的评估结论应当按照相关法律、法规或契约等的规定选择评估结论的价值类型；相关法律、法规或契约没有规定的，可以根据实际情况选择市场价值或市场价值以外的价值类型，并予以定义。

特定评估业务包括：以抵（质）押为目的的评估业务、以课税为目的的评估业务、以保险为目的的评估业务、以财务报告为目的的评估业务等。

第十二条 注册资产评估师执行资产评估业务，应当合理考虑本指导意见与其他相关准则的协调。采用本指导意见规定之外的价值类型时，应当确信其符合本指导意见的基本要求，并在评估报告中披露。

[相关链接5-2]

《国际评估准则》第八版 关于资产评估价值定义的调整和解释

国际评估准则委员会在《国际评估准则》第八版中对资产评估中的价值定义进行了调整和说明。这些内容集中体现在《国际评估准则2——非市场价值基础评估》以及相应的说明中，其中，关于持续经营价值、清算价值和公允价值的调出调入是《国际评估准则》第八版对传统价值定义的重大挑战。

5.3 资产评估价值基础

从内涵的角度讲，资产评估的价值定义是资产评估结论的价值内涵、属性和合理性指向的概括与描述。评估结论的价值类型则表明各种价值定义之间的联系与区别。资产评估价值定义及价值类型的作用表现在两个方面。对于评估者来说，资产评估中的价值定义和价值类型首先是评估的特定价值目标，即指明评估结果的性质、用途和属性，为评估人员提供评估目标指引及明确评估结果的预期使用者。对于评估报告及评估结果的预期使用者来说，资产评估中的价值定义和价值类型则表明了评估结论的合理性指向和适用范围。

资产评估结论的价值定义和价值类型是具体评估条件下评估过程的"自然"结果。这个"自然"结果是建立在评估人员充分了解和掌握资产评估的具体条件对评估价值定义和价值类型影响的基础上，选择并实施了一系列恰当的做法完成的。很显然，充分了解和掌握影响评估价值定义和价值类型的评估具体条件就显得格外重要了。它的重要性就在于，资产评估所依据的具体条件的不同排列组合就构成了评估价值定义和价值类型的基础。从大的方面讲，评估价值基础也可以分为两大类（与资产评估价值类型分类相对应），即市场价值基础和非市场价值基础。资产评估价值定义和价值类型的形成显然不是评估人员主观臆断的结果，而是评估人员对在特定评估条件下评估对象公允价值及其表现形式的选择和客观反映。了解和掌握在什么样的条件下应该得出什么性质及类型的评估结果，无疑是评估人员最基本的专业胜任能力，也是评估人员了解和把握自己的工作"产品"，以及正确指导客户使用评估结果的基本功课。所谓资产评估价值基础，是指能得出某种价值定义及类型的评估结论应满足的具体条件及组合。

《国际评估准则》第八版对评估价值基础的表述大致如下：市场价值这一概念与市场参与者共同的认知和行为有关。它指出了各种不同的可能影响某一市场中交易的因素，并将它们与影响价值的其他固有的或是非市场考虑的因素区别开来。市场价值是基于市场的，因而，所有数据的输入都应该来自市场。

基于市场的资产评估假定交易发生的市场的运作没有受到来自非市场作用力的限制。

基于市场的评估必须假定资产处于最充分、最佳利用或最可能利用状态，这是决定其价值的一个很重要的因素。

基于市场的评估取自特定市场中的专门数据，并通过一系列的方法和程序试图反映在这些市场中市场参与者博弈的过程。

基于市场的评估可以通过采用市场售价类比法、收入资本化法以及成本法得到评估价值。每一种方法所采用的数据及标准必须来自于市场。

除了采用假定的由两个典型的有动机的市场参与者进行交易的价值外，资产评估也可以利用估测原则，考虑一项资产的经济效用或功能，也可以采用与非经常性或非典型的一项交易双方当事人中某一方的动机有关的价值，或者是采用由法律或合同决定的特定价值。

公允价值（个别人之间的）、投资价值、特定价值以及整合价值可以作为非市场价值基础或是市场价值以外的价值基础的例子。这类价值基础需要有其他的假设，这些假设对于个别当事人的状况来说是特定的、更加明确的。正是由于这个原因，以非市场价值为基础的评估不能重新划为市场价值。

以非市场价值为基础的评估必须通过适当的程序，对数据进行充分的分析进而得到合理的价值估计值。

当然，对于资产评估价值基础及构成也还有其他的理解方式。我们也可以将资产评估价值基础分解为三方面的基本构成要素，即评估的特定目的、评估对象的使用方式及状态和评估时所依据的市场条件。从另外一个角度讲，资产评估价值基础是由资产评估的特定目的、评估对象的使用方式及状态和资产评估依据的市场条件三方面基本要素有机组合构成的。

资产评估特定目的作为资产评估价值基础的条件之一，是因为它不但约束着资产评估结果的具体用途和评估结果的预期使用者，而且会直接或间接地约束着资产评估的过程及运作条件，包括对评估对象的利用方式和使用状态的宏观约束，以及对评估市场条件选择的宏观限定。即使是相同的评估对象，如果在不同的评估特定目的下，很可能会有不同属性的价值定义和价值类型的评估结果。

评估对象的使用方式和利用状态，既是评估对象自身的条件写照，也在一定程度反映出评估对象与市场及其有效性的关系。评估对象是被作为一项独立的资产（与其他资产没有联系）加以评估，还是被当做整体资产中的要素资产进行评估，将影响其评估价值定义和价值类型的选择。是按照评估对象的正常（最佳）使用状态作为评估其价值的基础条件之一，还是把评估对象的非正常使用状态作为评估其价值的基础条件之一，也将影响评估对象的价值定义和价值类型选择。这种影响通常表现在，市场价值是市场整体视角下的评估对象处于正常（最佳）或最有可能使用状态下评估结果的货币反映，而市场价值以外的价值则是市场整体视角下的评估对象处于非正常（最佳）或非最有可能使用状态下评估结果的货币反映。

评估对象的使用方式和利用状态对于评估对象价值定义和价值类型的影响，属于内在因素层面，从哲学的意义上讲，评估对象自身的利用方式和利用状态对其评估价值定义和类型选择的影响，也是评估人员必须时时关注的。

评估时所依据的市场条件及交易条件作为影响评估结果价值定义和价值类型的重要因素之一，是因为资产评估自始至终都存在着评估人员的评估视角和评估立场问题。而资产评估中的市场价值与市场价值以外的价值的分类恰恰是从市场整体（主体）或个别市场（主体）对资产价值公允性的认同和视角划分的，评估人员选择了不同的市场主体和立场将决定其评估结论的价值定义和价值类型。换一个角度说，资产评估时所依据的市场条件及交易条件，其实就是评估人员选择的评估视角和评估立场。当评估人员选择了市场整体（主体）视角并站在市场整体的立场上评估资产价值，评估人员所使用的数据资料当然要来源于公开市场，其评估结论当然就是市场价值。当评估人员选择了个别市场（主体）视角并站在个别市场主体的立场上评估资产价值，评估人员所使用的数据资料并不来源于公开市场，而通常来源于个别交易。此种条件下的评估结论当然就不是市场价值，而属于市场价值以外的价值。从这个意义上讲，评估时所依据的市场条件及交易条件是构成资产评估价值基础最重要的条件之一。在不同的市场条件下或交易环境中，即使是评估相同的资产，也会有着不同价值定义和价值类型的评估结果。

资产评估目的作为约束资产评估结果具体用途和预期使用者并对资产评估运作条件起宏观约束的因素，与决定评估对象价值内在因素的评估对象使用方式及利用状态，以及评估时评估人员依据的市场条件共同构成了资产评估的价值基础。这三大因素的不同排列组合是形成不同评估价值定义和价值类型的基本条件。

5.3.1 资产评估的市场价值基础

从理论上讲，资产评估的价值基础条件是由评估的特定目的、被评估资产使用方式及使用状态和评估依据的市场条件三要素有机组合构成的。

从资产的市场价值作为一种市场整体认同的资产评估结果的角度来看，作为资产评估市场价值基础条件之一的评估特定目的，还不能简单地从它是服务于产权变动类的资产业务，还是服务于非产权变动类的资产业务的角度，判断其作为评估价值基础的属性，即市场价值基础属性或市场价值以外的价值基础属性。能够成为评估市场价值基础条件之一的评估特定目的，需要满足其对评估对象本身的使用方式和利用状态，以及评估依据的市场条件并不产生特别的限制或个别性约束的前提，即评估特定目的并不产生对评估对象独立使用方式和正常使用的限制，也不会对评估人员的市场整体主体立场等构成特别限制和约束。确切地讲，没有非市场因素特别限制和个别性约束的评估特定目的，才是评估市场价值的基础条件之一。统计数据显示，在大量的为产权交易业务或非产权交易业务提供估值咨询的服务中，市场价值是使用频率最高的价值定义和价值类型。因为许多资产评估的预期使用者首先是希望获得一个市场整体对评估对象的价值观点和意见，以此作为自己确定交易底价或其他用途价值的参考。而从评估人员的角度来看，在没有特殊信息来源渠道和特别授权情况下，评估人员最主要的信息来源是公开市场，评估人员能够通过公开市场信息评估资产价值恰恰是资产评估中的市场价值，即在一定时点和一定市场范围内对于该市场范围内整体（买者和卖者）相对合理的价值估计值。因此，没有非市场因素特别限制和个别性约束的评估特定目的是评估资产市场价值的基础条件和客观要求。当然，在上述资产评估特定目的与评估价值定义和价值类型关系的讨论中，我们也希望评估人员能够在评估实践中可以根据委估项目的特定目的和对评估价值定义及价值类型的具体要求，对应选择自己的评估视角和评估立场，以及选择评估对象的使用方式、使用状态和评估数据资料的来源。资产评估特定目的不仅仅是引起资产评估的经济行为，而且蕴含着这种经济行为对评估结果预期用途和预期使用者，以及对评估对象状况以及评估市场条件的宏观约束。

评估对象自身的使用方式和利用状态作为评估市场价值基础的相关条件之前已经反复提及。在一般情况下，评估对象被要求产权清晰、具有独立功能、可独立交易转让，并且包含着评估对象功能正常发挥或被有效使用。概括地讲，评估对象能够被独立且正常（最佳）使用的条件构成了资产评估市场价值的内在基础。

前面已经对评估市场价值依据的市场条件和交易条件进行过阐述。满足评估市场价值依据的市场条件和交易条件，是通过评估人员站在市场整体的评估视角和评估立场，以及从该评估视角和立场出发，通过采用来源于公开市场的数据资料完成的。对公开市场的描述通常是这样的：公开市场是一个公开竞争的市场，该市场上的买者和卖者有着正常的交易动机，没有垄断和强迫。买卖双方各自理智、地位平等、信息对称，评估对象在市场上有合理的展示时间，在公开市场中形成的价格是交易双方充分讨价还价及竞争的结果，未受任何交易一方提供的特别或特殊融资及折让的影响。

资产评估的特定目的、评估对象的使用方式和利用状态，以及评估依据的市场条件等共同构成了资产评估价值的基础。资产评估的市场价值基础，是由无特别限制和个别约束的评估特定目的、公开市场条件和资产有效使用等条件的有机组合而成。需要强调的是，上述三个条件要素在一种有机组合的情况下构成了资产评估市场价值基础。任何过分强调某一条件要素而省略或忽略其他条件要素的做法，都可能会偏离资产评估的市场价值基础。

5.3.2　资产评估中的市场价值以外的价值基础

按照资产评估结果价值类型的分类，资产评估结果或是资产的市场价值，或是资产的市场价值以外的价值。关于构成资产评估市场价值基础的条件及其组合前面已经明确：凡是不同时具备或满足资产评估市场价值基础条件的其他条件组合，都构成资产评估市场价值以外的价值基础，在此基础上评估出的结果都属于市场价值以外的价值。资产的市场价值以外的价值并不是脱离了正常市场的黑市价值、非法交易价值或其他什么价值的估计值。它也是资产交易中的一种相对公平合理的价值的估计值，只是它的合理性指向以及公平合理的适用范围相对较窄。它只是针对资产业务特定当事人的相对公平合理价值，即只是被局部或个别市场主体认同的价值。在市场价值以外的价值的基础条件中，评估特定目的中包含特别限制和个别约束的条件、评估对象并不一定具有独立使用（交易）方式和正常（最佳）的使用效果，评估依据的市场条件中包含了评估人员的个别市场主体视角和立场，以及采用个别市场交易数据及个案资料等条件。

市场价值以外的价值的评估条件基础主要源于引起资产评估的特殊经济行为或资产业务，特别的评估对象和特殊的市场条件。

引起资产评估的经济行为或资产业务的特殊性或特别限制，可以用资产评估目的的特殊性加以说明，如以快速变现为评估目的的企业破产清算，以控制竞争对手为评估目的的特别投资，在受到担保法及其规则限制的前提下进行的以确定财产损失为评估目的的担保赔偿，以及以满足国家政策调控需要的财产课税等。上述各评估目的不论是否为资产产权变动服务，终因其对评估过程及结果有着特殊要求和限制而不符合资产市场价值的评估基础条件，进而成为资产市场价值以外的价值评估的条件之一。

特别评估对象主要是由于其使用方式的特殊性而有别于以市场价值基础中的评估对象条件。评估对象使用方式的特殊性通常反映在企业或整体资产中非独立使用的要素资产上。由于非独立使用的要素资产需要与企业或整体资产中的其他资产共同使用才能产生效用和效益，要素资产的评估价值与公开市场并没有直接的联系，而只与要素资产对企业及整体资产的贡献有关。

特殊的市场条件可以笼统地理解为评估人员的个别市场主体视角和立场，以及非公开市场的信息资料来源等的组合。

由于市场价值与市场价值以外的价值，以及市场价值基础条件与市场价值以外的价值的基础条件都是相对的，在资产评估的实践中，评估条件要么满足市场价值的基础，否则就构成市场价值以外的价值的基础条件。

5.4　明确划分资产评估中的市场价值与市场价值以外价值的意义和作用

在众多资产价值类型中，选择资产的市场价值与市场价值以外的价值作为资产评估中最基本的资产价值类型具有重要意义和作用，作用之一表现在对资产评估人员的技术指引方面；作用之二表现在帮助客户及委托方正确使用资产评估报告方面。

5.4.1　价值定义及其类型对资产评估人员的技术指引和约束

价值定义及其类型对资产评估人员的技术指引和约束表现在价值定义及其类型不仅是对评估结果价值属性与评估条件相互关系规律的总结和归纳，同时它也要求评估人员应当根据评估条件正确选择价值定义及其类型。正确认识价值定义及其类型与资产评估目的及其相关条件的关系，对于正确选择价值定义及其类型，以及实现评估目的和目标是至关重要的。

关于价值定义及其类型的选择与资产评估目的等相关条件的关系应该从两个方面来认识和把握：其一要从正确选择价值定义及类型的角度，而关注资产评估目的等相关条件对所选择价值定义及类型的影响；其二要从价值定义及其类型的选择对实现资产评估目的，以及满足其他相关条件的角度，关注价值定义及其类型的正确选择。

从第一个层面上看，资产评估中的价值定义及类型是资产评估结果的属性及其表现形式合理性指向的归类。价值定义及类型的选择本来就应该受到评估目的等相关条件的制约，或者说价值定义及类型是在评估目的等相关条件的基础上形成的。有什么样的评估条件基础就应该有与之相适应的评估结果属性及其表现形式。可以说，资产评估目的等相关条件构成了资产评估的价值基础。除资产评估特定目的外，构成资产评估价值基础的相关条件主要有两个方面：其一是资产自身的功能、利用方式和使用状态；其二是评估时的市场条件。

市场价值和市场价值以外的价值是按资产评估面临的市场条件和评估对象自身的条件为标准，以及评估价值合理性指向设定的。市场价值和非市场价值的划分既考虑了资产评估的基础条件，即资产自身的条件、利用方式和使用状态、资产评估时的市场条件，也考虑了评估结论的合理性指向。就是说，市场价值和市场价值以外的价值的划分既考虑了决定资产评估价值的内部因素，同时也考虑了影响资产评估价值的外部因素及其用途指向。这至少能在理论上和宏观层面上为评估人员客观合理地评估资产价值，以及清晰地披露评估结果提供帮助和依据。

市场价值和市场价值以外的价值概念界定与分类有利于评估人员对其评估结果性质的认识，便于评估人员在撰写评估报告时更清楚明了地说明其评估结果的确切含义。只有评估人员自己充分认清了自己的评估结果的性质，才可能在评估报告中充分说明这个评估结果。当然，一份结果阐述明确的评估报告才能使客户受益。

市场价值和市场价值以外的价值的分类及其概念界定便于评估人员划分其评估结果的适用范围和使用范围。资产评估结果的适用范围与评估目的所要求的评估结果用途的匹配和适应，是检验资产评估科学性和合理性的首要问题。把评估结果按资产的市场价值和市场价值以外的价值分类，可以从大的方面决定评估的适用范围，便于评估人员将其与评估的特定目的相对照。资产评估结果的使用范围关系到评估结果能否被正确使用的问题。对于大多数评估报告使用者来说，他们未必十分了解不同价值类型的评估结果都有其使用范围的限定。限定评估结果使用范围的责任应由评估人员承担，评估人员应在评估报告中将评估结果的使用范围给予明确的限定。

5.4.2　价值类型对客户及委托方正确使用资产评估报告的指引作用

资产评估作为一种专业中介服务活动，它对客户和社会提供的服务是一种专家意见及专业咨询。无论是专家意见还是专业咨询，最重要的都是这种意见或咨询能对客户的某些行为起指导作用。应防止和杜绝提交可能造成客户误解、误用或误导的资产评估报告。就一般情况而言，资产评估机构和评估人员主观上并不愿意提交可能会对客户及社会造成误解、误用或误导的资产评估报告，但在资产评估实践中，经常出现评估人员并不十分清楚所做的资产评估结果的性质、适用范围等，以致在资产评估报告中未给予充分的说明及使用限定的问题。而客户或评估报告使用者绝大部分都是非专业人员，他们对评估结果的理解和认识基本上只来源于评估报告的内容。资产评估报告中任何概念的模糊或不合理，都会造成客户及社会对评估结果的误解。所以对资产评估结果价值类型进行科学分类和解释具有重要的作用。而关于资产的市场价值和市场价值以外的价值概念及分类，正是从资产评估结果的合理性指向及其适用范围和使用范围限定方面对资产评估结果进行分类。因此，这种分类方法符合资产评估服务于客户和社会的内在要求。

一般而言，属于市场价值性质的资产评估结果主要适用于产权变动类资产业务，但并不排斥运用于非产权变动业务。在特定评估时点的公开市场上，资产的市场价值对于市场整体而言都是相对公允合理的或整体市场对它认同。资产的市场价值以外的价值只是一种局部市场认同或只在局部市场范围内是公允合理的，即只是对特定的市场主体来说是公平合理的。从大的方面来讲，资产评估的市场价值和市场价值以外的价值都是资产公允价值的表现形式，但是两者公允的市场范围是有明显差异的。如果评估人员及其评估报告使用人明确了资产评估中市场价值和市场价值以外的价值公平合理的市场范围，那么，他们也就能很容易地把握评估结果的适用范围和使用范围。

5.4.3　价值定义及类型的合理选择是实现资产评估价值目标的重要手段

从资产评估结论与引起资产评估的经济行为及所要求价值目标的层面上看，资产评估价值定义以及类型的合理选择也应该成为实现资产评估价值目标的重要途径和手段。

资产评估价值目标有一般目标和具体目标之分，资产评估的一般价值标是评估对象相对于各种条件下的公允价值。而特定价值目标则是一般价值目标的具体化，即评估对象在特定条件下或具体条件下的公允价值。

公允价值的相对性质主要是指对于某一评估对象而言，不是一个确定不变的值，而是一个相对值。当该评估对象处于正常使用及正常市场条件下时，有一个与此条件相对应的合理价值，当该资产处于非正常使用及非正常市场条件下时，也有一个与之相对应的合理价值。当然，这样的排列组合会很多，相应的合理价值也会很多。尽管对这个具体评估对象而言，不同条件下的合理评估价值各不相同，但是它们有着一个共同的特点，即这些价值相对于它们各自拥有及面对的条件又都是合理和公允的。公允价值与评估条件的相对性和相关性决定了公允价值的相对性质；公允价值的相对性质又决定了公允价值具有抽象性质和高度概括性质。在资产评估实践过程中，为了满足委托方及预期使用者的需要还必须将抽象的公允价值具体化。

由于具体的资产评估项目的条件都是具体的，各种各样的具体条件决定了资产公允价值的多样性和复杂性。设计、选择并利用科学合理的资产评估价值定义和价值类型对评估人员把握资产评估特定价值目标及特定条件下的公允价值就显得十分重要。而市场价值和市场价值以外的价值的分类，以及各价值类型所包含的具体价值定义，不仅仅是根据资产评估目的、基本价值目标等相关条件的被动选择，它们对于实现评估目的，特别是把握资产评估公允价值这个评估基本价值目标，具有极其重要的作用。这种作用突出表现在资产评估价值类型的设计上，即将评估价值分为市场价值和市场价值以外的价值两大类。由于市场价值与市场价值以外的价值之间的相对关系，市场价值及其成立条件是这种价值类型分类的基准，确立了市场价值及其成立的条件，就等于明确了市场价值以外的价值及其成立条件。明确了市场价值在资产评估中的作用，也就很容易把握市场价值以外的价值及具体价值形式在资产评估中的作用。这种价值类型分类实际上是把市场价值作为整个评估价值目标体系中的基础，发挥着资产评估公允价值坐标和基本参照的作用。

应该讲，资产评估中的公允价值与市场价值是两个不同层次的概念。资产评估中的公允价值是一个一般层次的概念，它是所有条件下的合理评估结果的价值抽象。资产评估中的市场价值只是对由无特别限制和个别约束的评估特定目的、公开市场条件和资产有效使用等条件组合下的合理评估结果的表达（凡是不满足市场价值成立条件的其他合理评估结果都属于另外一种价值类型——非市场价值）。相对于公允价值而言，市场价值更为具体，条件更为明确，更易于评估人员在实践中把握。由于市场价值概念的明晰性和可把握性，使得市场价值能够成为资产评估公允价值的坐标和基本参照。市场价值的这种作用和定位源于其自身优越的条件：①市场价值是公开市场条件下的公允价值，公开市场条件容易理解和把握；②市场价值是资产正常使用（最佳使用）状态下的价值，正常使用（最佳使用）也容易理解和把握；③资产评估价值只有两种价值类型，市场价值和市场价值以外的价值，而市场价值类型中只有市场价值一种，明确了市场价值也就等于明确了市场价值以外的价值；④市场价值是资产评估中最为典型的公允价值，市场价值的准确定位是准确把握市场价值以外的价值的基础，也是准确把握公允价值的基础。由于市场价值自身的特点，包括国际评估准则委员会在内的资产评估界广泛使用市场价值概念，并把资产评估中的市场价值作为衡量资产评估结果公允公正的基本尺度和基本参照。换一个角度来看，也正是定义了资产评估中的市场价值，才使得较为抽象的资产评估公允价值能够把握和衡量，公允价值才能够成为可操作的资产评估的基本价值目标。我们之所以反复强调理解和把握资产评估市场价值的重要性，不仅仅因为它是一种重要的价值类型，更重要的是，它是我们认识、把握和衡量资产评估结果公允性的基本参照和坐标。从理论研究的角度来看，人们可以根据不同的标准将资产评估结果划分为若干种价值类型。但是，从有助于评估人员理解和把握资产评估基本价值目标，并很好地实现资产评估价值目标的角度，将资产评估结果划分为市场价值和市场价值以外的价值是最有实际意义的。在我国的资产评估准则中，将市场价值和市场价值以外的价值作为资产评估的基本价值类型，正是我国评估理论工作者对资产评估运作规律的一种抽象和概括。

从本质上讲，资产评估特定价值目标就是要求评估人员评估特定条件下的资产的公允价值，划分市场价值和市场价值以外的价值两大类型并正确选择，为很好地实现评估价值目标提供了技术平台。设计了市场价值这个公允价值的坐标，以及设计出能够涵盖各种特殊条件下的市场价值以外的价值的具体价值形式和定义，就为实现资产评估具体价值目标提供了目标载体和表达载体。

总之，明确资产评估价值定义，并按市场价值和市场价值以外的价值将评估价值定义分为两大类，旨在为合理有效地实现资产评估价值目标提供目标载体和表达载体。同时，明确资产评估价值定义，并按市场价值和市场价值以外的价值将评估价值定义分为两大类，也为实现资产评估的预期用途，限定评估结果的适用范围和使用范围提供技术指引。因此，明确资产评估价值定义，合理划分资产评估价值类型是资产评估中的重要工作。

本章小结

价值类型理论在资产评估中具有举足轻重的地位和作用，尤其是在市场经济不很完善的我国，将价值类型理论引入资产评估实践，将指引评估人员更准确地理解资产评估，准确地把握资产评估目标，为合理地实现评估价值目标提供目标载体和表达载体。同时，价值类型的合理划分也为评估人员提高评估报告披露质量创造了条件和规范，对于保证评估报告使用人正确使用评估报告具有重要作用。

关键概念

公允价值　市场价值　投资价值　在用价值

思考题

1. 明确资产评估价值合理性指向有什么意义？
2. 价值定义分类的依据和意义是什么？
3. 如何描述市场价值的基本特征？
4. 在资产评估中，如何选择评估结论价值类型？
5. 资产评估价值基础是由哪些要素构成的？

6

资产评估途径与方法

学习目标

通过本章的学习，学生应当了解和掌握资产评估途径和技术方法的理论基础、适用条件、应用前提、构成要素、主要经济技术参数、数学表达式和归纳式以及各种评估技术途径与方法之间的关系。

6.1 资产评估途径与方法概述

众所周知，资产评估方法是实现评定估算资产价值的技术手段，但就资产评估方法本身来讲，它并不是为资产评估所独有。事实上，资产评估中所运用的各种方法，是利用或借用了工程技术、统计学、财务管理、会计学等学科或领域中的技术方法，并根据自身的特点组合成一整套资产评估的方法体系。尽管资产评估方法是借用或利用了其他学科中的技术方法，但是，资产评估方法与其他学科的技术方法又有区别，这个区别就是资产评估是将其他学科的技术方法按照资产评估运作的内在要求，用资产评估的技术思路加以重组，从而构成了以资产评估途径为主线条的资产评估方法体系。

6.1.1 资产评估途径的内涵

概括地讲，资产评估途径是判断资产价值的技术思路，以及实现该评估技术思路的各种评估技术方法的集合。目前，最具代表性的资产评估途径主要有市场途径、收益途径和成本途径。上述三种资产评估途径不仅有各自的评估技术思路，以及与之相配套的具体评估方法，而且三种评估途径构成了资产评估方法体系的基本架构。

所谓判断资产价值的技术思路，包括了资产评估理念以及实现评估理念的技术路线或路径。因此，资产评估技术思路亦可以理解为评估资产价值的技术理念、路线或路径的结合。当然，能够成为判断资产价值的技术思路或评估资产价值的技术理念、路线及其路径结合体的，就必须符合人们的价值取向，必须符合市场价值形成机制及其价值决定规律和规则，而且能够被客户及其社会公众接受或认同。从理论层面上讲，判断资产价值的技术思路或评估资产价值的技术理念、路线及其路径的结合体，正是以劳动价值论、效用价值论、生产费用价值论和供求均衡价值论等价值决定理论为基础形成的，也是市场供求原理、替代原理、竞争原理、效用原理，以及投入产出原理等在资产价值评估方面的具体体现。由于劳动价值论、效用价值论、生产费用价值论和供求均衡价值论等价值决定理论，以及市场供求原理、替代原理、竞争原理、效用原理、投入产出原理是大家所熟悉和认同的理念和理论，因此，建立在劳动价值论、效用价值论、生产费用价值论和供求均衡价值论，以及市场供求原理、替代原理、竞争原理、效用原理和投入产出原理等基础上的资产评估技术思路自然也就能够被人们所接受和理解。从本质上讲，资产评估技术思路就是市场定价原理和市场规则在资产价值评估中的具体体现。

资产评估中的具体评估方法是实现评估技术思路的工具和手段。资产评估具体方法在种类及数量方面具有多样性的特点，它涉及几乎所有的学科和领域。资产评估具体方法本身又具有可以为多种评估技术思路服务的特点，资产评估具体方法可以成为实现多条评估技术思路的工具和手段。从资产评估具体方法发挥作用的角度来看，可以把资产评估具体方法理解为仅仅是一种实现评估技术思路的工具和手段。

6.1.2　资产评估途径与市场的关系

前面已经提及，资产评估中的市场途径、收益途径和成本途径是建立在劳动价值论、效用价值论、生产费用价值论和供求均衡价值论，以及市场供求原理、替代原理、竞争原理、效用原理和投入产出原理等基础上的资产评估技术思路与实现这些评估技术思路的评估具体方法的结合体。从另一个角度上讲，资产评估途径实际上是人们依据价值决定理论以及市场定价机理和规则所设计出来的若干资产价值评估基本模型。很显然，市场与资产评估途径之间存在着极其密切的关系。对资产评估途径及其技术方法的认识、理解和运用都应当从市场的角度来把握，资产评估途径与方法的具体内容和要求也需要根据市场的变化及时做出相应的调整，离开了市场及市场规律的资产评估方法充其量只是一堆数学符号或一种数字游戏工具。当然，资产评估途径与方法毕竟是人们对市场及市场规律认识的一种升华。它源于市场及其市场规则而又有自身特点和运作规则，资产评估途径与方法并不完全等同于现实市场。正确认识资产评估途径与市场的关系，是恰当运用评估技术的关键。

6.2　市场途径

6.2.1　市场途径的基本含义

市场途径是指利用市场上同样或类似资产的近期交易价格，经过直接比较或类比分析来估测资产价值的评估技术思路和实现该评估技术思路的各种评估技术方法的总称。在资产评估实践中市场途径亦被称为市场法。

从市场途径的含义中可以发现，市场途径是资产评估中若干评估思路中的一种，它是根据替代原理，采用比较和类比的思路及其方法判断资产价值的评估技术规程。因为任何一个正常的投资者在购置某项资产时，其所愿意支付的价格不会高于市场上具有相同用途的替代品的现行市价。运用市场途径及其方法需要充分利用类似资产成交价格信息，并以此为基础判断和估测被评估资产的价值。运用已被市场检验了的结论来评估被评估对象，显然是容易被资产业务各当事人接受的。因此，市场途径是资产评估中最为直接、最具说服力的评估途径之一。当然，通过市场途径及其方法进行资产评估，尚需满足一些最基本的条件。

6.2.2 市场途径的基本前提

通过市场途径及其方法进行资产评估需要满足两个最基本的前提条件：其一是要有一个活跃的公开市场；其二是公开市场上要有足够多的可比的资产及其交易活动。

关于公开市场前面已有详细说明，公开市场是一个充分竞争的市场，市场上有众多的自愿买者和卖者，他们之间进行平等交易。这就排除了个别交易的偶然性，市场成交价格基本上可以反映市场行情。按市场行情估测被评估资产价值，评估结果会更贴近市场，更容易被资产交易各方接受。

可比资产及其交易是指在近期公开市场上已经发生过，且与被评估资产及资产业务相同或相似的可比资产及其交易活动。这些已经完成交易的可比资产就可以作为被评估资产的参照物，其交易数据是进行比较分析的主要依据。参照物及其交易的可比性具体体现在以下几个方面：（1）参照物与评估对象在功能上具有可比性，包括用途、性能上的相同或相似；（2）参照物与被评估对象面临的市场条件具有可比性，包括市场供求关系、竞争状况和交易条件等；（3）参照物成交时间与评估基准日间隔时间不能过长，应在一个适度时期内，同时，这个时间因素对资产价值的影响是可以调整的。

参照物与评估对象的可比性是运用市场途径及其方法评估资产价值的重要前提。把握住参照物与评估对象功能上的一致性，可以避免张冠李戴；把握住参照物与评估对象所面临的市场条件，可以为明确评估结果的价值类型创造条件；选择近期交易的参照物可以减少调整时间因素对资产价值影响的难度。

6.2.3 市场途径的基本程序

通过市场途径及其方法进行资产评估大体上要经历以下程序：

1）选择参照物

不论评估对象是单项资产还是整体资产，运用市场途径及其方法评估资产时都需经历选择参照物这样一个程序。对参照物的要求关键是一个可比性问题，包括功能、市场条件及成交时间等。另外就是参照物的数量问题。不论参照物与评估对象如何相似，都要有足够数量的参照物，通常参照物的数量不能低于三个。因为运用市场途径及其方法评估资产价值，被评估资产的评估值高低在很大程度上取决于参照物成交价格水平，而参照物成交价又不仅仅是参照物功能自身的市场体现，它还受买卖双方交易地位、交易动机、交易时限等因素的影响。为了避免某个参照物个别交易中的特殊因素和偶然因素对成交价及评估值的影响，运用市场途径及其方法评估资产时应选择足够数量的参照物。

2）在评估对象与参照物之间选择比较因素

评估对象与参照物之间的比较因素实际上是指影响这种或这类资产价值的主要因素或重要因素。从大的方面来讲，影响资产价值的基本因素大致相同，如资产性质、市场条件等，但具体到每一种资产时，影响资产价值的因素又各有侧重。如影响房地产价值的主要是地理位置因素，而技术水平则在机器设备评估中起主导作用。所以，应根据不同种类资产价值形成的特点，选择对资产价值形成影响较大的因素作为对比指标，在参照物与评估对象之间进行比较。

3）指标对比、量化差异

根据前面所选定的对比指标，在参照物及评估对象之间进行比较，并将两者的差异进行量化。例如，资产功能指标，尽管参照物与评估对象功能相同或相似，但在生产能力、产品质量，以及在资产运营过程中的能源消耗、材料消耗、工时消耗等方面都可能有不同程度的差异。运用市场途径及其方法的一个重要环节就是将参照物与评估对象对比指标之间的上述差异数量化和货币化。

4）在各参照物成交价格的基础上调整已经量化的对比指标差异

市场途径及其方法是以参照物的成交价格作为评定估算评估对象价值的基础。在这个基础上将已经量化的参照物与评估对象对比指标差异进行调增或调减，就可以得到以每个参照物为基础的评估对象的初步评估结果。

5）综合分析确定评估结果

按照一般要求，运用市场途径及其方法通常应选择三个以上参照物。所以，在一般情况下，运用市场途径及其方法评估的初步结果至少也在三个以上。根据资产评估的一般惯例的要求，正式的评估结果只能是一个，这就需要评估人员对若干评估初步结果进行综合分析，以确定最终的评估结论。在这个环节上并没有什么硬性规定，主要是取决于评估人员对参照物的把握和对评估对象的认识。当然，如果参照物与评估对象可比性都很好，评估过程中没有明显的遗漏或疏忽，采用加权平均法或算术平均法将初步结果转换成最终评估结果都是可以的。

运用市场途径及其方法评估单项资产应考虑的可比因素主要有：

第一，资产的功能。资产的功能是资产使用价值的主体，是影响资产价值的重要因素之一。在资产评估中强调资产的使用价值或功能，并不是从纯粹抽象意义上去讲，而是从资产的功能并结合社会需求，从资产实际发挥效用的角度来考虑。就是说，在社会需要的前提下，资产的功能越好，其价值越高，反之亦然。

第二，资产的实体特征和质量。资产的实体特征主要是指资产的外观、结构、役龄和规格型号等。资产的质量主要是指资产本身的建造或制造工艺水平。

第三，市场条件。市场条件主要是要考虑参照物成交时与评估时的市场条件及供求关系的变化情况。在一般情况下，供不应求时，价格偏高；供过于求时，价格偏低。市场条件上的差异对资产价值的影响应引起评估人员足够的关注。

第四，交易条件。交易条件主要包括交易批量、交易动机、交易时间等。交易批量不同，交易对象的价格就可能不同。交易动机也对资产交易价格有影响。在不同时间交易，资产的交易价格也会有差别。

6.2.4 市场途径中涉及的相关因素

市场途径中涉及的相关因素主要是参照物和可比指标。

参照物是运用市场途径的必备条件，没有参照物就没有办法运用市场途径及其方法。当然，即使有参照物也要保证参照物与评估对象具有良好的可比性和足够的参照物数量。

参照物与评估对象的可比性是通过参照物与评估对象之间的可比指标体现出来的。由于评估对象的差异，参照物与评估对象之间的可比指标并不是一成不变的，它会随评估对象的不同而不同。例如，评估对象是不动产，运用市场途径的可比指标主要是评估不动产需要的一般因素、区域因素和个别因素；如果评估对象是机器设备，运用市场途径的可比指标就可能是设备的技术含量、规格型号、生产能力和生产效率等；如果评估对象是企业，运用市场途径的可比指标可能就是企业的生产能力和获利能力等。

6.2.5 市场途径中的具体方法

市场途径实际上是指在一种评估思路下的若干具体评估方法的集合，它是由若干个具体评估方法组成的。这些具体评估方法按照参照物与评估对象的差异程度，以及需要调整的范围又可以划分为直接比较法和间接比较法。

1）直接比较法

直接比较法是指利用参照物的交易价格，以评估对象的某一或若干基本特征与参照物的同一及若干基本特征直接进行比较得到两者的基本特征修正系数或基本特征差额，在参照物交易价格的基础上进行修正从而得到评估对象价值的一类方法。其基本数学表达式为：

$$\text{评估对象价值} = \text{参照物成交价格} \times \text{修正系数 1} \times \text{修正系数 2} \times \cdots \times \text{修正系数 n} \quad (6-1)$$

$$\text{或} \quad = \text{参照物成交价格} \pm \text{基本特征差额 1} \pm \text{基本特征差额 2} \pm \cdots \pm \text{基本特征差额 n} \quad (6-2)$$

直接比较法直观简捷，便于操作，但通常对参照物与评估对象之间的可比性要求较高。参照物与评估对象要达到相同或基本相同的程度，或参照物与评估对象的差异主要体现在某几项明显的因素上，如新旧程度或交易时间差异等。

当参照物与评估对象的差异仅仅体现某一基本特征上的时候，直接比较法还可能演变成以下评估方法，如现行市价法、市价折扣法、功能价值类比法、价格指数调整法和成新率价格调整法等。

（1）现行市价法。当市场上与评估对象完全相同的资产具有市场交易价格或与评估对象基本相同的参照物具有市场交易价格的时候，可以直接利用与评估对象完全相同的资产或参照物在评估基准日的现行市场交易价格作为评估对象的评估价值。例如，可上市流通的股票和债券可按其在评估基准日的收盘价作为评估价值；批量生产的设备、汽车等可按同品牌、同型号、同规格、同厂家、同批量的设备、汽车等的现行市场价格作为评估价值。

（2）市价折扣法。市价折扣法仅适用于清算假设前提下的资产评估。当市场上与评估对象完全相同的资产具有市场交易价格或与评估对象基本相同的参照物具有市场交易价格，且评估对象的评估假设前提是清算或快速变现时，利用市场上与评估对象完全相同的资产的成交价格或与评估对象基本相同的参照物具有市场交易价格为基础，考虑到评估对象在交易条件，特别是交易时限等方面的不利因素，根据市场数据及评估人员的经验或有关部门的规定，设定一个价格折扣率来估算评估对象价值的方法。其数学表达式为：

$$资产评估价值 = 参照物交易价格 \times （1 - 价格折扣率） \qquad (6-3)$$

此方法一般只适用于评估对象与参照物之间仅存在交易条件方面差异的情况。

下面的举例仅仅在于说明评估方法本身的应用，并不是严格意义上的实践运用。

［例6-1］评估某拟快速变现资产，在评估时点与其完全相同资产的正常交易价格为10万元，评估师根据市场相关数据及评估经验进行综合分析，认为该资产快速变现的折扣率应为40%，因此，拟快速变现资产价值接近于6万元。

$$资产评估价值 = 10 \times （1 - 40\%） = 6 （万元）$$

（3）功能价值类比法。功能价值类比法是利用了资产功能与资产价值之间所具有的相对稳定的数量关系，以参照物的功能及其成交价格为基础，考虑参照物与评估对象之间的功能差异进行调整来估算评估对象价值的方法。根据资产的功能与其价值之间的线性关系和指数关系的区别，其评估思路的数学表达式分别为：

①资产价值与其功能呈线性关系的情况：

$$资产评估价值 = 参照物成交价格 \times （评估对象生产能力 \div 参照物生产能力） \qquad (6-4)$$

有人将此种思路称作功能价值类比法、生产能力比较法等。当然，功能价值类比法不仅仅表现为资产的生产能力这一项指标上，它还可以通过对参照物与评估对象的其他功能指标的对比，利用参照物成交价格推算出评估对象价值。

［例6-2］被评估资产年生产能力为90吨，参照资产的年生产能力为120吨，评估时点参照资产的市场价格为10万元，由此确定被评估资产价值接近于7.5万元。

$$资产评估价值 = 10 \times 90 \div 120 = 7.5 （万元）$$

②资产价值与其功能呈指数关系的情况，通常被称作规模经济效益指数法：

$$资产评估价值 = 参照物成交价格 \times （评估对象生产能力 \div 参照物生产能力）^x \qquad (6-5)$$

［例6-3］被评估资产年生产能力为90吨，参照资产的年生产能力为120吨，评估时点参照资产的市场价格为10万元，该类资产的功能价值指数为0.7，由此确定被评估资产价值接近于8.18万元。

$$资产评估价值 = 10 \times （90 \div 120）^{0.7} = 8.18 （万元）$$

（4）价格指数调整法（亦称物价指数法）。价格指数调整法是以参照物成交价格为基础，考虑参照物的成交时间与评估对象的评估基准日之间的时间间隔对资产价值的影响，利用价格指数调整估算评估对象价值的方法。其数学表达式为：

①资产评估价值=参照物成交价格×（1+价格变动指数）　　　　　　　　(6-6-1)

$$资产评估价值=\frac{参照物资产}{交易价格}×\frac{1+评估基准日同类资产定基价格变动指数}{1+参照物交易日同类资产定基价格变动指数}　(6-6-2)$$

或　　　$$=\frac{参照物资产}{交易价格}×\frac{参照物交易日至评估基准日各期}{（1+环比价格变动指数）乘积}　　(6-6-3)$$

②资产评估价值=参照物成交价格×价格指数　　　　　　　　　　　　(6-7)

A. 运用定基指数修正。如果能够获得参照物和评估对象的定基价格指数或定基价格变动指数，价格指数法的数学表达式为：

$$资产评估价值=参照物资产交易价格×\frac{评估基准日资产定基价格指数}{参照物交易日资产定基价格指数}　(6-7-1)$$

B. 运用环比指数修正。如果能够获得参照物和评估对象的环比价格指数或环比价格变动指数，价格指数法的数学表达式为：

$$\frac{资产评估}{价值}=\frac{参照物资产}{交易价格}×\frac{参照物交易日至评估基准日}{各期环比价格指数乘积}　(6-7-2)$$

价格指数法一般只运用于评估对象与参照物之间仅有时间因素存在差异的情况，且时间差异不能过长。当然，此方法稍做调整可作为市场售价类比法中估测时间差异系数或时间差异值的方法。

下面的举例仅仅在于说明评估方法本身的应用，并不是严格意义上的实践运用。

［例6-4-1］与评估对象完全相同的参照资产6个月前的成交价格为10万元，半年间该类资产的价格上升了5%，运用数学表达式（6-6-1），则评估对象的评估价值接近于10.5万元。

资产评估价值=10×（1+5%）=10.5（万元）

［例6-4-2］被评估房地产于2015年6月30日进行评估，该类房地产2015年上半年各月月末的价格同2014年年底相比，分别上涨了2.5%、5.7%、6.8%、7.3%、9.6%、10.5%。其中参照房地产在2015年3月底的价格为3 800元/平方米，运用数学表达式（6-6-2），则评估对象于2015年6月30日的价值接近于3 932元/平方米。

$$资产评估价值=3\ 800×\frac{1+10.5\%}{1+6.8\%}=3\ 932（元/平方米）$$

［例6-4-3］已知某资产在2015年1月的交易价格为300万元，该种资产已不再生产，但该类资产的价格变化情况如下：从2015年1月至5月的环比价格指数分别为103.6%、98.3%、103.5%、104.7%。根据数学表达式（6-7-2）评估对象于2015年10月的评估价值最接近于331.1万元。

资产评估价值=300×103.6%×98.3%×103.5%×104.7%=331.1（万元）

（5）成新率价格调整法。成新率价格调整法是以参照物的成交价格为基础，考虑参照物与评估对象新旧程度上的差异，通过成新率调整估算出评估对象的价值。其数学表达式为：

资产评估价值＝参照物成交价格×（评估对象成新率÷参照物成新率）　　（6-8）

式中：资产的成新率＝$\dfrac{\text{资产的尚可使用年限}}{\text{资产的已使用年限＋资产的尚可使用年限}}$

此方法一般只运用于评估对象与参照物之间仅有新旧程度差异的情况。当然，此方法略加改造也可以作为评估对象与参照物成新程度差异调整率和差异调整值的方法。

当然，如果当参照物与评估对象的差异不仅仅体现在某一基本特征上的时候，上述评估方法，如现行市价法、市价折扣法、功能价值类比法、价格指数调整法和成新率价格调整法等的运用就可以演变成参照物与评估对象各个基本特征修正系数的计算了，如交易情况修正系数（正常交易情况÷参照物交易情况）、功能价值修正系数（评估对象生产能力÷参照物生产能力）、交易时间修正系数（评估对象的定基价格指数÷参照物的定基价格指数）和成新程度修正系数（评估对象成新率÷参照物成新率）等。

［小提示6-1］

直接比较法具有适用性强、应用广泛的特点，但该法对信息资料的数量和质量要求较高，而且要求评估人员要有较丰富的评估经验、市场阅历和评估技巧。因为，直接比较法要对参照物与评估对象的若干可比因素进行对比分析和差异调整。没有足够的数据资料，以及对资产功能、市场行情的充分了解和把握，很难准确地评定估算出评估对象的价值。

在参照物与评估对象之间存在若干因素需要进行对比分析和差异调整时，直接比较法中使用频率较高的是市场售价类比法和价值比率法。

（6）市场售价类比法。市场售价类比法是以参照物的成交价格为基础，考虑参照物与评估对象在功能、市场条件和销售时间等方面的差异，通过对比分析和量化差异，调整估算出评估对象价值的评估方法，其基本数学表达式为：

资产评估价值＝参照物售价+功能差异值+时间差异值+…+交易情况差异值　　（6-9）

或　　$=\dfrac{\text{参照物}}{\text{售价}}×\dfrac{\text{功能差异}}{\text{修正系数}}×\dfrac{\text{时间差异}}{\text{修正系数}}×…×\dfrac{\text{交易情况差异}}{\text{修正系数}}$　　（6-10）

［例6-5］

1）估价对象概况

待估地块在城市规划上属于住宅用途的一块空地，面积为600平方米，地形为长方形。

2）评估要求

评估该地块2015年10月31日的市场价值。

3）评估过程

（1）选择评估途径与方法

市场上住宅用地有较多的交易实例，故采用市场途径及其方法进行评估。

（2）收集有关的评估资料

①收集待估土地资料。（略）

②收集交易实例资料。选择 4 个交易实例作为参照物，具体情况见表 6-1。

表 6-1　　　　　　　　　　　　**交易实例情况表**

项　目		交易实例 A	交易实例 B	交易实例 C	交易实例 D	估价对象
坐落		略	略	略	略	略
所处地区		临近	类似	类似	类似	一般市区
用地性质		住宅	住宅	住宅	住宅	住宅
土地类型		空地	空地	空地	空地	空地
交易日期		2015 年 4 月 30 日	2015 年 3 月 30 日	2014 年 10 月 31 日	2014 年 12 月 31 日	2015 年 10 月 31 日
价格	总价（万元）	19.6	31.2	27.4	37.8	
	单价(元/平方米)	870	820	855	840	
面积（平方米）		225	380	320	450	600
形状		长方形	长方形	长方形	略正方形	长方形
地势		平坦	平坦	平坦	平坦	平坦
地质		普通	普通	普通	普通	普通
基础设施		较好	完备	较好	很好	很好
交通状况		很好	较好	较好	较好	很好
正面路宽（米）		8	6	8	8	8
容积率		6	5	6	6	6
剩余使用年限（年）		35	30	35	30	30

（3）进行交易情况修正

经调查分析，交易实例 A、D 为正常买卖，无需进行交易情况修正；交易实例 B 较正常买卖价格偏低 2%；交易实例 C 较正常买卖价格偏低 3%，则各交易实例的交易情况修正率为：

交易实例 A：0；交易实例 B：2%；交易实例 C：3%；交易实例 D：0。

（4）进行交易日期修正

根据调查，2014 年 10 月以来土地价格平均每月上涨 1%，则各参照物交易实例的交易日期修正率为：

交易实例 A：6%；交易实例 B：7%；交易实例 C：12%；交易实例 D：10%。

（5）进行区域因素修正

交易实例 A 与待估土地处于同一地区，无需作区域因素修正。

交易实例 B、C、D 的区域因素修正情况可参照表 6-2 中的相关数据进行分析判断。本次评估设定待估地块的区域因素值为 100，则根据表 6-2 中各种区域因素的对比分析，经综合判断打分，交易实例 B 所属地区为 88，交易实例 C 所属地区为 108，交易实例 D 所属地区为 100。

表 6-2 区域因素比较表

区域因素 类似地区	B	C	D
自然条件	相同（10）	相同（10）	相同（10）
社会环境	稍差（7）	相同（10）	相同（10）
街道宽度	相同（10）	相同（10）	相同（10）
交通便捷度	稍差（8）	稍好（12）	相同（10）
离公交车站点距离	稍远（7）	稍近（12）	相同（10）
离市中心距离	相同（10）	稍近（12）	相同（10）
基础设施状况	稍差（8）	相同（10）	稍好（12）
公共设施完备状况	相同（10）	稍好（12）	相同（10）
水、大气、噪音污染状况	相同（10）	相同（10）	相同（10）
周围环境及景观	稍差（8）	相同（10）	稍差（8）
综合打分	88	108	100

（6）进行个别因素修正

①经比较分析，待估土地的面积较大，有利于充分利用，其环境条件也比较好，故判断比各交易实例土地价格高 2%。

②土地使用年限因素的修正。交易实例 B、D 与待估土地的剩余使用年限相同无需修正。交易实例 A、C 均需作使用年限因素的调整，其调整系数测算如下（假定折现率为 8%）：

$$年限修正系数 = \left[1 - \frac{1}{(1+8\%)^{30}}\right] \div \left[1 - \frac{1}{(1+8\%)^{35}}\right]$$

$$= (1 - 0.0994) \div (1 - 0.0676)$$

$$= 0.9659$$

（7）计算待估土地的初步价格

交易实例 A 修正后的单价为：

$$870 \times \frac{100}{100} \times \frac{106}{100} \times \frac{100}{100} \times \frac{102}{100} \times 0.9659 = 909 \text{（元／平方米）}$$

交易实例 B 修正后的单价为：

$$820 \times \frac{100}{98} \times \frac{107}{100} \times \frac{100}{88} \times \frac{102}{100} = 1\ 038 \text{（元／平方米）}$$

交易实例 C 修正后的单价为：

$$855 \times \frac{100}{97} \times \frac{112}{100} \times \frac{100}{108} \times \frac{102}{100} \times 0.9659 = 901 \text{（元／平方米）}$$

交易实例 D 修正后的单价为：

$$840 \times \frac{100}{100} \times \frac{110}{100} \times \frac{100}{100} \times \frac{102}{100} = 942 \text{（元／平方米）}$$

（8）采用简单算术平均法求取评估结果

土地评估单价 =（909+1 038+901+942）÷4 = 948（元/平方米）

土地评估总价 = 600×948 = 568 800（元）

（7）价值比率法。价值比率法是指利用参照物的市场交易价格与其某一经济参数或经济指标相比较形成的价值比率作为乘数或倍数，乘以评估对象的同一经济参数或经济指标，从而得到评估对象价值的一种具体评估方法。价值比率法中的价值比率种类非常多，这里只介绍两种简单的价值比率，其他的情况会在以后的章节中出现。

①成本市价法。成本市价法是以评估对象的现行合理成本为基础，利用参照物的成本市价比率来估算评估对象的价值的方法。其数学表达式为：

$$资产评估价值 = 评估对象现行合理成本 × \frac{参照物成交价格}{参照物现行合理成本} \qquad (6-11)$$

［例6-6］被评估全新住宅100平方米，该类住宅的现行合理每平方米造价（成本）为1 500元，评估基准日该地区同类住宅的成本市价率为200%，被评估住宅的价值接近于30万元。

资产评估价值 = 100×1 500×200% = 30（万元）

②市盈率倍数法。市盈率倍数法亦称市盈率乘数法，该法是相对估值法中具有代表性的一种具体方法，主要适用于企业价值评估。简单地讲，市盈率乘数法是以参照物（企业）的市盈率作为乘数（倍数），以此乘数与评估对象（企业）的同口径的收益额相乘估算评估对象（企业）价值的方法。其数学表达式为：

$$评估价值 = 评估对象（企业）收益额 × 参照物（企业）市盈率 \qquad (6-12)$$

由于相对估值法主要适用于企业价值评估，关于相对估值法的进一步介绍将在企业价值评估中展开。

［例6-7］被评估企业的年净利润为1 000万元，评估基准日资本市场上同类上市公司同口径的平均市盈率为20倍，则被评估企业价值接近于20 000万元。

企业的评估价值 = 1 000×20 = 20 000（万元）

2）间接比较法

间接比较法也是市场法中最基本的评估方法。该法是利用资产的国家标准、行业标准或市场标准（标准可以是综合标准，也可以是分项标准）作为基准，分别将评估对象与参照物整体或分项与其对比打分从而得到评估对象和参照物各自的分值，再利用参照物的市场交易价格，以及评估对象的分值与参照物的分值的比值（系数）求得评估对象价值的一类评估方法。该法并不要求参照物与评估对象必须一样或者基本一样。只要参照物与评估对象在大的方面基本相同或相似，通过评估对象和参照物与国家、行业或市场标准的对比分析，掌握参照物与评估对象之间的差异，在参照物成交价格的基础上调整估算评估对象的价值。

由于间接比较法需要利用国家、行业或市场标准，应用起来有较多的局限，在资产评估实践中应用并不广泛。

上述具体方法只是市场途径中一些经常使用的方法，市场途径中还有许多其他具体方法。必须注意的是，以上具体方法中的某些方法也可以成为实现成本途径的具体方法，但是作为市场途径中的具体方法，它必须满足两个最基本的使用前提：其一，该方法是利用参照物进行评估，且参照物与评估对象必须相同或相似；其二，评估结论是在参照物交易价格的基础上经过对比分析调整得出的，而作为成本途径中的具体方法的使用前提与作为市场途径中的具体方法并不完全相同。

[相关链接6-1]

《国际评估准则》关于市场途径及其方法的定义和说明

市场法又称市场比较法、销售比较法，是指通过对与被评估资产相似或可替代资产的分析，以及对购买方为类似资产或可替代资产所愿支付的购买价格的分析，采用必要的比较程序，估算被评估资产的价值。市场法具有较为广泛的用途，在市场数据充分的情况下，该方法的重要性更为突出。通过运用市场法所获得的相关数据也可能用于成本法和收益法的评估。当市场条件发生重大变化或波动时，或对很少发生交易的特殊资产进行评估时，市场法的运用受到限制。

运用市场法需要对类似资产的交易情况进行分析，以确保交易双方具有正常的动机。当交易价格反映的不是市场参与者的正常动机时，如特殊购买者愿意支付特别的溢价，这样的交易价格数据不具有可参照性，应予剔除。评估师将评估对象与参照物进行比较时，应当注意：评估对象与参照物属于相似资产；参照物的交易价格应当是近期在公开市场上的交易价格；评估对象与参照物应当按照适当的比较单位（如每平方米价格）进行比较，并按可比因素进行必要的调整；关注评估对象的权利状况，确信其与参照物的权利状况相同，否则需要进行必要的调整。

[小资料6-1]

市场途径中到底有多少种具体方法？

关于市场途径中到底有多少种具体方法，并没有人刻意去统计。可以这样讲，凡是按照市场途径评估思路进行评估的所有评估具体方法都可以归类到市场途径中，也都可以称之为市场途径中的具体方法。刻意统计市场途径有多少种具体评估方法是没有实际意义的。

6.3 收益途径

6.3.1 收益途径的基本含义

收益途径是指通过估测被评估资产未来预期收益的现值来判断资产价值的各种评估方法的总称。在资产评估实践中收益途径亦被称为收益法。

收益途径是资产评估若干评估思路中的一种，它是根据将利求本的思路，采用资本化和折现的思路及其方法来判断和估算资产价值的评估技术规程。因为任何一个理智的投资者在购置或投资于某一资产时，他所愿意支付或投资的货币数额不会高于他所购置或投资的资产在未来能给他带来的回报，即收益额。收益途径正是利用投资回报和收益折现等技术手段，把评估对象的预期产出能力和获利能力作为评估标的来估测评估对象的价值。根据评估对象的预期收益来评估其价值，显然这个评估结果是容易被资产交易各方所接受的。所以，从理论上讲，收益途径是资产评估中最为科学合理的评估途径之一。当然，运用收益途径评估尚需满足一些基本条件。

6.3.2　收益途径的基本前提

收益途径是依据资产未来预期收益通过折现或资本化处理来估测资产价值的，它涉及三个基本要素：一是被评估资产的预期收益；二是折现率或资本化率；三是被评估资产取得预期收益的持续时间。因此，能否清晰地把握上述三要素就成为能否恰当运用收益途径的基本前提。从这个意义上讲，应用收益途径必须具备的前提条件是：

（1）被评估资产的未来预期收益可以预测并可以用货币计量；

（2）资产拥有者获得预期收益所承担的风险也可以预测并可以用货币计量；

（3）被评估资产预期获利年限可以预测。

上述前提条件表明，首先，评估对象的预期收益必须能被较为合理地估测。这就要求被评估资产与其经营收益之间存在着较为稳定的比例关系。同时，影响资产预期收益的主要因素，包括主观因素和客观因素也应是比较明确的，评估人员可以据此分析和测算出被评估资产的预期收益。其次，被评估对象所具有的行业风险、经营风险及其他风险是可以比较和测算的，这是测算折现率或资本化率的基本参数之一。最后，评估对象获利期限的长短，即评估对象的经济寿命，也是影响其价值和评估值的重要因素之一。

6.3.3　收益途径的基本程序

采用收益途径进行评估，其基本程序如下：

（1）收集并验证与评估对象未来预期收益有关的数据资料，包括经营前景、财务状况、市场形势，以及经营风险等；

（2）分析测算被评估对象未来预期收益；

（3）确定折现率或资本化率；

（4）用折现率或资本化率将评估对象未来预期收益折算成现值；

（5）分析确定评估结果。

6.3.4　收益途径的基本参数

运用收益途径进行评估涉及许多经济技术参数，其中最主要的参数有收益额、折现率（资本化率）和收益期限三个。

1）收益额

收益额是适用收益法评估资产价值的基本参数之一。在资产评估中，资产的收益额是指根据投资回报的原理，资产在正常情况下所能得到的归其产权主体的所得额。资产评估中的收益额有两个比较明确的特点，其一，收益额是资产未来预期收益额，而不是资产的历史收益额或现实收益额；其二，用于资产评估的收益额通常是资产的客观收益，而不一定是资产的实际收益。收益额的上述两个特点是非常重要的，评估人员在执业过程中应切实注意收益额的上述特点，以便合理运用收益途径来估测资产的价值。因资产种类较多，不同种类资产的收益额表现形式亦不完全相同，如企业的收益额通常表现为净利润或净现金流量，而房地产则通常表现为净收益等。关于收益额预测将在以后各章结合各类资产的具体情况分别介绍。

2）折现率

从本质上讲，折现率是一种期望投资报酬率，是投资者在投资风险一定的情况下，对投资所期望的回报率。折现率就其构成而言，是由无风险报酬率和风险报酬率组成的。无风险报酬率一般是用同期国库券利率表示。风险报酬率是指对超过无风险报酬率部分给予风险补偿的投资回报率。在资产评估中，因资产的行业分布、种类、市场条件等的不同，其折现率亦不相同。资本化率与折现率在本质上是相同的。习惯上，人们把未来有限期预期收益折算成现值的比率称为折现率，而把未来永续性预期收益折算成现值的比率称为资本化率。至于资本化率与折现率在量上是否恒等，主要取决于同一资产在未来长短不同时期所面临的风险是否相同。确定折现率，首先应该明确折现的内涵。折现作为一个时间优先的概念，认为将来的收益或利益低于现在的同样收益或利益，并且，随着收益时间向将来推迟的程度而有序地降低价值。同时，折现作为一个算术过程，是把一个特定比率应用于一个预期的收益流，从而得出当前的价值。

3）收益期限

收益期限是指资产具有获利能力持续的时间，通常以年为时间单位。它由评估人员根据被评估资产自身效能及相关条件，以及有关法律、法规、契约、合同等加以测定。

6.3.5　收益途径中的具体方法

收益途径实际上是在预期收益还原思路下若干具体方法的集合。从大的方面来看，收益途径中的具体方法可以分为若干类：其一是针对评估对象未来预期收益有无限期的情况划分，分为有限期和无限期的评估方法；其二是针对评估对象预期收益额的情况划分，又可分为等额收益评估方法、非等额收益评估方法等。为了便于学习收益途径中的具体方法，先对这些具体方法中所用的字符含义做统一的定义，如下所示：

P 为评估值；

i 为年序号；

P_i 为未来第 i 年的评估值；

R_i 为未来第 i 年的预期收益；

r 为折现率或资本化率；

t 为收益年期；

n 为收益年期；

A 为年金。

1）纯收益不变

（1）在收益永续，各因素不变的条件下，有以下计算式：

$$P = A/r \qquad (6-13)$$

其成立条件是：①纯收益每年不变；②资本化率固定且大于零；③收益年期无限。

（2）在收益年期有限，资本化率大于零的条件下，有以下计算式：

$$P = \frac{A}{r} \cdot \left[1 - \frac{1}{(1+r)^n} \right] \qquad (6-14)$$

这是一个在估价实务中经常运用的计算公式，其成立条件是：①纯收益每年不变；②资本化率固定且大于零；③收益年期有限。

（3）在收益年期有限，资本化率等于零的条件下，有以下计算式：

$$P = A \cdot n \qquad (6-15)$$

其成立条件是：①纯收益每年不变；②收益年期有限；③资本化率为零。

2）纯收益在若干年后保持不变

（1）无限年期收益。其基本公式为：

$$P = \sum_{i=1}^{n} \frac{R_i}{(1+r)^i} + \frac{A}{r(1+r)^n} \qquad (6-16)$$

其成立条件是：①纯收益在 n 年（含第 n 年）以前有变化；②纯收益在 n 年（不含第 n 年）以后保持不变；③收益年期无限；④资本化率大于零。

（2）有限年期收益。其计算公式为：

$$P = \sum_{i=1}^{t} \frac{R_i}{(1+r)^i} + \frac{A}{r(1+r)^t} \cdot \left[1 - \frac{1}{(1+r)^{n-1}} \right] \qquad (6-17)$$

其成立条件是：①纯收益在 t 年（含第 t 年）以前有变化；②纯收益在 t 年（不含第 t 年）以后保持不变；③收益年期有限；④资本化率大于零。

这里要注意的是，纯收益 A 的收益年期是（n-t）而不是 n。

3）纯收益按等差级数变化

（1）在纯收益按等差级数递增，收益年期无限的条件下，有以下计算式：

$$P = \frac{A}{r} + \frac{B}{r^2} \qquad (6-18)$$

其成立条件是：①纯收益按等差级数递增；②纯收益逐年递增额为 B；③收益年期无限；④资本化率大于零。

（2）在纯收益按等差级数递增，收益年期有限的条件下，有以下计算式：

$$P = \left(\frac{A}{r} + \frac{B}{r^2} \right) \cdot \left[1 - \frac{1}{(1+r)^n} \right] - \frac{B}{r} \cdot \frac{n}{(1+r)^n} \qquad (6-19)$$

其成立条件是：①纯收益按等差级数递增；②纯收益逐年递增额为 B；③收益年期有限；④资本化率大于零。

（3）在纯收益按等差级数递减，收益年期无限的条件下，有以下计算式：

$$P = \frac{A}{r} - \frac{B}{r^2} \qquad (6-20)$$

其成立条件是：①纯收益按等差级数递减；②纯收益逐年递减额为 B；③收益递减到零为止；④资本化率大于零。

（4）在纯收益按等差级数递减，收益年期有限的条件下，有以下计算式：

$$P = (\frac{A}{r} - \frac{B}{r^2}) \cdot [1 - \frac{1}{(1+r)^n}] + \frac{B}{r} \cdot \frac{n}{(1+r)^n} \qquad (6-21)$$

其成立条件是：①纯收益按等差级数递减；②纯收益逐年递减额为 B；③收益年期有限；④资本化率大于零。

4）纯收益按等比级数变化

（1）在纯收益按等比级数递增，收益年期无限的条件下，有以下计算式：

$$P = \frac{A}{r-s} \qquad (6-22)$$

其成立条件是：①纯收益按等比级数递增；②纯收益逐年递增比率为 s；③收益年期无限；④资本化率大于零；⑤ r>s>0。

（2）在纯收益按等比级数递增，收益年期有限的条件下，有以下计算式：

$$P = \frac{A}{r-s} \cdot [1 - (\frac{1+s}{1+r})^n] \qquad (6-23)$$

其成立条件是：①纯收益按等比级数递增；②纯收益逐年递增比率为 s；③收益年期有限；④资本化率大于零；⑤ r>s>0。

（3）在纯收益按等比级数递减，收益年期无限的条件下，有以下计算式：

$$P = \frac{A}{r+s} \qquad (6-24)$$

其成立条件是：①纯收益按等比级数递减；②纯收益逐年递减比率为 s；③收益年期无限；④资本化率大于零；⑤ r>s>0。

（4）在纯收益按等比级数递减，收益年期有限的条件下，有以下计算式：

$$P = \frac{A}{r+s} \cdot [1 - (\frac{1-s}{1+r})^n] \qquad (6-25)$$

其成立条件是：①纯收益按等比级数递减；②纯收益逐年递减比率为 s；③收益年期有限；④资本化率大于零；⑤ 0<s≤1。

5）已知未来若干年后资产价格

已知未来若干年后资产价格的条件下，有以下计算式：

$$P = \frac{A}{r} \cdot [1 - \frac{1}{(1+r)^n}] + \frac{P_n}{(1+r)^n} \qquad (6-26)$$

其成立条件是：①纯收益在第 t 年（含 t 年）前保持不变；②预知第 t 年的价格为 P_t；③资本化率大于零。

6）应用举例

［例6-8］某企业尚能继续经营，3 年的营业收益全部用于抵充负债，现评估其 3 年经营收益的折现值。经预测得出 3 年内各年预期收益的数据见表6-3。

表 6-3 　　　　　　　　　　　　某企业未来 3 年的预期收益 　　　　　　　　　金额单位：万元

年份	收益额	折现率（%）	折现系数	收益折现值
第 1 年	300	6	0.9434	283
第 2 年	400	6	0.8900	356
第 3 年	200	6	0.8396	167.9

由此可以确定其折现额为：

资产评估价值 = 283+356+167.9 = 806.9（万元）

[例 6-9] 被评估资产预计未来 5 年收益额分别是 12 万元、15 万元、13 万元、11 万元和 14 万元。假定从第 6 年开始，以后各年收益均为 14 万元，确定的折现率和资本化率均为 10%。确定被评估资产在永续经营下和经营 50 年条件下的评估价值。

（1）永续经营条件下的评估过程

首先，确定未来 5 年收益额的现值：

$$现值总额 = \frac{12}{1+10\%} + \frac{15}{(1+10\%)^2} + \frac{13}{(1+10\%)^3} + \frac{11}{(1+10\%)^4} + \frac{14}{(1+10\%)^5}$$

$$= 12×0.9091+15×0.8264+13×0.7513+11×0.6830+14×0.6209$$

$$= 49.2777（万元）$$

计算中的现值系数，可从复利现值表中查得。

其次，将第 6 年以后的收益进行资本化处理，即：

$$14÷10\% = 140（万元）$$

最后，确定该企业评估值：

$$企业评估价值 = 49.2777+140×0.6209$$

$$= 136.2037（万元）$$

（2）50 年的收益价值评估过程

$$评估价值 = \frac{12}{1+10\%} + \frac{15}{(1+10\%)^2} + \frac{13}{(1+10\%)^3} + \frac{11}{(1+10\%)^4} + \frac{14}{(1+10\%)^5} + \frac{14}{10\%×(1+10\%)^5} ×$$

$$\left[1 - \frac{1}{(1+10\%)^{50-5}}\right]$$

$$= 49.2777+140×0.6209×（1-0.0137）$$

$$= 135.01（万元）$$

[小提示 6-2]

收益途径中有许多具体方法，这些具体方法又有许多数学表达式，在资产评估中运用收益途径时，重要的不是去套用这些数学公式，而是恰当地选择运用收益途径的各个经济参数，如收益额、折现率等。利用数学表达式的形式表达的收益途径中的具体方法，只是对这些具体方法折现或资本化过程的一种抽象和概括，计算公式本身并不能保证评估结论的正确。

[相关链接6-2]

《国际评估准则》关于收益途径及其方法的定义和说明

收益法，又称收益资本化法或收益现值法，通过分析被评估资产的相关收入和成本费用，将未来收益折现或资本化为估算价值。收益法的理论基础在于预期原则，即资产的价值是由其预期的未来收益决定的，因此收益法通过对评估对象收益能力的分析确定其价值。

6.4　成本途径

6.4.1　成本途径的基本含义

成本途径也是资产评估的基本途径之一。成本途径具体是指首先估测被评估资产的重置成本，然后估测被评估资产已存在的各种贬损因素，并从其重置成本中予以扣除而得到被评估资产价值的各种评估方法的总称。在资产评估实践中成本途径亦被称为成本法。

成本途径始终贯串着一个重建或重置被评估资产的思路。在条件允许的情况下，任何一个潜在的投资者在决定投资某项资产时，他所愿意支付的价格都不会超过购建该项资产的现行成本。如果投资对象并非全新，投资者所愿支付的价格会在投资对象全新的购建成本的基础上扣除资产的实体性贬值（有形损耗）；如果被评估资产存在功能和技术落后，投资者所愿支付的价格会在投资对象全新的购建成本的基础上扣除资产的功能性贬值；如果被评估资产及其产品面临市场困难和外力影响，投资者所愿支付的价格会在投资对象全新的购建成本的基础上扣除资产的经济性贬损因素。上述评估思路的数学表达式为：

资产的评估值=资产的重置成本-资产实体性贬值-资产功能性陈旧贬值-资产经济性陈旧贬值

(6-27)

上述数学表达式所概括的成本途径是从成本途径各构成要素出现的概率的大小排列而成的，因此此数学表达式亦称成本途径的理论表达式。

如果在资产评估实际操作中，被评估资产确实存在三种贬值，在此种情况下具体运用成本途径时，则应按成本途径的逻辑顺序进行操作。成本途径的逻辑表达式是：

资产的评估值=资产的重置成本-资产经济性陈旧贬值-资产功能性陈旧贬值-资产实体性贬值

(6-28)

成本途径是以再取得被评估资产的重置成本为基础的评估途径。由于被评估资产的再取得成本的有关数据和信息来源较广泛，并且资产重置成本与资产的现行市价及收益现值也存在着内在联系和替代关系。因而，在市场发育不完善的条件下，成本途径也会被经常应用。

6.4.2　成本途径的基本前提

成本途径作为一条独立的评估思路，是从再取得资产的角度来反映资产的交换价值的，即通过资产的重置成本反映资产的交换价值。只有当被评估资产处于继续使用状态下，再取得被评估资产的全部费用才能构成其交换价值的内容。资产的继续使用不仅仅是一个物理上的概念，还包含着其使用的有效性的经济意义。只有当资产能够继续使用并且在持续使用中为潜在所有者和控制者带来经济利益，资产的重置成本才能为潜在投资者和市场所承认和接受。从这个意义上讲，成本途径主要适用于继续使用前提下的资产评估。可能资产的继续使用并不是决定成本途径能否使用的唯一前提。但是，对于非继续使用前提下的资产，如果运用成本途径进行评估，需对成本途径的基本要素做必要的调整。从相对准确合理，减少风险和提高评估效率的角度来讲，把继续使用前提作为运用成本途径的前提是有积极意义的。

6.4.3　成本途径的基本要素

就一般意义上讲，成本途径的运用涉及四个基本要素，即资产的重置成本、资产的实体性贬值、资产的功能性贬值和资产的经济性贬值。

1）资产的重置成本

简单地说，资产的重置成本就是资产的现行再取得成本。具体来说，重置成本又分为复原重置成本和更新重置成本两种。

（1）复原重置成本是指采用与评估对象相同的材料、建筑或制造标准、设计、规格及技术等，以现时价格水平重新购建与评估对象相同的全新资产所发生的费用。

（2）更新重置成本是指采用新型材料，现代建筑或制造标准，新型设计、规格和技术等，以现行价格水平购建与评估对象具有同等功能的全新资产所需的费用。

2）资产的实体性贬值（有形损耗）

资产的实体性贬值亦称资产的有形损耗，是指资产由于使用及自然力的作用导致的资产的物理性能的损耗或下降而引起的资产的价值损失。资产的实体性贬值通常采用相对数计量，即：

$$资产的实体性贬值率=资产实体性贬值额÷资产重置成本×100\%　　　　　　(6-29)$$

3）资产的功能性贬值

资产的功能性贬值是指由于技术进步引起的资产功能相对落后而造成的资产价值损失，包括新工艺、新材料和新技术的采用等而使原有资产的建造成本超过现行建造成本的超支额，以及原有资产的运营成本的超支额。

4）资产的经济性贬值

资产的经济性贬值是指由于外部条件的变化引起资产闲置、收益下降等而造成的资产价值损失。

6.4.4　成本途径中的具体方法

通过成本途径评估资产的价值不可避免地要涉及被评估资产的重置成本、实体性贬值、功能性贬值和经济性贬值四大参数。成本途径中的各种技术方法实际上都是在成本途径总的评估思路基础上，围绕着四大参数采用不同的方式方法测算形成的。例如，测算重置成本的重置核算法、价格指数法和功能价值类比法，估测资产实体性贬值的观测法和使用年限法等。

1）重置成本的估算方法

人们通常把重置核算法、价格指数法、功能价值类比法等方法作为测算资产重置成本的具体技术方法。实际上，上述具体技术方法测算出来的重置成本的"质和量"可能存在着很大的不同。评估人员在使用上述具体技术方法评估资产的重置成本时，需要注意这些技术方法估测的重置成本在"质和量"方面的差异，以及对后续参数估测的影响。

（1）重置核算法。重置核算法亦称细节分析法、核算法等。它是利用成本核算的原理，根据重新取得资产所需的费用项目，逐项计算然后累加得到资产的重置成本。在实际测算过程又具体划分为购买型和自建型两种类型。

购买型是以购买资产的方式作为资产的重置过程，所以又称市场重置法。资产的重置成本具体是由资产的现行购买价格、运杂费、安装调试费以及其他必要费用构成，将上述取得资产的必需费用累加起来，便可计算出资产的重置成本。

自建型是把自建资产作为资产重置方式，它根据重新建造资产所需的料、工、费及必要的资金成本和开发者的合理利润等分析和计算出资产的重置成本。

[例6-10] 被评估设备是企业中正在使用中的一台设备，该设备现行市场价格每台50 000元，运杂费1 000元，直接安装成本800元，其中，原材料300元，人工成本500元。根据统计分析，计算求得安装成本中的间接成本为400元，该机器设备的重置成本见表6-4。

直接成本 = 50 000+1 000+800 = 51 800（元）

表6-4　　　　　　　　　　　　　　　重置成本计算表

直接成本	518 000 元
其中：买价	50 000 元
运杂费	1 000 元
直接安装成本	800 元
其中：原材料	300 元
人工	500 元
间接成本（安装成本）	400 元
重置成本合计	52 200 元

（2）价格指数法。价格指数法是利用与资产有关的价格变动指数，将被评估资产的历史成本（账面价值）调整为重置成本的一种方法，其数学表达式为：

$$重置成本 = 资产的账面原值×（1+价格变动指数） \tag{6-30}$$

或 $\quad\quad\quad = 资产的账面原值×价格指数 \tag{6-31}$

式中：价格指数可以是定基价格指数或环比价格指数。定基价格指数是评估时点的价格指数与资产购建时点的价格指数之比，即：

定基价格指数 =（评估时点定基价格指数÷资产购建时定基价格指数）×100%

环比价格变动指数可考虑按下式求得：

$$X = (1+a_1) \cdot (1+a_2) \cdot (1+a_3) \cdot \cdots \cdot (1+a_n) \times 100\% \tag{6-32}$$

式中：X 为环比价格指数；

a_n 为第 n 年环比价格变动指数，n = 1，2，3，…，n。

[例 6-11] 某被评估资产建于 2013 年，账面原值为 50 000 元，当时该类资产的定基价格指数为 95%，评估基准日该类资产的定基价格指数为 160%，则：

被评估资产重置成本 = 50 000 × [（160% ÷ 95%）× 100%]

= 84 211（元）

又如，被评估资产账面价值为 200 000 元，2009 年 1 月建成，2014 年 1 月进行评估。经调查，已知同类资产环比价格变动指数分别为：2010 年 1 月，11.7%；2011 年 1 月，17%；2012 年 1 月，30.5%；2013 年 1 月，6.9%；2014 年 1 月，4.8%。则：

被评估资产重置成本 = 200 000 × [（1+11.7%）×（1+17%）×（1+30.5%）×（1+6.9%）

× （1+4.8%）× 100%]

= 382 137（元）

价格指数法与重置核算法是重置成本估算较常用的方法，但二者具有明显的区别，主要表现在：

①价格指数法估算的重置成本，仅考虑了价格变动因素，因而确定的是复原重置成本；而重置核算法既可以考虑价格因素，又可以考虑生产技术进步和劳动生产率的变化因素，因而既可以估算复原重置成本也可以估算更新重置成本。

②价格指数法建立在不同时期的某一种或某类甚至全部资产的物价变动水平上；而重置核算法建立在现行价格水平与购建成本费用核算的基础上。

明确价格指数法和重置核算法的区别，有助于重置成本估算中方法的判断和选择。一项科学技术进步较快的资产，采用价格指数法估算的重置成本往往会偏高。当然，价格指数法和重置核算法也有其相同点，即都是建立在利用历史资料基础上。因此，注意分析、判断资产评估时重置成本口径与委托方提供历史资料（如财务资料）的口径差异，是上述两种方法应用时需注意的共同问题。

（3）功能价值类比法。功能价值类比法是指利用某些资产的功能（生产能力）的变化与其价格或重置成本的变化呈某种指数关系或线性关系，通过参照物的价格或重置成本，以及功能价值关系估测评估对象价格或重置成本的技术方法（该方法亦被称为类比估价法——指数估价法）。当资产的功能变化与其价格或重置成本的变化呈线性关系时，人们习惯把线性关系下的功能价值类比法称为生产能力比例法，而把非线性关系下的功能价值类比法称为规模经济效益指数法。

①生产能力比例法。生产能力比例法是寻找一个与被评估资产相同或相似的资产为参照物，根据参照物资产的重置成本及参照物资产与被评估资产生产能力的比例，估算被评估资产的重置成本。其计算公式为：

$$被评估资产重置成本 = \frac{被评估资产年产量}{参照物年产量} \times 参照物重置成本 \tag{6-33}$$

[例 6-12] 某重置全新的一台机器设备价格为 50 000 元，年产量为 5 000 件。现知被评估资产年产量为 4 000 件，由此可以确定其重置成本：

被评估资产重置成本 = 4 000÷5 000×50 000 = 40 000（元）

这种方法运用的前提条件和假设是资产的成本与其生产能力呈线性关系，生产能力越大，成本越高，而且是成正比例变化。应用这种方法估算重置成本时，首先应分析资产成本与生产能力之间是否存在这种线性关系，如果不存在这种线性关系，这种方法就不可以采用。

②规模经济效益指数法。通过不同资产的生产能力与其成本之间关系的分析可以发现，许多资产的成本与其生产能力之间不存在线性关系，当资产 A 的生产能力比资产 B 的生产能力大 1 倍时，其成本却不一定高 1 倍，也就是说，资产生产能力和成本之间只成同方向变化，而不是等比例变化，这是由于规模经济效益作用的结果。两项资产的重置成本和生产能力相比较，其数学表达式为：

$$\frac{被评估资产的重置成本}{参照物资产的重置成本} = \left(\frac{被评估资产的产量}{参照物资产的产量}\right)^x \tag{6-34}$$

推导可得：

$$被评估资产的重置成本 = 参照物资产的重置成本 \times \left(\frac{被评估资产的产量}{参照物资产的产量}\right)^x \tag{6-35}$$

公式中的 x 是一个经验数据，又被称为规模经济效益指数。在美国，这个经验数据一般在 0.4~1 之间，如加工工业一般为 0.7，房地产行业一般为 0.9。我国到目前为止尚未有统一的经验数据，评估过程中要谨慎使用这种方法。公式中参照物一般可选择同类资产中的标准资产。

上述四种方法均可用于确定在成本法运用中的重置成本。至于选用哪种方法，应根据具体的评估对象和可以收集到的资料确定。这些方法中，对某项资产可能同时都能用，有的则不然，应用时必须注意分析方法运用的前提条件，否则将得出错误的结论。

另外，在用成本法对企业整体资产及某一相同类型资产进行评估时，为了简化评估业务，节省评估时间，还可以采用统计分析法确定某类资产重置成本，这种方法运用的步骤是：

第一，在核实资产数量的基础上，把全部资产按照适当标准划分为若干类别，如房屋建筑物按结构划分为钢结构、钢筋混凝土结构等；机器设备按有关规定划分为专用设备、通用设备、运输设备、仪器、仪表等。

第二，在各类资产中抽样选择适量具有代表性的资产，应用功能价值类比法、价格指数法、重置核算法或规模经济效益指数法等估算其重置成本。

第三，依据分类抽样估算资产的重置成本与账面历史成本，计算出分类资产的调整系数。

其计算公式为：

$$K = R' \div R \tag{6-36}$$

式中：K 为资产重置成本与历史成本的调整系数；

　　R′为某类抽样资产的重置成本；

　　R 为某类抽样资产的历史成本。

　　根据调整系数 K 估算被评估资产的重置成本，数学表达式为：

被评估资产重置成本 = $\sum$ 某类资产账面历史成本 × K　　　　　　　　　　　(6-37)

　　某类资产账面历史成本可从会计记录中取得。

　　[例6-13] 评估某企业某类通用设备，经抽样选择具有代表性的通用设备 5 台，估算其重置成本之和为 30 万元，而该 5 台具有代表性通用设备历史成本之和为 20 万元，该类通用设备账面历史成本之和为 500 万元。则：

K = 30÷20 = 1.5

该类通用设备重置成本 = 500×1.5 = 750（万元）

　　2）实体性贬值的估算方法

　　资产的实体性贬值的估算一般可以选择以下几种方法估测：

　　（1）观测法。观测法，也称成新率法。它是指由具有专业知识和丰富经验的工程技术人员对被评估资产的实体各主要部位进行技术鉴定，并综合分析资产的设计、制造、使用、磨损、维护、修理、大修理、改造情况和物理寿命等因素，将评估对象与其全新状态相比较，考察由于使用磨损和自然损耗对资产的功能、使用效率带来的影响，判断被评估资产的成新率，从而估算实体性贬值。其数学表达式为：

资产实体性贬值 = 重置成本×（1-实体性成新率）　　　　　　　　　　　(6-38)

式中：实体性成新率 = 1-实体性贬值率

　　（2）使用年限法。使用年限法是利用被评估资产的实际已使用年限与其总使用年限的比值来判断其实体贬值率（程度），进而估测资产的实体性贬值的方法。与使用年限法具有相同评估原理的技术方法还有工作量比率法等。

　　使用年限法的数学表达式为：

资产的实体性贬值 = $\dfrac{重置成本-预计残值}{总使用年限}$×实际已使用年限　　　　　　(6-39)

式中：预计残值是指被评估资产在清理报废时净收回的金额。在资产评估中，通常只考虑数额较大的残值，如残值数额较小可以忽略不计。总使用年限指的是实际已使用年限与尚可使用年限之和。其数学表达式为：

总使用年限 = 实际已使用年限+尚可使用年限

　　如果通过实体性贬值率来计算实体性贬值，实体性贬值率的数学表达式为：

实体性贬值率 = 实际已使用年限÷总使用年限　　　　　　　　　　　(6-40)

实际已使用年限 = 名义已使用年限×资产利用率　　　　　　　　　　　(6-41)

　　由于资产在使用中负荷程度的影响，必须将资产的名义已使用年限调整为实际已使用年限。

　　名义已使用年限是指资产从购进使用到评估时的年限。名义已使用年限可以通过会计记录、资产登记簿、登记卡片查询确定。实际已使用年限是指资产在使用中实际损耗的年限。实际已使用年限与名义已使用年限的差异，可以通过资产利用率来调整。资产利用率的数学表达式为：

$$资产利用率 = \frac{截至评估基准日资产累计实际利用时间}{截至评估基准日资产累计法定利用时间} \times 100\%$$ (6-42)

当资产利用率>1时，表示资产超负荷运转，资产实际已使用年限比名义已使用年限要长；

当资产利用率=1时，表示资产满负荷运转，资产实际已使用年限等于名义已使用年限；

当资产利用率<1时，表示开工不足，资产实际已使用年限小于名义已使用年限。

[例6-14] 被评估设备于2004年2月购进，当2014年2月评估时，名义已使用年限是10年。根据该资产技术指标，在正常使用情况下，每天应工作8小时，该资产实际每天工作7.5小时。由此可以计算出资产利用率：

$$资产利用率 = 10 \times 360 \times 7.5 \div (10 \times 360 \times 8) \times 100\%$$

$$= 93.75\%$$

由此可确定其实际已使用年限为9.4年。

实际评估过程中，由于企业基础管理工作较差，再加上资产运转中的复杂性，资产利用率的指标往往很难确定。评估人员应综合分析资产的运转状态，诸如资产开工情况、大修间隔期、原材料供应情况、电力供应情况、是否季节性生产等各方面因素分析确定。

尚可使用年限是根据资产的有形损耗因素，预计资产的继续使用年限。

（3）修复金额法。修复金额法，亦称修复费用法，该法是根据修复资产的已损耗的实体所需要支付的金额来判断资产的有形损耗额。此方法主要适用于具有特殊结构的可补偿性资产有形损耗额的估测。可补偿性有形损耗是指技术上可修复且经济上合理的有形损耗。

3）功能性贬值的估算方法

功能性贬值是由于技术相对落后造成的贬值。估算功能性贬值时，主要根据资产的效用、生产加工能力、工耗、物耗、能耗水平等功能方面的差异造成的成本增加或效益降低，相应确定功能性贬值额。同时，还要重视技术进步因素，注意替代设备、替代技术、替代产品的影响，以及行业技术装备水平现状和资产更新换代速度。

通常情况下，功能性贬值的估算可以按下列步骤进行：

第一，将被评估资产的年运营成本与功能相同且广泛使用的主流资产的年运营成本进行比较。

第二，计算二者的差异，确定净超额运营成本。由于企业支付的运营成本是在税前扣除的，企业支付的超额运营成本会引致税前利润额下降，所得税额降低，使得企业负担的运营成本低于其实际支付额。因此，净超额运营成本是超额运营成本扣除其抵减的所得税以后的余额。

第三，估计被评估资产的剩余寿命。

第四，以适当的折现率将被评估资产在剩余寿命内每年的超额运营成本折现，这些折现值之和就是被评估资产功能性损耗（贬值），其数学表达式为：

$$被评估资产功能性贬值额 = \sum（被评估资产年净超额运营成本 × 折现系数）\qquad (6-43)$$

［例6-15］某种机器设备，技术先进的设备比原有的陈旧设备生产效率高，节约工资费用，有关资料及计算结果见表6-5。

表6-5　　　　　　　　　被评估设备及相关设备的经济技术资料

项　　目	技术先进设备	技术陈旧设备
月产量（件）	10 000	10 000
单件工资（元）	0.80	1.20
月工资成本（元）	8 000	12 000
月差异额（元）		12 000 - 8 000 = 4 000
年工资成本超支额（元）		4 000×12 = 48 000
减：所得税（税率为25%）（元）		12 000
扣除所得税后年净超额工资（元）		36 000
资产剩余使用年限（年）		5
假定折现率为10%，5年年金折现系数		3.7908
功能性贬值额（元）		136 468.8

应当指出，新老技术设备的对比，除生产效率影响工资成本超额支出外，还可通过对原材料消耗、能源消耗以及产品质量等指标进行对比，计算其功能性贬值。

此外，由于技术进步造成被评估资产出现超额投资成本形成的功能性贬值，还可以通过超额投资成本的估算进行评估，即超额投资成本可视同为功能性贬值，其数学表达式为：

$$功能性贬值 = 复原重置成本 - 更新重置成本 \qquad (6-44)$$

功能性贬值主要是由于技术相对落后造成的贬值，在资产评估实践中，并不排除由于资产功能过剩也会形成资产的功能性贬值。

4）经济性贬值的估算方法

就表现形式而言，资产的经济性贬值主要表现为运营中的资产利用率下降，甚至闲置，并由此引起资产的运营收益减少。当有确实证据表明资产已经存在经济性贬值，可参考下面方法估测其经济性贬值率或经济性贬值额。

（1）当确信被评估资产的功能与其价值呈指数关系时：

$$经济性贬值率 = \left[1 - \left(\frac{资产预计可被利用的生产能力}{资产原设计生产能力}\right)^x\right] \times 100\% \qquad (6-45)$$

式中：x为功能价值指数，实务中多采用经验数据，数值一般在0.4 ~ 1之间选取。

（2）当确信被评估资产的功能与其价值呈线性关系时：

$$经济性贬值率 = \left(1 - \frac{资产预计可被利用的生产能力}{资产原设计生产能力}\right) \times 100\% \qquad (6-46)$$

资产的经济性贬值额 = 资产的重置成本 × 经济性贬值率

（3）当确信被评估资产持续存在收益损失时：

经济性贬值额＝资产年收益损失额×（1−所得税税率）×（P/A，r，n） （6−47）

式中：（P/A，r，n）为年金现值系数。

［例6−16］某被评估生产线设计生产能力为年产20 000台产品，因市场需求结构变化，在未来可使用年限内，每年产量估计要减少6 000台，功能价值指数取0.6。根据上述条件，该生产线的经济性贬值率大约在以下水平上：

$$经济性贬值率 = [1-(14\,000 \div 20\,000)^{0.6}] \times 100\%$$
$$= (1-0.81) \times 100\%$$
$$= 19\%$$

又如，数据承上例，假定每年减少6 000台产品，每台产品利润为100元，该生产线尚可继续使用3年，企业所在行业的投资回报率为10%，所得税税率为25%。该资产的经济性贬值额大约为：

$$经济性贬值额 = 6\,000 \times 100 \times (1-25\%) \times (P/A, 10\%, 3)$$
$$= 450\,000 \times 2.4869$$
$$= 1\,119\,105（元）$$

在资产评估实务中，也存在资产的经济性溢价的情况。当外部环境更有利于资产发挥功能和效用时，资产也存在经济性溢价。

［小提示6−3］

资产评估中的成本途径是一种通过资产重建或重置的评估思路来判断资产价值的各种评估技术方法的总称。成本途径中的成本与会计核算中的成本是有重大区别的。如果从两者的价值构成的角度看，资产评估成本途径中的成本是一个完整的价值组成，即包括了 C+V+M，而会计核算中的成本只是部分价值组成，即只包括了 C+V。

［相关链接6−3］

《国际评估准则》关于成本途径及其方法的定义和说明

成本法建立在这样一个假设基础上，即作为购买某特定资产的替代选择，人们可以去建造一个与该资产相同的或具有相同功能的资产。除非有额外的时间支出、风险或其他不方便之处，人们为该特定资产所愿意支付的价格不会超过获取相同或具有相似功能的替代资产的成本。由于旧资产或功能较低资产的全新重置成本超过了市场愿意为其支付的价格，评估师在运用成本法进行评估时需要估计折旧（贬值）。当被评估资产处于全新状态时，其成本与市场价值最为接近。

成本法有两种具体应用方式：一种是用于市场价值评估；另一种则不适用于市场价值评估。当运用成本法评估市场价值时，该方法中的所有考虑因素都取自于公开市场的证据。运用成本法评估非市场价值时，应考虑相关非市场性因素。

成本法经常被用于评估新的或完工不久的资产，或评估计划将要建设的项目。成本的估计通常设定了市场参与者为该资产所愿支付金额的上限。成本法也常用于评估那些很少进行交易的特殊资产或有特殊用途的资产。成本法如果用于评估较旧的资产，可能会由于对成本和损耗的估计缺乏足够的市场资料支持，评估结果反映的不是市场价值。

6.5　评估途径及其方法的选择

6.5.1　评估途径之间的关系

资产评估的市场途径、收益途径和成本途径，以及由以上三条基本评估思路衍生出来的其他评估技术思路和方法共同构成了资产评估的方法体系。资产评估的专业性质决定了构成资产评估方法体系的各种评估途径及其方法之间存在着内在联系。而各种评估途径的独立存在又说明它们各有特点。正确认识资产评估途径之间的内在联系以及各自的特点，对于恰当地选择评估途径和方法，高效地进行资产评估是十分重要的。

1）资产评估途径及其方法之间的联系

评估途径和方法是实现评估目的的手段。对于特定经济行为，在市场有效的假设前提下，对于处在相同的市场、具有相同状态的同一资产进行评估，其评估值应该是大致相同的客观值。这个客观的评估值不会因评估人员所选用的评估途径和方法的不同而出现截然不同的结果（应该在一个合理的区间内），可以认为正是评估基本目的决定了评估途径和方法间的内在联系。而这种内在联系为评估人员运用多种评估途径和方法评估同一条件下的同一资产，并作相互验证提供了理论根据。但需要指出的是，运用不同的评估途径和方法评估同一资产，必须保证评估目的、评估前提、被评估对象状态的一致，以及运用不同评估途径和方法所选择的经济技术参数合理。

由于资产评估工作基本目标的一致性，在同一资产的评估中可以采用多种途径和方法，如果使用这些途径和方法的前提条件同时具备，而且评估师也具备相应的专业判断能力，那么，多种途径和方法得出的结果应该趋同。如果采用多种评估途径和方法得出的结果出现较大差异，可能的原因有：一是某些评估途径或方法的应用前提不具备；二是分析过程有缺陷；三是结构分析有问题；四是某些支撑评估结果的信息依据出现失真；五是评估师的职业判断有误。当然，不排除非有效市场的作用。建议评估师为不同评估途径和方法建立逻辑分析框图，通过对比分析，有利于问题的发现。评估师在发现问题的基础上，除了对评估途径或方法做出取舍外，还应该分析问题产生的原因，并据此研究解决问题的对策，以便最后确定评估价值。

2）资产评估途径和方法之间的区别

各种评估途径和方法独立存在本身就说明各种评估途径和方法之间存在差异。各种评估途径和方法都是从不同的角度去表现资产的价值。不论是通过与市场参照物比较获得评估对象的价值，还是根据评估对象预期收益折现获得其评估价值，抑或是按照资产的再取得途径寻求评估对象的价值，都是对评估对象在一定条件下价值的描述，它们之间是有内在联系并可相互替代的。但是，每一种评估方法都有其自成一体的运用过程，都要求具备相应的信息基础，评估结论也都是从某一角度反映资产的价值。因此，各种评估途径和方法又是有区别的。

由于评估的特定目的不同，评估时市场条件上的差别，以及评估时对评估对象使用状态设定的差异，需要评估的资产价值类型也是有区别的。评估途径或方法由于自身的特点在评估不同类型的资产价值时，就有了效率上和直接程度上的差别，评估人员应具备选择最直接且最有效率的评估方法完成评估任务的能力。

6.5.2　资产评估途径和方法的选择

就评估途径与方法选择本身，实际上包含了不同层面的选择过程，即三个层面的选择。其一是关于资产评估技术思路层面的选择，即分析三种资产评估途径所依据的资产评估技术思路的适用性；其二是在各种资产评估技术思路已经确定的基础上，选择实现各种评估技术思路的具体评估技术方法；其三是在确定了资产评估具体技术方法的前提下，对运用各种具体技术评估方法所涉及经济技术参数的选择。恰当选择评估途径和方法，既包含了对恰当选择评估技术思路，以及实现该技术思路的具体评估技术方法的要求，也包括了对在运用各种评估具体方法时对所涉及的经济技术参数的恰当选择。选择恰当的评估技术思路与实现评估技术思路的具体方法同恰当选择经济技术参数共同构成了恰当选择资产评估途径及其方法的内容。片面地强调某一个方面而忽略另一个方面，都有可能会导致评估结果的失实和偏颇。

资产评估途径和方法的多样性，为评估人员选择适当的评估途径和方法，有效地完成评估任务提供了现实可能。为高效、简捷、相对合理地估测资产的价值，在评估途径和方法的选择过程中应注意以下因素：

（1）评估途径和方法的选择要与评估目的，评估时的市场条件，被评估对象在评估过程中所处的状态，以及由此所决定的资产评估价值类型相适应。根据上述条件，当资产评估的价值类型为资产的市场价值时，可考虑按市场途径、收益途径和成本途径的顺序进行选择。

（2）评估途径和方法的选择受评估对象的类型、理化状态等因素制约。例如，对于既无市场参照物，又无经营记录的资产，只能选择成本途径及其方法进行评估；对于工艺比较特别且处在经营中的企业，可以优先考虑选择收益途径及其方法。

（3）评估途径和方法的选择受各种评估途径和方法运用所需的数据资料及主要经济技术参数能否收集的制约。每种评估途径和方法的运用都需要有充分的数据资料作依据。在一个相对较短的时间内，收集某种评估途径和方法所需的数据资料可能会很困难，在这种情况下，评估人员应考虑采用替代的评估途径和方法进行评估。

总之，在评估方法的选择过程中，应注意因地制宜和因事制宜，不可机械地按某种模式或某种顺序进行选择。但是，不论选择哪种评估途径和方法进行评估，都应保证评估目的，评估时所依据的各种假设和条件与评估所使用的各种参数数据，及其评估结果在性质和逻辑上的一致。尤其是在运用多种评估途径和方法评估同一评估对象时，更要保证每种评估途径和方法运用中所依据的各种假设、前提条件、数据参数的可比性，以便能够确保运用不同评估途径方法所得到的评估结果的可比性和相互可验证性。

[相关链接6-4]

《国际评估准则》关于评估途径及其方法的说明

《国际评估准则》明确提出，成本法、市场法和收益法是资产评估中最常用的三种基本评估方法。无论评估资产的市场价值还是非市场价值，评估师都需要根据项目具体情况恰当选择评估方法。在选择评估方法时，评估师应当考虑三种基本评估方法在具体项目中的适用性，采用多种评估方法时，应当分析、调整运用多种评估方法得出的评估结论，确定最终评估结果。

成本法、市场法和收益法作为资产评估的三种基本方法，反映了三种评估思路，每种评估方法又包括一些具体的运用方法。评估师在进行某项评估业务时，应当根据其经验和知识、当地的评估准则要求、市场要求、数据的可获得程度等综合因素，选取适宜的评估方法。

对于不动产、动产、企业价值、金融资产等各种资产类型的评估项目而言，三种评估方法都是适用的。但不同类型的资产评估项目所获得的相关信息资料是不同的，分别反映了各种类型资产在其相应市场上的特点。评估师应当收集、分析能够合理反映被评估资产价值的数据资料，在选取评估方法时应当充分考虑资料的可获得程度。

评估资产的市场价值时，如果评估方法运用得当，则所有评估市场价值的方法、技术和程序都会得出符合市场价值基本定义的评估结果。采用市场法进行评估时须根据市场观察得出结果；采用成本法确定建筑成本和损耗时，须根据对成本和应计损耗的市场化分析进行判断；采用收益法时须以市场认可的现金流和市场确定的回报率为基础。虽然需要根据数据的可获得程度以及与市场或资产本身相关的条件确定哪种评估方法最适用，但如果每种评估方法都是以市场数据为基础，采用以上任何评估方法都可以评估出资产的市场价值。

本章小结

资产评估途径与评估方法是资产评估的工具和手段，在资产评估中有着重要的作用。作为资产评估的工具和手段，评估途径与评估方法之间具有替代性和可比性。作为独立存在的评估工具，它们又有差异性。充分掌握每一评估途径的内涵、应用前提条件，以及对评估参数的要求，是正确理解和认识资产评估途径的基础，同时也是正确运用评估途径及其方法的基础。

关键概念

评估途径 评估方法 资本化率 重置成本

┏ **思考题** ┛

1. 如何理解资产评估途径与评估方法的关系？
2. 运用市场途径的关键条件是什么？
3. 如何理解收益途径中的"客观收益"？
4. 如何完整地理解成本途径？
5. 简述不同的资产评估途径之间的关系。

资产评估程序

学习目标

　　通过本章的学习，学生应了解资产评估程序的基本概念，理解资产评估程序的重要作用，掌握资产评估的具体步骤和操作环节，领会执行资产评估程序的基本要求。

7.1　资产评估程序及其作用

7.1.1　资产评估程序及其主要环节

　　资产评估程序是指资产评估师执行资产评估业务所履行的系统性工作步骤。资产评估程序由具体的工作步骤组成，不同的资产评估业务由于评估对象、评估目的、资产评估资料收集情况等相关条件的差异，资产评估师可能需要执行不同的资产评估具体程序或工作步骤，但由于资产评估业务的共性，各种资产类型、各种评估目的、资产评估业务的基本程序是相同或相通的。

　　评估程序从不同角度去理解，有狭义和广义之分。狭义的资产评估程序开始于资产评估机构和评估人员接受委托，终止于向委托人或相关当事人提交资产评估报告书。广义的资产评估程序（资产评估基本程序）开始于承接资产评估业务前的明确资产评估基本事项环节，终止于资产评估报告书提交后的资产评估文件归档管理。

　　资产评估具体程序或工作步骤的划分取决于资产评估机构和评估人员对各资产评估工作步骤共性的归纳，资产评估业务的性质、复杂程度也是影响资产评估具体程序的重要因素。根据各工作步骤的重要性，资产评估程序通常包括以下主要环节：

　　第一，接受资产评估委托，明确相关事项；

　　第二，签订资产评估业务约定书；

　　第三，编制资产评估作业计划；

　　第四，现场调查；

　　第五，收集资产评估资料；

　　第六，评定估算；

第七，编制和提交资产评估报告；

第八，资产评估工作底稿归档。

［相关链接7-1］

资产评估准则——基本准则
第三章　操作准则

第十二条　注册资产评估师执行资产评估业务，应当根据业务具体情况履行适当的评估程序。

第十三条　评估程序通常包括：

（一）明确评估业务基本事项；

（二）签订业务约定书；

（三）编制评估计划；

（四）现场调查；

（五）收集评估资料；

（六）评定估算；

（七）编制和提交评估报告；

（八）工作底稿归档。

注册资产评估师不得随意删减评估程序。

第十四条　注册资产评估师执行资产评估业务，应当根据评估目的等相关条件选择适当的价值类型，并对价值类型予以明确定义。

第十五条　注册资产评估师应当熟知、理解并恰当运用评估方法。

资产评估基本方法包括市场法、收益法和成本法。

第十六条　注册资产评估师执行资产评估业务，应当根据评估对象、价值类型、资料收集情况等相关条件，分析三种资产评估基本方法的适用性，恰当选择评估方法，形成合理评估结论。

第十七条　注册资产评估师执行资产评估业务，应当科学合理使用评估假设，并在评估报告中披露评估假设及其对评估结论的影响。

第十八条　注册资产评估师执行资产评估业务，应当形成能够支持评估结论的工作底稿。

7.1.2　履行资产评估程序的重要性

长期以来，由于我国资产评估发展的特殊性，资产评估界对资产评估程序没有引起足够的重视，往往将《国有资产评估管理办法》中所确定的申请立项、资产清查、评定估算、验证确认等国有资产评估管理程序作为资产评估程序，没有反映出资产评估程序的本质属性。资产评估程序应当以资产评估机构和评估人员为主体，反映资产评估机构和评估人员为执行资产评估业务、形成资产评估结论所必须履行的系统性工作步骤。履行资产评估程序的重要性表现在：

（1）履行资产评估程序是规范资产评估机构和评估人员行为、提高资产评估业务质量的基本保证。

资产评估机构和评估人员接受委托，不论执行何种资产类型、何种评估目的的资产评估业务，都应当履行必要的资产评估基本程序，按照工作步骤有计划地进行资产评估。这样做不仅有利于规范资产评估机构和评估人员的执业行为，而且能够有效地避免在执行具体资产评估业务中可能出现的程序上的重要疏漏，切实保证资产评估的业务质量。履行资产评估程序对于提高资产评估机构业务水平乃至资产评估行业整体业务水平都具有重要意义。

（2）履行资产评估程序是评价资产评估机构和评估人员提供资产评估服务水平的重要依据。

资产评估服务会引起许多相关当事方的关注，包括委托人、资产占有方、资产评估报告使用人、相关利益当事人、司法部门、证券监督及其他行政监督部门、资产评估行业主管协会以及社会公众、新闻媒体等。是否履行资产评估程序不仅是衡量资产评估机构和评估人员执行资产评估业务是否规范的重要标准，也为上述相关当事方提供了评价资产评估服务的依据，同时，也是委托人、司法和行政监管部门及资产评估行业协会监督资产评估机构和评估人员的主要依据。

（3）履行资产评估程序是资产评估机构和评估人员防范执业风险、保护自身合法权益、合理抗辩的重要手段。

从实际情况来看，资产评估机构和评估人员与其他当事人之间就资产评估服务引起的纠纷和法律诉讼越来越多。资产评估机构和评估人员在履行必要资产评估程序方面是否存在疏漏，已经成为司法部门追究资产评估机构和评估人员责任的重要依据。因此，恰当履行资产评估程序是资产评估机构和评估人员防范执业风险的主要手段，也是在产生资产评估纠纷或诉讼后，合理保护自身权益、合理抗辩的重要手段之一。

7.2 资产评估程序的具体步骤

资产评估程序的具体步骤与基本内容主要体现在八个环节中，分别是：

7.2.1 接受资产评估委托，明确相关事项

接受资产评估委托是资产评估程序的第一个环节，包括在签订资产评估业务约定书以前的一系列基础性工作，如对资产评估项目进行风险评价、明确与承接的资产评估项目有关的重要事项等。由于资产评估专业服务的特殊性，资产评估程序甚至在委托人委托资产评估机构、资产评估机构接受委托前就已开始。资产评估机构和评估人员在接受资产评估业务委托之前，应当采取与委托人等相关当事人讨论、阅读基础资料、进行必要的初步调查等方式，与委托人等相关当事人共同明确以下资产评估业务重要事项：

1）接受委托应满足的基本要求

资产评估机构及其评估人员在受理或接受资产评估业务或委托时应严格遵守资产评估职业道德和行为规范的要求，着重注意以下几个方面：

（1）资产评估机构和评估人员不能利用主管部门或行政机关的权力，对行业、地区的评估业务进行垄断；

（2）不应以个人的名义接受委托，应该以资产评估机构的名义接受委托；

（3）资产评估机构和评估人员不得通过诋毁、贬低同行信誉等不正当手段获得评估业务；

（4）资产评估机构和评估人员不得通过降低收费标准或以不切实际的承诺承揽业务；

（5）资产评估机构和评估人员应保持形式和实质上的独立；

（6）资产评估机构和评估人员不能同时为多个评估目的及要求而对同一资产进行评估；

（7）资产评估机构及其评估人员应充分了解评估对象、评估目的和评估范围；

（8）资产评估机构及其评估人员应充分分析评估业务风险，正确判断自身的执业能力，不得承揽无力完成的评估业务；

（9）按照能力原则受理评估业务并与委托人签订资产评估业务委托书；

（10）资产评估机构在接受委托前应赴现场进行必要的勘察，以便明确评估工作量、工作时间和收费标准等基本事宜。

2）接受委托前需明确的基本事项

（1）资产评估目的及评估报告的期望用途。资产评估机构和评估人员应当与委托方就资产评估目的达成明确、清晰的共识，并尽可能细化资产评估目的，说明资产评估业务的具体目的和用途，并在可能的情况下要求委托方明确资产评估报告的期望用途和使用人。

（2）资产评估对象的基本状况。资产评估机构和评估人员应当了解评估对象及其权益的基本状况，包括其法律、经济和物理状况，如资产类型、规格型号、结构、数量、购置（生产）年代、生产（工艺）流程、地理位置、使用状况、企业名称、住所、注册资本、所属行业、在行业中的地位和影响、经营范围、财务和经营状况等。资产评估机构和评估人员应当特别了解有关评估对象权利受限状况。

（3）资产评估结果的价值类型。资产评估机构和评估人员应当在明确资产评估目的的基础上，恰当确定资产评估结果的价值类型，并确信所选择的价值类型适用于资产评估目的及评估报告的期望用途。

（4）资产评估基准日。资产评估机构和评估人员应当明确资产评估基准日，并确信资产评估基准日有利于资产评估结论有效地服务于资产评估目的，减少和避免不必要的资产评估基准日期后事项。

（5）资产评估工作作业时间。资产评估机构和评估人员应对评估工作量有个合理的判断，并与委托方进行沟通，以明确本次评估工作的具体时间安排。

（6）资产评估是否有限制条件。资产评估机构和评估人员在接受委托前还须与委托方进行沟通，了解本次资产评估是否有可能影响评估过程和结论的限制条件，以判断能否接受委托和怎样接受委托。

（7）资产评估收费标准和收费方式。资产评估机构在接受评估委托前应与委托方协商资产评估收费标准和收费方式，对资产评估对象价值量小而评估工作量大的项目，可要求委托方按评估项目的实际工作量支付评估费用。

（8）其他需要明确的重要事项。资产评估机构和评估人员在明确上述资产评估基本事项的基础上，应对下列因素进行分析以确定是否承接资产评估项目：一是进行风险评价，分析资产评估项目的执业风险；二是分析资产评估机构、人员的专业胜任能力及相关经验；三是分析资产评估机构和评估人员的独立性，确认与委托人或相关当事方是否存在现实或潜在利益冲突。

7.2.2　签订资产评估业务约定书

资产评估业务约定书是在资产评估机构明确了上述基本事项并对评估项目做出风险评价之后，资产评估机构与委托人共同签订的，以确认资产评估业务的委托与受托关系，明确委托目的、被评估资产范围及双方权利义务等相关重要事项的合同。

根据我国资产评估行业现行的有关规定，资产评估师承办资产评估业务，应当由其所在的资产评估机构统一受理并与委托人签订书面资产评估业务约定书，资产评估师不得以个人名义签订资产评估业务约定书。资产评估业务约定书应当由资产评估机构和委托方双方的法定代表人或其授权代表签订，资产评估业务约定书应当内容全面、具体，含义清晰准确，符合国家法律、法规和资产评估行业管理规定。资产评估业务约定书应包括以下基本内容：

（1）资产评估机构和委托方名称、住所；

（2）资产评估目的；

（3）资产评估对象和范围；

（4）资产评估基准日；

（5）出具资产评估报告的时间要求；

（6）资产评估报告使用范围；

（7）资产评估收费；

（8）双方的权利和义务及违约责任；

（9）签约时间；

（10）双方认为应当约定的其他重要事项。

7.2.3　编制资产评估计划

资产评估计划是对资产评估具体作业过程中的每个工作步骤以及时间和人力安排进行规划和安排。资产评估作业计划是资产评估机构和评估人员为完成资产评估业务拟定的技术思路和实施方案。编制合理有效的资产评估作业计划，对合理安排工作量、工作进度、专业人员调配、按时完成资产评估业务具有重要意义。

由于资产评估项目千差万别，资产评估计划也不尽相同，其详略程度取决于资产评估业务的规模和复杂程度。资产评估机构和评估人员应当根据所承接的具体资产评估项目情况，编制合理的资产评估计划，并根据执行资产评估业务过程中的具体情况，及时修改、补充资产评估计划。

资产评估计划应当涵盖资产评估工作的全过程，资产评估计划编制过程中应当同委托人等就相关问题进行洽谈，以便于资产评估作业计划各环节和各步骤的实施，并报经资产评估机构负责人审核批准。编制资产评估计划应当重点考虑以下因素：

（1）资产评估目的和资产评估对象状况对资产评估技术路线的影响及资产评估机构的对策措施安排；

（2）资产评估业务风险、资产评估项目的规模和复杂程度对评估人员安排及其构成的要求，限定评估精度以及对评估风险的估计及控制措施；

（3）资产评估项目所涉及资产的结构、类别、数量及分布状况对资产清查范围和清查精度的要求；

（4）评估项目对相关资料收集的要求及具体安排；

（5）委托人或资产占有方过去委托资产评估的经历、诚信状况及提供资料的可靠性、完整性和相关性，判断评估项目的风险及对应措施安排；

（6）资产评估途径和方法的选择及基本要求；

（7）评估中可能出现的疑难问题及专家利用；

（8）评估报告撰写的要求以及委托方制定的特别分类或披露要求。

7.2.4　现场调查

资产评估机构和评估人员执行资产评估业务，应当对评估对象进行必要的勘察，包括对不动产和其他实物资产应当进行必要的现场调查。进行资产勘察工作不仅仅是基于资产评估人员勤勉尽责义务的要求，同时也是资产评估程序和操作的必经环节，有利于资产评估机构和评估人员全面、客观地了解评估对象，核实委托方和资产占有方提供资料的可靠性，并通过在资产勘察过程中发现的问题、线索，有针对性地开展资料收集、分析工作。资产评估人员应在资产勘察前与委托方进行必要的沟通，以便在不影响委托方正常工作的前提下进行资产勘察。资产评估人员应根据被估资产的特点和委托方的时间安排选择恰当的方式进行资产勘察。

勘察核实资产是在委托方自查的基础上，以委托方提供评估登记表或评估申报明细表为准，对委托评估资产进行核实和鉴定。

1）现场调查的目的

现场调查是资产评估准备工作中的重要一环，其目的主要在于：

（1）确定委托评估资产是否存在，以及合法性和完整性；

（2）确定委托评估资产与账簿、报表的一致性；

（3）收集委托评估所需的有关数据资料。

2）现场调查的主要内容

（1）了解企业财务会计制度；

（2）了解企业内部管理制度，重点是企业的资产管理制度；

（3）对企业申报的资产清单进行初审；

（4）对企业申报的各项资产进行核实；

（5）对企业申报的各项资产的产权进行验证，确认其合法性；

（6）对企业申报评估的资产中用于抵押、担保、租赁等特殊用途的资产进行专项核查；

（7）对勘察中发现申报有误的资产，根据勘察结果和有关制度规定进行勘察调整；

（8）收集评估相关资料。

3）现场调查的基本要求

（1）关于资产勘察范围的要求：

资产勘察的范围是以委托方委托评估资产的范围为准，特别要注意，委托方委托评估资产中包括的其自身占用以外的部分，如分公司资产、异地资产，以及租出资产等，不能将这部分资产遗漏，它们也应包括在勘察之列。

（2）关于资产勘察的程度要求：

关于资产勘察的程度，应根据不同种类的资产繁简有别，具体情况可参考以下要求：

对于建筑物要逐栋逐幢进行勘察核实，并了解其使用、维修和现状，做好勘察记录。建筑物的产权证明是核查中必不可少的项目。

对于机器设备，主要看评估对象的数量，对于项目较小、设备数量不多的情况，要对待估设备逐一核查。如果评估项目较大，设备种类繁多，数量较多时，可先按 ABC 分类法找出评估重点，对 A 类设备要逐一核查并作技术鉴定；对 B 类设备也应尽量逐一核查；对 C 类设备可采取抽样核查。

对流动资产的核查程度与委托方的管理水平和自查的程度有关。对于企业管理水平较高，自查比较彻底的，对流动资产一般采用随机抽样法进行核查并做好抽查记录。按照现行规定，流动资产抽查的数量应达到国家规定的比例。如对存货进行抽查，抽查数量应达 40% 以上，价值比例达 60% 以上，其中残次、变质、积压及待报废的应逐项核查。

对于无形资产、长期投资、递延资产等要逐笔核查。

涉及评估净资产的，要对负债进行逐笔核查。

4）勘察调整

对勘察过程中发现的账外资产及盘亏资产，以及重复申报和遗漏的资产等，应根据具体情况和管理要求，进行必要的调整，并详细说明勘察调整的原因、过程和结果。

对于那些受财务会计制度限制，不能直接进行账务调整的盘亏、损毁资产，虽可暂不作会计账务调整。但是，作为评估对象及其评估对象申报表必须做出切实的调整。评估对象必须是客观存在的，无论是现实存在的还是潜在存在的。资产的勘察调整必须据实进行。

7.2.5 收集资产评估资料

从资产评估的过程来看，资产评估实际上就是对被评估资产的信息进行收集、分析判断并做出披露的过程。对资产评估加以严格的程序要求，其目的也是要保证评估对信息收集、分析的充分性和准确性。因此，资产评估人员应当独立获取评估所依据的信息，并确信信息来源是可靠的和适当的。

在上述几个环节的基础上，资产评估机构和评估人员应当根据资产评估项目的具体情况收集资产评估相关资料。资料收集工作是资产评估业务质量的重要保证，不同的项目、不同的评估目的、不同的资产类型对评估资料有着不同的需求，由于评估对象及其所在行业的市场状况、信息化和公开化程度差别较大，相关资料的可获取程度也不同。因此，资产评估机构和评估人员的执业能力在一定程度上体现在其收集、占有与所执行项目相关的信息资料的能力上。资产评估机构和评估人员在日常工作中就应当注重收集信息资料及其来源，并根据所承接项目的情况确定收集资料的深度和广度，尽可能全面、详实地占有资料，并采取必要措施确保资料来源的可靠性。根据资产评估项目的进展情况，资产评估机构和评估人员还应当及时补充收集所需要的资料。

资产评估机构和评估人员应当通过与委托人、资产占有方沟通，并指导其对评估对象进行清查等方式，对评估对象或资产占有单位资料进行了解，同时也应当主动收集与资产评估业务相关的评估对象资料及其他资产评估资料。收集、整理资料，一方面是为后面的资产评估准备素材和依据；另一方面也是资产评估机构建立评估工作底稿的需要。为满足上述两方面的要求，资产评估机构应收集、整理以下重要资料（根据项目的需要可作适当的删减或增加）。

1）有关资产权利的法律文件或其他证明资料

主要的产权证明文件包括：

（1）有关房地产的土地使用证、房产执照、建设规划许可证、用地规划许可证、项目批准文件、开工证明、出让及转让合同、购买合同、原始发票等。

（2）有关在建工程的规划、批文。

（3）有关设备的购买合同、原始发票等。

（4）有关无形资产的专利证书、专利许可证、专有技术许可证、特许权许可证、商标注册证、版权许可证等。

（5）有关长短期投资合同。

（6）有关银行借款的合同。

2）资产的性质、目前和历史状况信息

资产的性质、目前和历史状况信息主要包括：

（1）有关房地产的图纸、预决算资料。

（2）有关在建工程的种类、开工时间、预计完工时间、承建单位、筹资单位、筹资方式、成本构成、工程基本说明或计划等。

（3）有关设备的技术标准、生产能力、生产厂家、规格、型号、取得时间、启用时间、运行状况、大修理次数、大修理时间、大修理费用、设备与工艺要求的配套情况等。

（4）有关存货的数量、计价方式、存放地点、主要原材料近期进货价格统计表等。

（5）有关应收及预付款的账龄统计表、主要赊销客户的信誉及经营情况、坏账准备政策、应收款回收计划等。

（6）有关长期投资的明细表，包括被投资企业、投资金额、投资期限、起止时间、投资比例、年收益、收益分配方式、账面成本等。

（7）原始证据主要包括评估基准日的会计报表、盘点表、对账单、调节表、应收及应付询证函、盘盈及盘亏资产情况说明、报废资产情况说明及证明材料等。

3）有关资产的剩余经济寿命和法定寿命信息

在资产勘察过程中，评估人员应了解资产的设计寿命，并通过技术鉴定了解和判断资产的剩余物理寿命和经济寿命。

4）有关资产的使用范围和获利能力的信息

资产评估人员可以通过核实资产占有方的营业执照了解被评估资产的经营范围和使用范围，并通过技术鉴定掌握资产的可使用范围和空间。

5）资产以往的评估及交易情况信息

资产评估人员通过查询有关账簿及相关资料了解被评估对象以往的评估和交易情况。

6）资产转让的可行性信息

资产评估人员通过查询有关交易合同或意向书及相关的市场调查，了解被评估对象转让的可行性信息。

7）类似的资产的市场价格信息

资产评估人员应通过市场调查了解和掌握与评估对象类似的资产的市场价格信息。

8）委托方声明

有关被评估资产所有权、处置权的真实性，产权限制，以及所提供的数据资料真实性的承诺等。

9）可能影响资产价值的宏观经济前景信息

10）可能影响资产价值的行业状况及前景信息

11）可能影响资产价值的企业状况及前景信息

12）其他相关信息

除上述重要资料外，资产评估人员还应了解和掌握其他相关信息，例如，各类资产负债清查表、登记表，评估申报明细表；资产、负债清查情况及调整说明；委托方营业执照副本及其他材料等。

7.2.6　评定估算

资产评估机构和评估人员在占有相关资产评估资料的基础上，进入评定估算环节，即在充分分析资产评估资料的基础上，恰当选择并运用资产评估途径与具体方法形成初步资产评估结论，再经综合分析及反复审核后确定资产评估结论。该环节大致要经历以下几个阶段：

1）分析资料

资产评估机构人员应当根据本次评估的目的和其他具体要求，对所收集的资产评估资料进行分析和整理，选择相关信息并确定其可靠性和可比性，对不可比信息要进行必要的调整，以保证评估所用信息的质量。

2）选择评估途径和具体评估方法

成本途径、市场途径和收益途径是三种通用的资产评估基本技术思路及其具体评估方法的集合。从理论上讲，三种评估途径及其方法适用于任何资产评估项目。因此，在具体的资产评估执业过程中，资产评估人员应当考虑三种评估途径及其方法的适用性。如果不采用某种资产评估途径及其方法，或只采用一种资产评估途径和方法评估资产的，资产评估人员应当予以必要说明。对宜采用两种以上资产评估途径及其方法的评估项目，应当使用两种以上资产评估途径和方法。

3）运用评估途径和具体评估方法评定估算资产价值

资产评估人员在确定资产评估途径及其方法后，应当根据已明确的评估目的和评估价值类型，以及所收集的信息资料和具体的执业规范要求，恰当合理地形成初步评估结论。采用成本途径，应当在合理确定被评估资产的重置成本和各相关贬值因素的基础上，得出评估初步结论；采用市场途径，应当合理地选择参照物，并根据评估对象与参照物的差异进行必要调整，得出初步评估结论；采用收益途径，应当在合理预测未来收益、收益期和折现率等相关参数的基础上，得出评估初步结论。

4）审核评估结论并给出最终评估结果

资产评估人员在形成初步资产评估结论的基础上，评估人员和机构内部的审核人员应对本次评估所使用的资料、经济技术参数等的数量、质量和选取依据的合理性进行综合分析，以确定资产评估结论。采用两种以上资产评估途径及其方法时，资产评估人员和审核人员还应当综合分析各评估途径及其方法之间的相关性和恰当性、相关参数选取的合理性，以确定最终资产评估结论。

7.2.7 编制和提交资产评估报告

资产评估机构和评估人员在执行必要的资产评估程序并形成资产评估结论后，应按有关资产评估报告的规范及委托方的要求编制资产评估报告。资产评估报告除了要满足有关资产评估报告的格式规范和内容规范外，资产评估报告还应当根据评估项目的特点提供必要的相关信息，确信能使资产评估报告使用者正确理解资产评估结论。资产评估机构和评估人员可以根据资产评估业务性质，在遵守资产评估报告书规范和不引起误导的前提下，选择资产评估报告的类型和详略程度。

资产评估机构应当遵守资产评估业务约定书中所规定的提交资产评估报告的时间和方式，在规定的时间内以恰当的方式将资产评估报告提交给委托方。在提交正式资产评估报告之前，资产评估机构和评估人员可以与委托方进行必要的沟通，听取委托方对资产评估结论的反馈意见。在此过程中，资产评估机构和评估人员必须保证其自身的独立性和评估结论的独立性，不能为迎合委托方的不合理要求而影响了评估结论的独立性和客观性。

7.2.8 资产评估工作底稿归档

资产评估机构和评估人员在向委托方提交了资产评估报告书后，资产评估机构和评估人员应当将在资产评估工作中形成的、与资产评估业务相关的各种报表数据、鉴定材料、产权资料、文字说明、图片、照片、声明承诺等不同形式的记录及时记载并予以归档，并按国家有关规定对资产评估工作档案进行保存、使用和销毁。将资产评估工作底稿归档环节列为资产评估基本程序之一，充分体现了资产评估服务的专业性和特殊性，不仅有利于应对今后可能出现的资产评估项目备查，而且有利于资产评估机构总结、完善和提高资产评估业务水平。

[相关链接7-2]

资产评估准则——评估程序

第一章 总 则

第一条 为规范注册资产评估师履行评估程序行为，维护社会公共利益和资产评估各方当事人合法权益，根据《资产评估准则——基本准则》，制定本准则。

第二条 本准则所称评估程序，是指注册资产评估师执行资产评估业务所履行的系统性工作步骤。

第三条 注册资产评估师执行资产评估业务，应当遵守本准则。

第四条 注册资产评估师执行与价值估算相关的其他业务，可以参照本准则。

第二章 基本要求

第五条 注册资产评估师执行资产评估业务，应当遵守法律、法规和资产评估准则的相关规定，履行适当的评估程序。

第六条 注册资产评估师通常执行下列基本评估程序：

（一）明确评估业务基本事项；

（二）签订业务约定书；

（三）编制评估计划；

（四）现场调查；

（五）收集评估资料；

（六）评定估算；

（七）编制和提交评估报告；

（八）工作底稿归档。

注册资产评估师不得随意删减基本评估程序。

第七条 注册资产评估师应当根据本准则，结合评估业务具体情况，制定并实施适当的具体评估步骤。

第八条 注册资产评估师在执行评估业务过程中，由于受到客观限制，无法或者不能完全履行评估程序，可以根据能否采取必要措施弥补程序缺失和是否对评估结论产生重大影响，决定继续执行评估业务或者终止评估业务。

第九条　注册资产评估师应当指导业务助理人员履行评估程序。

第十条　注册资产评估师应当记录评估程序履行情况，形成工作底稿。

第三章　评估程序要求

第十一条　注册资产评估师应当明确下列评估业务基本事项：

（一）委托方、产权持有者和委托方以外的其他评估报告使用者；

（二）评估目的；

（三）评估对象和评估范围；

（四）价值类型；

（五）评估基准日；

（六）评估报告使用限制；

（七）评估报告提交时间及方式；

（八）评估服务费总额、支付时间和方式；

（九）委托方与注册资产评估师工作配合和协助等其他需要明确的重要事项。

第十二条　注册资产评估师应当根据评估业务具体情况，对自身专业胜任能力、独立性和业务风险进行综合分析和评价，并由评估机构决定是否承接评估业务。

第十三条　评估机构在决定承接评估业务后，应当与委托方签订业务约定书。评估目的、评估对象、评估基准日发生变化，或者评估范围发生重大变化，评估机构应当与委托方签订补充协议或者重新签订业务约定书。

第十四条　注册资产评估师应当编制评估计划。评估计划的内容涵盖现场调查、收集评估资料、评定估算、编制和提交评估报告等评估业务实施全过程。

评估计划通常包括评估的具体步骤、时间进度、人员安排和技术方案等内容。

注册资产评估师可以根据评估业务具体情况确定评估计划的繁简程度。

第十五条　注册资产评估师编制的评估计划，应当根据评估业务实施过程中的情况变化进行必要调整。

第十六条　注册资产评估师应当将编制的评估计划报评估机构相关负责人审核、批准。

第十七条　注册资产评估师执行资产评估业务，应当根据评估业务具体情况对评估对象进行适当的现场调查。

第十八条　注册资产评估师应当要求委托方提供涉及评估对象和评估范围的详细资料。

注册资产评估师应当要求委托方或者产权持有者对其提供的评估明细表及相关证明材料以签字、盖章或者其他方式进行确认。

第十九条　注册资产评估师应当通过询问、函证、核对、监盘、勘查、检查等方式进行调查，获取评估业务需要的基础资料，了解评估对象现状，关注评估对象法律权属。

第二十条　注册资产评估师在执行现场调查时无法或者不宜对评估范围内所有资产、负债等有关内容进行逐项调查的，可以根据重要程度采用抽样等方式进行调查。

第二十一条　注册资产评估师应当根据评估业务需要和评估业务实施过程中的情况变化及时补充或者调整现场调查工作。

第二十二条　注册资产评估师应当根据评估业务具体情况收集评估资料，并根据评估业务需要和评估业务实施过程中的情况变化及时补充收集评估资料。

第二十三条　注册资产评估师收集的评估资料包括直接从市场等渠道独立获取的资料，从委托方、产权持有者等相关当事方获取的资料，以及从政府部门、各类专业机构和其他相关部门获取的资料。

评估资料包括查询记录、询价结果、检查记录、行业资讯、分析资料、鉴定报告、专业报告及政府文件等形式。

第二十四条　注册资产评估师应当根据评估业务具体情况对收集的评估资料进行必要分析、归纳和整理，形成评定估算的依据。

第二十五条　注册资产评估师应当根据评估对象、价值类型、评估资料收集情况等相关条件，分析市场法、收益法和成本法等资产评估方法的适用性，恰当选择评估方法。

第二十六条　注册资产评估师应当根据所采用的评估方法，选取相应的公式和参数进行分析、计算和判断，形成初步评估结论。

第二十七条　注册资产评估师应当对形成的初步评估结论进行综合分析，形成最终评估结论。

注册资产评估师对同一评估对象需要同时采用多种评估方法的，应当对采用各种方法评估形成的初步评估结论进行分析比较，确定最终评估结论。

第二十八条　注册资产评估师应当在执行评定估算程序后，根据法律、法规和资产评估准则的要求编制评估报告。

第二十九条　注册资产评估师应当根据相关法律、法规、资产评估准则和评估机构内部质量控制制度，对评估报告及评估程序执行情况进行必要的内部审核。

第三十条　注册资产评估师提交正式评估报告前，可以在不影响对最终评估结论进行独立判断的前提下，与委托方或者委托方许可的相关当事方就评估报告有关内容进行必要沟通。

第三十一条　注册资产评估师完成上述评估程序后，由其所在评估机构出具评估报告并按业务约定书的要求向委托方提交评估报告。

第三十二条　注册资产评估师在提交评估报告后，应当按照法律、法规和资产评估准则的要求对工作底稿进行整理，与评估报告一起及时形成评估档案。

第四章　附　则

第三十三条　本准则自 2008 年 7 月 1 日起施行。

7.3　执行资产评估程序的要求

遵守资产评估程序是规范资产评估执业的基本保证，是提高资产评估质量、规避资产评估风险的重要手段。执行资产评估程序的基本要求主要包含下述三个方面的内容：

1）资产评估机构和评估人员应当在国家和资产评估行业规定的统一资产评估程序的基础上，建立健全本机构资产评估程序制度

由于资产评估机构和评估人员所承接的评估业务范围和具体评估对象各有不同，完全按照国家统一规定的资产评估程序执业可能会有困难，各资产评估机构应当结合本机构及评估范围和对象的实际情况，在资产评估程序基本规定的基础上进行细化和必要调整，形成本机构资产评估作业程序制度，并在资产评估执业过程中切实履行，不断完善。

2）资产评估执业人员可在不影响资产评估质量的前提下，对资产评估程序中的某些规定作适当调整或具体化

资产评估机构和评估人员执行资产评估业务应当根据具体资产评估项目的情况和资产评估程序制度的基本要求，确定并履行适当的资产评估程序，在没有正当理由和可靠依据的情况下，不得随意简化或删减资产评估程序。但是，资产评估执业人员在充分掌握资产评估程序实质的基础上，根据评估对象的具体情况，可在不影响资产评估质量的前提下，对资产评估程序中的某些规定作适当的调整或具体化。资产评估机构和评估人员应当将资产评估程序的具体组织实施情况记录于工作底稿，并将主要资产评估程序执行情况在出具的资产评估报告书中予以披露。

3）为保证切实履行资产评估程序，资产评估机构内部应建立相应的管理制度和监督制度

为了切实履行资产评估程序，资产评估机构内部应当建立相应的执行资产评估程序的管理制度和监督制度，指导和监督资产评估执业人员在资产评估过程中实施资产评估程序。对于由于资产评估项目的特殊性，资产评估人员无法完全履行资产评估程序中的某个基本环节，或受到限制无法实施完整的资产评估程序时，资产评估机构和评估人员应当考虑这种状况是否会影响到资产评估结论的合理性，以及是否接受该评估项目，如果该评估项目属于必须完成的项目，资产评估人员必须在资产评估报告中明确披露这种状况及其对资产评估结论可能具有的影响。

[小案例 7-1]

××注册会计师协会年度业务检查总结：资产评估机构存在的主要问题

通过抽查各资产评估机构 2015 年 1—6 月份完成并归档的部分工作底稿，检查人员发现抽查的工作底稿当中存在的一些问题具有共性，这些问题在评估机构及评估师执业过程中经常出现。现将这些共性问题总结为以下几点：

1. 质量控制制度不健全或执行不力；

2. 检查的工作底稿不足以判断该评估项目的质量控制水平及是否进行了三级复核；

3. 评估业务档案管理薄弱，工作底稿起不到应有作用；

4. 部分评估报告不规范，未按规章或规范要求出具；

5. 评估证据不充分，难以判断对评估结论的支持；

6. 未能完全实施必要的评估程序，取得的评估证据对评估结论支持不足。

本章小结

资产评估程序是资产评估工作的内在联系和主要环节与步骤。本章揭示了履行资产评估程序的现实意义，系统地阐述了我国资产评估的具体步骤，以及与资产评估程序有关的基本要求。遵照资产评估程序执业不仅是资产评估行业自律主管部门对资产评估执业人员的要求，而且也应该是资产评估执业人员自觉的行为，这对于提高资产评估质量、规避资产评估风险具有重要作用。

关键概念

资产评估程序　资产评估业务约定书　资产评估作业计划　现场调查

思考题

1. 如何理解广义评估程序与狭义评估程序的关系？

2. 简述资产评估业务约定书的基本内容。

3. 如何编制资产评估作业计划？

4. 如何进行评估现场勘察？

5. 简述收集评估资料需要注意的事项。

第8章

评估技术在房地产评估中的应用

学习目标

通过本章的学习，学生应掌握市场途径、收益途径、成本途径及其方法在房地产评估中的应用；熟悉剩余法在房地产评估中的应用；熟悉房地产评估前期工作；了解路线价法在房地产评估中的应用。

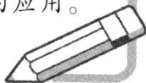

8.1 房地产评估特点

8.1.1 房地产的特点

房地产是指土地、建筑物及其他地上定着物。土地是指地球的表面及其上下一定范围内的空间；建筑物是指人工建筑而成，由建筑材料、建筑构配件和设备等组成的整体物；其他地上定着物一般是指固定在土地或建筑物上，与土地、建筑物不能分离的植物或人工建筑。房地产是企业和个人资产中的重要组成部分，是资产评估的主要对象。从资产评估的角度上讲，房地产是土地和房屋及其权属的总称。

1）房地产的自然特征

房地产的自然特征源于土地的自然特性。土地是房屋的物质载体，土地的特性一定会通过房地产表现出来。

（1）位置固定性。由于房屋固着在土地上，因此房地产的相对位置是固定不变的。

（2）质量差异性。土地的位置不同，造成了土地之间存在自然差异，同时也造成了房地产效用差异。

（3）使用长期性。由于土地可以永续利用，建筑物也是耐用品，建筑物的使用年限可达数十年。

2）房地产的社会经济特征

（1）房地产供求区域性。由于土地位置的固定性，房地产供求具有区域性的特点。

（2）房地产供给的相对垄断性。由于土地的所有权和使用权都可以垄断，房地产供给也就具有了相对垄断性。因此，房地产市场是一种比较特殊的市场。

（3）房地产利用的多方向性。土地的用途是多种的，可以作为农田，也可以建住宅或建写字楼，或者建商场。建筑物的用途在某种意义上也具有转换的可能性，房地产利用的多方向性客观上要求在合法的前提下，房地产评估中需要确定房地产的最佳用途。

（4）房地产效益的级差性。由于土地质量存在差异性而使不同区位土地的生产力不同，由于房地产利用存在多方向性从而使其在经济效益上具有级差性。

（5）政策限制性。房地产市场受国家和地区政策影响较大。城市规划、土地利用规划、土地用途管制、住房政策、房地产信贷政策、房地产税收政策等都会对房地产的价格产生直接或间接的影响。

3）房地产的价值特征

国家对土地所有权和使用权的垄断，导致房地产市场成为一种比较特殊的市场。实际上房地产存在着两级市场，分别是一级市场和二级市场。其中，一级市场是由政府主导的市场，政府的主导作用集中表现在一级土地市场上。在我国实行国有土地所有权与使用权相分离的制度，国有土地所有权不能进入房地产市场流转，国有土地使用权可以转让，因此一级土地市场是政府土地使用权出让的市场。国有土地使用权出让是指国家以土地所有者的身份将国有土地使用权在一定年限内让与土地使用者，并由土地使用者向国家支付土地使用权出让金的行为。国有土地使用权出让可以采取协议、招标、拍卖和挂牌的方式。土地使用权价格按照土地使用用途的不同和使用年限的长短区分为各种年期的使用权价格，其出让的最高年限由国务院按下列用途确定：①居住用地70年（可以无限续展）；②工业用地50年；③教育、科技、文化、卫生、体育用地50年；④商业、旅游、娱乐用地40年；⑤综合或者其他用地50年。土地使用权的二级市场是土地使用权的再转让市场，即已经从政府取得土地使用权的企业、单位和个人将土地使用权再转让的市场。房产也有两级市场，房产的初级市场或一级市场是房产的建造市场，房产的二级市场是房产的交易市场。既然房地产存在着两级市场，房地产的市场价格或价值就自然存在着两个级次，第一个级次包括一级土地市场价格或价值和房产建造价格或价值。第二个级次包括土地二级市场价格或价值，以及房产二级市场价格或价值。由于房地产评估立足于房地产的二级市场，评估人员需要知晓存在一级土地市场价格或价值，以及房产建造价格或价值，不要混淆了房地产的一级市场和二级市场，以及房地产的一级市场价值和二级市场价值。

房地产的二级市场是一个较为丰富的市场，在房地产的二级市场中包括了转让市场、租赁市场、抵押市场、拍卖市场等。

房地产转让是指房地产拥有者将房地产权益转移的行为，包括出售、交换和赠与。房地产转让时，房地产登记文件中所载明的权利、义务随之转移。房地产转让价格是房地产的权益价格，房地产的评估价值是房地产的权益价值。

房地产出租是指房地产拥有者作为出租人将房地产租赁给承租人使用，由承租人向出租人支付租金的行为。房地产租赁价格是房地产租赁合同载明权益的价格。

房地产抵押是指当事人为获得资金将房地产作为偿债担保物的融资行为。房地产抵押，抵押人与抵押权人应当签订抵押合同，抵押合同不得违背国家法律、法规的规定。房地产抵押，应当依照规定办理抵押登记。当事人的融资数量与作为偿债担保物的房地产的价值直接相关。房地产的抵押价值是评估人员为房地产抵押而评估的房地产价值。

房地产二级市场的多样性决定了房地产价值的多种多样，多样性的房地产价值具有以下基本特征：

（1）房地产价值是房地产的权益价值；

（2）房地产价值与其用途和效用相关；

（3）房地产价值具有个别性和区域性。

8.1.2　房地产评估特点

房地产评估与其他种类的资产评估在原理和技术运用方面基本相同，但是房地产自身的特点又决定了房地产评估需要注意以下特点：

1）合法性前提

由于房地产的多用途性和用途转换的可能性较大，在房地产评估中需要强调合法性前提。房地产评估的合法性前提具体是指房地产评估应以评估对象的合法产权、合法使用和合法处分等为前提进行。在评估房地产的价值时，必须根据城市规划及有关法律的规定，依据规定用途、容积率、覆盖率、建筑高度与建筑风格等来把握房地产的使用状况，测算房地产的收益，评估其价值。不能以非法用途、非正当经营等作为评估依据。其中，房地产的容积率是指地上建筑物面积与其占地面积之比；房地产的覆盖率是指地上建筑物的底层面积与建筑物占地面积之比。

2）最佳使用原则

由于房地产的多用途性和用途转换的可能性较大，在充分活跃的市场条件下，通过竞争可以使房地产达到最有效使用，包括房地产的最佳用途、最佳使用强度和最佳效益。站在房地产权利人的角度考虑，希望获得房地产最大收益或达到最佳使用效果是合理的要求，评估人员是应当予以考虑的。但是，根据房地产评估的合法性前提的要求，房地产的最佳使用必须要在法律、法规允许的范围内，以及必须是在城市规划的约束条件下进行。因此，在房地产评估过程中，评估人员不仅需要考虑房地产现时的用途和利用方式，还需要考虑房地产是否具有最佳使用的可能性、实现的途径及其合法性。如果能够满足合法性前提，评估人员以房地产的最佳使用所能带来的收益评估房地产的价值是可取的。

8.1.3　影响房地产价格及评估价值的因素

影响房地产价格和评估价值的因素众多而复杂，如房地产实体、房地产权益和房地产的区位等。由于这些因素本身具有动态性，因此它们对房地产价格和评估价值的影响也是动态的。时间不同，这些因素以及它们的影响作用也不相同。有些因素对房地产价格及评估价值的影响程度是可以量化的，有的则难以量化，只能凭借评估师的经验加以判断。为了便于把握和评估实践，通常将影响房地产价格和评估价值的因素归纳为一般因素、区域因素和个别因素。

1）一般因素

一般因素是指影响一定区域范围内所有房地产价格和评估价值的一般的、普遍的、共同的因素。这些因素通常会在较广泛的地区范围内对各宗房地产的价格和评估价值产生全局性的影响。这类因素主要包括经济因素、社会因素和行政因素等。

（1）经济因素。从大的方面来讲，一个国家或地区的经济发展水平是影响房地产价格和评估价值的最基本的因素。国民经济增长速度、国民生产总值、居民收入水平、物价指数等因素都会对房地产价格和评估价值产生影响。一般而言，国民经济发展快、国民生产总值增加、国家财政收入和居民收入水平高的国家和地区，房地产行业比较繁荣，房地产价格和评估价值水平也比较高。

（2）社会因素。社会因素对房地产价格和评估价值的影响主要是由人口因素、社会福利水平、家庭结构、社会治安状况等因素造成的。

（3）行政因素。行政因素主要指影响房地产价格和评估价值的制度、政策、法规、行政措施等因素。例如，土地使用制度与住房制度、地价政策；城市规划、土地利用规划、城市发展战略；税收制度、贷款政策、投资政策、交通管制等。

2）区域因素

区域因素是指某一特定的区域内的自然条件与社会、经济、行政等因素相结合所产生的区域性特性。这些区域性特征具体表现为：区域繁华程度、道路通达程度、交通便捷程度、基础设施和公共设施状况，以及区域环境等。

3）个别因素

个别因素分为土地的个别因素和建筑物的个别因素。土地个别因素，也叫宗地因素，是宗地自身的条件和特征对该地块价格的影响。

（1）土地的个别因素。土地的个别因素具体包括区位因素、面积因素、临街宽度、临街深度、土地形状、地质、地形、地势、容积率、土地使用年限等。

（2）建筑物的个别因素。建筑物的个别因素主要表现为建筑物的面积、结构、材料、设计、设备、施工质量，以及与周围环境的协调等。

8.1.4　房地产评估基本程序

房地产评估一般应依照明确评估基本事项、制订工作计划、实地勘察与收集资料、测算待估房地产评估价值、综合分析确定评估结果和撰写房地产评估报告的程序进行。

1）明确评估基本事项

在房地产评估时，必须了解评估对象的基本情况，这是制订房地产评估方案、选择评估途径和方法的前提。评估基本事项包括以下内容：

（1）明确评估目的。从本质上讲，评估目的作为资产评估结果的具体用途，它会在宏观上和微观上影响或决定资产评估的条件。因此，不同评估目的下的评估结果的价值内涵可能也不完全相同。

（2）明确评估对象。明确评估对象，就是对房地产的实体和权益状态进行了解，并在资产评估委托协议中写明委托评估的具体对象。

对房地产的实体了解包括土地面积、土地形状、临街状态、土地开发程度、地质、地形及水文状况；建筑物的类型、结构、面积、层数、朝向、平面布置、工程质量、新旧程度、装修和室内外的设施等。

对房地产的权益状态了解包括土地权利性质、权属、土地使用权的年限、建筑物的权属、评估对象设定的其他权利状况等。

（3）明确评估价值类型。房地产评估的价值类型是房地产评估结果的价值属性及其表现形式。房地产评估的价值类型分为市场价值和非市场价值（或称市场以外价值）两类。如果在房地产评估中选择使用市场价值类型，评估人员可以直接定义市场价值。如果在房地产评估中选择了非市场价值类型，评估人员则需要定义本次评估所选择的非市场价值中的具体价值表现形式，不得直接使用非市场价值这个集合概念。

（4）明确评估基准日。明确评估基准日，就是确定评估对象评估的基准日期，通常以××××年×月×日表示。

（5）签订评估委托协议或合同。在明确评估基本事项的基础上，双方便可签订评估委托或合同，用法律的形式保护各自的权益。

2）制订工作计划

制订工作计划，就是对评估工作日程、人员组织等做出安排。在对待估对象有了基本了解之后，就可以对资料的收集、分析和价格的测算等工作程序和组织做出科学的安排。工作计划的合理制订，有助于提高工作效率和评估质量，规避评估风险。

3）实地勘察与收集资料

实地勘察是房地产评估工作的一项重要步骤。房地产市场是地域性很强的市场，房地产交易都是个别交易，非经实地勘察难以对房地产进行评估。实地勘察就是评估人员亲临房地产所在地，对待估房地产实地调查，以充分了解房地产的特性和所处区域环境。

收集评估资料，主要是收集评估过程中涉及运用评估技术方法、确定评估参数，以及撰写评估报告所需的资料数据。例如，评估对象的基本情况，评估对象所在地段的环境和区域因素，与评估对象有关的房地产市场供需状况，建造成本，租售价格，国家和地方涉及房地产评估的政策、法规和定额指标等。

4）测算待估房地产评估价值

在调查研究和资料分析的基础上，根据选定的评估方法对委托评估对象进行评定估算。为保证评估结果的公平合理，不排除采用多种评估途径和方法进行评估，以求互相对照和检验修正。

5）综合分析确定评估结果

同一宗房地产运用不同的评估途径和方法评估出来的评估价值不一致是很自然的。综合分析是对所选用的评估途径和方法、资料及评估程序的各阶段，做出客观的分析和检查，并在此基础上，采用恰当的方式确定最终评估结果。

6）撰写房地产评估报告

评估报告是评估过程和评估成果的综合反映，评估师通过评估报告，一方面可以让客户了解房地产评估的最后结果，另一方面还可以让客户充分了解整个评估过程的技术思路、评估途径、评估方法和评估依据，以及评估结果使用的约束条件。

8.2　市场途径及其方法在房地产评估中的应用

8.2.1　市场途径及其方法适用的条件和对象

市场途径及其方法适用于发育完善的房地产市场，并且在市场上能够收集到大量的与被评估房地产相类似的市场交易实例资料。适用的具体对象包括具有活跃市场的交易性房地产，如房地产开发用地、商品住宅、公寓、别墅、写字楼、商场、标准厂房等。而对于那些没有活跃市场的非交易性房地产，或很少发生交易的房地产，如特殊工业厂房、公园、教堂、寺庙、纪念馆等，则不宜采用市场途径及其方法评估。

市场途径及其方法在房地产评估中的具体运用，主要体现在市场售价类比法、基准地价修正法和市场租金倍数法等在房地产评估中的具体应用。以下将着重介绍市场售价类比法在房地产评估中的应用。

8.2.2　市场售价类比法在房地产评估中的应用

市场售价类比法，又称市场比较法、交易案例比较法等，它是将评估对象房地产与在较近期内已经交易的类似房地产加以比较、对照，并根据已发生交易的类似房地产的价格，经过因素修正得出对象房地产在评估基准日可能实现的合理价值估计数额的评估方法。

采用市场售价类比法评估房地产的价值时，通常要对参照物房地产（可比性强的交易实例）的交易价格进行交易情况、交易日期、房地产状况（包括区位因素、权益因素和实物状况）、容积率、土地使用权剩余使用年限等因素进行修正，然后得出评估对象房地产的评估价值。市场售价类比法的数学表达式为：

$$
\begin{aligned}
\text{房地产评估价值} &= \text{参照物交易价格} \times \frac{\text{交易情况}}{\text{修正系数}} \times \frac{\text{区域因素}}{\text{修正系数}} \times \frac{\text{个别因素}}{\text{修正系数}} \times \frac{\text{交易日期}}{\text{修正系数}} \\
&= \text{参照物交易价格} \times \frac{\text{正常交易情况值}}{\text{参照物交易情况值}} \times \frac{\text{评估对象房地产区域因素值}}{\text{参照物区域因素值}} \times \frac{\text{评估对象房地产个别因素值}}{\text{参照物个别因素值}} \times \frac{\text{评估基准日房地产价格指数}}{\text{参照物交易日房地产价格指数}}
\end{aligned} \quad (8\text{-}1)
$$

或 房地产评估价值＝参照物交易价格×$\dfrac{100}{(\quad)}$×$\dfrac{100}{(\quad)}$×$\dfrac{100}{(\quad)}$×$\dfrac{(\quad)}{100}$ (8-2)

式中：交易情况修正的分子为100，表示以正常交易价格为基准；

区域因素修正的分子为100，表示以评估对象房地产的区域状况为基准；

个别因素修正的分子为100，表示以评估对象房地产的自身状况为基准；

交易日期修正的分母为100，表示以参照物交易日期的价格水平为基准。

运用市场售价类比法评估房地产价值时，通常采取以下步骤进行操作：

1）交易情况修正

交易情况修正就是剔除交易行为中的一些特殊因素所造成的交易价格偏差，使所选择的参照物的交易价格成为正常价格。特殊因素对交易情况的影响主要表现在：①有特别利害关系人之间的交易；②有特殊动机的交易；③有意为逃避交易税，签订虚假交易合同的情况；④买方和卖方不了解市场行情，盲目购买或出售的交易。上述情况对交易价格的影响主要由评估人员靠经验加以判断和修正。交易情况修正的数学表达式为：

正常价格＝参照物交易价格×交易情况修正系数 (8-3)

交易情况修正系数＝$\dfrac{\text{正常交易情况分值（用 100 表示）}}{\text{参照物实际交易情况评分}}$ (8-4)

2）区域因素修正

区域因素修正首先是找出参照物房地产所在区域与评估对象房地产所在区域在商业繁华程度、交通状况、环境景观、城市规划、基础设施、公共设施等方面的差异；然后将参照物房地产与评估对象房地产之间的差异所造成的价格差异程度评估出来；最后根据价格差异程度对参照物房地产的价格进行调整。区域因素修正系数主要采用参照物房地产与评估对象房地产直接比较，通过评分的办法确定。首先以评估对象的区域状况为基准（通常定为100分），将所选择的参照物的各区域因素与评估对象对应的各区域因素逐项比较打分，如果参照物房地产所在区域状况好于评估对象房地产所在区域状况，所评分数就高于100；相反，所评分数就低于100。然后根据各区域因素子项对房地产价格的影响程度，分别给出不同的权重，再将各参照物对应的各区域因素子项的实际评分分别乘以对应的权重，得到各参照物区域因素的综合得分。最后将评估对象区域因素值（100）比上各参照物的区域因素综合得分，得出各参照物的区域因素修正系数。区域因素修正数学表达式为：

评估对象房地产区域状况下的价格＝参照物交易价格×区域因素修正系数 (8-5)

区域因素修正系数＝正常区域因素分值（用 100 表示）÷参照物区域因素评分 (8-6)

3）个别因素修正

个别因素修正的主要是参照物与评估对象在土地面积、土地形状、临街状态、基础设施状况、位置、地势、地形、土地使用年限、土地容积率等方面的差异，建筑物新旧程度、建筑规模、建筑结构、建筑式样、朝向、楼层、设备、装修、平面布置、工程质量等方面的差异。个别因素修正的方法与区域因素修正的方法基本相同，通常也采用直接比较和打分的方法确定个别因素修正系数，然后通过计算将参照物房地产价格修正为评估对象房地产自身状态下的价格。个别因素修正的数学表达式为：

$$\text{评估对象自身状态下的价格} = \text{参照物交易价格} \times \text{个别因素修正系数} \tag{8-7}$$

$$\text{个别因素修正系数} = \text{正常个别因素分值（用100表示）} \div \text{参照物个别因素评分} \tag{8-8}$$

单独评估土地使用权价值的时候，如果参照物与评估对象在土地使用年限、容积率（建筑总面积与土地总面积的比值）等因素上有较大差异，可单独进行土地使用年限和容积率修正。

土地使用权年限修正系数的数学表达式为：

$$y = \left[1 - \frac{1}{(1+r)^N}\right] \div \left[1 - \frac{1}{(1+r)^n}\right] \tag{8-9}$$

式中：y 为土地使用权年限修正系数；

　　　 n 为参照物土地使用权剩余年限；

　　　 N 为评估对象土地使用权剩余年限；

　　　 r 为折现率。

［例8-1］ 评估对象土地使用权剩余年限为30年，参照物土地使用权剩余年限为20年，假设折现率为8%，则土地使用权年限修正系数为：

$$y = \left[1 - \frac{1}{(1+8\%)^{30}}\right] \div \left[1 - \frac{1}{(1+8\%)^{20}}\right] = 1.1466$$

容积率修正系数的数学表达式为：

$$y' = \frac{\text{评估对象土地容积率地价指数}}{\text{参照物土地容积率地价指数}} \tag{8-10}$$

式中：y′为容积率修正系数。

4）交易日期修正

由于参照物与评估对象的交易时间不同，如果此期间价格发生了变化，就需要进行交易日期修正，将参照物当时的交易价格，修正为评估基准日的交易价格。交易日期修正一般需要利用价格指数，利用定基价格指数进行交易日期修正的数学表达式为：

$$\text{交易日期修正后的房地产价格} = \text{参照物交易价格} \times \frac{\text{评估基准日房地产价格指数}}{\text{参照物交易日房地产价格指数}} \tag{8-11}$$

运用环比价格指数进行交易日期修正的数学表达式为：

$$\text{交易日期修正后的房地产价格} = \text{参照物交易价格} \times \text{参照物交易日至评估基准日各期（年或月）（1+环比价格变动指数）乘积} \tag{8-12}$$

［例8-2］ 参照物房地产在2015年6月的价格为4 000元/平方米，该地区同类房地产2015年7月至10月的环比价格指数分别为103.6%、105.3%、102.5%、101.7%。对其进行交易日期修正，修正到2015年10月评估时点

的价格为：

4 000×103.6%×105.3%×102.5%×101.7% = 4 548.76（元/平方米）

5）确定评估对象评估价值

一般情况下，运用市场售价类比法需要选择三个以上参照物，通过各种因素修正后，应得到三个以上初步评估结果（通常称为比准价值），最后需要确定一个评估值，作为最终的评估结论。在具体操作过程中，可采用简单算术平均法、加权算术平均法、中位数法或取若干比准价值中的某一个作为评估结果。

（1）简单算术平均法。将多个参照物交易实例修正后的初步评估结果简单地算术平均后，作为评估对象房地产的最终评估价值。

（2）加权算术平均法。判定各个初步评估结果（比准价值）与评估对象房地产的接近程度，并根据接近程度赋予每个初步评估结果以相应的权重，然后将加权平均后的比准价值作为评估对象房地产的评估价值。

6）市场售价类比法的评估案例

［例8-3］

（1）评估对象房地产概况

评估对象房地产为红光小区某公建，建筑面积1 400平方米。

①位置与环境。小区周边交通发达，位置与环境较好。

②占用土地的基本情况。该地块土地级别为六级。目前已取得了土地使用权。

③评估对象的基本情况。该评估对象是红光小区甲住宅楼的一层公建，建于2009年，建筑面积1 400平方米。公建层高3.3米，全部为框架结构，按八级抗震烈度设防。

（2）评估要求

评估该房地产2014年4月1日的市场价值。

（3）评估过程

①选择评估方法。该类房地产有较多的交易实例，故采用市场售价类比法进行评估。

②收集有关的评估资料，选择参照物房地产。通过对所选择的类似房地产交易资料的分析和筛选，确定可比性较强的三个交易实例作为参照物。

参照物A：红光小区乙住宅楼的一层公建。该建筑建于2012年，位于评估对象东面，框架结构，售价为5 300元/平方米，成交日期为2011年4月，当时为期房。

参照物B：绿茵住宅小区的步行街的一层公建。绿茵住宅小区位于红光小区东侧500米。参照物B建于2012年，其建筑结构、装修水平及设备状况与评估对象基本相同，售价为5 800元/平方米，成交日期为2013年9月，交易方式为拍卖。

参照物C：位于评估对象的西侧，是临街的一层公建，建于2012年，其建筑结构、设备状况与评估对象房地产基本相同，售价为 7 000 元/平方米，成交日期为 2013 年 11 月。

③对参照物房地产进行交易情况、时间因素、区域因素和个别因素修正。评估对象与三个参照物各种因素的比较情况见表 8-1。

表 8-1　　　　　　　　　　　　　因素条件说明表

比较因素	评估对象及参照物	评估对象	参照物 A	参照物 B	参照物 C
交易日期			2011.4	2013.9	2013.11
交易情况		正常	期房	拍卖	正常
区域因素	商服繁华度	一般	一般	好	好
	离市中心距离	相同	相同	稍近	相同
	交通便捷度	较好	较好	好	好
	道路通达度	较好	较好	好	好
	土地级别	六级	六级	六级	六级
	环境质量优劣度	较好	较好	较好	较好
	绿地覆盖度	较好	较好	较好	较好
	基础设施完善度	较好	较好	较好	较好
	公用设施完备度	较好	较好	较好	较好
	规划限制	无	无	无	无
个别因素	小区内所处位置	较好	较好	较好	好
	临街状况	较好	较好	较好	好
	新旧程度	优	优	优	优
	楼层	一层	一层	一层	一层
	朝向	南北	南北	南北	南北
	建筑结构	框剪	框剪	框剪	框剪
	建筑质量	较好	较好	较好	较好
	建筑物用途	相同	相同	相同	相同
	权利状况	较好	较好	较好	较好
	装修水平	较好	较好	较好	好
	设备状况	好	好	好	好
	物业管理	优	优	优	优

第一，进行交易情况修正。经分析，三个参照物中，参照物 A 为期房，与正

常交易相比，交易价格偏低 10%，交易情况修正系数为：100/90；参照物 B 为拍卖房，与正常交易相比，交易价格偏低 5%，交易情况修正系数为：100/95；参照物 C 为正常交易，交易情况修正系数为：100/100。

第二，进行交易日期修正。经分析，评估对象所在城市 2014 年 4 月该类房地产的市场价格与 2011 年 4 月、2013 年 9 月和 2013 年 11 月相比分别上涨了 15%、5% 和 3%，则参照物 A、参照物 B 和参照物 C 的交易日期修正系数分别为：115/100、105/100、103/100。

第三，进行区域因素修正。将参照物 A、参照物 B 和参照物 C 的各区域因素分别与评估对象房地产进行比较，然后打分，并通过加权平均分别得到综合得分，最后得出参照物 A、参照物 B 和参照物 C 的区域因素修正系数分别为：100/100、100/101.5、100/101.6，具体打分及计算情况见表 8-2。

表 8-2 区域因素直接比较表

区域因素	权重	评估对象	参照物 A	参照物 B	参照物 C
商服繁华度	0.15	100	100	105	103
离市中心距离	0.13	100	100	101	100
交通便捷度	0.12	100	100	103	105
道路通达度	0.11	100	100	102	105
土地级别	0.07	100	100	100	100
环境质量优劣度	0.10	100	100	100	100
绿地覆盖度	0.08	100	100	100	100
基础设施完善度	0.10	100	100	100	100
公用设施完备度	0.09	100	100	100	100
规划限制	0.05	100	100	100	100
比较结果	1	100	100	101.5	101.6

第四，进行个别因素修正。将参照物 A、参照物 B 和参照物 C 的个别因素分别与评估对象的个别因素进行比较，然后打分，并通过加权平均分别得到综合得分，最后得出参照物 A、参照物 B 和参照物 C 的个别因素修正系数分别为：100/99.6、100/100.2、100/101.4，具体打分及计算情况见表 8-3。

表 8-3   **个别因素直接比较表**

个别因素	权重	评估对象	参照物 A	参照物 B	参照物 C
小区内所处位置	0.12	100	98	100	105
临街状况	0.15	100	99	101	105
新旧程度	0.10	100	100	100	100
楼层	0.08	100	100	100	100
朝向	0.07	100	100	100	100
建筑结构	0.13	100	100	100	100
建筑质量	0.10	100	100	100	100
建筑物用途	0.09	100	100	100	100
权利状况	0.06	100	100	100	100
装修水平	0.02	100	100	100	103
设备状况	0.05	100	100	100	100
物业管理	0.03	100	100	100	100
比较结果	1	100	99.6	100.2	101.4

第五，计算评估对象房地产价值。首先计算三个参照物的比准价值，计算过程见表 8-4。通过对三个参照物的可比性分析，对参照物 A、参照物 B 和参照物 C 分别给出不同的权重 0.5、0.2、0.3，采用加权平均法计算评估对象的评估单价。

6 799×0.5+6 303×0.2+6 998×0.3＝6 760 (元/平方米)

表 8-4   **房地产价值计算表**

项 目	参照物 A	参照物 B	参照物 C
实际成交价格 (元/平方米)	5 300	5 800	7 000
交易情况修正	100/90	100/95	100/100
交易日期修正	115/100	105/100	103/100
区域因素修正	100/100	100/101.5	100/101.6
个别因素修正	100/99.6	100/100.2	100/101.4
比准价值 (元/平方米)	6 799	6 303	6 998

（4）评估结果

评估单价：6 760 元/平方米

评估价值：1 400×6 760 = 9 464 000（元）

8.2.3 基准地价修正法在房地产评估中的应用

1）基准地价修正法的含义

基准地价修正法，是指利用当地政府制定的评估对象宗地所处地段的基准地价作为参照物，对出让年限、交易日期、土地状况、市场转让因素等进行修正，从而求取评估对象宗地在评估基准日市场价值的一种方法。基准地价修正法实质上是市场途径的一种具体方法。

基准地价修正法中的基准地价是对城镇各级土地或均质地域及其商业、住宅、工业等土地利用类型评估的土地使用权单位面积平均价格。它是由政府制定的城镇国有土地的基本标准价格，是不同区域、不同用途土地的一级市场平均价格。基准地价一般由三个部分组成：

（1）土地出让金，是指国家作为土地所有者向受让者收取的一定年限的土地使用费中的纯收入部分。

（2）基础设施配套费，是指政府用于城市基础设施配套建设已经投入和近期预期投入的费用部分，包括市政公用设施配套费、四源费（自来水、污水处理、供热、供气建设费）、小区建设配套费等。

（3）土地开发及其他费用，包括平整土地费用、征地拆迁费用等。目前，全国的许多城市都制定了基准地价，但在基准地价的构成上并不完全一致。因此，在具体应用基准地价修正法时要注意当地基准地价的构成，不可以机械地套用公式。基准地价修正法的数学表达式为：

$$p = A \cdot a_1 \cdot a_2 \cdot a_3 \cdot a_4 \tag{8-13}$$

式中：p 为评估对象土地使用权评估价值；

A 为评估对象宗地所处地段的基准地价；

a_1 为年限修正系数；

a_2 为交易日期修正系数；

a_3 为土地状况修正系数；

a_4 为市场转让因素修正系数。

2）基准地价修正法的估价步骤

（1）收集有关资料

关键是获取当地政府最新制定的关于基准地价的文件和有关资料，具体包括土地级别图、基准地价图、样点地价分布图、基准地价表和相应的因素条件说明表等，这是采用基准地价修正法的前提。基准地价修正法中需要修正的因素在各地可能并不完全一致，其中主要需要修正的因素包括转让年限、交易日期、土地状况和市场转让因素等。

（2）计算土地转让年限修正系数

基准地价的年限是以某类用途允许出让的最高年限加以测算的，如商业用地最高出让年限为 40 年，住宅用地为 70 年，工业用地为 50 年，而对此年限以下的土地转让年限并没有考虑。因此，在估价时，应根据评估对象土地的实际转让年限进行修正。年限修正系数的数学表达式为：

$$a_1 = \left[1 - \frac{1}{(1+r)^n}\right] \div \left[1 - \frac{1}{(1+r)^N}\right] \tag{8-14}$$

式中：N 为土地最高出让年限；

n 为土地实际出让年限；

r 为折现率。

（3）计算交易日期修正系数

基准地价反映的是基准地价在其评估基准日的地价水平，基准地价评估基准日与评估对象宗地评估基准日通常是不一致的，因此，必须把基准地价对应的地价水平修正到宗地地价评估基准日的水平。交易日期修正的方法与市场售价类比法中交易日期修正的方法相同，这里不再赘述。

（4）计算土地状况修正系数

由于基准地价是不同区域、不同用途土地的平均地价，不能反映每宗地块的特点，因此需要对评估对象宗地地价产生影响的土地坐落位置、形状、临街状况、周围环境、交通条件、容积率等因素进行分析和修正。土地状况修正系数的计算方法同市场售价类比法中个别因素修正系数的计算方法相同。

（5）计算市场转让因素修正系数

这实际上是把一级市场地价修正为二级市场地价的问题。它的测算可通过类比推算法进行，即利用已进入二级市场且成交的地块的二级市场地价（参照物市场交易价格）与其一级市场的基准地价的比值求取。它主要取决于评估基准日二级市场的活跃程度。市场转让因素修正系数的计算公式为：

$$\frac{\text{市场转让因素}}{\text{修正系数}} = \frac{\text{参照物地块}}{\text{市场交易价格}} \div \frac{\text{参照物地块}}{\text{基准地价}} \tag{8-15}$$

（6）计算评估对象宗地的评估价值

上述各修正系数求取出来后，可根据下列公式计算评估对象宗地的价值：

$$\frac{\text{评估对象}}{\text{宗地的价值}} = \frac{\text{评估对象宗地所处}}{\text{地段的基准地价}} \times \frac{\text{年限}}{\text{修正系数}} \times \frac{\text{交易日期}}{\text{修正系数}} \times \frac{\text{土地状况}}{\text{修正系数}} \times \frac{\text{市场转让因素}}{\text{修正系数}} \tag{8-16}$$

8.2.4 市场租金倍数法在房地产评估中的应用

市场租金倍数法是市场途径中的一种具体评估方法。市场租金倍数法的基本做法是将评估对象房地产的年收益（通常为未来第一年的正常租金）乘以相关的市场租金倍数来求取评估对象房地产价值的一种技术方法。该评估方法的数学表达式为：

$$\text{评估对象的评估价值} = \text{评估对象的年正常收益} \times \text{市场租金倍数} \tag{8-17}$$

市场租金倍数是采用与评估对象房地产相类似的参照物房地产的市场价格除以

其相关口径的收益（租金）所得的倍数。市场租金倍数会因参照物相关收益计算口径的不同而有多种，如毛租金倍数、净租金倍数、总收入倍数和净收入倍数等。市场租金倍数的计算公式为：

$$市场租金倍数 = \frac{参照物房地产市场交易价格}{参照物房地产的年租金} \tag{8-18}$$

在具体运用市场租金倍数法时，对同一评估对象可按不同口径的收益（租金），乘以按参照物相应收益口径计算的正常市场租金倍数，得到评估对象的一组初步评估价值，再采用加权平均、算术平均等方法估测被估房地产的评估价值。

［小提示 8-1］

房地产的区域性特征可以从两个方面来理解：其一是从房地产的地理位置的固定性和不可位移的特性的角度看，因不同地区的气候、地貌、日照、湿度等不同，使得房地产具有明显的区域特点和区域性；其二是从不同地区的市场供求关系的角度看，由于不同地区的经济发展水平的差异，对房地产的需求也是有差异的，不同地区市场供求关系的差异也会造成房地产价格的区域差异和区域性特征。

8.3　收益途径及其方法在房地产评估中的应用

8.3.1　收益途径适用的条件和对象

收益途径适用的条件是房地产的未来预期收益及风险能够预测和量化，房地产的收益年限能够确定。

收益途径适用的对象是有收益或潜在收益的房地产，如商场、商务办公楼、公寓、宾馆、酒店、餐馆、游乐场、影剧院等，但对于政府办公楼、学校、公园等公用、公益房地产的评估，收益途径及其方法一般不适用。

8.3.2　收益途径及其方法评估房地产的基本步骤

（1）收集房地产有关收入和费用的资料；

（2）测算房地产的正常收入；

（3）测算房地产的正常费用；

（4）测算房地产的纯收益；

（5）估测并选用适当的折现率或资本化率；

（6）确定房地产的收益年限；

（7）估测并确定房地产评估价值。

8.3.3　房地产净收益的测算

1）净收益的测算思路

房地产的净收益是通过首先测算房地产的正常收入和房地产的正常费用，然后用房地产的正常收入减去房地产的正常费用得到的。房地产正常收入可能并不一定是房地产的实际收入，它是剔除了特殊的、偶然的因素之后房地产所能得到的正常的、客观的收入（有租约限制的除外）。房地产正常收入通常是在考虑和分析房地产的实际收益、类似房地产收益、房地产市场走势以及房地产收入的风险性和可实现性的基础上确定的。房地产正常费用也不是房地产为取得实际收益而付出的实际费用，它是房地产取得正常收入所必须支付的各项支出，一般从房地产实际费用中剔除不正常费用项目的金额的方式来求得。房地产的净收益计算的基本公式为：

净收益＝潜在总收入−空置等造成的收入损失−运营费用

　　　＝有效总收入−运营费用　　　　　　　　　　　　　　　　（8−19）

潜在总收入是假定房地产在充分利用、无空置状况下可获得的收入。有效总收入是潜在总收入扣除空置、拖欠租金以及其他原因造成的收入损失后所得到的收入。运营费用是维持房地产正常生产、经营或使用必须支出的费用及归属于其他资本或经营的收入。运营费用一般不包括所得税、房地产抵押贷款偿还额、建筑物折旧费、土地摊销费、房地产改扩建费用等，但包含其他资本或经营的收益，如商业、餐饮、工业、农业等经营者的正常利润。

2）不同类型房地产净收益的测算

（1）出租型房地产净收益的测算

净收益＝租赁收入−维修费−管理费−保险费−房地产税−租赁代理费　　　（8−20）

出租型房地产的租赁收入具体包括有效毛租金和租赁保证金、押金等的利息收入。

维修费、管理费、保险费、房地产税和租赁代理费等是否要扣除，应在分析租赁合同的基础上决定。关键看租赁合同中规定这些费用具体由谁来负担。如果上述费用由出租方负担，则应将这些费用全部扣除；如果这些费用全部由承租方负担，此时的租赁收入就接近于净收益了。此外，如果租金中包含了水费、电费、燃气费、暖气费等，则这些费用也应该扣除；还要根据评估目的和评估对象的情况，考虑同房屋一起出租的家具等房地产以外的物品的收入是否扣除。

（2）直接经营型房地产净收益的测算

直接经营型房地产通常是指房地产所有者同时又是经营者，房地产租金与房地产经营者利润没有分开的房地产，如商场、宾馆、饭店等。直接经营型房地产净收益可按下面的公式进行计算：

净收益＝销售收入−销售成本−销售费用−销售税金及附加−管理费用−财务费用−经营利润　　　（8−21）

（3）自用或尚未使用的房地产净收益的测算

自用或尚未使用的房地产可以比照同一市场上有收益的类似房地产的有关资料，按上述相应的方法计算净收益，或直接比较得出净收益。

（4）混合性房地产净收益的测算

混合性房地产是指有多种收益类型（出租、经营、自用等）的房地产，在测算净收益时，可以把它看成是各种单一收益类型房地产的组合，先分别求取，然后进行综合。

8.3.4 房地产折现率及资本化率的估测

由于折现率与资本化率在本质上是相同的，本书只就资本化率的估测进行说明。

1）房地产资本化率的种类

房地产资本化率实质上是一种期望的投资收益率。投资收益率的大小与投资的风险呈正相关，在确定房地产的资本化率时，应选择与获取评估对象房地产的净收益具有同等风险投资的收益率。此外，要注意不同地区、不同时期、不同用途或不同类型的房地产，由于投资的风险不同，资本化率也不尽相同。在房地产评估中，由于房地产存在形式的多样性，具体评估对象不同所采用的资本化率可能会有所不同，房地产评估中的资本化率主要有以下几种类型：

（1）土地资本化率

土地资本化率是求取单纯土地的价值时所采用的资本化率。这时对应的纯收益是土地自身的纯收益，不应包含建筑物及其他方面带来的收益。

（2）建筑物资本化率

建筑物资本化率是求取单纯建筑物的价值时所采用的资本化率。这时对应的纯收益是建筑物自身的纯收益，不应包含土地及其他方面带来的收益。

（3）综合资本化率

综合资本化率是求取房地合一价值时采用的资本化率。这时对应的纯收益是土地和建筑物共同产生的纯收益。

土地资本化率、建筑物资本化率和综合资本化率三者虽然含义不同，但又是相互联系的。三种资本化率的联系可用下列公式表示：

$$r = \frac{r_1 p_1 + r_2 p_2}{p_1 + p_2} \tag{8-22}$$

$$r_1 = \frac{r(p_1 + p_2) - r_2 p_2}{p_1} \tag{8-23}$$

$$r_2 = \frac{r(p_1 + p_2) - r_1 p_1}{p_2} \tag{8-24}$$

式中：r 为综合资本化率；

r₁ 为土地资本化率；

r₂ 为建筑物资本化率；

p₁ 为土地价值；

p₂ 为建筑物价值。

[例8-4] 某宗房地产的总价值为1 000万元，经估测建筑物部分的价值为600万元，假定综合的资本化率为8%，建筑物的资本化率为10%，则土地的资本化

率为：

$$\frac{8\% \times 1000 - 10\% \times 600}{1000 - 600} \times 100\% = 5\%$$

2）房地产资本化率的估测方法

（1）安全利率加上风险报酬率法

安全利率是指无风险的资本投资收益率，在我国房地产评估实践中通常选择国债或银行定期存款利率作为安全利率。风险报酬率是根据社会经济环境、投资风险、变现风险以及通货膨胀等因素对房地产投资的影响经综合分析确定。这种方法的数学表达式为：

房地产资本化率＝安全利率＋风险报酬率 (8-25)

（2）市场租价比法

市场租价比法是在市场上选取多个（通常为3个以上）与评估对象房地产相似的交易实例的正常净租金（净收益）与价格的比率作为依据，然后求出各交易实例正常净租金与价格的比率的平均值，以此作为评估对象房地产的资本化率。该方法运用的前提是各年租金等额、收益期限永续。其数学表达式为：

$$r = \sum_{i=1}^{n} \frac{A_i}{P_i} \div n \qquad (8-26)$$

式中：r 为评估对象房地产的资本化率；

A_i 为交易实例 i 的净收益；

P_i 为交易实例 i 的价格；

n 为交易实例个数。

[例8-5] 选择4个与评估对象房地产相类似的交易实例，各交易实例有关数据资料见表8-5。

表8-5 　　　　　　　　　　　交易实例及相关资料

交易实例	租金（万元/年）	价格（万元）	还原利率（%）
1	10	115	8.70
2	15	165	9.09
3	20	236	8.47
4	25	275	9.09

根据表8-5中的数据资料，采用简单算术平均数法求得：

房地产资本化率＝（8.70＋9.09＋8.47＋9.09）÷4＝8.8375%

（3）投资收益率排序插入法

投资收益率排序插入法是通过收集市场上各种投资的收益率资料，如银行存款、政府债券、企业债券、股票以及各个领域的工商业投资等，然后把各项投资按收益率的大小排序，制成图（如图8-1所示）。将评估对象房地产与各类投资风险程度进行分析比较，判断出同等风险的投资，确定评估对象风险程度应落入的区间和位置，以此确定评估对象的资本化率。

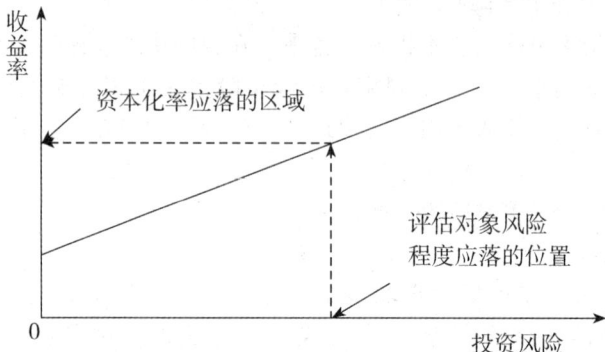

图8-1　投资收益率排序插入法示意图

8.3.5　房地产收益年限的确定

1）单独的土地或建筑物的情况

评估单独的土地或建筑物时，应分别根据土地使用权的剩余年限和建筑物的剩余经济寿命确定未来可获收益的年限。在收益折现时，净收益中不扣除建筑物折旧费和土地摊销费。

2）土地和建筑物合成一体评估的情况

（1）建筑物的经济寿命比土地的使用年限长或二者相等，根据土地使用年限确定未来可获收益的年限（如图8-2所示）。在收益折现时，净收益计算过程中建筑物折旧费和土地摊销费不作为费用扣除，同时还应将土地使用年限到期时建筑物部分的残余价值或政府收回土地使用权对建筑物的补偿价值折现。

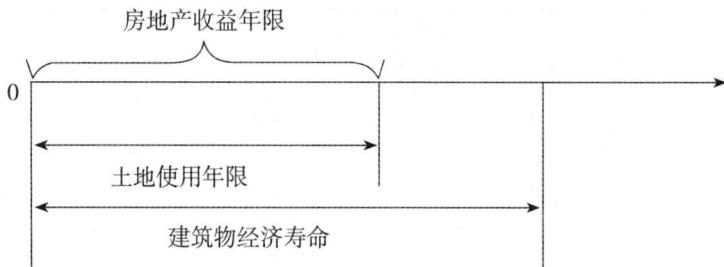

图8-2　根据土地使用年限确定未来可获收益的年限

（2）建筑物的经济寿命比土地的使用年限短，以土地使用年限作为房地产总的收益年限，对房地产的收益折现需分两段进行：第一段以建筑物的经济寿命为界，将房地合一的净收益折现，净收益中不扣除建筑物折旧费和土地摊销费；第二段将土地使用年限超过建筑物经济寿命的土地剩余使用年限中的土地净收益折现，并把此价值加到第一段的房地产的评估价值中（如图8-3所示）。

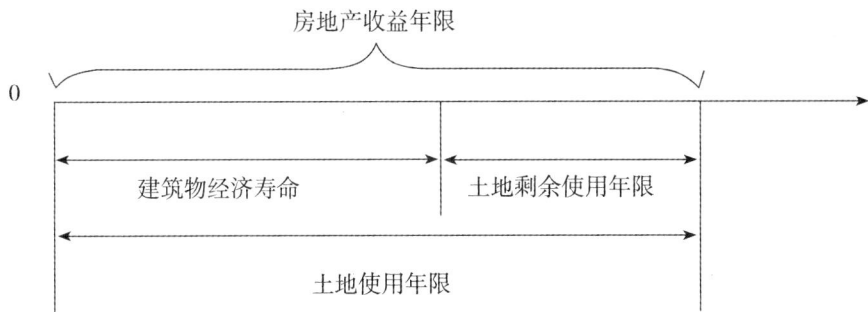

图 8-3 根据土地使用年限为房地产总的收益年限确定未来可获收益的年限

8.3.6 房地产价值的估测

1）房地合一价值的估测

估测房地合成一体的房地产价值，应根据前文介绍的有关方法分别测算和确定房地产净收益、资本化率和收益年限，并运用相应的评估计算公式进行收益折现。房地产评估实务中常用的评估计算公式主要有以下几种：

（1）收益年限为有限期，各年收益额不相等。

$$p = \sum_{i=1}^{n} \frac{R_i}{(1+r)^i} \tag{8-27}$$

式中：p 为房地产价值；

R$_i$ 为房地产第 i 年净收益；

r 为综合资本化率；

n 为房地产收益年限。

（2）收益年限为有限期，各年收益额相等。

$$p = \frac{A}{r} \left[1 - \frac{1}{(1+r)^n} \right] \tag{8-28}$$

式中：p 为房地产价值；

A 为房地产的净收益（年金）；

r 为综合资本化率；

n 为房地产收益年限。

（3）收益年限为无限期，各年收益额相等。

$$p = \frac{A}{r} \tag{8-29}$$

式中：p 为房地产价值；

A 为房地产的净收益（年金）；

r 为综合资本化率。

（4）收益年限为无限期，收益额按等比级数递增。

$$p = \frac{A}{r-g} \tag{8-30}$$

式中：p 为房地产价值；

A 为房地产的净收益（年金）；

r 为综合资本化率；

g 为房地产收益递增率。

2）土地价值的估测

（1）单纯的土地出租。首先通过土地的正常收入减去土地的正常费用得到土地的净收益，然后用适当的土地的资本化率将土地的净收益折现。常用的收益折现公式为：

①收益年限为有限期，各年收益额相等

$$p_1 = \frac{A_1}{r_1} \left[1 - \frac{1}{(1+r_1)^n} \right] \tag{8-31}$$

式中：p_1 为土地价值；

A_1 为土地的净收益（年金）；

r_1 为土地资本化率；

n 为土地收益年限。

②收益年限为无限期，各年收益额相等

$$p_1 = \frac{A_1}{r_1} \tag{8-32}$$

式中：p_1 为土地价值；

A_1 为土地的净收益（年金）；

r_1 为土地资本化率。

（2）房地产出租或经营。土地价值是房地产价值减去房屋价值后剩余的价值。运用收益途径及其方法评估土地的价值，通常是用房地产的净收益减去建筑物的净收益得到土地的净收益，用土地的资本化率对土地的纯收益折现求和即可得到土地的价值。常用的评估计算公式如下：

①收益年限为有限期，各年收益额相等

$$p_1 = \frac{A - A_2}{r_1} \left[1 - \frac{1}{(1+r_1)^n} \right] \tag{8-33}$$

其中：$A_2 = p_2 \cdot r_2 \tag{8-34}$

式中：p_1 为土地价值；

A 为房地合一的净收益（年金）；

A_2 为建筑物的净收益（年金）；

r_1 为土地资本化率；

n 为土地收益年限；

p_2 为建筑物价值；

r_2 为建筑物资本化率。

评估时，建筑物价值应采用收益途径以外的途径和方法求取，通常采用成本途径，评估计算公式为：

建筑物价值＝建筑物重置成本×成新率 $\tag{8-35}$

②收益年限为无限期，各年收益额相等

$$p_1 = \frac{A - A_2}{r_1} \tag{8-36}$$

式中：p_1 为土地价值；

   A 为房地合一的净收益（年金）；

   A_2 为建筑物的净收益（年金）；

   r_1 为土地资本化率。

公式中建筑物纯收益的求取方法与第一种情况相同。

3）建筑物价值的估测

建筑物价值是房地产价值减去土地价值后剩余的价值。运用收益途径及其方法评估建筑物的价值，通常是用房地产的净收益减去土地的纯收益得到建筑物的净收益，用建筑物的资本化率对建筑物的净收益折现求和即可得到建筑物的价值。评估计算公式如下：

（1）收益年限为有限期，各年收益额相等

$$p_2 = \frac{A - A_1}{r_2} \left[1 - \frac{1}{(1 + r_2)^n} \right] \tag{8-37}$$

其中：$A_1 = p_1 \cdot r_1$ $(8-38)$

式中：p_2 为建筑物价值；

   A 为房地合一的净收益（年金）；

   A_1 为土地的净收益（年金）；

   r_2 为建筑物资本化率；

   n 为土地收益年限；

   p_1 为土地价值；

   r_1 为土地资本化率。

评估时，土地价值应采用收益途径以外的途径和方法求取，如市场途径和成本途径等。

（2）收益年限为无限期，各年收益额相等

$$p_2 = \frac{A - A_1}{r_2} \tag{8-39}$$

式中：p_2 为建筑物价值；

   A 为房地合一的净收益（年金）；

   A_1 为土地的净收益（年金）；

   r_2 为建筑物资本化率。

公式中土地净收益的求取方法与第一种情况相同。在实际评估操作中，评估人员应该根据建筑物的收益和收益期限的具体状况选择适当的评估计算公式。

[小提示 8-2]

收益途径中的收益额

收益途径中的收益额一般情况下应该是被评估资产的正常收益,有时亦被称为客观收益。它是指评估对象及其同类资产在正常市场条件下和正常经营条件下所能获取的收益。只要符合上述条件,它可能是评估对象的实际收益,也可能不是评估对象的实际收益,评估人员不应该把是否是评估对象的实际收益作为判断评估对象正常收益或客观收益的标准。

8.4　成本途径及其方法在房地产评估中的应用

8.4.1　成本途径适用的条件和对象

成本途径适用的条件是房地产的重新构建购置成本费用及各种贬值因素能够量化。

成本途径适用的对象一般是那些很少发生交易且没有参照物的房地产、新开发的房地产,以及难以单独测算收益的房地产,如学校、图书馆、体育场馆、医院、政府办公楼、军队营房、公园等公用公益性房地产,以及化工厂、钢铁厂、发电厂、油田、码头、机场等具有独特设计或只针对个别用户的特殊需要而开发建造的厂房、建筑物和构筑物等。

由于房地产的价格和价值主要取决于它的效用,并非仅仅是它所花费的成本,房地产取得和开发成本加利税并不一定能客观反映其市场价值。所以,运用成本途径评估房地产时应注意这一点。

8.4.2　房地产重置成本的估测

房地产的重置成本通常包括取得成本、开发成本、管理费用、投资利息、开发利润、相关税费等。

1) 取得成本

土地取得成本是取得开发用地所需的各种费用。根据房地产开发中土地使用权获得的途径,土地取得成本的构成主要包括以下内容:

(1) 通过征用集体土地取得土地使用权。土地取得成本包括农地征用费和土地使用权出让金。具体应按国家和当地政府规定的征地补偿费标准和土地出让金标准计算。

(2) 通过城市房屋拆迁取得土地使用权。土地取得成本包括房屋拆迁补偿安置费和土地使用权出让金。具体应按国家和当地政府规定的拆迁安置补偿费标准和土地出让金标准计算。

(3) 通过市场交易取得土地使用权。土地取得成本包括支付的土地使用权价款和缴纳的相关税费(手续费、契税等)。土地取得成本可按实际支出额或通过与类似土地进行比较分析后确定。

2) 开发成本

开发成本可分为土地开发成本和房屋建造成本两部分,是在取得土地后进行土地开发和房屋建设所需的直接费用、税金等。它通常包括：

（1）勘察设计及前期工程费，包括可行性研究、规划、勘察、设计及场地临时用水、用电及场地平整等工程前期所发生的费用。前期工程费用可按工程设计预算计算或以建筑安装工程费用为基数采用比率的方法来确定。

（2）基础及配套设施建设费，包括所需的道路、给水、排水、电力、通信、燃气、热力等的建设及非经营性配套工程费。基础设施建设费应按国家和地方政府颁发的城市规划定额指标计算；配套设施建设费一般依据详细规划和施工图预算计算，如果有完整的建筑工程决算资料，可通过对原工程决算数进行调整修正后确定。

（3）公共事业配套费，主要包括公共建筑配套费、公共交通配套费、绿化费、自来水建设费、污水处理建设费、供电建设费、煤气建设费等。根据国家和地方政府规定的费用标准计算。

（4）建筑安装工程费，是开发商（建设单位）向承包商（施工单位）支付的工程款，包括承包商的直接费用、间接费用、利润和税金等。建筑安装工程费一般按施工图预算计算，如果有完整的建筑工程决算资料，可通过价格指数调整或采用其他方法通过对原工程决算数进行调整修正后确定，也可以采用与类似单位工程造价比较的思路确定。

3）管理费用

管理费用包括房地产开发企业管理人员的工资、办公费、差旅费等，可按土地取得成本与开发成本之和乘以一定的比率计算。

4）投资利息

房地产中的投资利息是指房地产的投资成本，通常是以土地取得成本、开发成本和管理费用之和为基数来计算的。利息率应选择评估基准日建设银行基本建设贷款的利率，如果选择一年期贷款利率，则用复利计息；如果选择与项目建设期相同期限的贷款利率，则采用单利计息。土地取得成本的计息期一般为整个开发建设期；开发成本和管理费用应当根据投资状况确定计息期。开发成本和管理费用通常被理解为在每年内均匀投入，建设周期为一年的项目，其计息期一般按照半年计算。建设周期超过一年的项目，其计息期需要按每次投资在各年占用的具体时间分别计算。

5）开发利润

开发利润是在正常情况下房地产开发商所能获得的平均利润。开发利润通常以土地取得成本、开发成本和管理费用之和为基数按房地产行业开发同类房地产平均利润率水平计算。

6）相关税费

相关税费是销售开发完成后的房地产所需的费用及应由开发商缴纳的各种税费，主要分为以下几种：

（1）销售费用，包括广告宣传、销售代理费等。通常按房地产售价的一定比例计算。

（2）从 2016 年 5 月 1 日起，销售税金及附加，包括增值税、城市维护建设税和教育费附加，应当按税法规定的税率计算。

（3）其他销售税费，包括由卖方承担的印花税、交易手续费等，应当按税法及政府的有关规定计算。

8.4.3　房地产实体性贬值的估测

由于土地不存在有形损耗，房地产中的实体性贬值主要指的是建筑物。建筑物实体性贬值可以通过实体性贬值率或成新率来反映。下面主要介绍成新率的估测方法：

1）使用年限法

使用年限法是用建筑物的尚可使用年限占建筑物全部使用年限的比率作为建筑物的成新率。其数学表达式为：

$$\text{建筑物成新率}=\frac{\text{建筑物尚可使用年限}}{\text{建筑物尚可使用年限}+\text{建筑物实际已使用年限}}\times100\% \tag{8-40}$$

测定一个较为合理的建筑物尚可使用年限是运用使用年限法的关键，这需要评估人员具有丰富的实践经验，对建筑物现行状态、维修保养状况、使用效果情况进行全面分析和判断。在实际应用过程中，评估人员可以借鉴国家有关建筑物折旧年限的规定（见表8-6、表8-7），合理判断建筑物的成新率。

表 8-6　　　　　　　　　　　房屋建筑物分类折旧年限

房屋及其分类	折旧年限	建筑物及其分类	折旧年限
（1）钢结构		（1）管道	
①生产用房	50	①长输油管道	16
②受腐蚀生产用房	30	②长输气管道	16
③受强腐蚀生产用房	15	③其他管道	30
④非生产用房	55	（2）露天库	20
（2）钢筋混凝土结构		（3）露天框架	30
①生产用房	50	（4）冷藏库	30
②受腐蚀生产用房	35	其中：简易冷藏库	15
③受强腐蚀生产用房	15	（5）烘房	30
④非生产用房	60	（6）冷却塔	20
（3）钢筋混凝土砖混结构		（7）水塔	30
①生产用房	40	（8）蓄水池	30
②受腐蚀生产用房	30	（9）污水池	20
③受强腐蚀生产用房	15	（10）储油罐、池	30
④非生产用房	50	（11）水井	30
（4）砖木结构		其中：深水井	20
①生产用房	30	（12）破碎场	20
②非生产用房	40	（13）船厂平台	30
（5）简易结构	10	（14）船坞	30
		（15）修车槽	30
		（16）加油站	30
		（17）水电站大坝	60
		（18）其他建筑物	30

表 8-7 居住用房屋的耐用年限

房屋结构	耐用年限（年）
钢筋混凝土结构	60～80
砖混结构	40～60
砖木结构	30～50
简易结构	10～15

2）打分法

打分法是评估人员依据建筑物构成中的最重要部分，把建筑物分为结构、装修和设备三个部分，并分别给出它们在整个建筑物价值中的权重，然后对每个部分再按不同子项目以及各个子项目成新率的评分标准分别打分，再按各个部分汇总，根据结构、装修和设备三个部分的得分以及它们各自的权重加权平均确定建筑物的成新率。其计算公式为：

$$成新率 = 结构部分合计得分 \times G + 装修部分合计得分 \times S + 设备部分合计得分 \times B \tag{8-41}$$

式中：G 为结构部分的评分修正系数；

S 为装修部分的评分修正系数；

B 为设备部分的评分修正系数。

评估人员采用打分法测定建筑物的成新率，一般是通过填制"房屋建筑物成新率评定表"来完成的，"房屋建筑物成新率评定表"的格式见表 8-8。

表 8-8 房屋建筑物成新率评定表

单位名称： 坐落：

建筑名称		结构类型		建造年份		层数		建筑面积	
分部	序号	项目	评分	评分依据					
结构部分	1	地基基础		是否有足够承载力，有无不均匀下沉					
	2	承重构件		是否完好坚固，梁、板、柱有无裂缝、变形、露筋					
	3	非承重墙		墙体有无腐蚀、损坏，预制板节点是否牢固					
	4	屋面		是否渗漏，防水、隔热、保暖层是否完好					
	5	楼地面		整体面层是否牢固，有无空鼓、起砂、下沉、裂缝					
	6	(1+2+3+4+5)×G							
装修部分	7	门窗		是否完好无损、开关灵活，玻璃五金是否齐全					
	8	外装饰		是否完整、黏结牢固					
	9	内装饰		是否完整牢固，有无空鼓、裂缝、剥落					
	10	顶棚		是否完好、无损、有无变形					
	11	细木装修		是否完好无损，有无变形，油漆是否完好、有光泽					
	12	(7+8+9+10+11)×S							
设备部分	13	水卫		上下水是否通畅，各种器具是否完好、齐备					
	14	电气照明		线路、装置是否完好、牢固，绝缘是否良好					
	15	暖气		管道、设备是否完好无堵漏，使用是否正常					
	16	(13+14+15)×B							
总计(6+12+16)				成新率					

评估人员： 评定日期：

关于评分法的打分标准可参照原城乡建设环境保护部颁发的《房屋完损等级评定标准》，该标准根据房屋的结构、装修、设备等组成部分，将其完好和损坏程度划分为5个等级，即：（1）完好房，成新率为80%～100%；（2）基本完好房，成新率为60%～80%；（3）一般损坏房，成新率为40%～60%；（4）严重损坏房，成新率在40%以下；（5）危险房，残值。在实际打分过程中，还要依靠评估人员的专业知识和实际评估操作经验。关于成新率评分修正系数（权重）的确定，主要是依据建筑物结构、装修和设备各部分价值在整个建筑物中所占比重的大小来确定。类型不同、结构不同、装修的豪华程度不同的建筑物各组成部分的权重可能有差异，评估人员应根据评估对象建筑物的实际情况，认真分析和测算，制定出科学合理的成新率评分修正系数。不同结构类型房屋成新率的评分修正系数参考表8-9。

表8-9 不同结构类型房屋成新率的评分修正系数表

项　　目	钢筋混凝土结构			砖混结构			砖木结构			其他结构		
	结构部分	装修部分	设备部分	结构部分	装修部分	设备部分	结构部分	装修部分	设备部分	结构部分	装修部分	设备部分
单层	0.85	0.05	0.1	0.7	0.2	0.1	0.8	0.15	0.05	0.87	0.1	0.03
二、三层	0.8	0.1	0.1	0.6	0.2	0.2	0.7	0.2	0.1			
四、五、六层	0.75	0.12	0.13	0.55	0.15	0.3						
七层以上	0.8	0.1	0.1									

8.4.4 房地产功能性贬值、经济性贬值的估测

1）房地产功能性贬值的估测

房地产功能性贬值是指由于技术革新、建筑工艺改进、建筑设计理念更新，引起原有建筑物的建筑风格、建筑物内外布局、建筑物的基本装修和设备陈旧落后，建筑物不能满足现实生产、经营或居住的需要，使其价值降低。

房地产功能性贬值可采取以下思路估测：

（1）修复原有功能使其能够满足现实需要，如改变原有设计布局、更新装修或设备，则所花费的修复费用相当于功能性贬值额。

（2）将功能陈旧的房地产与建造成本、新旧程度、外部环境等因素基本相同的房地产交易价格进行比较，二者交易价格之间的差额便是功能性贬值。

（3）与房地产的实体性贬值一起考虑，确定包括功能性贬值因素在内的综合成新率。

2）房地产经济性贬值的估测

房地产经济性贬值是指由于宏观经济环境、市场竞争、政府有关房地产制度及政策、税收政策、交通管制、自然环境、人口因素、人们的心理因素等外界条件的变化，使建筑物的利用率下降，收益损失，导致其价值降低。

房地产经济性贬值可采取以下思路估测：

（1）与外部条件没有发生变化前相同的房地产交易价格进行比较，二者交易价格之间的差额即为经济性贬值。

（2）对于收益性房地产可用房地产未来收益净损失额折现的方法估测经济性贬值。

（3）与房地产的实体性贬值一起考虑，确定包括经济性贬值因素在内的综合成新率。

如果外界条件变化后的房地产交易价格高于以前的价格，或者房地产预期收益增加，则房地产存在经济性溢价。

8.4.5　成本途径及其方法评估案例

［例8-6］

（1）评估对象土地基本数据资料

评估对象土地面积为10 000平方米。土地取得成本为3 000元/平方米，土地开发成本（包括管理费）为2 000元/平方米。土地开发期为2年，第一年投入的开发费占总开发费的3/4，第二年投入的开发费占总开发费的1/4；银行基本建设贷款年利率为8%，土地开发的市场平均利润率为10%，一般纳税人的增值税税率为11%，城市维护建设税税率为7%，教育费附加为增值税的3%，销售费用为开发后土地售价的3%。

（2）估价要求

估算2016年6月30日评估对象土地开发后的市场价值。

（3）评估过程

①计算土地取得成本

土地取得成本 = 10 000×3 000 = 30 000 000（元）

②计算土地开发成本

土地开发成本 = 10 000×2 000 = 20 000 000（元）

③计算投资利息

土地取得费的计息期为2年，土地开发费为分段均匀投入，则：

土地取得费利息 = 30 000 000×$[(1+8\%)^2-1]$ = 4 992 000（元）

土地开发费利息 = 20 000 000×3/4×$[(1+8\%)^{1.5}-1]$ +20 000 000×1/4×$[(1+8\%)^{0.5}-1]$

　　　　　　　　= 2 031 700（元）

总投资利息 = 4 992 000+2 031 700 = 7 023 700（元）

④计算开发利润

开发利润 =（30 000 000+20 000 000）×10% = 5 000 000（元）

⑤计算增值税金及附加

增值税 =（50 000 000+7 023 700+5 000 000）×11% = 6 822 607（元）

城市维护建设税 = 6 822 607×7% = 477 582.49（元）

教育费附加 = 6 822 607×3% = 204 678.21（元）

增值税金及附加合计：

6 822 607+477 582.49+204 678.21 = 7 504 867.70（元）

⑥计算销售费用

销售费用＝（30 000 000＋20 000 000＋7 023 700＋5 000 000＋7 504 867.70）×3%

＝2 085 857.03（元）

⑦计算土地价值

土地价格＝3 0000 000＋20 000 000＋7 023 700＋5 000 000＋7 504 867.70＋2 085 857.03

＝71 614 424.73（元）

土地单价＝71 614 424.73÷10 000≈7 161（元/平方米）

（4）评估结论

根据计算结果，经分析确定评估对象土地的价值为71 614 424元，土地单价为7 161元/平方米。

［例8-7］

（1）评估对象概况

评估对象为某事业单位办公楼，占地面积200平方米，建筑总面积500平方米，该建筑的建筑结构为砖混结构，4层，建于2011年10月。

（2）估价要求

评估该房地产2015年10月的市场价值。

（3）评估过程

①评估方法的选择

由于评估对象房地产为事业单位办公楼，无直接收益，也很少有交易实例，故在评估时采用成本途径及方法，其数学表达式为：

房地产价值＝土地价值＋建筑物价值

建筑物价值＝重置成本×成新率

②估测土地价值

估测土地价值方法及过程省略，假定土地评估单价为900元/平方米，则土地总价值为180 000元。

③估测建筑物的价值

A. 估测建筑安装成本

重置建筑安装成本的估测采用单位工程造价比较法，通过市场调查，选取三个比较实例作为参照物，进行分析比较，具体情况见表8-10。

表8-10　　　　　　　　　　　　估测建筑安装成本

参照物项目	参照物1	参照物2	参照物3
单位造价（元/平方米）	840	780	790
建筑面积（平方米）	800	600	580
层数	6	5	5
建筑结构	砖混	砖混	砖混
竣工（决算）时间	2015年4月	2015年8月	2015年9月
用途	办公楼	办公楼	办公楼

经分析比较，参照物1外墙面粘贴釉面砖，内部装修也好于评估对象，由此评

估对象的单位工程造价较参照物低 5%，调整后的单位造价为 798 元/平方米（840×0.95）。参照物 2 和参照物 3 与评估对象的情况基本相同，无需调整。此外，2015 年年初至评估基准日建材价格、施工取费等无多大变化，市场价格指数方面不予调整。用简单算术平均法计算评估对象的单位造价为：

（798+780+790）÷3＝789（元/平方米）

评估对象建筑安装工程总造价＝789×500＝394 500（元）

B. 估测勘察设计及前期工程费

勘察设计费按建筑安装成本的 2% 计提，其他前期工程费按建筑安装成本的 1.5% 计提，则：

总前期费用＝394 500×（2%＋1.5%）＝13 808（元）

C. 计算基础设施及配套工程费

根据政府有关规定及费用标准，基础设施及配套工程费为 28 000 元。

D. 计算管理费用

建设单位管理费按建筑安装成本的 2% 计提，则：

管理费用＝394 500×2%＝7 890（元）

E. 计算投资利息

该项目建设期为 1 年，假定评估时银行 1 年期基本建设贷款利率为 9%，则：

投资利息＝（394 500+13 808+28 000+7 890）÷2×9%＝19 989（元）

F. 计算开发利润

经调查分析，房地产行业开发该类房地产的平均投资利润率为 15%，则：

开发利润＝（394 500+13 808+28 000+7 890）×15%＝66 630（元）

G. 计算营业税金及附加与销售费用

经调查分析，营业税税率为 5%，城市维护建设税税率为 7%，教育费附加征收率为 3%，销售费用为开发后房价的 3%。

营业税＝（394 500+13 808+28 000+7 890+19 989+66 630）÷（1－5%）×5%

＝27 938（元）

城市维护建设税＝27 938×7%＝1 956（元）

教育费附加＝27 938×3%＝838（元）

营业税金及附加合计：

27 938+1 956+838＝30 732（元）

销售费用＝（394 500+13 808+28 000+7 890+19 989+66 630+30 732）×3%

＝16 846（元）

H. 计算建筑物的重置成本

重置成本＝394 500+13 808+28 000+7 890+19 989+66 630+30 732+16 846

＝578 395（元）

I. 估测建筑物成新率

经评估人员现场勘察，采用打分法计算得出该建筑物的成新率为 94.63%，见表 8-11。

表 8-11   **房屋建筑物成新率评定表**

建筑名称	办公楼	结构类型	砖混	建造年份	2011 年	层数	4 层	建筑面积	500 平方米
分部	序号	项 目			评分	评分依据			
结构部分	1	地基基础			24	完好，无任何下沉，有足够承载力			
	2	承重构件			24	墙体、楼板、屋面板、梁等完好			
	3	非承重墙			14	平直完好，无倾斜			
	4	屋面			19	完好平整，不渗漏			
	5	楼地面			14	整体面层平整牢固，无裂缝、起砂			
	6	(1+2+3+4+5) ×G			71.25				
装修部分	7	门窗			24	开关灵活、完整无损			
	8	外装饰			19	完整、牢固，无裂缝、空鼓			
	9	内装饰			19	完整、无破损			
	10	顶棚			18	完整、无破损			
	11	细木装修			13	完整牢固、油漆完好			
	12	(7+8+9+10+11) ×S			11.16				
设备部分	13	水卫			38	上下水通畅、器具齐全、无锈蚀			
	14	电气照明			23	线路、装置完好、牢固、绝缘			
	15	暖气			33	管道、设备完好，使用正常			
	16	(13+14+15) ×B			12.22				
总计 (6+12+16)					94.63	成新率		94.63%	

评定人员：×××　　　　　　　　　　　　　　　　评定日期：20××年××月××日

说明：G、S、B 分别为结构、装修、设备部分的修正系数，本次评估 G、S、B 取 0.75、0.12、0.13。

J. 计算建筑物评估价值

经调查分析，该建筑物不存在功能性贬值和经济性贬值，则：

建筑物评估值 = 重置成本×成新率

$\qquad$ = 578 395×94.63%

$\qquad$ = 547 335 （元）

④计算房地产评估值

房地产评估值 = 土地使用权评估值 + 建筑物评估值

$\qquad$ = 180 000 + 547 335

$\qquad$ = 727 335 （元）

房地产单价 = 727 335÷500 = 1 455 （元/平方米）

（4）评估结论

根据计算结果，经分析确定评估对象房地产的价值为 727 335 元，房地产单价为每平方米 1 455 元。

8.5 其他方法在房地产评估中的应用

8.5.1 剩余法在房地产评估中的应用

1）剩余法的基本含义与适用范围

（1）剩余法的基本含义

剩余法，又称假设开发法，它是将评估对象房地产预期开发完成后的价值，减去未来开发建设过程中将会发生的正常的开发成本、正常利润和税费等，以其余值作为评估对象价值的一种评估方法。

剩余法的具体技术思路是，假设开发商欲投资开发一宗房地产，开发商根据所开发土地的内外条件、规划所允许的用途、覆盖率（建筑物地层面积与土地总面积的比率）、容积率等，进行最有效利用方式的设计，并预测开发完成后的房地产转让或租赁出去的价格，以及为了开发建造房地产发生的开发建设成本、获得的正常利润以及应缴纳的税费（由于竞争的存在，任何投资者都只能获取社会正常的投资回报）。通过上述分析测算，开发商就知道了待开发土地能支付的最高价格是多少，这个最高价格等于预期开发完成后的房地产价值减去其开发成本、开发利润和缴纳税金后的余额。

剩余法的具体技术思路可以用下面的数学表达式表述：

$$\begin{matrix}\text{待开发} \\ \text{房地产价值}\end{matrix} = \left(\begin{matrix}\text{开发完成后} \\ \text{房地产价值}\end{matrix} - \begin{matrix}\text{开发} \\ \text{成本}\end{matrix} - \begin{matrix}\text{管理} \\ \text{费用}\end{matrix} - \begin{matrix}\text{投资} \\ \text{利息}\end{matrix} - \begin{matrix}\text{开发} \\ \text{利润}\end{matrix} - \begin{matrix}\text{销售} \\ \text{税费}\end{matrix}\right) \times \begin{matrix}\text{折现} \\ \text{系数}\end{matrix} \qquad (8\text{-}42)$$

（2）剩余法的适用范围

①待开发土地；

②在建工程；

③可装修改造或可改变用途的房地产。

2）剩余法的评估步骤

（1）调查待开发房地产的基本情况

如果评估对象是待开发土地，调查的内容主要包括土地位置、面积、形状、平整情况、地质状况、基础设施状况、交通状况、土地规定的用途、容积率、覆盖率、建筑高度、土地使用权剩余年限、可否续期等。如果评估对象是在建工程，还应调查工程进度、完工情况、开发成本的投入情况等。如果评估对象是毛地，调查的内容还应包括旧建筑物情况、拆迁规模和费用等情况。

（2）选择最佳的开发利用方式

在政府城市规划所允许的范围内选取最佳的开发方式，包括用途、建筑规模、建筑高度、建筑式样等。在选择最佳的开发利用方式时，要注意考虑现实社会需要程度和未来发展趋势。

（3）估计建设期

建设期包括整个房地产开发过程，以及在房地产开发过程中各不同时期的各项费用投入时间。建设期可根据其他相同类型、同等规模的建筑物已有的正常建设期来估计确定，目的在于考虑货币的时间价值。

（4）预测开发完成后房地产价值

开发完成后房地产价值是房地产未来的价值，通常可以根据同地区、同类用途、建筑规模和式样相同或相似的房地产现行市场价格，再考虑该类房地产价格的变化趋势推测。如果预计房地产出租，可预测未来租金，通过收益折现的方法确定房地产开发后的价值。

（5）估测开发成本

如果评估对象是待开发的土地，开发成本主要包括勘察设计及前期工程费、基础及配套设施建设费、公共事业配套费、建筑安装工程费等。上述费用可根据当地房地产价格构成情况分项估算。通常可采用比较法估算，即通过当地同类房地产开发项目当前开发成本水平推算。如果评估对象是毛地，开发成本中还应考虑拆迁费用。

（6）估测管理费用

管理费用可按开发成本的一定比例计算。

（7）估测投资利息

投资利息通常是以待开发房地产取得成本、开发成本和管理费用三项之和为基数，乘以评估基准日中国建设银行基本建设贷款利率求得。其中，待开发房地产取得成本的计息期为整个开发建设期；开发成本和管理费用的计息期为开发建设期的一半。

（8）估测开发利润

开发利润通常是以待开发房地产取得成本、开发成本和管理费用三项之和为基数，按行业同类房地产开发的平均利润率计算。

（9）估测销售税费

销售税金及附加根据国家税法规定估算。其他销售费用，如房地产销售或出租的中介代理费、市场营销广告费、买卖手续费等，一般以房地产总售价的一定比例计算。

（10）计算并确定待开发房地产价值

上述各项参数确定后，可根据剩余法的评估思路及其数学表达式计算待开发房地产价值。

［例8-8］

（1）评估对象概况

评估对象土地为四线城市中的一宗七通一平的空地，面积为1 000平方米，且土地形状规则，允许用途为商住混合，允许建筑容积率为7，覆盖率为≤50%，土地使用年限为 50 年。出售时间为 2016 年 6 月 30 日。

（2）评估要求

需要评估出该地块 2016 年 6 月 30 日出售时的市场价值。

（3）评估过程

①确定评估方法

该地块为待开发土地，可采用剩余法评估。

②选取最佳开发方式

根据规划的要求和市场调查，该地块最佳开发方式为：建筑覆盖率宜为 50%，建造商业居住混合楼。该建筑为框架结构，总建筑面积为 7 000 平方米，单层建筑面积均为 500 平方米，共 14 层，其中 1—2 层为商业用房，共 1 000 平方米，3～14 层为住宅，共 6 000 平方米。

③预计建设期

预计共 2 年完成，即 2018 年 6 月底完成。

④预计开发完成后房地产价值

预计建造完成后，其中的商业楼即可全部售出，住宅楼的 80% 在建造完成后可售出，20% 半年后才能售出。预计当时商业楼售价（含税）为 4 000 元/平方米，住宅楼售价（含税）为 2 500 元/平方米，折现率为 10%。则：

$$开发完成后房地产价值 = 4\,000 \times 1\,000 + 2\,500 \times 6\,000 \times \left[80\% + \frac{20\%}{(1+10\%)^{0.5}} \right]$$

$$= 18\,860\,388（元）$$

$$= 1\,886.04（万元）$$

⑤估计开发费用

经估测，总开发费用（包括管理费）为 800 万元。

⑥估测投资利息

该房地产在未来 2 年的建设期内，开发费用的投入情况为：第一年投入 60%，第二年投入 40%。经调查了解，银行现行基本建设贷款年利息率为 8%，则：

$$投资利息 = 地价 \times \left[(1+8\%)^2 - 1 \right] + 800 \times 60\% \times \left[(1+8\%)^{1.5} - 1 \right] + 800 \times 40\% \times$$

$$\left[(1+8\%)^{0.5} - 1 \right]$$

$$= 地价 \times 0.17 + 71.29$$

⑦估测开发利润

经调查分析，房地产行业开发同类房地产的平均利润率为 20%，则：

$$开发利润 = （地价 + 800） \times 20\% = 地价 \times 0.2 + 160$$

⑧估算营业税金及附加

根据税法，评估对象的增值税税率为 11%，城市维护建设税税率为 7%，教育费附加征收率为 3%，则：

$$增值税 = 1\,886.04 \div (1+11\%) \times 11\% = 1\,699.14 \times 11\% = 186.91（万元）$$

$$城市维护建设税 = 186.91 \times 7\% = 13.08（万元）$$

$$教育费附加 = 186.91 \times 3\% = 5.61（万元）$$

增值税金及附加合计 = 186.91 + 13.08 + 5.61 = 205.60（万元）

⑨估测销售费用

经调查分析，销售费用为开发后房地产价值的 3.5%，则：

销售费用 = 1 886.04 × 3.5% = 66.01（万元）

⑩求取地价

将上述各项数值代入剩余法评估计算公式得：

地价 =（1 886.04 − 800 − 地价 × 0.17 − 71.29 − 地价 × 0.2 − 160 − 205.60 − 66.01）

地价 + 地价 × 0.17 + 地价 × 0.2 = 1 886.04 − 800 − 71.29 − 160 − 205.60 − 66.01

地价 = 583.14 ÷ 1.37 = 425.65（万元）

单位地价 = 425.65 × 10 000 ÷ 1 000 = 4 256.50（元/平方米）

8.5.2　路线价法在土地评估中的应用

1）路线价法的基本思路

（1）路线价法的含义

路线价法是对面临特定街道、接近性相等的城镇土地，设定标准深度，求取在该深度上数宗地块的平均单价并附设于该特定街道上，此单价称为路线价，然后据此路线价，再配合深度价格修正率表，计算出该街道临街的其他土地地价的一种估价方法。

路线价法的基本思路是，城市内各宗地的价格随其离开街道的距离（即临街深度）的增加而递减，而在同一路线价区段内各宗地块，又因其深度、宽度、形状、位置和面积的差异使价格有所不同，要进行合理修正才能最终得到宗地价格。因此，路线价、深度价格修正率及各种修正系数是采用路线价法进行土地估价的基本参数。路线价法的评估技术思路用数学表达式可以概括为：

土地单价 = 路线价 × 深度价格修正率　　　　　　　　　　　　　　　（8−43）

土地总价 = 路线价 × 深度价格修正率 × 土地面积　　　　　　　　　（8−44）

采用此方法估价时，如果街道两边的土地另有特殊条件存在，如街角地、两面临街地、不规则形地等，则还要进行因素的加减修正，数学表达式为：

土地单价 = 路线价 × 深度价格修正率 × 其他价格修正率　　　　　　（8−45）

土地总价 = 路线价 × 深度价格修正率 × 其他价格修正率 × 土地面积　（8−46）

（2）路线价法的适用范围

路线价法对于城市土地价格评估具有普遍的适用性。它特别适用于土地课税、征地拆迁、土地重划或其他需要在大范围内对大量土地进行评估的情况。该方法具有公平合理、简便易行的特点，因此，被英国、美国、日本及中国台湾等许多国家和地区所采用，但此方法在我国目前的土地估价中还没有被普遍运用。

2）路线价法的评估步骤

（1）划分路线价区段

一个路线价区段是指具有同一路线价的地段。在划分路线价区段时，应将接近性大致相等的地段划分为同一路线价区段。两个路线价区段的分界线，原则上是地价有显著差异的地点，通常从十字路或丁字路的中心处划分，但在较繁华的街道有时需将两路口之间的地段划分为两个以上的路线价区段，分别设定不同的路线价。而在某些不繁华的街道，有时需将数个路口划分为一个路线价区段。此外，在同一街道上，两侧繁华程度有显著差异时，应视为两个路线价区段考虑。

（2）设定标准深度

设定的标准深度通常是路线价区段内临街各宗土地的深度的众数，如某路线价区段的临街宗地大部分深度为 18 米，则标准深度应设定为 18 米。

（3）确定路线价

路线价是设定在路线上的标准地块的单位地价。路线价的求取通常是在同一路线价区段内选择若干标准地块作样本，然后用市场售价类比法、预期收益还原法等评估方法，分别求出各样本的单位地价，并把各样本的单位地价算术平均（或取众数），最终得出路线价。

（4）制定深度指数表和其他修正率表

深度指数是指宗地地价随临街深度的差异变化的程度。深度指数表是将土地随临街深度的不同而引起相对价格差异的关系编制成的表格。制作深度指数表的原则是，地块的各部分价格随临街的深度而有递减的趋势，即深度越深，接近性越差，价格就越低。此外，根据其他因素，如角地、形状、宽窄等的影响，还应编制其他修正率表。

（5）计算各地块的价值

根据路线价、深度指数表和其他修正率表以及宗地面积就可计算各地块的价值。

［例 8-9］某路线价区段，标准深度为 18 米，路线价为 1 000 元/平方米，评估对象临街各宗地情况如图 8-4 所示，临街深度指数见表 8-12。假设各宗地的宽度都为 6 米，计算各宗地的评估价值。

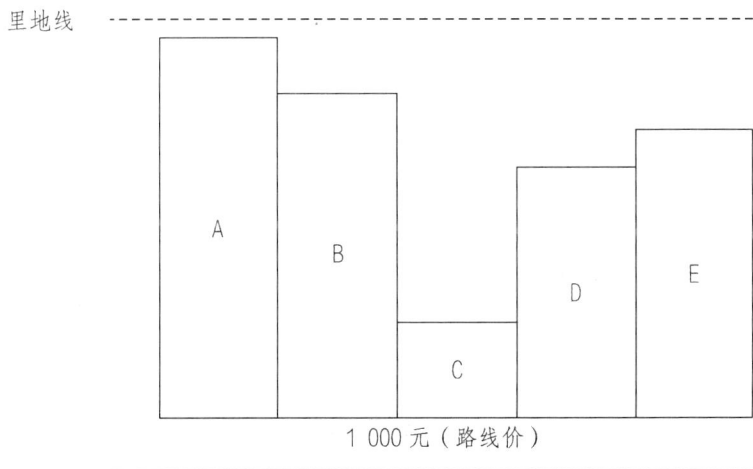

里地线

1 000 元（路线价）

注：超过标准深度 18 米以上的地块为里地。

图 8-4 待评估各宗地情况

表 8-12   临街深度指数表

深度（米）	4 以下	4～8	8～12	12～16	16～18	18 以上
指数（%）	130	125	120	110	100	40

（1）宗地 A 为临街地，临街深度为 17.50 米，查临街深度指数表得其深度指数为 100，则：

宗地的价格 = 1 000×1.00×17.50×6 = 105 000（元）

（2）宗地 B 为临街地，临街深度为 13.50 米，查临街深度指数表得其深度指数为 110，则：

宗地的价格 = 1 000×1.10×13.5×6 = 89 100（元）

（3）宗地 C 为临街地，临街深度为 3 米，查临街深度指数表得其深度指数为 130，则：

宗地的价格 = 1 000×1.30×3×6 = 23 400（元）

（4）宗地 D 为临街地，临街深度为 7 米，查临街深度指数表得其深度指数为 125，则：

宗地的价格 = 1 000×1.25×7×6 = 52 500（元）

（5）宗地 E 为临街地，临街深度为 11 米，查临街深度指数表得其深度指数为 120，则：

宗地的价格 = 1 000×1.20×11×6 = 79 200（元）

[小提示 8-3]

剩余法是一个应用广泛的评估方法，上面介绍的主要是一种评估技术思想及其在房地产评估中的应用。可能在评估参数确定方面并不一定能完全适应或符合实际评估的需要，在房地产实际评估中可以根据实际需要调整评估参数。如果将剩余法用于其他资产评估则需要重新设计评估参数。

本章小结

房地产评估是资产评估的重要内容。在房地产评估中，除首先要明确评估对象的基本情况外，对房地产的实地勘察应作为评估工作的重点。房地产评估常用的途径和方法是市场途径、收益途径、成本途径和剩余法，对各种途径、方法的选择和应用应注意其适用的前提条件，一般应根据房地产评估的目的、评估时的市场条件，以及评估对象自身的性质和特点选择适当的途径和方法。如果条件具备，也可以选择多种途径和方法进行评估，并通过分析最后确定评估结论。

关键概念

房地产　产权制度　综合资本化率　容积率

思考题

1. 如何理解房地产评估中的最佳使用原则？
2. 运用市场途径评估房地产时需要考虑哪些主要价值影响因素？
3. 如何理解房地产的"客观收益"？
4. 简述基准地价与路线价的区别。
5. 如何分析剩余年限对房地产价值的影响？

第9章

评估技术在机器设备评估中的应用

学习目标

通过本章的学习，学生应掌握机器设备评估的基本步骤、基本评估思路和具体评估方法，熟悉和了解各种评估技术方法的适用条件和适用前提，以及各种评估技术方法涉及的经济技术参数，熟悉和了解机器设备不同评估方法之间的关系。

9.1 机器设备评估特点

9.1.1 机器设备的特点

《国际评估准则》对机器设备有如下描述：设备、机器和装备是用来为所有者提供收益的、不动产以外的有形资产。设备，是包括特殊性非永久性建筑物、机器和仪器在内的组合资产；机器，包括单独的机器和机器的组合，是指使用或应用机械动力的器械装置，由具有特定功能的结构组成，用以完成一定的工作；装备是用以支持企业功能的附属性资产。

资产评估中所指的机器设备是广义的概念，除了机器设备还包括人们根据声、光、电技术制造的电气设备、电子设备、仪器仪表和装备等。除了单台设备外，还包括为了实现特定的功能，由若干独立单台设备组成的设备组合，如生产线、车间等。

本章所称的机器设备，是指特定主体拥有或控制的，用于生产、提供商品和服务、获取租金或管理等目的的机器、仪器、器械、装置以及附属于机器设备的特殊构筑物等资产。

1）机器设备的实体特征和技术特征

机器设备是资产评估行业对机械的泛称或俗称，各种机器设备的共同的实体特征和技术特征是：①由零件和部件组成；②零件、部件之间有确定的相对运动和力的传递；③有机械能的转换或机械能的利用；④机器设备中包含技术，设备是技术的载体，技术含量不同设备的效能不同；⑤有些设备可以单独使用，独立发挥作用。而有些设备则需要组成设备组或生产线一同使用，包含在设备中的技术也有相同的特点。

2）机器设备的整合特征——匹配效应（资产匹配、市场匹配）

机器设备可以单独作业，评估时通常也需要对单台设备进行检测鉴定等。在企业中的设备通常存在着整合性特征，各种机器设备围绕着一个系统目标，保持有机联系，发挥各自特定功能，共同构成一个有机的生产经营能力载体。机器设备既可以是独立的资产，也可以是整体设备资产中的一个要素。另外，与房地产不可分离的机器设备通常情况下构成了房地产的组成部分。

3）机器设备的价值特征

机器设备的价值与机器设备的技术含量、新旧程度、使用方式和使用状态相关。从静态的角度讲，技术含量越高的机器设备其价值越大，全新的机器设备比旧机器设备的价值高，但是对于运营中的机器设备而言，除了技术含量和新旧程度影响设备的价值外，机器设备的使用方式和使用状态也直接影响其价值。因此，机器设备的价值表现形式也是多种多样的，如机器设备原始价值、净价（值）、原地续用价值、拆零变现价值等。

作为评估对象的机器设备可以是单台机器设备，也可以是机器设备的组合。单台机器设备是指以独立形态存在，可以单独发挥作用或以单台的形式进行销售的机器设备。机器设备的组合是指为了实现特定功能，由若干机器设备组成的有机整体，如生产线等。机器设备组合的价值不一定等于单台机器设备的价值之和。

机器设备作为企业资产的组成部分，其评估值不是对其单独进行评估的价值，而应当考虑该机器设备对企业贡献程度的影响，此时的机器设备评估价值应该是设备的在用价值。

单台机器设备的市场价值一般建立在公开市场的条件下，以实现资产的最佳效用为目的，以最恰当的方式完成的交易所能够实现的价值。对交易受到限制的机器设备进行评估时，所评估的价值一般不代表市场价值。

9.1.2　机器设备评估的特点

（1）机器设备评估是以机器设备实物鉴定、技术鉴定、权益界定、使用方式界定和使用状态界定为基础的。

①机器设备的实物鉴定。对机器设备的实体进行鉴定是评估机器设备的首要环节。在这个环节中需要对机器设备的新旧状况、使用状况、保养情况等做出鉴定。为机器设备价值评估提供基础资料。

②机器设备的技术鉴定。机器设备的技术含量是影响机器设备价值的最重要因素之一，对被评估机器设备进行技术鉴定是评估机器设备价值的重要基础。机器设备的技术鉴定包括对机器设备所在整个生产系统、生产环境、生产强度以及生产系统的产品结构、产品市场需求状况进行总体鉴定和评价。以此为单台机器设备的技术鉴定提供背景资料。对机器设备的使用状况，包括机器设备的购建时间、已使用年限、利用率及运行负荷的大小、完好率、技术改造、大修理情况等进行勘察和鉴定。对设备的类别、规格型号、制造厂家、生产能力、加工精度、设备使用时的技术状况等进行分析和鉴定。

③机器设备的权益界定。这里的机器设备权益是指机器设备的权属以及相关的利益，包括所有权、使用权、租赁权、抵押权及相关权益等。机器设备权益界定的目的是：首先，在某些情况下需要界定机器设备的评估范围；其次，机器设备权属和权益上的差异会导致评估价值上的不同。

④机器设备的使用方式界定。从大的方面讲，机器设备的使用方式包括：是作为独立的资产使用和评估，还是作为整体资产中的一个要素资产使用和评估；是按照现在正在使用的方式继续使用，还是改变现在的使用方式而以另外的使用方式继续使用。机器设备评估通常是发生在产权变动之时，评估时点机器设备正在使用的方式可能就是机器设备评估时所依据的机器设备使用方式，但也可能并不是机器设备评估所要依据的使用方式。因为产权发生变动后的情况可能会发生变化，机器设备可能会改变现在的使用方式而以另外的使用方式继续使用下去。此时，需要评估人员界定清楚评估对象的使用方式，以便使得机器设备评估得以顺利进行。

⑤机器设备的使用状态界定。机器设备评估通常是发生在产权变动之时，评估时点机器设备的在用状态可能就是机器设备评估时所依据的机器设备使用状态，包括最佳使用状态、正常使用状态和非正常使用状态。但是，评估时评估人员所要依据的也可能并不一定是机器设备评估时点的使用状态。因为产权发生变动后的机器设备的使用方式可能会发生变化，机器设备的使用状态也可能会发生变化。此时，需要评估人员界定清楚评估时所依据的评估对象的使用状态，以便使得机器设备评估得以顺利进行。

（2）机器设备所包含的技术性无形资产应酌情考虑统一评估或分别评估。比较复杂或先进的机器设备，特别是成套设备、机组、检测设备等，其功能的正常发挥还需要有专利、专有技术或计算机软件等技术类无形资产的支持。一般来说，在单台设备以及无法将该设备中包含的无形资产严格区分的情况下，可以将这些无形资产包含在设备价值中一起评估。而成套设备、机组和复杂的检测设备中包含的可分离的专用无形资产，也可考虑将设备和无形资产分开评估。

（3）与土地及建筑物不可分离的机器设备（分离设备会严重影响土地及建筑物的使用价值和价值）可将机器设备放到土地、建筑物中一并评估。例如，建筑物中的电梯、水、电、汽、通信等设施设备。

（4）机器设备通常是以单台、单件为标的进行评估。由于机器设备单位价值大、规格型号多、情况差异大，为了保证评估结果的真实性和准确性，通常要对机器设备逐台逐件进行评估。当然，对数量多、单位价值相对低的同类机器设备，可选择合理的分类标准，按分类进行评估，但也必须逐台逐件核实数量。

（5）机器设备评估应当以恰当的使用方式和使用状态为依据。机器设备是作为独立的资产使用和评估，还是作为整体资产中的一个要素资产使用和评估，是按照现在正在使用的方式继续使用，还是改变现在的使用方式而以另外的使用方式继续使用，以及依据什么样的使用状态进行评估对评估结果影响是很大的。所以，机器设备评估应当以恰当的使用方式和使用状态为依据。

[相关链接9-1]

资产评估准则——机器设备
第二章 基本要求

第五条 注册资产评估师执行机器设备评估业务，应当遵守相关法律、法规以及基本准则，并考虑其他相关评估准则对机器设备评估的影响。

第六条 注册资产评估师执行机器设备评估业务应当具备机器设备的相关专业知识及相应的评估经验，具备从事机器设备评估的专业胜任能力。当注册资产评估师执行某项特定业务而缺乏相关的专业知识和经验时，应当采取恰当的措施弥补，必要时应当聘请专家协助工作。

第七条 注册资产评估师应当了解，作为评估对象的机器设备可以是单台机器设备，也可以是机器设备的组合。单台机器设备是指以独立形态存在、可以单独发挥作用或以单台的形式进行销售的机器设备。机器设备的组合是指为了实现特定功能，由若干机器设备组成的有机整体，如生产线等。机器设备组合的价值不一定等于单台机器设备的价值之和。

第八条 在对企业价值进行评估时，注册资产评估师应当了解机器设备作为企业资产的组成部分，其评估值不是对其单独进行评估的价值，而应当考虑该机器设备对企业贡献程度的影响。

第九条 注册资产评估师应当了解，机器设备的市场价值一般建立在公开市场的条件下，以实现资产的最高价格为目的，以最恰当的方式完成的交易所能够实现的价值。对交易受到限制的机器设备进行评估时，所评估的价值一般不代表市场价值。

第十条 注册资产评估师应当了解，机器设备的价值受原材料资源的有限性、土地和房屋建筑物的使用期限、所生产产品的市场寿命、国家的法律和法规以及环境保护政策等因素的影响。

9.2 市场途径及其方法在机器设备评估中的应用

机器设备评估中的市场途径及其方法是以近期相同或相类似的机器设备的市场成交价为参照，通过对被评估设备与参照物设备的比较因素进行对比分析，调整两者的差异对价格的影响，由此得出被评估设备评估价值的所有评估方法的总称。

9.2.1 市场途径及其方法的适用范围和前提条件

1）需要一个充分活跃的机器设备交易市场

充分活跃的机器设备交易市场应包括三种市场：（1）全新机器设备市场；（2）二手机器设备市场；（3）机器设备的拍卖市场。三种市场中影响机器设备交易价格的因素可能并不相同，需要根据评估对象本身的情况恰当选择适当的市场及其参照物。另外，从地域角度来看，机器设备市场还可分为地区性市场、全国性市场和世界性市场，地域因素对机器设备的评估价值可能也会产生影响。

2）与被评估设备相同或相类似的参照物设备能够找到

运用市场途径及其方法评估机器设备，需要在设备市场中找到与被评估对象完全相同或相类似的机器设备作为参照物，参照物与被评估机器设备之间应当在用途、性能、规格、型号、新旧程度方面具有可比性，而且在交易背景、交易时间、交易目的、交易数量、付款方式等方面具有可比性，这是运用市场途径及其方法的关键。

9.2.2　市场途径及其方法的评估步骤

运用市场途径及其方法对机器设备进行评估，通常采取以下步骤操作：

1）收集有关机器设备交易的资料

在掌握被评估机器设备基本情况的基础上，进行市场调查，收集与被评估对象相同或类似的机器设备交易的实例资料。所收集的资料一般包括机器设备的交易价格、交易日期、交易目的、交易方式、交易双方情况，机器设备的类型、功能、规格型号、已使用年限，机器设备的实际状态等。对所收集的资料还应进行查实，确保资料的真实性和可靠性。

2）选择可供比较的交易实例作为参照物

对所收集的资料进行分析整理后，按可比性原则，选择所需的参照物。参照物选择的可比性应注意两个方面：一是交易情况的可比性；二是设备本身各项技术参数的可比性。这样可以对被评估设备与参照物之间的差异进行比较、量化和调整。

3）量化和调整交易情况的差异

机器设备的交易价格会受到供求状况、交易双方情况、交易数量、付款方式等交易情况的影响。一般来说，在设备销售时，如果有多个投资者竞相购买，其价格必然要高，反之，价格就会降低；只销售一台设备与同时销售多台设备相比，价格也会不一样；另外，一次付款和分期付款销售的价格也不相同。因此，应对上述因素进行分析，对由于上述因素引起的价格偏高或偏低情况进行量化和修正。其数学表达式为：

$$交易情况调整后价值 = 参照物交易价格 \times \frac{正常交易情况值}{参照物交易情况值} \qquad (9-1)$$

4）量化和调整品牌方面的差异

同一类型的设备由于生产厂家和品牌的不同，产品质量和销售价格也有差别。因此在评估时应对生产厂家、品牌、质量等对交易价格的影响进行量化，并对这些因素进行调整，剔除其对交易价格的影响。其数学表达式为：

$$品牌差异调整后价值 = 参照物交易价格 \times \frac{全新评估对象设备交易价格}{同型号全新参照物交易价格} \qquad (9-2)$$

5）量化和调整功能方面的差异

机器设备规格型号及结构上的差异会集中到设备间的功能和性能的差异上，如生产能力、生产效率、运营成本等方面的差异。运用功能价值类比法和超额运营成本折现法等可以将被评估机器设备与参照物在结构、规格型号、性能等方面的差异量化和调整。其数学表达式为：

$$功能差异调整后价值 = 参照物交易价格 \times \left(\frac{评估对象设备生产能力}{参照物生产能力} \right)^x \qquad (9-3)$$

式中：x 为功能价值指数，x 的取值范围通常为 $0.6 \sim 0.7$。

6）量化和调整新旧程度方面的差异

评估时，被评估机器设备与参照物在新旧程度上往往不一致，评估人员应对被评估设备与参照物的使用年限、技术状态等情况进行分析，估测其成新率。比较而言，对被评估对象成新率的估测相对容易，关键是如何对参照物的成新率进行客观判定。如有条件，应对参照物进行技术检测和鉴定，确定其成新率；如无条件，可采用年限法估测。取得被评估设备和参照物成新率后，可采用下列数学表达式调整差异：

$$新旧程度差异调整后价值 = 参照物交易价格 \times \frac{评估对象设备成新率}{参照物成新率} \qquad (9-4)$$

7）量化和调整交易日期的差异

在选择参照物时应尽可能选择离评估基准日较近的交易实例，这样可以免去交易时间因素差异的调整。如果参照物交易时的价格较评估基准日交易价格发生变化，可利用同类设备的价格指数进行调整。其数学表达式为：

$$交易日期调整后价值 = 参照物交易价格 \times \frac{评估基准日同类设备价格指数}{参照物交易时同类设备价格指数} \qquad (9-5)$$

8）确定被评估机器设备的评估值

对上述各差异因素量化调整后，得出初步评估结果。对初步评估结果进行分析，采用算术平均法或加权平均法确定最终评估结果。如果所选择的参照物的交易地点与评估对象设备不在同一地区，并且设备价格的地区差异较大，还应对区域因素进行修正。

［例 9-1］对某企业一台 T50 压榨机进行评估，评估人员经过市场调查，选择本地区近几个月已经成交的 T50 压榨机的 3 个交易实例作为比较参照物，被评估对象及参照物的有关情况见表 9-1。

表 9-1　　　　　　　　被评估对象及参照物的有关情况

项　目	参照物 A	参照物 B	参照物 C	被评估对象
交易价格（元）	100 000	60 000	95 000	
交易状况	公开市场	公开市场	公开市场	公开市场
生产厂家厂址	重庆	沈阳	重庆	昆明
交易时间	6 个月前	5 个月前	1 个月前	
成新率（%）	80	60	75	70

评估人员经过对市场信息进行分析得知，3 个交易实例都是在公开市场条件下销售的，不存在受交易状况影响使价格偏高或偏低的现象，影响售价的因素主要是生产厂家（品牌）、交易时间和成新率。

（1）生产厂家（品牌）因素分析和修正。经分析参照物 A 和参照物 C 是重庆一家机械厂生产的名牌产品，其价格同一般厂家生产的T50压榨机相比高25%左右，则参照物A、B、C的修正系数分别为100/125、100/100、100/125。

（2）交易时间因素的分析和修正。经分析，评估时该类设备的价格水平与参照物A、B、C交易时相比分别上涨了18%、15%和3%，则参照物A、B、C的修正系数分别为118/100、115/100、103/100。

（3）成新率因素分析和修正。根据公式：成新率修正系数＝被评估对象成新率÷参照物成新率，参照物A、B、C成新率修正系数分别为70/80、70/60、70/75。

（4）计算参照物A、B、C的因素修正后价格，得出初评结果。

$$参照物A修正后的价格=100\ 000\times\frac{100}{125}\times\frac{118}{100}\times\frac{70}{80}=82\ 600（元）$$

$$参照物B修正后的价格=60\ 000\times\frac{100}{100}\times\frac{115}{100}\times\frac{70}{60}=80\ 500（元）$$

$$参照物C修正后的价格=95\ 000\times\frac{100}{125}\times\frac{103}{100}\times\frac{70}{75}=73\ 060（元）$$

（5）确定评估值。对参照物A、B、C修正后的价格进行简单算术平均，求得：

被评估设备的评估值＝（82 600＋80 500＋73 060）÷3＝78 720（元）

［相关链接9-2］

资产评估准则——机器设备

第三章　操作要求

第十二条　注册资产评估师执行机器设备评估业务，应当了解评估结论的用途，明确评估目的。

第十三条　注册资产评估师应当根据机器设备的预期用途，明确评估假设。包括：

（一）继续使用或者变现；

（二）原地使用或者移地使用；

（三）现行用途使用或者改变用途使用。

第十四条　注册资产评估师对需要改变使用地点，按原来的用途继续使用，或者改变用途继续使用的机器设备进行评估时，应当考虑机器设备移位或者改变用途对其价值产生的影响。

第十五条　注册资产评估师执行机器设备评估业务，应当根据评估目的、评估假设等条件，明确评估范围是否包括设备的安装、基础、附属设施，是否包括软件、技术服务、技术资料等无形资产。对于附属于不动产的机器设备，注册资产评估师应当合理划分不动产与机器设备的评估范围，避免重复或者遗漏。

第十六条　注册资产评估师执行机器设备评估业务，应当对机器设备进行现场逐项调查或者抽样调查，确定机器设备是否存在、明确机器设备存在状态并关注其权属。如果采用抽样的方法进行现场调查，注册资产评估师应当充分考虑抽样风险。因客观原因等因素限制，无法实施现场调查的，注册资产评估师应当采取适当措施加以判断，并予以恰当披露。

第十七条 注册资产评估师应当根据评估对象的具体情况，合理确定现场调查内容。

第十八条 注册资产评估师通常可以通过现场观察，利用机器设备使用单位所提供的技术档案、检测报告、运行记录等历史资料，利用专业机构的检测结果，对机器设备的技术状态做出判断。必要时，注册资产评估师可以聘请专业机构对机器设备进行技术鉴定。

第十九条 注册资产评估师应当关注机器设备的权属，要求委托方或者相关当事方对机器设备的权属做出承诺。注册资产评估师应当对机器设备的权属相关资料进行必要的查验。

第二十条 注册资产评估师应当通过恰当方式获得机器设备的市场信息，并对其真实性、可靠性进行必要的判断。

9.3 收益途径及其方法在机器设备评估中的应用

运用收益途径及其方法评估机器设备是通过预测机器设备的获利能力，对机器设备预计未来能够带来的净现金流量按适当的折现率折为现值，作为被评估机器设备的价值。运用收益途径及其方法的前提条件是：（1）要能够确定被评估机器设备的获利能力、净现金流量或净利润；（2）能够确定被评估机器设备合理的折现率和获利时间。由于大部分单项机器设备难以单独经营和核算，一般不宜独立计算获利能力。因此，单项设备通常难以运用收益途径及其方法评估。生产线、成套设备等具有独立获利能力的机器设备则可以运用收益途径及其方法进行评估。

对于可以预计未来预期收益的机器设备，可视其预期收益的形式运用收益途径中的具体技术方法进行评估。如果评估机器设备的收益形式是租金，而且租金收入相对稳定，可以运用有限期年金法评估机器设备的评估价值。如果租金收入不稳定或是非租金收益，则可以采用其他技术方法评估。

有限期年金法的数学表达式是：

$$P = A \div r \{1 - [1 \div (1+r)^n]\} \tag{9-6}$$

式中：P 为评估值；

　　　A 为收益年金；

　　　n 为收益年限；

　　　r 为折现率。

运用有限期年金法评估租赁设备的价值，首先，要对租赁市场上类似设备的租金水平进行市场调查，分析市场参照物设备的租金收入，经过比较调整后确定被评估机器设备的预期收益，调整的因素可能包括时间、地点、规格和役龄等；其次，根据被评估机器设备状况，估计其尚可使用年限，作为确定收益年限的依据；再次，根据类似设备的租金及市场价格确定折现率，并根据被评估设备的预期收益、收益年限和折现率评估设备价值。

［例9-2］ 运用有限期年金法评估某租赁机器设备。

（1）被评估机器设备为设备租赁公司的一台大型机床，评估基准日以前的年平均租金净收入为19 800元。评估人员根据现实市场调查，与被评估机器设备相同、地点相同、成新程度大致相同的设备的平均年净租金（扣除各种税费）为20 000元。

（2）评估人员根据被评估机器设备的现状，确定该租赁设备的收益期为10年，假设收益期后该设备的残值忽略不计。

（3）评估人员通过对类似设备交易市场和租赁市场的调查，得到的市场数据见表9-2。

表9-2　　　　　　　　　　　市场数据

市场参照物	设备的使用寿命（年）	市场售价（元）	年净收益（元）	投资回报率（%）
A	10	84 610	21 000	24.82
B	10	83 700	20 000	23.89
C	8	76 500	19 000	24.84

根据三个市场参照物的投资回报率以及三个参照物的分析，显示折现率在23.89%到24.84%之间变动，平均值是24.5%。

上述设备折现率的平均值为24.5%，用该数值作为被评估设备的折现率。被评估机器设备的收益年限为10年，则该设备的评估值接近于：

$$P = A \div r \ \{1 - [1 \div (1+r)^n]\}$$
$$= 20\ 000 \div 24.5\% \times \{1 - [1 \div (1+24.5\%)^{10}]\}$$
$$= 72\ 509 \ (元)$$

［小提示9-1］

在对持续经营企业的整体价值进行评估时，由于机器设备是企业整体资产的组成部分，其评估值不是对其单独进行评估的价值，其评估值应当考虑该机器设备对企业贡献程度，即该机器设备未来预期现金流量的折现值。

9.4　成本途径及其方法在机器设备评估中的应用

成本途径及其方法是评估机器设备的常用技术思路和方法。成本途径及其方法是首先确定被评估机器设备的重置成本，然后再扣减实体性贬值、功能性贬值和经济性贬值来估测被评估机器设备价值的评估技术思路及方法。

成本途径及其方法的一般理论数学表达式为：

机器设备评估值=重置成本-实体性贬值-功能性贬值-经济性贬值　　　　　（9-7）

上述数学表达式所概括的成本途径是从成本途径各构成要素出现的概率的大小

排列而成的，因此，此表达式亦称成本途径及其方法的理论表达式。

如果在资产评估实际操作中，被评估资产确实存在三种贬值，在此种情况下具体运用成本途径及其方法时，则应按成本途径的逻辑顺序进行操作。

成本途径及其方法的逻辑数学表达式为：

$$\frac{资产的}{评估值} = \frac{资产的}{重置成本} - \frac{资产经济性}{陈旧贬值} - \frac{资产功能性}{陈旧贬值} - \frac{资产实体}{有形损耗} \tag{9-8}$$

9.4.1 机器设备重置成本及其估测

1）机器设备重置成本构成

采用成本途径及其方法评估机器设备的第一步是确定机器设备的重置成本。机器设备的重置成本通常是指按现行价格购建与被评估机器设备相同或相似的全新设备所需的成本。机器设备的重置成本可分为复原重置成本和更新重置成本两种。复原重置成本是指按现行的价格购置或制造一台实际上完全相同的设备所需的成本。更新重置成本是指按现行的价格购建一台不论何种类型，但能提供同样服务和功能的新设备替代现有设备所需的成本。

复原重置成本和更新重置成本虽然都属于重置成本范畴，但二者在成本构成因素上却是有差别的。复原重置成本基本上是在不考虑技术条件、材料替代、制造标准等因素变化的前提下，仅考虑物价因素对成本的影响，即将资产的历史成本按照价格变动指数或趋势转换成重置成本或现行成本。更新重置成本是在充分考虑了技术条件、建筑标准、材料替代，以及物价变动等因素变化的前提下来确定重置成本或现行成本。两种重置成本在成本构成要素上的差别，要求评估人员在运用成本法对机器设备估价时，准确把握所使用的重置成本的确切含义，特别注意两种重置成本对机器设备功能性贬值及成新率的不同影响。

资产评估中机器设备的重置成本是一个价值概念，而不是一般意义上的会计成本（C+V）的概念。从理论上讲，机器设备的重置成本包括了机器设备的建造成本、利润、税金和其他费用（C+V+M）等要素，但是由于机器设备的取得方式不同，其重置成本的构成项目也不完全一致。

（1）外购国产设备重置成本构成项目包括：①设备自身购置价格；②设备运杂费；③设备安装调试费；④大型设备一定期限内的资金成本；⑤其他费用，如手续费、验车费、牌照费等。

（2）进口设备重置成本构成项目包括：①设备的国际市场价格（离岸价格）；②境外运杂费；③境外途中保险费；④进口关税；⑤增值税；⑥银行及其他手续费；⑦国内运杂费；⑧安装调试费；⑨大型进口设备资金成本。其中，设备离岸价格（FOB价格）与境外运杂费和境外途中保险费之和为到岸价格（CIF价格）。

（3）自制设备重置成本构成项目包括：①制造成本，包括消耗掉的原材料、辅料的购价和运杂费、应分摊的管理费用和财务费用；②大型自制设备合理的资金成本；③合理利润；④税金；⑤其他必要合理费用，如设计费、制图费等；⑥安装调试费等。

2）外购国产设备重置成本的估测

外购国产设备是指企业购置的由国内厂家生产的各种通用设备及专用设备。该类设备在企业的机器设备中占的比重最大，是机器设备评估中最主要的内容。对该类设备重置成本的估测应根据不同的情况采取相应的方法。

（1）对于能够获得现行购置价格的机器设备，可采用市场询价的方法确定被评估机器设备的重置成本。该方法是通过市场调查，从生产厂家或销售部门获得设备购置价格，在此基础上再加上合理的运杂费、安装调试费及其他费用后，估测被评估机器设备的重置成本。其中，设备运杂费可根据设备的生产地点、使用地点，设备的重量、体积、运输方式，以及铁路、公路、船运、空运等部门规定的运费计费标准计算，或按设备现行的购置价格乘以适当的运杂费率计算；设备安装调试费一般包括设备安装过程中的材料费、人工费、机械费和其他相关费用，设备安装调试费可根据设备安装中正常的材料、工时消耗，按照现行的价格水平和费用标准计算，或按设备现行的购置价格乘以适当的安装费率计算。如果设备安装调试周期较长，则需要考虑设备购置、安装调试所占用的资金成本。设备的资金成本用设备购置、安装所花费的全部资金总额乘以现行相应期限的银行贷款利率计算。

［例9-3］某企业2012年1月购建一台设备，账面原值为135 000元，2014年1月进行评估，经市场调查询价，该设备2014年正常市场销售价格为126 000元，运杂费为1 000元，安装调试费为2 000元，则该设备的重置成本接近于129 000元。

重置成本 = 126 000+1 000+2 000 = 129 000（元）

［例9-4］对某企业一台铲车进行评估，经市场调查询价，评估时该类铲车的现行市场销售价格为380 000元，铲车运费为车价的5%，则该铲车的重置成本接近于399 000元。

重置成本 = 380 000+380 000×5% = 399 000（元）

（2）对于无法取得现行购置价格的设备可采用功能价值类比法估测重置成本。该方法是根据被评估机器设备的具体情况，寻找现有同类设备的现行市价，或通过同类设备的现行市价与运杂费和安装调试费得到同类设备的重置成本，然后根据该同类设备与被评估设备功能的比较，调整得到被评估机器设备的重置成本。采用此方法应重点对被评估对象与所选择的机器设备之间的功能与重置成本之间的关系进行分析判断，根据不同的情况采取不同的估测方法。

①当资产的功能与资产的成本之间的内在联系呈线性等比关系或近似于等比关系时，可采用下列公式：

$$被评估机器设备重置成本 = 参照物机器设备现行成本 \times \frac{被评估机器设备功能}{参照物机器设备功能} \qquad (9-9)$$

②当资产的功能与其成本的内在联系呈指数关系时，可采用下列公式计算重置成本：

$$被评估机器设备重置成本 = 参照物机器设备现行成本 \times \left(\frac{被评估机器设备功能}{参照物机器设备功能}\right)^{x} \qquad (9-10)$$

式中：x 为功能价值指数（或称规模效益指数），它是用来反映资产成本与其功能之间指数关系的具体指标。在国外经过大量数据的测算，取得的经验数据是：指数 x 的取值范围为 0.4 ~ 1，在机器设备评估中一般取值为 0.6 ~ 0.8。

[例 9-5] 被评估机器设备的年生产能力为 90 吨，选择的与被评估对象具有相同性质和用途的全新参照物机器设备的年生产能力为 120 吨，参照物机器设备的现行成本（包括设备价格、运杂费及安装调试费）为 100 000 元，经分析资产的功能与成本之间呈线性关系，则：

$$被评估机器设备重置成本 = 100\ 000 \times \frac{90}{120} = 75\ 000\ （元）$$

[例 9-6] 对某企业一套年产 60 万吨某产品的生产线进行评估，其账面原值为 1 500 万元，评估时选择了一套与被评估对象相似的新建生产线作为参照物，该生产线年产同类产品 80 万吨，现行成本为 3 000 万元，根据被评估资产所在行业的经验数据，该类生产线的功能价值指数为 0.7，则：

$$被评估生产线重置成本 = 3\ 000 \times \left(\frac{60}{80}\right)^{0.7} = 2\ 453\ （万元）$$

在运用功能价值类比法估测机器设备重置成本时，应注意所选择的参照物尽可能在购建地点和时间方面与评估对象所在地及评估基准日相同或相近。如果上述两项要求不能满足，则应对时间和地点因素进行必要的调整。时间因素的调整可利用价格指数法进行，地点差异主要考虑在运输费或其他费用方面进行必要调整。

（3）对于无法取得设备现行购置价格，也无法取得同类设备重置成本的，可采用价格指数法估测被评估机器设备的重置成本。该方法是根据被评估机器设备的原始成本和该类机器设备的物价变动指数，按现行价格水平计算重置成本。价格指数法通常适用于技术进步速度不快，技术进步因素对设备加工影响不大的设备的重置成本估测。其数学表达式为：

$$机器设备重置成本 = 机器设备原始成本 \times \frac{评估时该类设备的价格指数}{购建时该类设备的价格指数} \qquad (9-11)$$

[例 9-7] 某被评估机器设备购建于 2010 年，其账面原始价值为 65 000 元，购建时该类资产的价格指数为 110%，2015 年进行评估时，该类资产的价格指数为 135%，则：

$$被评估机器设备重置成本 = 65\ 000 \times \frac{135\%}{110\%} = 79\ 773\ （元）$$

3）进口设备重置成本的估测

进口设备重置成本的估测在原理上与国产设备的重置成本估测没有大的区别。但是，由于进口设备的生产厂家在国外，进口设备的进口渠道比较多，其重置成本不仅受到国际市场价格变化的影响，还受到国家政策、税收制度、汇率变化等因素的影响，因此进口设备重置成本的估测较国产设备更为复杂。在估测进口设备重置成本时，应根据进口设备的具体情况以及收集掌握相关加工数据资料的情况，进行不同的计算处理。

（1）对于可查询到进口设备现行离岸价格（FOB 价格）或到岸价格（CIF 价格）的，可按下列算式估测：

$$\begin{matrix}进口设备\\重置成本\end{matrix}=\left(\begin{matrix}FOB\\价格\end{matrix}+\begin{matrix}境外\\运费\end{matrix}+\begin{matrix}境外运输\\保险费\end{matrix}\right)\times\begin{matrix}现行外汇\\汇率\end{matrix}+\begin{matrix}进口\\关税\end{matrix}+消费税+增值税+\begin{matrix}其他\\费用\end{matrix}+\begin{matrix}国内\\运杂费\end{matrix}+\begin{matrix}安装\\调试费\end{matrix} \quad (9\text{-}12)$$

或

$$\begin{matrix}进口设备\\重置成本\end{matrix}=\begin{matrix}CIF\\价格\end{matrix}\times\begin{matrix}现行\\外汇汇率\end{matrix}+\begin{matrix}进口\\关税\end{matrix}+消费税+增值税+\begin{matrix}其他\\费用\end{matrix}+\begin{matrix}国内\\运杂费\end{matrix}+\begin{matrix}安装\\调试费\end{matrix} \quad (9\text{-}13)$$

式中：CIF 价格 = FOB 价格 + 境外运费 + 境外运输保险费

　　　境外运费（一般为海运费）= FOB 价格 × 海运费率

　　　境外运输保险费 = FOB 价格 × 保险费率

　　　进口关税 =（FOB 价格 + 境外运输保险费 + 境外运费）× 关税税率

　　　　　　　= CIF 价格 × 关税税率

$$消费税=\frac{关税完税价格+关税}{1-消费税税率}\times消费税税率$$

关税完税价格即为 CIF 价格，进口的机器设备中只有轿车、小汽车和小货车等运输设备征收消费税。

　　　增值税 =（关税完税价格 + 关税 + 消费税）× 增值税税率

其他费用一般包括银行手续费、外贸代理费、口岸管理费、海关监管费、商检费等，其他费用通常以 FOB 价格或 CIF 价格为基数，乘以适当的费用率计算，计算公式为：

　　　其他费用 = FOB 价格 × 费用率

或　　其他费用 = CIF 价格 × 费用率

国内运杂费、安装调试费与外购国产设备的估测方法相同。

［例 9-8］对某企业从美国进口的一套设备进行评估，评估人员经过调查了解到，评估基准日该设备从美国进口的离岸价格为 60 万美元，境外运费需 2 万美元，保险费为 FOB 价格的 4‰，该设备现行进口关税税率为 20%，增值税税率为 17%，其他费用约占 CIF 价格的 2%。国内运杂费及安装调试费需 2.5 万元人民币。评估基准日美元同人民币的比价为 1∶6.8，则该进口设备重置成本计算如下：

保险费 = 60×4‰ = 0.24（万美元）

CIF 价格 = 60+2+0.24 = 62.24（万美元）

　　　　 = 62.24×6.8 = 423.23（万元人民币）

进口关税 = 423.23×20% = 84.65（万元人民币）

进口增值税 =（423.23+84.65）×17% = 86.34（万元人民币）

其他费用 = 423.23×2% = 8.46（万元人民币）

进口设备重置成本 = 423.23+84.65+86.34+8.46+2.5 = 605.18（万元人民币）

（2）对于无法查询进口设备现行 FOB 价格或 CIF 价格的，如可以获取国外替代产品现行购置成本或重置成本的，可采用功能价值类比法估测被评估进口设备的重置成本。该方法的评估原理同前面介绍的国产机器设备重置成本估测中的功能价值类比法基本相同。需要注意的是，所选择的参照物必须是和被评估对象功能相同或相似的进口设备；参照物的购置成本或重置成本应和评估基准日一致，否则应通过价格因素和汇率因素的调整，调整为评估基准日的价格；另外，在计算中还应该注意参照物购置成本或重置成本的构成是否与被评估对象重置成本的构成相一致，如果不一致应进行必要的调整。

（3）对于可以获得进口设备生产国同类资产价格变动指数的，可采用指数调整法估测被评估对象的重置成本。该方法的基本思路是以被评估机器设备的账面原值为基础，通过对价格、汇率、关税税率及其他税费率变化因素的调整，来确定被评估进口设备的重置成本。其数学表达式为：

$$\begin{aligned}\text{被评估} \atop \text{进口设备} \atop \text{重置成本} &= {\text{FOB 价格} \atop \text{调整后} \atop \text{价值}} + {\text{境外运费} \atop \text{调整后} \atop \text{价值}} + {\text{境外运输} \atop \text{保险费} \atop \text{调整后价值}} + {\text{调整后} \atop \text{的关税}} + {\text{调整后的} \atop \text{消费税}} + {\text{调整后的} \atop \text{增值税}} + {\text{调整后的} \atop \text{其他费用}} + {\text{国内运杂费} \atop \text{调整后} \atop \text{价值}} + {\text{安装调试费} \atop \text{调整后} \atop \text{价值}}\end{aligned} \qquad (9-14)$$

式中：

$${\text{FOB 价格} \atop \text{调整后价值}} = {\text{以外币计价的 FOB} \atop \text{价格账面原值}} \div {\text{进口时} \atop \text{外汇汇率}} \times \left(1 + {\text{进口设备生产国同类资产} \atop \text{价格变动指数}}\right) \times {\text{评估基准日} \atop \text{外汇汇率}}$$

$${\text{境外运费} \atop \text{调整后价值}} = {\text{以外币计价的境外} \atop \text{运费账面原值}} \div {\text{进口时} \atop \text{外汇汇率}} \times \left(1 + {\text{境外运费} \atop \text{变动率}}\right) \times {\text{评估基准日} \atop \text{外汇汇率}}$$

$${\text{境外运输保险费} \atop \text{调整后价值}} = {\text{以外币计价的境外} \atop \text{保险费账面原值}} \div {\text{进口时} \atop \text{外汇汇率}} \times \left(1 + {\text{境外运输} \atop \text{保险费变动率}}\right) \times {\text{评估基准日} \atop \text{外汇汇率}}$$

$${\text{调整后} \atop \text{的关税}} = \left({\text{FOB 价格} \atop \text{调整后价值}} + {\text{境外运费} \atop \text{调整后价值}} + {\text{境外运输保险费} \atop \text{调整后价值}}\right) \times {\text{评估时} \atop \text{关税税率}}$$

$${\text{调整后的} \atop \text{消费税}} = \left({\text{FOB 价格} \atop \text{调整后价值}} + {\text{境外运费} \atop \text{调整后价值}} + {\text{境外运输保险费} \atop \text{调整后价值}} + {\text{调整后} \atop \text{的关税}}\right) \div \left(1 - {\text{消费税} \atop \text{税率}}\right) \times {\text{评估时} \atop \text{消费税税率}}$$

$${\text{调整后的} \atop \text{增值税}} = \left({\text{FOB 价格} \atop \text{调整后价值}} + {\text{境外运费} \atop \text{调整后价值}} + {\text{境外运输保险费} \atop \text{调整后价值}} + {\text{调整后} \atop \text{的关税}} + {\text{调整后的} \atop \text{消费税}}\right) \times {\text{评估时} \atop \text{增值税税率}}$$

$${\text{调整后的} \atop \text{其他费用}} = \left({\text{FOB 价格} \atop \text{调整后价值}} + {\text{境外运费} \atop \text{调整后价值}} + {\text{境外运输保险费} \atop \text{调整后价值}}\right) \times {\text{评估时} \atop \text{其他费用率}}$$

国内运杂费调整后价值 = 国内运杂费账面原值 × （1+国内同类费用价格变动指数）

安装调试费调整后价值 = 安装调试费账面原值 × （1+国内同类费用价格变动指数）

如果设备进口时采用的是 CIF 价格，可确定设备价格、境外运费及保险费的综合变动率进行调整。

［例9-9］对某企业的一套进口设备进行评估，有关资料如下：该设备是2011年从美国进口的，账面原值900万元人民币，其中设备价款550万元、境外运费15万元、境外保险费3万元、关税140万元、增值税120万元、其他费用22万元、国内运费10万元、安装调试费40万元，进口时美元和人民币的比价为1：8.3。经调查分析可知，2015年评估时与2011年购置时相比，该类设备在美国市场的销售价格上涨10%，境外运输费费率提高3%，保险费费率提高2%，国内运费费率提高4%，安装调试费率提高5%，2015年美元同人民币的比价为1：6.3，该类设备关税税率为20%，增值税税率为17%，其他费用率综合为2.5%，则该进口设备的重置成本计算如下：

调整后设备价格 = 550÷8.3× （1+10%）×6.3 = 459.22 （万元）

境外运费调整后价值 = 15÷8.3× （1+3%）×6.3 = 11.73 （万元）

境外保险费调整后价值 = 3÷8.3×（1+2%）×6.3 = 2.32（万元）

调整后的关税 =（459.22+11.73+2.32）×20% = 94.65（万元）

调整后的增值税 =（459.22+11.73+2.32+94.65）×17% = 96.55（万元）

调整后的其他费用 =（459.22+11.73+2.32）×2.5% = 11.83（万元）

调整后的境内运费 = 10×（1+4%）= 10.40（万元）

调整后的安装调试费 = 40×（1+5%）= 42.00（万元）

进口设备重置成本 = 459.22+11.73+2.32+94.65+96.55+11.83+10.40+42.00

= 728.70（万元）

对进口设备重置成本的估测还会有其他的情况，如被评估对象是以进口设备为主机，以国产设备相配套的一条生产线或生产机组，在评估时如果有设备构成及功能相同或相类似的生产线或生产机组的重置成本及生产能力资料，可采用功能价值类比法进行估测，也可采用指数调整法，把整条生产线或生产机组合理分解成几个构成部分。例如，进口设备主机、进口备件、国内配套设施、其他费用等，根据每一部分价格变动情况，把原始成本调整为按现行价格计算的重置成本，具体计算可根据前面所讲的方法进行。

4）对外出售自制设备重置成本的估测

自制设备通常是根据企业自身的特定需要，自行设计并建造或委托加工建造的非标准设备。由于自制设备是非通用设备，因而很难采用市场询价的方法测算其重置成本。如果市场上有功能相同的替代设备，可以替代设备为参照物，采用功能价值类比法评估；或者以自制设备的历史成本为基础，根据同类设备的价格指数将其调整为现行成本。而自制设备重置成本估测中通常采用的方法是重置核算法。

重置核算法是利用成本核算的原理，根据机器设备建造时所消耗的材料、工时及其他费用，按现行价格或费用标准计算资产现行的建造费用及安装调试费用，然后再加上合理的利息、税金和正常利润来确定被评估机器设备重置成本的方法。评估计算公式为：

自制设备的重置成本 = 制造成本+制造利润+税金+设计费+安装调试费   （9-15）

式中：

制造成本包括直接成本和间接成本，通常以行业平均水平为准，如果没有行业数据，也可以使用企业的数据；

制造利润是以行业平均成本利润率计算的利润，利润率可分为直接成本利润率和总成本利润率等；

税金为增值税及附加；

设计费为评估对象应分摊的设计费；

安装调试费包括人工费和材料费等。

［例9-10］对某企业拟对外出售的一台自制设备进行评估，经核查没有相关的行业制造成本数据，根据企业提供的数据并经查证，该自制设备的制造成本为23 100元，按行业平均成本利润率10%计算，制造利润为2 310元，该企业适用的增

值税税率为 17%，城市维护建设税税率为 7%，教育费附加为增值税税额的 3%，设计费为 3 000 元，安装调试费为 2 800 元。

（1）制造成本 = 23 100 元

（2）制造利润 = 23 100×10% = 2 310（元）

（3）计算增值税及城市维护建设税、教育费附加。

增值税 = （23 100+2 310）×17% = 4 319.70（元）

城市维护建设税 = 4 319.70×7% = 302.38（元）

教育费附加 = 4 319.70×3% = 129.59（元）

（4）自制设备重置成本 = 23 100+2 310+4 319.70+302.38+129.59+3 000+2 800
　　　　　　　　 = 35 961.67（元）

9.4.2　机器设备实体性贬值及成新率的估测

机器设备的实体性贬值是由于生产经营中的磨损和暴露于自然环境造成的侵蚀等引起的资产价值的损失。反映实体性贬值的相对数是实体性贬值率或有形损耗率。

成新率是反映机器设备新旧程度的指标，或理解为机器设备现实状态与设备全新状态的比率。成新率与实体性贬值率是同一事物的两面，二者的关系为：

成新率 = 1−实体性贬值率　　　　　　　　　　　　　　　　　　　　　　　（9−16）

成新率的估测是运用成本途径及其方法评估机器设备价值的一个非常重要的问题，机器设备成新率的测定以被评估对象在评估基准日的现实情况和环境条件为依据，通常采用观察法、使用年限法和修复费用法进行。

1）运用观察法估测机器设备的成新率

观察法是评估人员根据对机器设备的现场观察和技术检测，在综合分析机器设备的已使用时间、使用状况、技术状态、维修保养状况、大修技改情况、工作环境和条件等因素的基础上，测定机器设备成新率的一种方法。

观察法的重点是在全面了解被评估设备基本情况的基础上，对机器设备进行技术检测和鉴定。在进行技术检测和鉴定时应根据设备的不同类型，确定检测的项目和重点。下面仅就各类切削机床和运输设备在评估实务中经常遇到的技术检测的内容加以说明，仅供参考。

（1）各类切削机床技术检测的内容如下：

①精度、性能能否满足生产工艺要求，精密、稀有机床主要精度、性能能否达到出厂标准；

②各传动系统是否运转正常、变速齐全；

③各操作系统动作是否灵敏可靠；

④润滑系统是否装置齐全、管道完整、油路畅通；

⑤电气系统是否装置齐全、管线完整、性能灵敏、运行可靠；

⑥滑动部位运转是否正常，各滑动部位及零件有无严重拉、研、碰伤情况；

⑦机床内部是否清洁，有无油垢、锈蚀现象；

⑧机床有无漏油、漏水、漏气现象；

⑨零部件是否完整，随机附件是否齐全；

⑩安全防护装置是否安全可靠。

（2）运输设备技术检测的内容如下：

运输设备，如汽车的技术检测可分为行驶检查和外观检查两个方面，具体内容包括：

①发动机是否有活塞敲缸或曲轴、连杆振动等异常声响；

②变速器是否有脱挡、跳挡及敲击声，转向轮及变速杆操作是否轻便灵活；

③离合器分离是否彻底，接合是否平稳可靠，有无发抖、打滑及异常声响；

④加速性能、制动性能是否达到设计要求或安全行驶有关规定；

⑤汽车行驶后，冷却水温、机油温度、齿轮油温度是否达到有关规定要求，废气排放色度是否正常；

⑥发动机及变速器箱体、后桥结合部等部位是否漏油，冷却系统是否漏水；

⑦汽车外部有无碰伤、划痕、脱漆及锈蚀，车身及驾驶室的门窗玻璃是否完好，密封是否良好，驾驶室仪表是否完好；

⑧轮胎磨损程度如何。

运用观察法估测机器设备的成新率，在具体操作中可采用以下两种做法：

（1）直接观测法。该方法是首先确定和划分不同档次的成新率标准（见表9-3，该表仅供参考），然后根据被评估对象的实际情况，经观测、分析、判断，直接确定被评估机器设备的成新率。这种办法的特点是相对简便、省时、易行，但主观性较强、精确度较差，一般适用于单位价值小、数量多、技术性不是很强的机器设备成新率的确定。

（2）打分法。打分法又称分部鉴定法，是按机器设备的构成部分分项，按各项的价值比重或贡献度评分（满分100），然后根据对设备各部分实际状况的技术鉴定，通过打分来确定被评估机器设备的成新率。这种方法的特点是使单项设备的成新率的确定定量化，在一定程度上克服了主观随意性，使成新率的确定更加科学、合理。下面以普通机床为例，对这种方法加以具体说明。

采用打分法估测机床的成新率，首先把机床划分为机床精度、操作系统、运动系统、润滑系统、电器系统、外观及其他等部分，并给定每个部分的标准分（满分100），然后对各部分进行观测或技术鉴定，在此基础上对各部分实际状况打分，最后把各部分实得分数相加，即可得到被评估机床的成新率。具体情况见表9-4。如果是数控机床，可划分为机床精度、数控系统、液压系统、操作系统、润滑系统、电器系统、外观及其他几个部分，各部分的标准分与普通机床相比有较大差别，这里不作详细介绍。

表 9-3 **机器设备成新率评估参考表**

类别	新旧情况	有形损耗率（％）	技术参数标准参考说明	成新率（％）
1	新设备及使用不久设备	0～10	全新或刚使用不久的设备，在用状态良好，能按设计要求正常使用，无异常现象	90～100
2	较新设备	11～35	已使用一年以上或经过第一次大修恢复原设计性能使用不久的设备，在用状态良好，能满足设计要求，未出现过较大故障	65～89
3	半新设备	36～60	已使用两年以上或大修后已使用一段时间的设备，在用状态较好，基本上能达到设备设计要求，满足工艺要求，需经常维修以保证正常使用	40～64
4	旧设备	61～85	已使用较长时间或几经大修，目前仍能维持使用的设备。在用状态一般，性能明显下降，使用中故障较多，经维护仍能满足工艺要求，可以安全使用	15～39
5	报废待处理设备	86～100	已超过规定使用年限或性能严重劣化，目前已不能正常使用或停用，即将报废待更新	15 以下

表 9-4 **机器设备（机床）成新率鉴定表**

单位名称： 评估基准日：

设备名称			规格型号		制造厂家	
购置时间			已使用年限		近期大修日期/金额	
序号	项目	标准分	鉴定内容及实际情况			实际打分
1	机床精度	55	（1）几何精度，如溜板移动在垂直平面内的直线度、主轴锥孔中心线的径向跳动等指标是否达到设计及有关要求 （2）工作精度，如精车轴类零件外圆的圆度和圆柱度、精车端面的平面度等指标是否达到有关要求			
2	操作系统	6	变速及溜板操作手轮或手柄是否灵活轻便，丝杠与螺母之间的间隙是否过大			
3	运动系统	8	包括主轴箱、进给箱的齿轮传动系统，各部位轴承有无振动及发热，各滑动面有无拉伤			
4	润滑系统	10	润滑油泵出口压力是否达到额定值，油管是否泄漏，油路是否畅通			
5	电器系统	15	电控箱中电流开断装置，如磁力启动器、交流接触器、空气断路器以及各种继电器触点有无烧损或接触不良，工作是否正常。电动机在运转中是否发热升温超过正常值			
6	外观及其他	6	机床附件是否齐全，安全保护装置是否完好，外观有无锈蚀、碰伤及油漆剥落等			
合计		100		成新率		％

评估技术人员：

用此方法鉴定机床成新率的难点是机床精度的测定，因为机床精度可分为几何精度和工作精度（加工精度），具体又通过很多指标来反映，这些指标的测定通常用仪器来完成。事实上，由于受技术装备条件及评估作业时间的限制，资产评估机构很难做到这一点。在实际评估中，评估人员可通过向机器设备技术管理人员、机器设备操作人员调查了解机床的实际加工精度情况，再通过与机床的标准加工精度或设计加工精度对比，来给机床的精度打分。

2）运用使用年限法估测机器设备的成新率

使用年限法是假设机器设备在整个使用寿命期间内，实体性贬值与寿命缩短是成正比的，于是就可用设备的尚可使用年限与总的寿命年限的比值确定设备的成新率，其数学表达式为：

$$成新率 = \frac{机器设备的尚可使用年限}{机器设备已使用年限 + 机器设备尚可使用年限} \times 100\% \tag{9-17}$$

上述表达式是计算成新率的典型公式，因为不是所有的机器设备都是以"年"为单位反映寿命，如汽车的寿命用行驶里程反映更为准确，有些大型设备以工作小时反映寿命，大型建筑施工机械可按工作台班反映寿命。尽管反映寿命的单位不同，但评估成新率的原理与按"年"计量的评估方法并无不同，因此我们统称为使用年限法。

运用使用年限法估测机器设备的成新率取决于两个基本因素：已使用年限和尚可使用年限。但由于机器设备的具体情况不尽相同，如有的机器设备的投资是一次完成的，有的投资可能是分次完成的，有的可能是进行过更新改造和追加投资的，因此，应采取不同的方法测算其已使用年限和尚可使用年限。

（1）简单年限法。简单年限法是假定机器设备的投资是一次完成的，没有更新改造和追加投资等情况的发生，这对于许多机器设备的特定时期来说是符合实际的。

①机器设备已使用年限的确定。机器设备已使用年限是指机器设备从开始使用到评估基准日所经历的时间。由于资产在使用中负荷程度及日常维护保养差别的影响，已使用年限可分为名义已使用年限和实际已使用年限。名义已使用年限是指会计记录记载的资产的已提折旧的年限。实际已使用年限是指资产在使用中实际磨损的年限，可根据设备运行的记录资料，用下列公式计算：

实际已使用年限 = 名义已使用年限 × 设备利用率

$$设备利用率 = \frac{截至评估基准日设备累计实际利用时间}{截至评估基准日设备累计法定利用时间} \times 100\% \tag{9-18}$$

设备利用率计算结果小于1，表明开工不足，设备实际已使用年限小于名义已使用年限；设备利用率计算结果大于1，表明资产超负荷运转，实际已使用年限大于名义已使用年限。

在机器设备评估中，应根据机器设备的名义已使用年限（折旧年限），考虑机器设备的使用班次、使用强度和维修保养水平，据实估测其实际已使用年限。

②机器设备尚可使用年限的测定。机器设备尚可使用年限是指从评估基准日开

始到机器设备停止使用所经历的时间，即机器设备的剩余寿命。机器设备的已使用年限加上尚可使用年限就是机器设备的总寿命年限。如果机器设备总寿命年限已确定，尚可使用年限就是总寿命年限扣除已使用年限的余额。机器设备的尚可使用年限受到已使用年限、使用状况、维修保养状况以及设备运行环境的影响，评估人员应对上述因素进行全面分析和审慎考虑，以便合理确定机器设备的尚可使用年限。确定尚可使用年限的方法主要有以下几种：

A. 法定年限法。该方法是参照国家规定的机器设备的折旧年限，扣除已使用年限，即为机器设备的尚可使用年限。折旧年限是国家财务会计制度以法律的形式规定的机器设备计提折旧的时间跨度。它是综合考虑了机器设备物理使用寿命、技术进步、企业承受能力以及国家税收状况等因素确定的。从理论上讲，折旧年限并不等同于机器设备的总寿命年限，机器设备已折旧年限并不一定能全面反映出机器设备的磨损程度。因此，采用此方法估测机器设备的尚可使用年限及成新率时，一定要注意法定年限与机器设备的经济寿命、已折旧年限与设备的实际损耗程度是否相吻合，并注明使用的前提和使用的条件。法定年限法一般适用于较新的机器设备尚可使用年限及成新率的确定。对于国家明文规定限期淘汰、禁止超期使用的设备，其尚可使用年限不能超过国家规定禁止使用的日期，而不论设备的现时技术状态如何。

B. 预期年限法。该方法也称技术鉴定法，是应用工程技术手段进行现场勘察和技术鉴定，检测机器设备的各项性能指标，确定资产的磨损程度，并同现场操作人员和设备管理人员交谈，了解设备的使用状况、维修保养状况及运行环境状况，凭专业知识和经验判断机器设备的尚可使用年限。对于已使用时间较长、比较陈旧的机器设备以及超龄服役的机器设备尚可使用年限的确定一般采用此方法。预期年限法主观性较强，难度也较大，需要评估人员具有较强的专业水准和丰富的评估经验，这也是评估人员必备的本领。

C. 寿命年限平均法。该方法是根据企业已退役机器设备使用寿命年限的记录，按加权平均法确定机器设备的平均寿命年限，并以此作为被评估机器设备的总寿命年限，扣除已使用年限后即得尚可使用年限。该方法的运用前提是企业机器设备报废资料记录比较完整，且具有一定数量；企业的机器设备使用保养情况正常，或被评估对象与退役的机器设备使用情况、维修保养情况以及运行环境状况基本相同；被评估机器设备与退役的机器设备类型、规格型号、制造质量等方面基本相同。

[例9-11] 评估某企业一台普通金属切削机床的成新率，该机床已使用年限为5年。查阅近3年的设备退役记录，共报废该类机床8台，其中使用寿命13年的1台，使用寿命15年的2台，使用寿命16年的3台，使用寿命17年和20年的各1台。

经调查分析，被评估设备与退役设备的使用状况、维修保养状况及运行环境状况基本相同，则：

该类设备的平均使用寿命 $= 13 \times \frac{1}{8} + 15 \times \frac{2}{8} + 16 \times \frac{3}{8} + 17 \times \frac{1}{8} + 20 \times \frac{1}{8} = 16$ （年）

尚可使用年限 $= 16 - 5 = 11$ （年）

成新率 $= \frac{11}{16} \times 100\% = 68.75\%$

（2）综合年限法。综合年限法根据机器设备投资是分次完成、机器设备进行过更新改造和追加投资，以及机器设备的不同构成部分的剩余寿命不同等一些情况，经综合分析、判断，并采用加权平均法计算，确定被评估机器设备的成新率。

①综合已使用年限的确定。一台机器设备由于分次投资、更新改造、追加投资等情况，使不同部件的已使用年限不同，确定整个设备的已使用年限，应以各部件重置成本的构成为权重，对各部件参差不齐的已使用年限进行加权平均，确定已使用年限。

［例9-12］被评估设备购于2006年3月，原始价值为50 000元。2009年3月和2011年3月进行过两次更新改造，主要是添置一些自动化控制装置，当年投资分别为3 000元和2 500元；2014年3月进行过一次大修，更换了一些原来的部件，投资额为18 500元。假设从2006年3月至2016年3月每年的价格上升率为10%，试估测该设备2016年3月评估时的已使用年限。

计算步骤及过程如下：

A.用价格指数法计算被评估设备的现行成本。具体做法是用各年的原始投资额乘以相应的价格变动系数，得出各年投资的现行成本，再把各年投资的现行成本相加，即得到该设备的现行成本，见表9-5。

表9-5　　　　　　　　　　　**该设备各年的现行成本表**

投资日期	原始投资额（元）	价格变动系数	现行成本（元）
2006 年	50 000	2.60	130 000
2009 年	3 000	1.95	5 850
2011 年	2 500	1.61	4 025
2014 年	18 500	1.21	22 385
合　计	74 000	—	162 260

B. 扣减重复计算的原始成本，调整现行成本。计算重置成本（现行成本）应以资产各部件的现实存在为基础，当各期投资更替了投入的部件时，应扣减该部件投入期的原始成本。本例中，2014 年大修时换掉的那部分部件的成本计算了两次，为了对此进行调整，可采用逆向价格变动趋势分析，把重复投资部分去掉。把 2014 年大修理费用按 2006 年价格重新计算如下：

$$18\ 500 \times \frac{1.21}{2.60} = 8\ 610\ （元）$$

重新计算调整后的原始成本及现行成本见表 9-6。

表 9-6　　　　　　　　　该设备调整后的成本表

投资日期	原始投资额（元）	价格变动系数	现行成本（元）
2006 年 3 月	41 390	2.60	107 614
2009 年 3 月	3 000	1.95	5 850
2011 年 3 月	2 500	1.61	4 025
2014 年 3 月	18 500	1.21	22 385
合　计	65 390	—	139 874

C. 计算加权投资成本。用价格指数法求得的各次投资的现行成本乘以各次投资的年限，即为加权投资成本，见表 9-7。

表 9-7　　　　　　　　　该设备各年加权投资成本表

投资日期	现行成本（元）	投资年限（年）	加权投资成本（元）
2006 年	107 614	10	1 076 140
2009 年	5 850	7	40 950
2011 年	4 025	5	20 125
2014 年	22 385	2	44 770
合　计	139 874	—	1 181 985

D. 确定设备的综合已使用年限。用设备的加权投资成本除以设备的现行成本求得：

$$设备综合已使用年限 = \frac{1\ 181\ 985}{139\ 874} = 8.45\ （年）$$

②综合尚可使用年限的确定。同已使用年限一样，一台设备各部件的尚可使用年限也可能有长有短，在评估时，可按重置成本对各部件的尚可使用年限进行加权平均，求得整个设备的尚可使用年限。各部件尚可使用年限可用简单年限法进行评估。现举例说明综合尚可使用年限的评估。

［例9-13］承［例9-12］，现评估该设备的尚可使用年限。评估人员经现场勘查，分析认为该设备的主体框架比较合理，在正常使用及维修保养条件下，尚可使用12年，自控装置已使用了5年和7年，预计2年后就要替换，还有约为最初投资额20%的结构部件在5年后要更换，则整个设备的综合尚可使用年限估算为9.89年，见表9-8。

表9-8   该设备基本情况表

项　　目	重置成本（元）	投资百分比（%）	尚可使用年限（年）	加权尚可使用年限（年）
主体框架	102 024	72.94	12	8.75
自控装置	9 875	7.06	2	0.14
结构部件	27 975	20.00	5	1.00
合　　计	139 874	100.00	—	9.89

3）运用修复费用法估测机器设备的成新率

修复费用法，又称修复金额法，是按修复磨损部件所需要的费用开支来确定机器设备实体性损耗及成新率的方法。它适用于某些特定结构部件已经被磨损但能够以经济上可行的办法修复的情形，对机器设备来说，包括主要零部件的更换或修复、改造费用等。修复费用法确定成新率的公式为：

$$成新率 = 1 - \frac{修复费用}{重置成本} \tag{9-19}$$

在使用这种方法时，应注意以下两点：（1）把实体性损耗中的可修复磨损和不可修复磨损区别开来。两者之间根本的不同点就是可修复的实体性损耗不仅在技术上具有修复的可能性，而且在经济上是划算的，不可修复的实体性损耗则无法以经济上划算的办法修复。于是，对于不可修复的磨损按观察法或使用年限法进行评估，可修复的磨损则按修复费用法进行评估。（2）确定修复费用是否包括了对设备技术更新和改造的支出。由于机器设备的修复往往同功能改进一并进行，这时的修复费用很可能不全用在实体性损耗上，而有一部分用在功能性贬值因素上，因此，在评估时应注意不要重复计算机器设备的功能性贬值。

[例9-14] 对某企业的一台加工炉进行评估，该加工炉是全年连续运转的。经现场观察并与操作人员和技术人员交谈，了解到这台设备是 8 年前安装的，现在需要对炉内的耐火材料、一部分管道及外围设备进行更换。如果更换耐火材料、管道和外围设备，该加工炉就能再运转 15 年。经与设备维修和技术部门讨论，了解到更换耐火材料需投资 15 万元，更换一部分管道及外围设备需投资 7 万元，共 22 万元。现估测该加工炉的成新率。具体步骤如下：

①估测重置成本。采用成本法求得该加工炉的重置成本为 160 万元。

②计算不可修复部分的重置成本。用加工炉的重置成本扣除可修复的实体性损耗求得：

不可修复部分的重置成本 = 160－22 = 138（万元）

③计算不可修复部分的损耗率和损耗额。

损耗率 = 8÷（8+15）×100% = 34.78%

损耗额 = 138×34.78% = 48（万元）

④计算成新率。

$$成新率 = 1 - \frac{22+48}{160} \times 100\% = 56.25\%$$

上述三种估算实体性损耗及成新率的方法是一种理论分类方法，在资料信息充足并有足够时间进行分析时都是行之有效的。而且三种方法并不是彼此孤立的。尽管如此，在评估实践中很难做到三种方法同时运用，只能根据实际情况和所能掌握的有关资料选择适当运用一种或几种方法。在评估时还应注意采用某一种方法估测的成新率是否包含了功能性贬值和经济性贬值的因素，以避免功能性贬值和经济性贬值的重复计算和漏评。

9.4.3 机器设备功能性贬值和经济性贬值的估测

1）机器设备功能性贬值及估测

机器设备的功能性贬值是由于新技术的发展而导致的资产价值的贬损。它包括两个方面：一是超额投资成本造成的功能性贬值。这主要是新技术引起的机器设备结构、设计、材料、产品工艺、制造方法、设备规格和配置等方面的变化和改进，使购建新设备比原有设备的投资成本降低。二是超额运营成本形成的功能性贬值。这主要是技术进步使原有设备与现时新式设备相比功能落后，运营成本增加。

估测机器设备的功能性贬值，首先应该对已经确定的重置成本和成新率（实体性贬值）进行分析，看其是否已经扣除了功能性贬值的因素，如采用价格指数法确定的设备重置成本中包含功能性贬值因素，采用功能价值类比法确定的设备重置成本中已经扣除了功能性贬值。再如采用使用年限法确定成新率，没有扣除功能性贬值因素，而采用修复费用法可能扣除了全部或部分功能性贬值。因此，机器设备的重置成本和成新率确定后，并不应该匆忙地进行功能性贬值的评估，而是要对重置成本和成新率进行分析，如果前两项已经扣除了功能性贬值，就不要重复计算；如果未扣除功能性贬值，并且功能性贬值存在，应采取相应的方法估测，不可漏评。

（1）超额投资成本造成的功能性贬值的估算

由于超额投资成本造成的功能性贬值表现为新设备的购建成本（更新重置成本）比老设备的取得成本（复原重置成本）便宜，因此功能性贬值就等于设备的复原重置成本与更新重置成本之间的差额，即：

功能性贬值＝复原重置成本－更新重置成本   (9-20)

在评估操作中应注意的是，如果估测的重置成本是更新重置成本，实际就已经将被评估设备价值中所包含的超额投资成本部分剔除掉了，而不必再去刻意寻找设备的复原重置成本，然后再减掉设备的更新重置成本得到设备的超额投资成本。因此，选择重置成本时，在同时可以取得复原重置成本和更新重置成本的情况下，应选用更新重置成本。当然也存在更新重置成本超过复原重置成本的可能性，这种情况往往是新设备功能更先进、运营成本降低而使老设备额外贬值。

（2）超额运营成本造成的功能性贬值的测算

超额运营成本造成的功能性贬值与实体资产的任何有形损耗均无关联，它是由技术的发展所引起的且发生在设备身上的一种贬值。它很容易出现在下列场合：

①使用高技术设备和制造高技术产品的工业企业；

②新兴产业；

③长期以来不断扩大规模的老企业；

④拥有大量相同设备的企业；

⑤开工不足或拥有一些闲置设备的企业；

⑥加工处理大量材料的企业。

超额运营成本造成的功能性贬值可采用未来超额运营成本净额折现法估测，具体步骤如下：

①对被评估设备的运营报告和生产统计进行分析。重点分析以下几个方面：操作人员数量；维修保养人员数量和材料；能源和水电消耗；产量。

②选择参照物，核定参照物与评估对象在产量、成本方面的差异，并将参照物的年操作运营成本与被评估对象的年操作运营成本比较，计算被评估对象的年超额运营成本。

③将年超额运营成本扣减采用新设备生产的新增利润应缴的所得税，得到被评估设备的年净超额运营成本。

④估测被评估设备的剩余使用寿命。

⑤选择合适的折现率，把整个剩余使用寿命期间的各年度净超额运营成本折成现值，其现值之和就是功能性贬值额。

［例9-15］对某炼油厂的一个锅炉进行评估。该锅炉正常运转需7名操作人员，每名操作人员年工资及福利费约9 600元，锅炉的年耗电量为10万千瓦时，目前相同能力的新式锅炉只需4个人操作，年耗电量为7.5万千瓦时，电的价格为1.2元/千瓦时，被评估锅炉的尚可使用年限为8年，所得税税率为25%，适用的折现率为10%。根据上述数据资料，被评估锅炉的功能性贬值估测如下：

（1）被评估锅炉的年超额运营成本为：

$(7-4) \times 9\,600 + (100\,000-75\,000) \times 1.2 = 58\,800$（元）

（2）被评估锅炉的年净差额运营成本为：

$58\,800 \times (1-25\%) = 44\,100$（元）

（3）被评估锅炉在剩余寿命年限内的功能性贬值额为：

$44\,100 \times (P/A,\,10,\,8) = 44\,100 \times 5.3349 = 235\,269$（元）

［小提示9-2］

设备的功能性贬值是一个相对的参数，是评估对象的功能相对于参照资产而言的。一般来说，参照资产应是同类资产中功能和技术较为先进且为当前普遍采用的。与这样的参照资产相比，评估对象功能落后即存在功能性贬值，反之则存在功能性溢价。

2）机器设备经济性贬值及估测

经济性贬值是因外界因素影响而引起的资产贬值。导致经济性贬值的因素大致有：对产品需求的减少，市场竞争的加剧，原材料供应情况的变化，通货膨胀，高利率，政府法律、政策的影响，以及环境保护因素等。其最终表现为机器设备的利用率下降、闲置和收益减少。

由于经济性贬值是外界因素对整个企业而不是对单台机器设备或孤立的一组机器设备发生作用的结果，因此，采用成本途径对机器设备估价时，很难确定和估算机器设备的经济性贬值，这也是成本途径的主要缺陷。如果经分析经济性贬值确实存在并造成影响，应采取适宜的方法进行估测。

对于设备利用率下降造成的经济性贬值，可通过比较机器设备目前的实际生产能力和设计生产能力，以百分比的形式计算机器设备的经济性贬值率，然后再用机器设备的重置成本扣减实体性贬值和功能性贬值后的数额乘以设备的经济性贬值率得出机器设备的经济性贬值额。其数学表达式为：

$$经济性贬值率 = \left[1 - \left(\frac{设备的实际生产能力}{设备的设计生产能力}\right)^x\right] \times 100\% \qquad (9-21)$$

式中：x为规模效益指数，它的取值范围为0.4～1之间，在机器设备评估中，x值一般选取在0.6～0.7之间。

$$经济性贬值额 = 重置成本 \times 经济性贬值率 \qquad (9-22)$$

［例9-16］对某企业的一条生产线进行评估，该生产线的设计生产能力为每天

生产 1 000 件产品，设备状况良好，技术上也很先进。由于市场竞争加剧，使该生产线开工不足，每天只生产 750 件产品。经评估，该生产线的重置成本为 900 万元，试估测该生产线的经济性贬值额（规模效益指数取 0.7）。

经济性贬值率 $= \left[1 - \left(\dfrac{750}{1000}\right)^{0.7}\right] \times 100\%$

$\qquad\qquad = （1 - 0.818） \times 100\%$

$\qquad\qquad = 18.2\%$

经济性贬值额 $= 900 \times 18.2\% = 163.8$（万元）

在估测机器设备的经济性贬值时，必须注意以下几点：（1）经济性贬值是由于外界因素造成的。如果一个企业某些机器设备是因为自身的原因而不能按原定生产能力生产，那么，机器设备能力闲置有可能是实体损耗或功能性贬值的结果；如果是因为企业内部的生产能力不均衡，如同样的人力、物力消耗，生产能力却不同，那么这样的能力闲置有可能是功能性贬值问题。（2）机器设备的生产能力与经济性贬值之间的关系是指数关系，但并没有排除它们之间可能会存在线性关系。（3）机器设备的预计生产能力长时间闲置而非短期或临时闲置才可能会出现经济性贬值，临时性减产或生产能力调整不能算作经济性贬值因素。

在评估中，如果机器设备由于外界因素变化所造成的收益减少额能够直接测算出来的话，可直接按机器设备继续使用期间的每年的收益损失额折现累加得到机器设备的经济性贬值额。其数学表达式为：

经济性贬值额 $=$ 设备年收益损失额 $\times$（1−所得税税率）$\times$（P/A，r，n）　　　　　（9-23）

式中：（P/A，r，n）为年金现值系数。

［例9-17］承［例9-16］，如果该企业生产的产品销售价格为 75 元/件，销售利润率为 10%，被评估生产线尚可继续使用 5 年，折现率为 12%，所得税税率为 25%，一年按 360 天计算，则被评估生产线的经济性贬值可计算为：

经济性贬值额 $=$（1 000−750）$\times 360 \times 75 \times 10\% \times$（1−25%）$\times$（P/A，12，5）

$\qquad\qquad = 506\ 250 \times 3.6048$

$\qquad\qquad = 1\ 824\ 930$（元）

机器设备的经济性贬值与设备的重置成本、实体性贬值和功能性贬值本来是相互独立的，但是在具体操作过程中，可能会因测算方法的原因相互之间存在包容关系，因此在测算设备的经济性贬值时应注意各参数之间的相互关系。

［相关链接9-3］

资产评估准则——机器设备
第四章　评估方法

第二十一条　注册资产评估师执行机器设备评估业务，应当根据评估对象、价值类型、资料收集情况等相关条件，分析成本法、市场法和收益法三种资产评估基本方法的适用性，并恰当选择。

第二十二条　注册资产评估师运用成本法评估机器设备时，应当：

（一）明确机器设备的重置成本包括购置或者购建设备所发生的必要的、合理的成本、利润和相关税费等。注册资产评估师应当合理确定重置成本的构成要素。

（二）明确重置成本可以划分为更新重置成本与复原重置成本。注册资产评估师应当优先选用更新重置成本。

（三）了解机器设备的实体性贬值、功能性贬值和经济性贬值，以及可能引起机器设备贬值的各种因素，采用科学的方法，合理估算各种贬值。

（四）了解对具有独立运营能力或者独立获利能力的机器设备组合进行评估时，成本法一般不应当作为唯一使用的评估方法。

第二十三条 注册资产评估师运用市场法评估机器设备时，应当：

（一）明确活跃的市场是运用市场法评估机器设备的前提条件，注册资产评估师应当考虑市场是否能够提供足够数量的可比资产的销售数据，以及数据的可靠性。

（二）明确参照物与评估对象具有相似性和可比性是运用市场法的基础，应当使用合理的方法对参照物与评估对象的差异进行调整。

（三）了解不同交易市场的价格水平可能存在差异。注册资产评估师应当根据评估对象的具体情况，确定可以作为评估依据的合适的交易市场，或者对市场差异做出调整。

（四）明确拆除、运输、安装、调试等因素对评估结论的影响。

第二十四条 注册资产评估师运用收益法评估机器设备时，应当：

（一）明确收益法一般适用于具有独立获利能力或者获利能力可以量化的机器设备。

（二）合理确定收益期限、合理量化机器设备的未来收益。

（三）合理确定折现率。

本章小结

机器设备是企业固定资产的重要组成部分，机器设备评估也是资产评估的重要内容。对于机器设备评估，明确评估的基本事项、对机器设备进行现场勘察和技术鉴定是评估准备工作的重要环节。在机器设备评估中，应根据评估目的、评估对象的实际状况、评估时的市场条件以及能否收集到评估所需有关资料等情况，合理选择评估途径和方法。在各种途径中，成本途径及其方法是机器设备评估的主要途径，市场途径主要适用于通用性较强的机器设备变现价值的评估，收益途径的运用范围比较狭窄，主要适用于出租设备和具有独立获利能力的生产线或生产机组的评估。

关键概念

机器设备 匹配效应 功能性贬值 经济性贬值

思考题

1. 如何界定机器设备的使用状态？
2. 可以通过哪些途径测算机器设备的重置成本？
3. 如何判断机器设备的功能性贬值？
4. 作为要素资产的机器设备评估应当如何把握？
5. 可以通过哪些途径测算机器设备的成新率？

第 10 章

评估技术在无形资产评估中的应用

学习目标

通过本章的学习，学生应掌握无形资产的特点、无形资产评估的特点、无形资产评估价值决定、无形资产评估对象类型、无形资产作用范围以及收益途径及其方法在无形资产评估中的应用。同时，了解其他评估途径和方法在无形资产评估中的应用。

10.1 无形资产分类及评估特点

在当今世界的微观经济活动中，无形资产表现得远比有形资产更有活力，企业拥有无形资产的多寡，反映了企业所具有的科技能力和水平。无形资产越来越成为企业资产中的重要组成部分和企业生产经营中最重要的生产要素。

到目前为止，尚无统一的无形资产概念或定义。人们通常站在不同的角度来定义无形资产。中国著名会计学家杨汝梅先生于 1926 年完成的《无形资产论》中对无形资产定义如下："吾人得一原则，谓无形资产价值乃属一特定企业所具额外收益能力之表示。"在《国际会计准则》中，无形资产是指为用于商品或劳务的生产或供应、出租给其他单位，或为管理目的而持有的、没有实物形态的可辨认非货币性资产。2007 年 1 月 1 日开始实施的我国《企业会计准则——无形资产》将无形资产定义为："无形资产，是指企业拥有或者控制的没有实物形态的可辨认非货币性资产。"《国际评估准则》中对无形资产的定义为：无形资产不具有实物形态，但为其拥有者获取了权益和特权，而且通常为其拥有者带来收益。2001 年 9 月 1 日起我国开始实施的《资产评估准则——无形资产》中将无形资产定义为："本准则所称无形资产，是指特定主体所控制的，不具备实物形态，对生产经营长期发挥作用且能带来经济利益的资源。"上述各种无形资产的定义反映了不同学科、不同行业对无形资产认识的不同侧重点。会计准则强调了无形资产的会计属性，例如"非货币性"，资产评估准则则强调无形资产的"排他性"和"权益性"。从资产评估的角度，从有助于判断、界定、认识和把握无形资产的角度，将无形资产表述为"被特定权利主体拥有或控制的，不具有独立物质实体，对生产经营或服务能持续发挥作用，并能为其拥有者或控制者带来经济利益的资源。"可能更能反映无形资产的本质。

关于无形资产的定义，尽管各种表述有所差异，但对无形资产实质的认识已基本趋于一致。然而，关于无形资产的外延和具体内容，尤其是无形资产评估实际承认的外延和边界，世界各国有着不同的观点。在我国，目前并无界定无形资产的专门法规或条例。现行的《企业会计准则——无形资产》和《资产评估准则——无形资产》也只列举了专利权、专有技术、商标权、著作权、土地使用权、特许权和商誉等。而在无形资产评估实践中，像租赁权、特许权及客户关系等也经常被作为无形资产进行评估。因此，在我国，无形资产的外延和边界并没有统一划定，在无形资产评估的实践中对无形资产的把握亦不尽统一。这更需要资产评估人员深刻理解无形资产的内涵，既不可以漏评无形资产，也不可以人为创造无形资产。

10.1.1 无形资产的分类

对无形资产进行必要的分类，一方面是便于把握无形资产和识别无形资产，另一方面也便于了解无形资产的属性及作用空间，以便进一步掌握无形资产的价值变化规律。无形资产可以按不同的标准进行分类，主要有以下几种分类形式：

1）按无形资产作用的领域分类

（1）促销型无形资产（market intangible assets）

促销型无形资产包括：商标/商号（trade-names/trademarks）、顾客名单（customer lists）、特许权（franchises）、许可证（licenses）、分销网络（distribution network）、包装（packaging）、广告资料（advertising material）等。

（2）制造型无形资产（manufacturing intangible assets）

制造型无形资产主要包括：专利权（patent）、非专利技术（non-patented technology）、专有技术（know-how）、合同权利（contract rights）、新产品开发数据资料（new product development data）、商业秘密（trade secrets）、配方（formulas）、图纸（drawings）等。

（3）金融型无形资产（financial intangible assets）

金融型无形资产包括：优惠融资（favorable financing）、不竞争合同条款（covenants-not-to-compete）、租赁权（leasehold interests）、版权（copyright）、配套员工（assembled workforce）、数据库（data base）、软件（software）、商誉（goodwill）等。

2）按无形资产的性质分类

（1）知识型无形资产

知识型无形资产主要包括专利权、非专利技术、计算机软件、著作权（版权）、商标权等。

（2）权利型无形资产

权利型无形资产主要包括土地使用权、开矿权、租赁经营权、特许经营权、专营专卖权、许可证、优惠融资条款等。

（3）关系型无形资产

关系型无形资产主要包括顾客名单、销售网络、有组织的员工等。

（4）其他无形资产

其他无形资产是指不包括在上述三类无形资产中的无形资产，如商誉。

3）按无形资产取得的方式分类

（1）自创无形资产

（2）外购无形资产

4）按无形资产的可辨识程度分类

（1）可辨认的无形资产

除商誉外的无形资产绝大部分属于可辨认的无形资产。

（2）不可辨认的无形资产

不可辨认的无形资产主要是指商誉。

国际评估准则委员会在其颁布的《国际评估准则》评估指南4中，将无形资产分为权利型无形资产（如租赁权）、关系型无形资产（如顾客关系、客户名单等）、组合型无形资产（如商誉）和知识产权（包括专利权、商标权和版权等）。

10.1.2 无形资产的特性

无形资产作为一类较特殊的资产，有其自身的特殊性，归纳起来可以概括为无形资产的形式特征和资产特征两个方面。

1）无形资产的形式特征

（1）无形资产没有物质实体，但它又必须通过一定的物质载体直接或间接地表现其客观存在。其直接载体包括专利证书、许可证、图纸、注册商标等，间接载体包括整体企业、机器设备等。无形资产作为一种独立的资产，其价值与其载体有着密切的关系。

（2）无形资产通过使用能为其拥有者取得持续的经济效益。

（3）无形资产被排他性地占有，其提供的未来经济效益具有较强的不确定性。

2）无形资产的资产特征

无形资产的资产特征主要是与有形资产相比较而言的，择其要者有以下各点：

（1）可分性与共享性。同一无形资产经合法的程序可以同时为不同的权利主体共同享用，同一无形资产在其所有者继续使用该无形资产的前提下，可以多次转让其使用权。

（2）无形资产对有形资产的相对依附性。无形资产的作用是巨大的，但是，无形资产作用的发挥需要借助于有形资产，而且无形资产作用的大小与其依附的有形资产的质量、规模等有着密切的联系。专利权或非专利技术作用的发挥，需要借助于专门的设备和生产企业，专门设备的数量和质量以及企业的生产规模都会影响专利权及非专利技术作用的发挥。

（3）无形资产的研制开发成本与其获利能力的弱对应性。无形资产在其研制开发过程中所支出的各种费用的多少与无形资产的获利能力并不成等比关系，无形资产的获利能力是由无形资产的功能及效用决定的，而并不完全取决于它的研制开发成本的多少。运用成本法及利用无形资产的取得成本作为其评估价值时，应格外慎重。

（4）无形资产具有明显的个别性特征。对于大部分无形资产而言，主要是个体研发、量身定做，很难通过重复性批量生产。因而，大部分的无形资产都具有明显的个别性和独特性。无形资产的个别性特征也就决定了大部分无形资产之间缺乏可比性，包括功能、研发成本以及交易的可比性。由于无形资产研发的个体性及独特性，即使是同种类的无形资产也难以保证其功能上的一致。由于不同企业在开发能力、管理水平、员工素质、市场开拓能力等诸多方面存在差异，即使研发类似的无形资产，其投入的研发费用和取得的无形资产（研发成果）质量以及未来的获利能力等也可能相差甚远。因而，在公开市场上找到可以作为参照物的同类或类似无形资产是非常困难的。所以，无形资产的个别性特征决定了大部分无形资产缺乏可比性。

（5）无形资产的市场透明度低。无形资产中的知识型、技术型无形资产往往具有很强的保密性和垄断性，同样，无形资产的市场交易资料，特别是有关无形资产特性方面的市场数据并不多见，使得无形资产的市场透明度很低。

了解和熟悉无形资产的特性是资产评估人员做好无形资产评估工作的重要一环。

10.1.3　无形资产的评估特点

无形资产评估与有形资产评估相比较而言，有以下特点：

1）无形资产需要确认

在具体评估无形资产时，不能仅仅满足于无形资产的一般判断，还必须深入地核查落实评估对象，明确评估对象的自身状况。作为评估标的物的无形资产，其自身状况如何对其自身的价值高低影响极大。无形资产自身的状况包括：无形资产的适用性和先进性；安全可靠性和配套性；评估时无形资产所处的经济寿命阶段；受法律保护的程度或自我保护程度；保密性与扩散情况；研制开发成本及宣传成本；无形资产的产权状况、无形资产的获利能力等。对无形资产的自身状况的了解和掌握，往往通过对无形资产的鉴定来完成。具体鉴定大致可以从以下几个方面进行：

（1）对无形资产的权属进行鉴定：所有权或使用权；权利是独家拥有还是多家控制；无形资产的使用范围如何；了解和掌握无形资产权利使用、续展以及更新的条件等。查询被评估无形资产的内容、国家有关规定、专业机构评价鉴定、法律文书，如专利证书、商标注册证、著作权登记证书等。

（2）对无形资产的性能和功能进行技术鉴定，要与同类无形资产进行功能比较，从而对被评估无形资产的功能作用的技术性、可靠性做出鉴定。

（3）对无形资产使用空间和使用条件进行鉴定。无形资产的具体鉴定不仅包括对无形资产的性能和功能进行技术鉴定，而且包括对无形资产的作用空间和使用条件进行鉴定。无形资产的作用空间与无形资产的具体种类、转让的方式，以及无形资产使用的配套条件有关。根据无形资产评估的目的，无形资产的具体种类，以及该类无形资产发挥作用需要的条件及配套工作来把握无形资产的作用空间。从某种意义上讲，无形资产的作用空间构成了无形资产评估对象的组成部分，即同一无形资产与不同的作用空间结合，其实就构成了不同的评估对象。因为这些不同的排列组合，其获利能力和评估价值都是有差异的。对无形资产进行评估时，评估人员需要对被评估的无形资产进行确认，在确认无形资产存在的基础上区分无形资产的种类和作用空间。有些无形资产是一种相对独立的无形资产，而有些无形资产是由若干项无形资产综合构成的，如有些专利技术必须与其他专利技术及专有技术一起才能形成有效的可以实际运用的技术，有效无形资产的界定为进一步界定无形资产的作用空间和使用条件创造了条件。

2）无形资产评估前提的界定

从我国目前的市场条件和人们对无形资产的认识水平来看，无形资产评估通常是以产权变动为前提的。产权变动前提下的无形资产评估中的评估对象通常有两种情况。一种情况是，当无形资产的拥有者或控制者以其拥有或控制的无形资产作为投资或交易对象对外投资或交易时，被投资或交易的无形资产成为评估对象；另一种情况是，当企业整体发生产权变动时，企业资产中所包括的无形资产随企业产权变动而成为评估对象。除了上述两种情况外，还有以财务报告为目的评估中的无形资产评估等。

对外投资或交易的无形资产评估实际上是把无形资产作为一类"独立"的资产进行评估。对外投资或交易的无形资产可能是一项无形资产，也有可能是一组或一束无形资产。不论是一项无形资产，还是一组无形资产，对外投资或交易的无形资产都应当考虑被投资方或受让方吸收利用无形资产的能力。对外投资或交易的无形资产与被投资方或受让方吸收利用无形资产的能力有可能会构成该次评估的具体对象。

随企业产权变动而成为评估对象的无形资产，在很多情况下，其评估价值包含在企业价值之中。只有当采用资产基础途径评估企业价值时，才可能会涉及作为企业要素资产的无形资产的评估，此时，实际上是把无形资产作为企业中的一种要素资产进行的评估。不管被评估的无形资产是一项、一组或是一束，都不妨碍我们将其界定为企业的要素资产。如果委托方没有提出其他要求和相关证据，随企业产权变动而成为评估对象的无形资产，只能作为企业的要素资产来对待和界定。

［小提示10-1］

无形资产在资产评估中是一种不易把握的评估对象，它既没有严格的定义，又没有严格的外延和边界。评估人员既不能望词生义、捕风捉影，又不能只见树木，不见森林。评估人员应牢记无形资产也是资产，它具备资产的一切特征，只是没有物质实体。按照资产的特征和无形资产的特性去认识和分析无形资产，才能较为客观地界定无形资产。给无形资产分类也好，给无形资产命名也罢，都是为了帮助评估人员熟悉无形资产的作用领域、形成渠道和可能成为无形资产的种种情况。界定无形资产必须从它的效益性、排他性，以及具体功能鉴定入手。

[小提示 10-2]

对外转让型无形资产和续用型无形资产。上述两个名词是在具体评估无形资产时对无形资产的状态和评估前提的一种界定性描述。对外转让型无形资产的评估价值与其现在的载体联系并不十分紧密，而与该无形资产的受让方及其利用该无形资产的能力关系密切。而续用型无形资产的评估价值与其现实的物质载体密切相关。

10.2　影响无形资产评估价值的主要因素

影响资产价值的因素，概括起来，就是影响资产获利能力的因素。由于无形资产本身的特点，决定其价值影响因素可能不完全等同于有形资产的价值影响因素。一般说来，无形资产的预期收益能力或超额收益能力是影响和决定无形资产评估价值最重要的因素之一。在环境、制度允许的条件下，无形资产的获利能力越强，其评估价值越高；获利能力越弱，评估价值越低。分析无形资产的获利能力因素时，主要考虑以下几个方面的情况：

10.2.1　无形资产本身的状况

作为评估标的物的无形资产，其自身状况如何对其自身的价值高低影响极大。无形资产自身的状况包括：（1）无形资产的适用性和先进性。适用性和先进性决定无形资产的使用价值和效用，构成了无形资产具有商业价值的基础。（2）安全可靠性和配套性。技术型无形资产具有较高的使用价值和技术含量，同时也存在着相当大的不确定性，无形资产的使用价值不仅靠其自身的技术性，而且还要有与之相配套的有形资产。从这个意义上讲，无形资产的安全可靠性和配套性直接影响着无形资产的价值。（3）评估时无形资产所处的经济寿命阶段。许多无形资产是有经济寿命的，处于不同经济寿命阶段的无形资产的交换价值是不同的。（4）受法律保护的程度或自我保护程度。从无形资产排他性的角度看，受法律保护或自我保护程度越高，其受侵权的危险越小，无形资产的交换价值越高。（5）保密性与扩散情况。对于专有技术等无形资产，其保密性和防止技术扩散是保证其自身具有交换价值的重要先决条件。（6）研制开发成本及宣传成本。从补偿无形资产产权主体的角度看，无形资产的研制开发成本和宣传成本是判断无形资产交换价值的重要参考依据。

10.2.2　转让内容和条件

无形资产的转让内容主要应考虑无形资产转让的是所有权还是其他权利。无形资产不仅存在着所有权，而且同时还具有与所有权密切相关的其他权利。这些权利直接影响无形资产的价值，甚至决定着无形资产的价值。无形资产中带有共性的权利是所有权、使用权和转让权。除此之外，不同的无形资产还有其他由无形资产所有权派生出来的权利。如专利无形资产的专利申请权、许可他人实施权、申请奖励权；商标无形资产的许可权；版权无形资产的发表权、署名权、修改权与保护作品完整权等。当然，在无形资产评估中，评估师应着重把握无形资产的财产权利，而不是主要把握无形资产的精神权利。在确定拟评估无形资产的权属时，还需明确其具体的权利种类。特别要注意区别不同类型的权利，如所有权和其他权利，以及同一类型权利中不同限制条件下的权利，如使用权中的独家许可、独占许可和普通许可等。无形资产的权属不同，其交换价值是有较大区别的。

无形资产的转让条件包括转让方式、已转让次数、已转让地区范围、转让时的附带条件以及转让费支付方式等。无形资产转让条件的不同也会影响无形资产的评估价值。

10.2.3　无形资产受让方及无形资产附着体的情况

在许多场合，无形资产的转让价值不仅与无形资产本身的状况及转让主体有关，而且与无形资产受让方关系密切。受让方引进或取得无形资产后的生产经营方案、规划及生产经营规模，受让方利用无形资产的能力和程度，都将在相当大的程度上影响无形资产效用的发挥。受让方利用无形资产的投资利润率、投资回收期等，也会影响无形资产的评估价值。

10.2.4　无形资产转让时的外部因素

无形资产的市场价值与无形资产转让的外部因素也是有着密切联系的。首先是无形资产的市场供求关系及同行业或同种类无形资产的竞争情况，包括被评估无形资产的市场占有率和市场影响力；其次是同行业无形资产转让特许使用费标准；再次是市场变化可能带来的不确定性及风险；最后是国家的产业政策、行业发展规划及地区发展政策对无形资产使用的影响等。

无形资产评估时需考虑的基本因素，尽管角度和侧重点不同，但是，最终都会通过被评估无形资产的预期效益的计量体现出来。无形资产的效益高低是影响无形资产价值的决定性因素，也是评估者在评估无形资产时需考虑的最根本的因素。

在具体评估无形资产时，除了应考虑上述基本因素外，还应考虑下列具体事项：（1）有关无形资产权利的法律文件或其他证明资料；（2）无形资产的性质、目前和历史的状况；（3）无形资产的剩余经济寿命和法定寿命；（4）无形资产的使用范围；（5）无形资产以往的评估及交易情况；（6）无形资产转让的可行性；（7）类似无形资产的市场价格信息；（8）卖方承诺的保证、赔偿及其他附加条件；（9）可能影响无形资产价值的宏观经济前景；（10）可能影响无形资产的行业状况及前景；（11）其他相关信息。

[小提示10-3]

就一般意义上讲的无形资产评估，上述影响无形资产的因素是影响无形资产价值的主要因素，但未必是每一项无形资产评估都必须考虑的因素。在具体的评估过程中，评估人员应结合评估标的物及评估目的来考虑影响该项无形资产价值的具体因素。

10.3 评估技术在无形资产评估中的应用

从理论上讲，无形资产评估所运用的途径与方法与有形资产评估的途径与方法基本是一致的，即成本途径、收益途径和市场途径。根据无形资产自身的特点，选择恰当的评估途径和方法评估无形资产，在无形资产评估中具有重要的地位和作用。

10.3.1 收益途径及其方法在无形资产评估中的应用

由于无形资产的存在主要是通过超额获利能力体现出来的，运用收益途径及其方法来衡量它的价值高低是适合于大多数无形资产评估项目的。收益途径及其方法是从无形资产的收益入手的，在无形资产评估中，收益被界定为无形资产带来的超额收益，将无形资产带来的超额收益资本化或折成现值作为无形资产评估价值是收益途径及其方法的基本技术思路。收益途径及其方法的运用涉及三大基本参数，即超额收益、折现率和收益期限。

评估人员在运用收益途径及其方法进行资产评估时应当注意下列事项：①合理确定无形资产带来的预期超额收益，分析与之有关的预期变动、受益期限、与收益有关的成本费用、配套资产、投资、现金流量、风险因素等；②确信分配到包括无形资产在内的单项资产的收益之和不超过企业资产总和带来的收益；③折现率与预期收益的口径保持一致；④无形资产预期收益期限一般按经济寿命与法定寿命孰短原则确定。

1）超额收益及其测算思路

（1）超额收益形成的渠道

如果无形资产存在，其带来的超额收益不外乎通过以下渠道形成：①由于无形资产的存在使企业相关产品的产量、销量增加或产品价格提高，或者两者兼而有之。②由于无形资产的存在降低了企业的生产经营成本，形成了生产经营费用的节约额。③自创无形资产的存在和运用，节约了无形资产特许权使用费。

（2）超额收益的测算思路

无形资产超额收益的测算是建立在对未来预期分析的基础之上的。用收益途径及其方法评估无形资产时，预测的合理性直接影响到评估结果。

无形资产形成的超额收益就其形成过程而言，无非是由于无形资产作用的发挥，进一步挖掘了存量有形资产的作用，并体现在产量、销量、售价的提高方面，或成本费用的降低等方面。因此，无形资产作用的发挥并不是孤立的，它通常需借助于有形资产共同达到实现超额收益的效果。评估者在测算无形资产的超额收益时，要结合被评估无形资产的具体情况，充分考虑到这一点。另外，被评估无形资产的作用空间也是估测其超额收益时必须界定清楚的。被评估无形资产可以作为独立的资产对外投资、转让，也可以作为整体企业中的资产要素随同企业发生产权变动，这两种情况下，无形资产的超额收益预测思路是有区别的，其评估值也是不同的。

①作为独立的资产对外投资、转让的情况

无形资产作为独立的资产对外投资或转让，其转让或投资的空间对其作用的发挥和获利能力的实现影响很大。对于已有明确受让方的无形资产评估，其超额收益可考虑按增量收益分成法、许可费节省法等方法进行测算。

增量收益分成法的评估思路和技术路线通常可以用下列数学式表达：

$$\begin{matrix}\text{无形资产形成的}\\\text{超额收益}\end{matrix} = \left(\begin{matrix}\text{受让方使用无形资产后}\\\text{预计可实现的利润}\end{matrix} - \begin{matrix}\text{受让方未使用无形资产时}\\\text{能实现的利润}\end{matrix}\right) \times \begin{matrix}\text{无形资产}\\\text{收益分成率}\end{matrix} \qquad (10-1)$$

或　无形资产形成的超额收益 = 受让方实现的销售收入 × 销售收入分成率　　(10-2)

或　无形资产形成的超额收益 = 受让方实现的利润 × 利润分成率　　(10-3)

由于无形资产的种类不同，其发挥作用的形式和发挥作用的领域不同，其可能会对受让方整个企业的效益发挥作用，也可能只对受让方个别产品发挥作用。上述数学表达式中的受让方实现的销售收入、受让方使用无形资产预计可实现的利润，既可以是受让方的全部销售收入和利润，也可以是某一受益产品的销售收入和利润。另外，被转让无形资产能否再转让等都是有差别的，应结合每一具体无形资产考虑适合的测算思路预测其超额收益。不论运用何种测算思路，都不可避免地要涉及受让方使用无形资产后的预期收入和收益的预测。对受让方使用无形资产的收入和收益的预测一定要建立在合理的基础之上，包括同行业竞争因素的影响、未来市场产品或服务的需求数量，以及受让方的市场份额的预期、与无形资产相关的产品或服务价格的预期、使用无形资产需追加的投资及相关费用的预期等都应建立在科学、合理、可靠的基础之上。

关于无形资产收入或收益分成率的选择，可考虑按同行业约定俗成的无形资产收入或收益分成率确定，如行业技术分成率、特许权使用费所得分成率、商标分成率等。另外，在没有现成的行业约定俗成的分成率的情况下，可参考边际比率法和约当投资分成法来确定无形资产收入或收益分成率。

边际比率法是选择了无形资产受让方运用无形资产前后两种经营条件下的利润差额，即由于无形资产的使用所形成的利润增加，测算其占无形资产使用后的总利润的比率，并作为无形资产的利润分成率的一种方法。该方法的具体步骤是：首先，测算使用无形资产后受让方可以实现的总利润；其次，用总利润减去未使用无形资产时受让方能够实现的总利润，即可得到使用无形资产形成的利润增加；再次，根据无形资产的剩余经济寿命或设定年限，将各年的新增利润和利润总额分别折现累加，得到剩余经济寿命或设定年限内的新增利润现值之和与利润总额现值之和；最后，用新增的利润现值之和与利润总额现值之和的比率作为无形资产利润分成率。其数学表达式为：

$$\text{无形资产利润分成率} = \frac{\sum \text{无形资产使用后新增利润现值}}{\sum \text{无形资产使用后利润总额现值}} \times 100\% \qquad (10-4)$$

［例10-1］某企业拟转让一项印染技术，受让方在未取得该技术之前，年利润

额在 50 万元水平上，如果受让方购买了该项技术，年利润每年将会比上年增加 20 万元，假定该技术的经济寿命还有 5 年，折现率为 10%，则该项技术的利润分成率测算如下：

受让方使用无形资产后每年的利润总额是 70 万元、90 万元、110 万元、130 万元和 150 万元，每年新增利润是 20 万元、40 万元、60 万元、80 万元和 100 万元。

$$
\begin{aligned}
技术利润分成率 = & [20 \times (1+10\%)^{-1} + 40 \times (1+10\%)^{-2} + 60 \times (1+10\%)^{-3} + 80 \times (1+10\%)^{-4} + \\
& 100 \times (1+10\%)^{-5}] \div [70 \times (1+10\%)^{-1} + 90 \times (1+10\%)^{-2} + 110 \times \\
& (1+10\%)^{-3} + 130 \times (1+10\%)^{-4} + 150 \times (1+10\%)^{-5}] \times 100\% \\
= & (18.182 + 33.056 + 45.078 + 54.64 + 62.09) \div (63.637 + 74.376 + 82.643 + \\
& 88.79 + 93.135) \times 100\% \\
= & 213.046 \div 402.581 \times 100\% \\
= & 52.9\%
\end{aligned}
$$

经计算，该项技术的利润分成率为 52.9%。

边际比率法仅仅是确定无形资产超额收益比例的一种可参考的技术思想，即在运用无形资产后增加的超额收益，不能全部划归为无形资产，无形资产带来的超额收益仅仅是其中的一部分。至于无形资产应分得的部分是多少，应根据无形资产在其中发挥作用的程度来定。边际比率法仅仅是确定无形资产超额收益分成率众多方法中的一种，它的适用范围是有限的。

约当投资分成法是根据等量资本获得等量报酬的思想，将共同发挥作用的有形资产和无形资产换算成相应的投资额（约当投资量），再按无形资产的约当投资量占总约当投资量的权重确定无形资产收益分成率。其数学表达式为：

$$
无形资产收益分成率 = \frac{无形资产约当投资量}{购买方约当投资量 + 无形资产约当投资量} \times 100\% \tag{10-5}
$$

无形资产约当投资量 = 无形资产重置成本 × （1+适用成本利润率）

购买方约当投资量 = 购买方投入的总资产的重置成本 × （1+适用成本利润率）

约当投资分成法的关键是能否准确地确定无形资产约当投资量，由于无形资产的种类繁多，既有高技术含量的无形资产，也有普通的无形资产，无形资产的重置成本和适用的成本利润率都不易准确把握。因此，在使用约当投资分成法确定无形资产收益分成率时，应充分占有有关数据资料。

许可使用费比率法是将被授权许可使用的无形资产，以其使用寿命期间每年的销售利润或销售收入按照市场认可的许可使用费率进行"抽头"，再将每年的"抽头"折现到评估基准日时点现值的评估方法。

许可使用费比率一般通过两种方式确定：第一种是基于市场上可比较的或相似交易的许可使用费率确定；第二种是基于市场认可的收益分成率确定。例如，适用于某些无形资产评估的"四分法"和"三分法"等收益分成率。

②随同企业一同转让的情况

当评估对象是企业中某单一无形资产随同企业其他资产一同发生产权变动时，

可以考虑选择剩余法进行评估。

剩余法是测算无形资产在企业中的贡献和超额收益的一种可供参考的技术思路和方法。剩余法的基本思路是，按照企业总的获利能力，一般是以企业的利润总额或净利润为基础，扣减掉所有有形资产应获得的投资报酬（利润）和其他可辨认无形资产应得的投资报酬（利润），其余额便是所评估无形资产的收益额。其数学表达式为：

$$\begin{aligned}\text{被评估无形}\atop\text{资产的收益额} = {\text{企业利润总额}\atop\text{（或净利润）}} - \text{固定}\atop\text{资产} \times {\text{适当的}\atop\text{投资报酬率}} - \text{流动}\atop\text{资产} \times {\text{适当的}\atop\text{投资报酬率}} - {\text{其他可辨认的}\atop\text{无形资产}} \times {\text{适当的}\atop\text{投资报酬率}}\end{aligned}$$

$$(10-6)$$

假定被评估无形资产是企业唯一的无形资产，如果已经掌握了企业的收益额以及营运资金和长期资产价值额，则可以在确定营运资金和长期资产投资回报率后，运用公式（10-6）及剩余法测算评估对象无形资产的超额收益。例如，营运资金的预期收益率可以采用现行1年期税后贷款利率，固定资产等长期资产的收益率也可根据现行税后长期贷款利率确定。当然，确定营运资金和长期资产的投资回报率还有其他的途径和方法。

无形资产收益额的测算，是采用收益途径及其方法评估无形资产的关键步骤。无形资产收益额实际上是由无形资产带来的超额收益。由于无形资产依附于有形资产发挥作用并产生共同收益，因此，关键问题是如何从这些收益中合理地分离出无形资产产生的收益额。

客观地讲，剩余法主要适用于企业不可辨认的无形资产，即商誉的评估。当然，剩余法也适用于其他可辨认无形资产的评估，尤其是在企业仅有一项无形资产的情况下，采用剩余法评估还是比较可行的。

对于无形资产的获利能力只在某些项目上发挥作用的情况，可采用直接预期法。

直接预期法是通过对未使用无形资产与使用无形资产的前后收益情况进行对比分析，确定无形资产带来的收益额。在一般情况下，我们可以把无形资产产生的增加收益划分为收入增加型和费用节约型。

收入增加型无形资产是指无形资产应用于生产经营过程，能够使得产品的销售收入有较大幅度的增加。销售收入增加的原因在于：运用无形资产的产品的销售价格高于同类产品，或运用无形资产的产品在其销售价格与同类产品相同的情况下，销售数量能够大幅度增加，市场占有率扩大，从而获得超额收益。

第一种原因形成的超额收益可以用下列公式计算：

$$R = (P_2 - P_1) Q (1-T)$$

$$(10-7)$$

式中：R 为超额收益；

　　　P_2 为使用无形资产后单位产品的价格；

　　　P_1 为使用无形资产前单位产品的价格；

　　　Q 为产品销售量（此处假定销售量不变）；

T 为所得税税率。

第二种原因形成的超额收益可以用下列公式计算：

$$R = (Q_2 - Q_1)(P - C)(1 - T) \tag{10-8}$$

式中：R 为超额收益；

Q_2 为使用无形资产后产品的销售量；

Q_1 为使用无形资产前产品的销售量；

P 为产品价格（此处假定价格不变）；

C 为产品的单位成本；

T 为所得税税率。

因为销售量增加不仅可以增加销售收入，而且还会引起成本的增加。因此，估算销售量增加形成收入增加，从而形成超额收益时，必须扣减由于销售量增加而增加的成本。

同时应该注意的是，销售收入增加可以引起收益的增加，它们是同方向的，由于存在经营杠杆效应和财务杠杆效应，销售收入和收益一般不是同比例变动的，这在计算中应予以考虑。

费用节约型无形资产是指无形资产的应用，使得生产产品的成本费用降低，从而形成超额收益。可以用下列公式计算为投资者带来的超额收益：

$$R = (C_1 - C_2)Q(1 - T) \tag{10-9}$$

式中：R 为超额收益；

C_1 为使用无形资产前的产品单位成本；

C_2 为使用无形资产后产品的单位成本；

Q 为产品销售量（此处假定销售量不变）；

T 为所得税税率。

无形资产的超额收益，有时可能是收入增加和成本节约共同形成的，应根据实际分析结果，对上述三种情况进行不同组合，合理预测无形资产的综合超额收益。

上述三种计算方式中都涉及产品销售量，如果预期中不是采用企业评估基准日的实际销售量，就存在预测销售量问题。预测销售量时需考虑企业生产能力的配套，超出企业现有生产负荷能力，对扩大销售引起的投资增加因素，在计算超额收益时要作必要的扣除。

直接预期法也适用于无形资产对外转让时，无形资产仅对受让方个别产品发挥作用的情况。

对随同企业一起转让的无形资产的超额收益的判断，还可以采用先确定无形资产与企业其他资产共同带来的超额收益，然后再按一定分成比例计算无形资产自身"创造"的超额收益，或直接确定被评估无形资产带来的超额收益。这种技术思路可称作"行业比较法"，具体思路和步骤如下：

首先，收集使用无形资产的产品的生产经营活动财务资料，进行盈利分析，得到经营利润和销售利润率等资料；

其次，对上述生产经营活动中的资金占用情况进行统计（包括固定资产、流动资产和账面无形资产等）；

再次，收集同行业平均资金利润率指标及相关参数；

最后，计算无形资产带来的超额收益。

无形资产带来的超额收益=经营利润-资金占用×行业平均资金利润率　　　　　　　　　(10-10)

或　　$= \dfrac{销售}{收入} \times \dfrac{销售}{利润率} - \dfrac{销售}{收入} \times \dfrac{每元销售收入}{平均资金占用额} \times \dfrac{行业平均}{资金利润率}$　　(10-11)

如果在计算企业生产经营活动的资金占用时，不考虑企业账面无形资产占用的资金，以不包括账面无形资产资金占用额为基础的企业资金占用所计算的无形资产带来的超额收益就是企业全部无形资产带来的超额收益。此时，这个超额收益还要考虑被评估无形资产的应分比率，即被评估无形资产在全部无形资产中所占的份额。

使用"行业比较法"需注意以下几个问题：

第一，明确计算出来的超额收益是被评估无形资产的超额收益，还是企业全部无形资产的超额收益。

第二，在企业各类资产的资金占用中，注意价格水平的可比性。特别是利用企业资产账面价值时，有时需要将其调整到评估时点或与计算年份相应的价格水平。

第三，关于行业的平均水平。总体来看，某一具体无形资产的收益能力在不同企业或产品的分布是不均衡的，这就意味着数学上的"平均"不一定能准确地反映任何一项具体无形资产的价值，因此应用行业平均水平来确定某一无形资产的超额收益，很重要的一项工作在于如何进行行业的划分。如果能够按照无形资产的具体类型及相同权利进一步细分，在细分之下的权利产品类型中，收益波动率会小一些，这样根据行业平均水平得到的结果可能会更合理。

以上所述关于无形资产收益额的测算思路和方法都是从一般或通常的情况出发的。事实上，无形资产的情况非常复杂，其转让、投资等的情况也非常复杂。无形资产收益额的一般或通常测算思路不可能涵盖所有的情况，在许多场合下，还需要评估者根据被评估无形资产的具体情况，分别运用评估技术判断其收益额。

影响无形资产获得超额收益的因素除了无形资产自身以外，拥有和使用无形资产的企业或单位的内部支持系统结构和外部约束系统结构也对无形资产作用的发挥起到巨大的作用。例如，技术型无形资产是与企业的技术研究和开发能力相联系，品牌是与企业的产品质量和信誉相联系，商誉是企业良好管理素质的积累和经营优势的长期保持。另外，国家的产业政策、市场竞争、替代无形资产、无形资产所体现的产品和服务的市场变化等，都会对无形资产预期收益的产生和实现发挥约束作用，这些都应是测算无形资产超额收益时需考虑的因素。当然，这些因素也可以在折现率的确定中考虑。

2）折现率及其测算思路

折现率是将无形资产带来的超额收益换算成现值的比率。它本质上是从无形资产受让方的角度，作为受让方投资无形资产的投资报酬率。它的高低取决于无形资产投资的风险和社会正常的投资收益率。因此，从理论上讲，无形资产评估中的折现率是社会正常投资报酬率（无风险投资报酬率）与无形资产的投资风险报酬率之和。其数学表达式为：

无形资产评估中的折现率＝无风险投资报酬率＋无形资产投资风险报酬率 　　(10-12)

关于无风险投资报酬率，在市场经济比较发达的国家，关于无风险投资报酬率大都选择政府债券利率，从我国目前的情况看，除了可以选择国库券利率以外，国家银行利率也可以考虑。无风险投资报酬率突出了投资回报的安全性和可靠性。我国的国库券利率与银行利率基本都能保证这两点。

关于无形资产投资风险报酬率，它是无形资产投资风险补偿额相对于无形资产风险投资额的比例，它的选择和量化主要取决于无形资产本身的状况，以及运用和实施无形资产的外部环境。因此，对于无形资产投资风险报酬率不能一概而论，它需根据具体评估对象的具体情况分析判断而定。这里就无形资产投资风险报酬率应考虑的一般风险因素概括如下：

（1）企业整体素质及管理风险

企业整体素质及管理风险通常被概括为企业的经营风险，它是对作为整体企业中的资产要素的无形资产评估时，考虑其风险报酬率时应注意的因素。它具体通过企业的设备完好率、生产均衡率、劳动生产率、产品合格率等指标反映出来。当上述各项指标达不到国家或行业标准时，也可考虑适当加大风险报酬率。当上述各项指标优于国家或行业标准时可适当降低风险报酬率。类似的指标还有流动比率和速动比率等。当然，企业的管理政策、技术研发能力、信用等级，以及经营理念等因素也是考虑和评价企业无形资产投资风险的重要方面。

（2）财务风险和行业风险

财务风险是指企业因借债而增加的预期收益的不确定性。行业风险是指行业在国民经济中的地位，以及在未来相当长的时期内的发展速度、发展水平和发展规模已经受到明显制约，或本行业内部竞争十分激烈而使无形资产带来的预期收益有了不确定性。

（3）市场风险

市场风险亦称系统风险，是指由于某些带有全局性的因素引起的对整个市场所有的投资都会产生影响的风险。这些因素包括社会、政治、经济等各个方面对整个市场都会发生作用的一些令企业或投资者无法回避的事件、事项等。不论是单独对外投资转让还是作为企业整体资产构成要素的无形资产，市场风险、经营风险、财务风险和行业风险都要发挥影响。其他的因素还有技术风险因素和政策风险、信用风险、道德风险因素等。这些风险因素要根据被评估无形资产的具体情况进行分析。例如，市场技术因素应着重分析与被评估无形资产相关的产品的经济技术寿命周期，以及市场购买力风险等。而政策因素则主要分析和预测国家和地区发展规划，以及税收政策、利率政策变化对无形资产的运用和实施的影响程度。

　　总之，无形资产评估中风险报酬率的确定是一个比较复杂的过程，它受诸多因素的影响和制约，评估者一定要抓住影响无形资产风险报酬率的主要因素，在认真调查研究的基础上，经过充分分析予以量化。

　　目前关于无形资产风险报酬率的主要测算方法有累加法和行业风险系数法。

　　①累加法

　　累加法测算无形资产风险报酬率的基本思路是，将无形资产在企业发挥作用过程中所面临的各种风险及其要求的补偿率累加起来，作为无形资产的风险报酬率。无形资产在企业发挥作用的过程中通常要面临经营风险、财务风险、行业风险和市场风险。累加法用数学式表示为：

$$\frac{无形资产}{风险报酬率}=\frac{经营风险}{报酬率}+\frac{财务风险}{报酬率}+\frac{行业风险}{报酬率}+\frac{市场风险}{报酬率} \qquad (10-13)$$

　　②行业风险系数法

　　行业风险系数法的基本思路是，社会平均风险及其报酬率是社会各个行业平均风险及其报酬率的平均值。各个行业的平均风险与社会平均风险都有一个比例系数，即各个行业自身的平均风险或大于社会平均风险、或小于社会平均风险，行业风险系数是一个或大于1、或等于1、或小于1的系数。行业风险系数与社会平均风险报酬率的乘积便是被评估无形资产项目所在行业的风险报酬率。如被评估无形资产的自身风险与其行业的平均风险仍有不同，可再考虑被评估无形资产自身的状况，适当再加系数予以修正。被评估无形资产所在行业的风险报酬率的测算方法用数学式表示为：

　　行业风险报酬率＝（社会平均收益率－无风险报酬率）×行业风险系数　　　(10-14)

　　社会平均风险报酬率＝社会平均收益率－无风险报酬率

　　行业风险系数＝行业平均风险÷社会平均风险

　　行业风险报酬率＝社会平均风险报酬率×行业风险系数

　　3）收益时间（无形资产的剩余经济寿命）及其估测

　　无形资产的收益时间也是影响其评估值的一大要素。无形资产能带来收益的持续时间通常取决于无形资产的剩余经济寿命。但是在无形资产转让或其他形式的产权变动过程中，由于转让的期限、无形资产受法律保护的年限等因素都将影响某一具体无形资产的收益持续时间，因此，在判断无形资产收益持续时间这一要素时，要掌握这样一个原则，即剩余经济寿命与法定年限以及合同年限孰短的原则。无形资产的法定寿命和合同年限一般都是明确的，只是无形资产的剩余经济寿命有时需要评估者予以估测。当然，无形资产的种类不同，其剩余经济寿命的决定因素亦不相同，要根据无形资产的具体特点采取适当的方式加以判断。比如，技术型无形资产，要用产品更新周期法或技术更新周期法来判断其剩余经济寿命。

　　4）收益法中的具体评估方法

　　在已确定了无形资产的超额收益（或收益分成）、折现率和收益期限后，便可按照将利求本的思路，运用收益折现法将无形资产在其发挥效用的年限内的超额收益（或收益分成）折现累加取得评估值。用数学式表示为：

无形资产评估值 $= \sum$（预计年收益分成额 × 相应的现值系数）

或 $\quad P = \sum_{i=1}^{n} [R_i \times \dfrac{1}{(1+r)^i}]$ （10-15）

式中：P 为评估值；

　　　R_i 为第 i 年的预计收益分成额；

　　　r 为折现率；

　　　n 为收益持续的年限数；

　　　i 为序号。

[例 10-2] 某企业转让其专利技术，经济寿命为 4 年，折现率设定为 10%，根据对受让方运用该技术的能力的市场分析和收益分成率的测算，评估过程及其结果见表 10-1。

表 10-1　　　　　　　　　　市场分析和收益分成率的测算

年份	技术预期收益分成额（万元）	折现系数	现值（万元）
1	32	0.909	29.088
2	33	0.826	27.258
3	35	0.751	26.285
4	40	0.683	27.32
合计	—	—	109.951

根据上述测算可知，该项技术的评估值为 109.951 万元。

当然，根据不同无形资产的特点，还可以选择收益法中的其他具体方法进行评估，如剩余法等。

需要指出的是，例 10-2 的举例纯粹是为了说明收益法的原理，并不是实际案例，读者不可以不加分析地将例题中的参数作为实际评估时的参数，尤其是折现率的选取，哪怕是很小的偏差都会导致评估结果的较大变化。所以，收益法中的各个参数应根据实际情况来确定。

[小名词 10-1]

无形资产的超额收益

无形资产的超额收益是指因使用了无形资产，由无形资产所增加的收益额。这个概念很容易被误解，人们往往把使用无形资产后的收益与未使用无形资产前的收益进行对比，并把这两者的差额作为无形资产的超额收益。其实这个收益增加额还包含了有形资产的贡献，不能全部算作无形资产的超额收益。

10.3.2　成本途径及其方法在无形资产评估中的应用

运用成本法评估无形资产，是在确信无形资产具有现实或潜在的获利能力但不易量化的情况下，根据替代原则，以无形资产的现行重置成本为基础判断其价值。

通过成本途径评估无形资产需要把握两大基本要素：一是无形资产的重置成本；二是无形资产的功效损失，主要是无形资产的功能性和经济性贬值所形成的损失。

1）无形资产的重置成本

无形资产的重置成本是指在当前的条件下，重新取得该无形资产需支出的全部费用。根据无形资产形成的渠道，在测算无形资产重置成本时，要区分自创无形资产和外购无形资产两类分别考虑。

（1）自创无形资产重置成本的测算

自创无形资产的成本包括研制、开发、持有期间发生的全部物化劳动和活劳动的费用支出。从评估实践中我们发现，大多数企业或个人对自创无形资产的基础成本数据积累不够，使得自创无形资产的成本记录不完整、不真实，甚至是没有。这样就为运用成本法评估无形资产造成一定的困难。下面分别两种情况讨论运用成本法的评估思路。

①研制、开发费用资料较完备情况下测算其重置成本的思路，用数学式表示为：

$$C_r = （C+B_1V）（1-B_3）（1+P'）\div（1-B_2）\tag{10-16}$$

式中：C_r 为无形资产重置成本；

C 为所研制开发无形资产消耗掉的物化劳动；

V 为研制开发无形资产消耗掉的活劳动；

B_1 为科研人员创造性劳动的倍加系数；

B_2 为科研的平均风险系数；

B_3 为无形资产功效损失率；

P' 为无形资产投资报酬率。

当被评估无形资产为非技术型无形资产时，科研人员创造性劳动的倍加系数 B_1 和科研的平均风险系数 B_2 可以不予考虑。

②没有较完备费用支出数据资料的无形资产的重置成本的估测，应尽可能利用类似无形资产的重置成本作为参照，通过调整求得被评估无形资产的重置成本。

（2）外购无形资产重置成本的测算

外购无形资产由于其原始购入成本在企业账簿上有记录，相对于自创无形资产重置成本的估测似乎容易一些。除了可与相似无形资产的重置成本进行比较确定重置成本外，还可以按以下方式分别考虑：

①一次性付款方式下的外购无形资产的重置成本估测，在不能运用其他方法的情况下，可考虑运用指数调整法进行估测，用数学式表示为：

$$重置成本 = 账面原始成本 \times 价格变动指数\tag{10-17}$$

价格变动指数应综合考虑生产资料价格指数的变化和消费资料价格指数的变化。根据被评估无形资产的种类及可能投入的活劳动情况选择生产资料价格指数的权重与消费资料价格指数的权重。

②分期付款方式下无形资产重置成本的估测，可考虑按以下思路进行：首先估算该无形资产成交时点的价值，即把已支付的款额和尚未支付的款额都按一定的折

现率折算成成交时点的价值，然后再按价格指数法将无形资产成交时点的价值推算到评估时点。用数学式表示为：

$$C_n = \sum_{i=1}^{n} \left[R_i \times \frac{1}{(1+r)^i} \right] \times W_i \qquad (10\text{--}18)$$

式中：C_n 为无形资产重置成本；

　　　R_i 为每期付款额；

　　　r 为折现率；

　　　W_i 为价格变动指数；

　　　n 为付款期限数。

2）无形资产功效损失率及其估测

无形资产本身没有有形损耗，它的功效损失主要体现在其功能性和经济性贬值方面，而无形资产的功能性和经济性贬值又会通过其经济寿命的减少和缩短体现出来。通过上述分析，我们又可以把无形资产的功效损失以其剩余经济寿命的减少表示出来。这样利用年限法就能较为客观地反映无形资产的功效损失率，用数学式表示为：

$$\frac{\text{无形资产的}}{\text{功效损失率}} = \left[\frac{\text{无形资产}}{\text{已使用年限}} \div \left(\frac{\text{无形资产}}{\text{已使用年限}} + \frac{\text{无形资产}}{\text{尚可使用年限}} \right) \right] \times 100\% \qquad (10\text{--}19)$$

3）运用成本法评估无形资产还需考虑的因素以及评估值的估测

前面指出，运用成本法评估无形资产主要涉及两大基本要素：重置成本和功效损失。除此之外，由于无形资产具有共享性和可分性的特点，在实际评估中还需要考虑被评估无形资产的转让次数和转让成本分摊问题。无形资产的转让成本分摊是通过转让成本分摊率的计算解决的，其计算公式如下：

$$\text{转让成本分摊率} = \frac{\text{购买方运用无形资产的设计能力}}{\text{运用无形资产的总设计能力}} \times 100\% \qquad (10\text{--}20)$$

运用成本途径及其方法评估无形资产还应考虑无形资产转让的机会成本。对于某些无形资产，由于特许他人使用，使原产权主体蒙受诸如市场份额减少、竞争加剧等损失，这种损失要求在转让价格中得到补偿，这便形成了无形资产的转让机会成本。无形资产的转让机会成本应根据具体的评估对象酌情考虑。

经过对无形资产重置成本、功效损失率、转让成本分摊率及转让机会成本的讨论和测算，运用成本法评估无形资产的基本要素已基本齐全，将这些要素按一定方式组合起来，便可以求得无形资产的评估值。其数学表达式为：

$$\frac{\text{无形资产}}{\text{评估值}} = \frac{\text{无形资产}}{\text{重置成本}} \times (1 - \frac{\text{功效}}{\text{损失率}}) \times (\frac{\text{购买方运用}}{\text{无形资产的设计能力}} \div \frac{\text{运用无形资产的}}{\text{总设计能力}} + \frac{\text{无形资产的}}{\text{转让机会成本}} \qquad (10\text{--}21)$$

由于无形资产自身的特点，其价值主要不是取决于它的物化的量，而是取决于其带来的经济利益的量。因此，只有确信被评估对象确有超额获利能力，运用成本法评估其价值才不至于出现重大失误。

[小提示10-4]

由于成本途径及其方法的技术思路和评估视角的缘故,运用成本途径评估无形资产并不一定是最快捷、最有效和最安全的技术途径。这并不是说成本途径及其方法不好,只是说运用成本途径及其方法评估无形资产可能会有一些困难。

10.3.3 市场途径及其方法在无形资产评估中的应用

从理论上讲,市场途径及其方法是资产评估的首选方法,当然这也同样适用于无形资产评估。但是,由于无形资产的个别性、垄断性、保密性等特点决定了无形资产的市场透明度较低,加之我国无形资产市场不发达,交易不频繁,使得运用市场途径及其方法评估无形资产有诸多的困难。因此,基于我国目前的条件,运用市场法评估无形资产的情况并不普遍。如果条件具备也可以采用市场法评估无形资产,其评估程序和基本技巧与有形资产评估的市场法并无区别,只不过对比指标和调整的重点有所不同。在运用市场法评估无形资产时应注意以下几点:

(1)所选择的参照物应与被评估无形资产在功能、性质、适用范围等方面相同或基本相同。

(2)参照物的成交时间应尽可能接近评估基准日,或其价格可调整为评估基准日的价格。

(3)参照物的价格类型要与被评估无形资产要求的价格类型相同或接近。

(4)至少有三个以上的参照物可供比较。

10.4 技术类无形资产评估概述

技术类无形资产的范围较广,本节主要就专利权和非专利技术的评估进行说明。

10.4.1 专利权和非专利技术

专利权是指政府根据法律赋予专利发明者一种权利,在有限的时间内未经专利权人许可,他人不得以营利为目的制造、销售、使用其专利产品或使用其专利方法制造、销售产品。专利权的范围通常由国家的专利法进行规范。《中华人民共和国专利法》(以下简称《专利法》)规定,《专利法》保护的对象包括发明专利、实用新型和外观设计三种。发明专利又具体包括产品发明、方法发明和物质发明。

非专利技术是指有限范围的专家知道,未在任何地方公开过其完整的内容,并且未获取专利保护的具有一定价值的技术。

就资产评估而言,专利权的核心内容是发明专利及其专利技术,专利技术的价值基础是其有效性和法律保护,两者缺一不可。根据我国《专利法》的规定,实用新型专利和外观设计专利审批制度为初步审查加撤销的审批制度。这就表明了实用新型专利和外观设计专利法律保护的不稳定性。这是评估人员必须注意的一个问题。

非专利技术的价值基础也是由两个支点支撑，即有效性和自我保护，两者缺一不可。

不论是专利技术还是非专利技术都有一个技术成熟阶段，技术处在不同的成熟阶段，其价值会相差很大，甚至在某个阶段，有些技术尚不具有商业价值。

在技术的有效性方面，有些技术是成系统或配套的。这些技术不能分割评估，而只能作为一套完整的技术来评估。这一套完整的技术可能包括了若干个专利技术，也可能包括一些非专利技术。这些技术的有效性是通过它们的有机组合形成的。

10.4.2　专利许可

在专利权及专利技术的交易中，一般情况下，专利权人并不直接转让其所有权，而是采取许可贸易的方式进行。专利许可贸易是专利权人通过与受让方签订专利实施许可合同的方式，在一定时间和范围内，在满足双方约定的条件下，专利权人授予受让人使用或实施专利技术的交易。

专利许可有多种形式，这些形式主要有：

（1）独占实施许可（exclusive license）

独占实施许可是指专利权人给予被许可人独占其专利权的形式。这种许可形式，专利权人不仅不能再许可第三方实施其专利，同时专利权人在一定时间内也丧失了对自己的专利实施的权利。

（2）独家实施许可（sole license）

独家实施许可是指专利权人给予被许可方独家实施其专利，专利权人不能再许可第三方实施该专利，但保留专利权人自己实施权利的一种许可形式。

（3）普通许可（simple license）

普通许可也称一般许可，是指专利权人给被许可人实施其专利的权利。这种许可权不影响专利权人与第三方签订非独占或非独家的专利许可。

（4）实施许可的分许可（sub license）

实施许可的分许可是指专利权人允许被许可方向第三方再转让许可权的许可形式。

专利许可还有地区独家许可、交叉许可等形式。专利的许可形式不同，被许可方实施专利的权利是不同的，其市场价值也是有差别的。

10.4.3　专利技术（许可权）的评估

在进行专利技术及专利许可权评估的时候，评估师必须反映出专利价值的特性，使评估结论不致误导。这样，对专利技术及专利许可要按较为科学的程序进行评估。

1）评估程序

（1）专利技术权属的法律界定。

专利技术价值的基础之一是《专利法》保护的范围。评估人员在对专利技术进行评估时，必须首先对其权属和权利进行界定，判断专利权是否真实存在，同时不得人为放大或缩小专利的权限。

①明确评估对象的法律状态；

②确定专利权的法律归属；

③审查专利权的时间和空间效力范围；

④界定专利权的具体内容及使用权属范围，明确许可方式。

（2）专利技术水平的鉴定。

专利技术水平是其产生功效的物质基础，同时也是其具有价值的另一支点。对专利技术水平的鉴定主要应在以下几个方面进行：

①技术的适用性。

专利技术是否能够在实践中实施？它是一项独立的技术还是一整套技术中的一项技术？

②技术的成熟程度及寿命周期。

专利技术是属于研制中的技术、研制完成的技术，还是已进入工业化及商业化的技术？

③专利技术被替代的可能性及时间。

同类技术进步的速度，新技术出现的可能性及时间。

（3）专利权实施的条件认定。

专利权实施的条件认定主要是核实被评估专利技术在实施过程中是否受到某种限制，包括该专利已许可他人使用，已被质押、担保或租赁，或已作为无形资产与他人合资、合作。

（4）明确评估目的，确定评估的价值基础。

在下列评估目的下，无形资产评估应按市场价值基础进行：

①专利的许可贸易，包括独占许可、独家许可、普通许可等；

②以专利技术作为无形资产对外投资入股；

③以专利技术作为无形资产进行合作经营等。

在下列评估目的下，可以考虑按非市场价值基础评估无形资产的可能性：

①以担保为目的，将专利技术作为质押物；

②为保险赔偿服务；

③为清算服务；

④为法律诉讼服务，为确定专利权纠纷中侵权赔偿的标的大小提供依据；

⑤为纳税服务等。

（5）调查了解被评估专利权成本费用及历史收益情况、同类型无形资产市场交易情况。

（6）分析并预测专利技术的收益期和预期收益。

（7）根据掌握的数据资料选择恰当的评估途径及其方法评估专利技术价值。

2）专利技术的评估方法

前面已经介绍，从理论上讲，专利技术的评估也应按照市场途径、收益途径和成本途径的顺序进行。这里只简单介绍收益途径和成本途径的应用。

运用收益途径评估专利技术，其前提条件是专利技术已经进入工业化及商品化阶段，专利技术已在实践中得到运用并有收益记录或可预测其收益。

关于专利技术的超额收益预测，除了前面已经提到的边际分成率外，还有剩余法、LSLP 分成法等。

运用剩余法评估专利技术的数学表达式为：

$$P = \sum_{i=1}^{n} \left[(Y_i - M_i \times R_f) \times a \times \frac{1}{(1+r)^i} \right] \tag{10-22}$$

式中：P 为专利技术评估值；

Y_i 为预计第 i 年税后利润；

M_i 为预计第 i 年生产资金平均占用额；

R_f 为无风险报酬率；

r 为折现率；

n 为预测期；

i 为预测年度序号；

a 为专利技术利润分成率。

[例 10-3] 某企业拟将其拥有的专利技术与外商合资，经评估人员调查分析和测算，该项专利技术可在未来 5 年内发挥效用。通过对未来 5 年企业的销售收入、生产总成本、税金等的测算得到企业的预期超额利润，并选择了折现率 15%，得到预期超额利润现值，具体数字见表 10-2。

表 10-2　　　　　　　　　　预期超额收益现值表　　　　　　　　　金额单位：万元

项　　目	2016 年	2017 年	2018 年	2019 年	2020 年
税后利润	1 000	1 500	2 000	2 600	3 000
社会平均利润	500	700	800	860	900
超额利润	500	800	1 200	1 740	2 100
折现系数	0.8696	0.7561	0.6575	0.5718	0.4972
收益现值	434.8	604.88	789	994.932	1 044.12

经过分析，按四分法为依据确定的专利技术分成率为 25%，专利技术评估值的计算如下：

P＝（434.8＋604.88＋789＋994.932＋1 044.12）×25%＝966.933（万元）

技术作为一种无形资产，其研制开发成本往往与其产生的收益没有直接的对应关系，而且大多数技术的研制开发成本资料是残缺不全的，在一般情况下不宜采用成本法评估。能否运用市场法评估，则取决于是否存在同类技术的交易市场及其活跃程度。

非专利技术除了在保护方面与专利技术有区别外，在技术鉴定、评估思路、评估方法等方面与专利技术并无太大的差异，故不作单独介绍。

10.5 商标权的评估

商标是指企业在其生产经营的商品上或其提供的服务中使用的，以特殊的视觉、听觉、触觉、嗅觉等认知方式标记，并使之区别于其他企业所生产经营的同类商品或提供的同类服务的特殊标志。

10.5.1 商标的种类

随着市场经济的不断发展，商品和服务的种类越来越多，商标的种类也随之越来越多。为了便于了解和熟悉商标及其商标权，按商标的某些特性进行分类是有必要的。

（1）按商标是否受法律保护划分，可分为注册商标和非注册商标。

（2）按商标注册人数划分，可分为集体商标和独占商标。

（3）按商标的构成划分，可分为文字商标、记号商标、图形商标和组合商标等。

（4）按商标的用途划分，可分为营业商标、商品商标、等级商标等。

10.5.2 商标权的法律特征

商标并不都能成为无形资产，只有商标权才构成无形资产，作为无形资产的商标权具有以下法律特征：

（1）我国的商标制度是建立在注册基础上的，商标权必须经过注册才能获得（驰名商标可能有例外）。

（2）商标权具有法定保护期，但保护期是可以续展的，且续展次数不受限制。

（3）商标权只在法律认可的一定地域范围内具有效力。注册商标只在注册效力覆盖商标注册国或参加了国际或地区注册的国家或地区受保护。

（4）从商标权使用的角度，商标权人只能将其商标用于核定使用的商品或服务，不能用于类似商品或服务。

10.5.3 商标权的价值特征

商标权的价值特征就形式上讲有三个方面，它们是信誉价值、成本价值和转让及特许使用价值。信誉价值是商标价值的根本特征。

1）信誉价值

商标权的价值归根结底是来自商标所代表的商品或服务的质量和信誉对消费者的吸引力及价格竞争力上。好的商标可以大大减少广告（费用），而同时很快地被消费者所接受，并可以采取优质优价及市场占有率扩大的方式获得超额收益。因此，商标权的价值首先是一种信誉的价值，信誉的产生、维持和扩大有赖于产品或服务质量的提高。而产品或服务质量的提高往往需要借助于技术上的创新以及管理营销水平的提高等综合因素。

2）成本价值

商标作为企业生产经营的一个要素，从其构思、设计、制作、印刷、申请、注册、维持商标权到保证产品质量和服务质量、进行广告宣传等方面都需支出相应的费用。这些费用是取得商标权所必需的，它们构成了商标权的成本价值基础。显然，商标权的成本价值并不是决定商标价值的根本因素，而只是一个重要的参考依据。

3）转让及特许使用价值

商标权的转让及特许使用价值实际上是商标权的信誉价值或成本价值在产权变动中的具体体现。

商标权的价值特征就其本质上讲，是一定商品质量、性能、服务等效用因素的市场综合性体现。它是对企业生产经营的素质，特别是技术、管理、营销水平的市场体现。从本质上讲，商标权的价值主要来源于企业拥有的专利技术、专有技术、管理能力和产品质量等的组合效应，而不是简单的商标设计、宣传广告费用。

10.5.4　商标权的评估

从理论上讲，商标权的评估也按照市场途径、收益途径和成本途径的顺序进行。当然采用哪种评估途径和技术方法评估商标权还要视评估时的具体条件而定，包括市场参照物情况、商标权的超额收益资料及商标权的成本数据等。本节侧重说明收益途径和成本途径。

运用收益途径评估商标权主要采用收益分成法和剩余法等具体方法。

收益分成法主要运用在商标权出让方以受让方使用商标的产品或服务的销售收入或销售利润的一部分分成作为商标权特许使用费的情况。用数学式表示为：

$$P = \sum_{i=1}^{n} \frac{a \times m}{(1+r)^i} \qquad (10-23)$$

式中：P为商标权评估值；

　　　a为收益分成率；

　　　m为受让方使用商标的产品或服务的销售收入或销售利润；

　　　r为折现率；

　　　n为商标权剩余特许使用年限数；

　　　i为序号。

［例10-4］甲企业出让其商标使用权给乙企业，合同规定出让期为5年，乙方每年按使用甲方商标的产品的销售收入的2%支付给甲方商标特许使用费。评估时该合同已执行了两年时间，从前两年乙方的销售情况来看，今后3年每年1 000万元的销售收入是有保证的，假设折现率为15%，则该商标权的评估值大约为：

P =（1 000×2%）×（P/A，15%，3）

　= 20×2.2832

=45.664（万元）

采用剩余法评估商标权，其评估思路与步骤可参照专利技术的剩余法。

商标权评估的成本途径是在被评估商标权的收益不易测算的情况下运用。由于商标的价值不是由其成本决定，因此运用成本途径评估商标权时，一定要注意商标的信誉程度及获利能力。商标权评估的成本途径中，关键是商标权重置成本的测算，而重置成本测算中广告宣传费用的多寡又是关键。这些参数的选取与商标的知名度及获利能力相关。

10.6　商誉的评估

10.6.1　商誉及其特点

商誉通常是指企业在一定条件下，能获取高于企业所有可确指资产正常投资报酬率的收益所形成的价值。这个超额价值可能是企业所处地理位置的优势，或较高的管理水平和经营效率，或生产经营历史悠久并有较高的声誉，或人员素质高等各种原因形成的。因此，商誉是不可确指的无形资产。商誉具有如下特性：

（1）商誉不能离开企业而单独存在，不能与企业可确指的资产分开出售。

（2）商誉是多项因素作用形成的结果，但形成商誉的个别因素，不能以任何方法单独计价。

（3）商誉本身不是一项单独的、能产生收益的无形资产，而只是超过企业可确指的各单项资产价值之和的价值。

（4）商誉是企业长期积累起来的一项价值。

10.6.2　商誉评估的方法

在明确了商誉的基本内涵和特点的基础上，对商誉进行评估基本上是采用收益途径，具体评估方法有割差法和超额收益法等。

1）割差法

割差法是根据企业整体评估价值与可确指的各单项资产评估值之和进行比较确定商誉评估值的方法。其数学表达式是：

商誉的评估值=企业整体价值评估值-企业可确指资产评估价值　　　　　（10-24）

企业整体价值评估值可以通过市场途径或收益途径评估出来。企业的整体价值超过可确指各单项资产价值之和的价值，即为商誉。

［例10-5］根据被评估企业过去经营情况和未来市场形势，预测其未来5年的净利润分别是13万元、14万元、11万元、12万元和15万元，并假定从第6年开始，以后各年净利润均为15万元。根据银行利率及企业经营风险情况确定的折现率和资本化率均为10%。另外采用资产加和法评估该企业可确指的要素资产评估值之和（包括有形资产和可确指的无形资产）为102万元，试确定该企业商誉评估值。

采用收益途径确定该企业整体价值。

企业整体价值 = 13×0.9091+14×0.8264+11×0.7513+12×0.6830+15×0.6209+15÷10%×0.6209
= 142.2967（万元）

该企业各单项资产评估值之和为 102 万元，由此可以确定商誉评估值，即：

商誉的价值 = 142.2967−102 = 40.2967（万元）

2）超额收益法

将企业超额收益资本化，并把企业超额收益资本化结果作为被评估企业商誉的方法称为超额收益法。超额收益法根据被评估企业的不同，又可分为超额收益资本化价值法和超额收益折现价值法两种具体方法。

（1）超额收益资本化价值法。超额收益资本化价值法是把被评估企业的超额收益经资本化来确定该企业商誉价值的一种方法。其计算公式为：

$$商誉价值 = \left(企业的预期年收益额 - 企业的各单项资产的评估价值之和 × 企业所在行业的平均收益率\right) ÷ 资本化率 \qquad (10-25)$$

［例10-6］某企业的预期年收益额一直维持在 100 万元水平上，该企业的各单项资产的评估价值之和为 800 万元，企业所在行业的平均收益率为 10%，资本化率也为 10%。

商誉的价值 = （1 000 000−8 000 000×10%）÷10% = 2 000 000（元）

超额收益资本化价值法主要适用于经营状况一直较好、超额收益比较稳定的企业。如果在预测企业预期收益时，发现企业的超额收益只能维持若干年，这类企业的商誉评估不宜采用超额收益资本化价值法，而应按超额收益折现价值法进行评估。

（2）超额收益折现价值法。超额收益折现价值法是把企业可预测的若干年预期超额收益进行折现，把其折现值确定为企业商誉价值的一种方法。其计算公式是：

$$商誉的价值 = \sum_{i=1}^{n} \frac{R_i}{(1+r)^i} \qquad (10-26)$$

式中：R_i 为第 i 年企业预期超额收益；

i 为收益期限序号；

r 为折现率；

n 为收益期限。

［例10-7］某企业预计将在今后 3 年内保持超额收益的经营形势。经测算企业预期年超额收益保持在 100 000 元的水平上，该企业所在行业的平均收益率为 12%，假定折现率也为 12%，则：

商誉的价值 = 100 000×0.8929+100 000×0.7972+100 000×0.7118
= 240 190（元）

或　商誉的价值 = 100 000×2.4019 = 240 190（元）

10.6.3　商誉评估需要注意的几个问题

由于商誉本身的特性决定了商誉评估的困难性，在商誉评估中应注意下列问题：

（1）不是所有企业都有商誉，商誉只存在于那些长期具有超额收益的企业之中。一个企业在同行业中具有超额收益能力，企业才有可能存在商誉。

（2）商誉评估必须坚持预期原则，企业是否拥有超额收益是判断企业有无商誉的标志，这里所说的超额收益指的是企业未来的预期超额收益，并不是企业过去或现在的超额收益。

（3）商誉价值形成是建立在企业预期超额收益基础之上的，商誉评估值高低与企业中为形成商誉投入的费用和劳务没有直接联系，因此，商誉评估不能采用投入费用累加的方法进行。

（4）商誉是由众多因素共同作用的结果，但形成商誉的个别因素具有不能够单独计量的特征，致使各项因素的定量差异调整难以运作，所以商誉评估也不能采用市场类比的方法进行。

（5）商誉与商标是有区别的，反映两个不同的价值内涵。企业拥有价值很高的知名商标，并不意味着该企业一定就有商誉。

①商标是产品的标志，而商誉则是企业整体声誉的体现。商标与其产品相结合，它所代表的产品质量越好，市场需求越大，商标的信誉越高，据此带来的超额收益越大，其评估值也就越大。而商誉则是与企业密切相关的，企业经营机制完善并且运转效率高，企业的经济效益就高，信誉就好，其商誉评估值也就越大。可见，商标价值来自于产品所具有的超额获利能力，商誉价值则来自于企业所具有的超额获利能力。

②商誉作为不可确指的无形资产，是与企业及其超额获利能力结合在一起的，不能够脱离企业而单独存在。商标则是可确指的无形资产，可以在原组织继续存在的同时，转让给另一个组织。

③商标可以转让其所有权，也可以转让其使用权。而商誉只有随企业行为的发生实现其转移或转让，没有所有权与使用权之分。

尽管商誉与商标的区别可以列举许多，但商誉与商标在许多方面是密切关联的，二者之间有时存在相互包含的因素。例如，与商誉相对应的企业超额收益中包含有商标作用的因素，这也是需要在评估中必须加以分析确定的。

本章小结

无形资产评估是资产评估中最为复杂的部分，它不仅无物质实体，而且种类繁多，性质、功能、特点各不相同，充分了解各类无形资产的特点和各种评估途径及其方法的适用性，是做好无形资产评估工作的基础。

关键概念

无形资产　知识产权　超额收益　功效损失

思考题

1. 会计无形资产与资产评估中的无形资产在界定标准上有何区别？
2. 可以通过哪些途径测算无形资产的超额收益？
3. 如何判断无形资产超额收益的分成率？
4. 作为要素资产的无形资产评估应当如何把握？
5. 商标权与商誉的关系？

评估技术在企业价值评估中的应用

学习目标

通过本章的学习，学生应能够掌握企业价值评估中的基本概念、原则、评估技术途径与方法、评估技术和技巧。

企业价值评估（business valuation）是现代市场经济的产物，它适应频繁发生的企业改制、公司上市、企业购并和跨国经营等经济活动的需要而产生和发展。由于评估对象的特殊性和复杂性，企业价值评估成为一项涉及面较广和技术性较强的资产评估业务。本章将具体说明企业价值评估中涉及的基本概念、基本原则和基本评估方法，以便读者掌握企业价值评估的基本技能。

11.1 企业价值评估及其特点

11.1.1 企业的定义及其特点

1）企业的定义

现代企业不仅是一个经济组织，它的存在还必须接受一定的法律、法规的约束。世界上各个国家均对企业从法律角度进行界定，如我国《公司法》、《企业法》对企业的界定中，均强调企业是依法成立的社会经济组织，明确指出了企业的法律属性。在进行企业价值评估中，评估人员不仅要熟悉企业的经济性质，还必须了解企业的法律属性，如产权状况等。由此，企业可以如下定义：企业是以盈利为目的，按照法律程序建立的经济实体，形式上体现为由各种要素资产组成并具有持续经营能力的自负盈亏的法人实体。进一步说，企业是由各个要素资产围绕着一个系统目标，发挥各自特定功能，共同构成一个有机的具有生产经营能力和获利能力的载体及其相关权益的集合或总称。

2）企业的资产特性

企业作为一类特殊的资产，具有以下明显的特性：

（1）持续经营性。企业的建立与存在就是要获取利润，作为组成企业的要素资产可能都是存在一定期限的使用寿命，而由这些要素资产组成的企业通常都要持续经营，而且要在经营过程中努力降低成本和费用以获得利润。持续经营不仅是企业正常盈利的一个基本方面，也是企业资产自身的一个重要特征。

（2）整体性。构成企业的各个要素资产虽然各具不同性能，但只要它们在服从特定系统目标的前提下构成企业整体，企业的各个要素资产功能就可能会产生互补，因此，它们可以被整合为具有良好整体功能的资产综合体。当然，即使构成企业的各个要素资产的个体功能良好，如果它们不能服从特定系统目标拼凑成企业，它们之间的功能可能就会不匹配，由此组合而成的企业整体功能也未必很好。因此，整体性是企业区别于其他资产的一个重要特征。

（3）权益可分性。作为生产经营能力载体和获利能力载体的企业具有整体性的特点，而与载体相对应的企业权益却具有可分性的特点。企业的权益可分为股东全部权益和股东部分权益。

3）企业的价值特征

企业作为获利能力载体具有以下价值特征：

（1）企业价值多层次性。企业是由不同要素资产组成的资产组合体，其价值构成也是多层次的。企业价值包括了企业整体价值、投资资本价值、所有者权益价值和部分股权价值等。

（2）企业价值决定因素综合性。企业价值与组成企业的要素资产的价值相关，而它们之间的数量关系并不一一对应或恒等。企业价值的高低除了与构成企业的要素资产的价值相关外，还与企业的组织结构、经营管理、员工素质、企业文化等内部因素，以及国家政策、市场状况等企业的外部环境密切相关，决定企业价值的因素不是单一的而是综合的、多方面的。

11.1.2　企业价值评估及评估对象界定

企业价值评估通常是指评估人员依据相关法律、法规和资产评估准则，对评估基准日特定目的下的企业整体价值、股东全部权益价值或者部分权益价值进行分析、估算并发表专业意见的行为和过程。

企业本身就是一个由多种要素资产组成的资产组合体，企业自身就是一个复合的概念。盈利是企业存在的目的，现实中企业不仅有盈利的时候，也有亏损的时候，而且企业盈利和亏损的原因又极其复杂，技术层面、管理层面、资产层面、市场层面等，不论是企业资产构成的复杂性，还是企业盈利或亏损决定因素的复杂性，都决定了企业价值判断的复杂性。当然，企业价值本身也是一个复合的概念，它包括了企业整体价值、企业股东全部权益价值和企业股东部分权益价值等。企业和企业价值的复合性，企业价值决定因素的复杂性，要求评估人员在进行企业价值评估时，应当首先界定清楚企业价值评估的标的物或评估对象。

企业价值评估的对象与企业价值的内涵及其价值的具体表现形式是有联系的。

1）企业价值的内涵及其表现形式

（1）企业价值的内涵

由于企业和企业价值的复合性，以及企业价值决定因素的综合性，使得人们可以从不同的角度认识企业价值，因而形成了许多不同理论流派的企业价值定义。这里包括经济学上的企业价值定义，会计学中的企业价值定义，以及其他领域内的企业价值定义。当然，这就会产生从企业价值评估的角度理解与把握企业价值的必要。从企业价值评估的角度，需要评估人员正确认识和把握的企业价值，主要是企业的内在价值和企业的交换价值。企业的内在价值是指企业所具有的潜在获利能力（具体表现为企业预期收益能力或企业预期现金流量）的折现值之和。企业的交换价值是指企业内在价值在评估基准日市场条件下的可实现部分。在有效市场的假设前提下，企业的内在价值与企业的市场价值应该是一致的。

在产权变动前提下的企业价值评估，需要评估的是企业的交换价值。

（2）企业价值的具体表现形式及其构成

企业价值的具体表现形式是企业价值多样性的具体存在形式，通常情况下，企业价值的具体表现形式包括企业总资产价值、企业整体价值、企业投资资本价值、企业股东全部权益价值和企业股东部分权益价值等。

企业的总资产价值是一个财务会计学中的企业价值概念，它是由企业流动资产价值、固定资产价值、无形资产价值和其他资产价值之和构成的。

企业整体价值是一个资产评估中的企业价值概念，它是用企业总资产价值减去企业负债中的非付息债务价值后的余值，或企业所有者权益价值加上企业的全部付息债务价值来表示。

企业的投资资本价值是一个资产评估中的企业价值概念，它是由企业所有者权益价值与长期负债中的付息债务价值之和构成。

企业股东全部权益价值就是企业的所有者权益价值或企业净资产价值。

企业股东部分权益价值就是企业的所有者权益价值中的某一部分。

2）企业价值评估对象

就一般意义上讲，企业价值的具体表现形式都可能或可以成为企业价值评估的对象，但是，就国际惯例来看，企业价值评估的对象通常是指企业整体价值（business enterprise value）、股东全部权益价值（total equity value）和股东部分权益价值（partial equity value）。

在中国资产评估协会2011年12月31日颁布的《资产评估准则——企业价值》第二条中明确规定："本准则所称企业价值评估，是指注册资产评估师对评估基准日特定目的下企业整体价值、股东全部权益价值或部分权益价值进行分析、估算并发表专业意见的行为和过程。"

企业整体价值和股东全部权益价值的具体内涵与构成已经在企业价值具体表现形式中做了介绍，而股东部分权益价值其实就是企业一部分股权的价值，或股东全部权益价值的一部分。股东部分权益价值概念并不难以理解，但由于存在着控股权溢价和少数股权折价因素，资产评估人员应当知晓股东部分权益价值并不必然等于股东全部权益价值与股权比例的乘积。在资产评估实务中，股东部分权益价值的评估通常是在得到股东全部权益价值后再来评定，评估人员应当在适当及切实可行的情况下考虑由于控股权和少数股权等因素产生的溢价或折价，应当在评估报告中披露是否考虑了控股权和少数股权等因素产生的溢价或折价。

由于企业价值评估的对象是多层次的，资产评估人员在评估企业价值时，应当根据评估目的及委托方的要求等谨慎区分本次评估的是企业整体价值、股东全部权益价值，还是股东部分权益价值，并在评估报告中明确说明。

不论企业价值评估的是哪一种价值，它们都是企业在特定时期、地点和条件约束下所具有的持续获利能力的市场表现。

11.1.3 企业价值评估的特点

当把企业作为一种生产经营能力和获利能力的载体时，企业价值评估具有以下特点：

（1）在正常情况下，企业价值评估的评估对象是企业的权益价值，并不是承载企业价值的那些要素资产，以及那些要素资产组成的资产综合体。

（2）决定企业价值高低的因素是企业的整体获利能力。

（3）在正常情况下，尽管企业价值的载体是由多个或多种单项资产组成的，但企业价值评估却是一种整体性评估。

11.2　企业价值评估的范围界定

企业价值评估范围通常是指被评估企业产权范围内的资产与负债。

11.2.1 企业价值评估的一般范围

企业价值评估的一般范围，就一般意义上讲，是为进行企业价值评估所应进行的具体工作范围，通常是指企业产权涉及的具体资产范围。不论是进行企业整体价值评估、股东全部权益价值评估，还是进行股东部分权益价值的评估，其实都要对企业进行整体性评估，企业价值评估的工作范围必然要涉及企业产权内的所有资产。从产权的角度界定，企业价值评估的一般范围应该是企业产权涉及的全部资产，包括企业产权主体自身拥有并投入经营的部分、企业产权主体自身拥有未投入经营部分、虽不为企业产权主体自身占用及经营，但可以由企业产权主体控制的部分，如全资子公司、控股子公司，以及非控股公司中的投资部分等。在具体界定企业价值评估的一般范围时，应根据以下有关数据资料进行：

（1）企业价值评估申请报告及上级主管部门批复文件所规定的评估范围；

（2）企业有关产权转让或产权变动的协议、合同、章程中规定的企业资产变动的范围；

（3）企业有关资产产权证明、账簿、投资协议、财务报表等。

11.2.2 企业价值评估中的有效资产和溢余资产

企业价值的形成基于企业整体盈利能力，评估人员判断估计企业价值，就是要正确分析和判断企业的盈利能力。企业是由各类单项资产组合而成的资产综合体，这些单项资产对企业盈利能力的形成具有不同的作用和贡献。在对企业价值评估的一般范围进行界定之后，并不一定要将所界定的企业价值评估一般范围内的所有具体资产都按一种评估思路进行评估，通常需要将企业价值评估一般范围内的具体资产按照其在企业中发挥的功效，划分为有效资产和溢余资产。其中，有效资产是指企业中正在运营或虽未运营但具有潜在运营能力，并能对企业盈利能力做出贡献、发挥作用的资产。溢余资产是指企业中不能参与生产经营及不能对企业盈利能力做出贡献的非经营性资产、闲置资产等。在对企业价值评估一般范围内的具体资产按其在企业盈利能力的形成过程中是否做出贡献划分为有效资产和溢余资产，目的在于要正确揭示企业价值。企业的盈利能力是企业中有效资产共同作用的结果，有效资产是企业价值评估的基础，溢余资产虽然也可能有交换价值，但溢余资产的交换价值与有效资产价值的决定因素、形成路径是有差别的。要正确揭示和评价企业价值，就需要将企业价值评估一般范围内的有效资产和溢余资产进行正确界定与区分，将企业的有效资产作为运用各种评估途径与方法评估企业价值的基本范围或具体操作范围，对溢余资产单独进行评估或其他技术处理。将企业价值评估一般范围内的具体资产按照其在企业中发挥的功效，划分为有效资产和溢余资产，有效资产和溢余资产的合理划分是进行企业价值评估的重要前提。有效资产和溢余资产划分得是否合理将直接影响运用不同评估途径与方法评估企业价值结果的合理性和可信程度，有效资产和溢余资产的正确划分也是运用多种评估途径与方法进行企业价值评估的重要前提。

在界定企业价值评估一般范围及有效资产与溢余资产时，应注意以下几点：

（1）对于在评估时点产权不清的资产，应划为"待定产权资产"，不列入企业价值评估的一般范围。

（2）在产权清晰的基础上，对企业的有效资产和溢余资产进行区分。在进行区分时应注意把握以下几点：第一，对企业有效资产的判断，应以该资产对企业盈利能力形成的贡献为基础，不能背离这一原则；第二，在有效资产的贡献下形成的企业的盈利能力，应是企业的正常盈利能力，由于偶然因素而形成的短期盈利及相关资产，不能作为判断企业盈利能力和划分有效资产的依据；第三，评估人员应对企业价值进行客观揭示，如企业的出售方拟进行企业资产重组，则应以不影响企业盈利能力为前提。

（3）在企业价值评估中，对溢余资产有两种处理方式：一是进行"资产剥离"，将企业的溢余资产在运用多种评估途径及其方法进行有效资产及其企业价值评估前单独剥离出去，溢余资产的价值不作为企业价值的组成部分，作为独立的部分进行单独处理，并在评估报告中予以披露；二是将企业的溢余资产在运用多种评估途径及其方法进行有效资产及其企业价值评估前单独剥离出去，用适合溢余资产的评估方法将其进行单独评估，并将评估值加总到企业价值评估的最终结果之中，并在评估报告中予以披露。

（4）如企业出售方拟通过"填平补齐"的方法对影响企业盈利能力的薄弱环节进行改进时，评估人员应着重判断该方法对正确揭示企业盈利能力的影响。就目前我国的具体情况而言，该方法应主要针对由工艺瓶颈和资金瓶颈等因素导致的企业盈利能力的薄弱环节。

11.3　企业价值评估假设前提、价值类型与信息资料收集

11.3.1　企业价值评估假设前提

企业价值评估同样也需要建立在一系列假设的基础之上，也需要利用例如交易假设、持续使用假设、公开市场假设或清算假设等将评估对象置于特定条件之下进行评估。虽然在交易假设、公开市场假设或清算假设等的使用方面，企业价值评估与其他类型资产评估并没有明显的区别，但由于企业本身具有整体性和经营获利性等特点，使得企业价值评估中的持续经营假设与其他（单项）资产的持续使用假设设定具有一定的差异，需要对企业价值评估中的持续经营假设进行必要的说明。

持续经营假设在企业价值评估中的基本含义是假定被评估企业在评估基准日后仍将持续经营下去。它意味着企业在发生产权变动之后（包括出售、兼并、重组、合并等），企业仍将继续经营且提供的产品或服务仍能满足市场需求并产生相应的效益。因此，在企业价值评估中是否选择持续经营假设需要考虑下列几方面的因素（或其中的某项因素）：

第一，评估目的，即引起企业价值评估的经济活动是否要求企业持续经营，或评估结果的具体用途是否需要以企业持续经营为前提。

第二，企业提供的产品或服务是否能满足市场需求。若企业的产品或服务不能满足市场需求，企业无预期收益，则不适用于按照原来的经营目的、经营方式持续经营下去，即不适用按照原来的经营目的、经营方式设定持续经营假设。

第三，若企业各个要素资产破损严重、工艺落后或严重比例失调而不能满足企业持续经营的需要，也难以通过重组等方式实现持续经营，则该企业评估不适用于持续经营假设。

由于企业经营是一个相对综合的概念，它包含了企业经营战略、经营方向、经营方式、经营规模等因素，因此，在进行企业价值评估时，还需要将企业持续经营条件具体化。

基于企业经营包含的因素，企业价值评估中持续经营假设可能会有以下几种情景：（1）在企业原有的经营方向、产品结构及经营规模条件下的持续经营，即企业在用续用持续经营假设；（2）通过投入增量资本等手段完善企业原有的经营方向、产品结构及经营规模条件下的持续经营，即企业最佳使用持续经营假设；（3）考虑企业兼并、重组、合并等产生协同效应后的持续经营，即企业合并效应持续经营假设等。

1）在用续用持续经营假设

在用续用持续经营假设是企业价值评估中持续经营假设中最为普遍的一种情况。因为：第一，企业是一个盈利组织，企业的所有者及经营者通常会保持企业的经营方向、产品结构及经营规模的合理性以满足获利目标；第二，大部分企业存在

工艺技术流程和相对专业要求，改变这些不仅存在成本约束，也存在技术和工艺约束。

评估师在企业价值评估中使用在用续用持续经营假设，其实包含了下列假设条件或其中的一部分假设条件：

（1）引起企业价值评估的经济行为实现后，企业的控股权不发生变化，企业不会发生转产或经营方向的根本性改变；

（2）引起企业价值评估的经济行为实现后，股权结构虽有变化，但企业的主要经营方向和经营规模不发生重大变化；

（3）引起企业价值评估的经济行为实现后，企业现有市场份额和营销政策不会发生重大变化；

（4）引起企业价值评估的经济行为实现后，企业没有大量的资本投入，亦不会造成企业的生产经营能力和获利能力产生很大的变化。

2）最佳使用持续经营假设

最佳使用持续经营假设是进行企业价值评估时，应当优先考虑的一个假设。因为：第一，评估师在大多数情况下应该把被评估企业在现有条件下应有的价值评估出来，即企业最佳使用状况下的价值评估出来。第二，如果企业目前所处的状态就是最佳使用状态，评估师就可以按照在用续用持续经营假设评估企业价值。如果被评估企业目前并非处于最佳使用状态，继续以企业维持原有生产经营状态为前提进行收益预测，显然与企业未来的真实情况不符。第三，如果被评估企业目前并非处于最佳使用状态，但具有完善的空间和可能，评估师就需要考虑改变完善企业经营现状的可能性、可行性和经济性。当被评估企业具备了完善经营的可能性、可行性和经济性的前提，评估师应该按最佳使用持续经营假设评估企业价值。

评估师在使用最佳使用持续经营假设时，其实包含了完善企业经营的可能性、可行性和经济性的前提条件，其中以下假设条件成立：

（1）企业改变经营策略及生产经营结构，不会受到现行法律法规的限制；

（2）企业增加资本投入，不会受到土地、厂房、设备、人员、技术、管理等诸多因素的制约，能够形成生产经营能力；

（3）企业的新增生产经营能力及增加的产品或服务能够被市场所接受；

（4）企业投入资本所增加的获利能力高于企业完善过程中所支付的成本，即有新增的获利能力。

3）合并效应持续经营假设

合并效应持续经营假设通常是在企业兼并、重组、合并等特定经济行为引起的企业价值评估中需要考虑的一种评估假设前提。在企业兼并、重组、合并等特定经济行为中，兼并、重组或合并的双方企业可能是同一产业链上的上下游企业，也可能是同一行业中不同区域的企业，还可能是具有互补性的企业等。在这种情况下，这些企业的兼并、重组或合并非常有可能产生 1+1 大于 2 的效果，即所谓的整合效应或合并效应。例如企业合并后，企业原有的溢余资产转变为有效资产，增加了企业的获利能力；企业合并后增加的销售渠道带来了增量效益；新的管理方式和经营模式大大降低了成本和费用支出；统一的财务政策和资金调配大大节省了资金成本等。也就是说，在企业兼并、重组和合并的过程中，存在着整合效应或合并效应的可能性。

评估师在企业价值评估中使用合并效应持续经营假设，需要满足下列前提条件：

（1）引起企业价值评估的经济行为属于兼并、重组或合并等经济事项；

（2）当评估目的实现后，兼并、重组或合并的双方企业通过整合可以产生合并效应；

（3）企业价值评估的相关当事人要求评估师把企业兼并、重组或合并所产生的合并效应作为企业价值评估的一个因素来考虑。

因为只有当企业间的兼并、重组和合并等经济事项存在着协同效应，并同时满足其他相关条件时，才可以考虑使用合并效应持续经营假设。

除了在用续用持续经营假设、最佳使用持续经营假设和合并效应持续经营假设三种情况外，企业持续经营假设也可能存在其他一些情况，需要根据被评估企业的具体情况分析判定。由于企业价值评估中的持续经营假设包含了各种不同情形，评估人员应当充分考虑并分析被评估企业的经营状况、历史业绩、资本结构、发展前景和被评估企业所处行业的相关经济要素及发展前景，收集被评估企业及其相关企业未来经营相关的信息资料，充分考虑未来各种可能性事件发生的概率及影响，选择合理的评估假设前提。评估人员在运用不同的持续经营假设评估企业价值时，需要正确选择相应的评估价值类型，采用恰当的评估方法和评估经济技术参数，以合理地评估企业价值。

11.3.2 企业评估价值类型

与其他的资产评估结果的价值类型分类一样，企业价值中的价值类型也划分为市场价值和非市场价值两类。

企业价值评估中的市场价值从价值属性的角度定义，是指企业在评估基准日公开市场上正常（最佳使用）使用状态下最有可能实现的交换价值的估计值。

评估基准日的公开市场是指有众多参与者的市场，企业的买卖是在充分竞争的基础上进行的；市场参与者在买卖竞争过程中都是理性的，表现在卖家的要价和买家的出价都是理性的；市场参与者信息是对称的，评估对象有充分的展示时间，交易是在有序的情况下进行的。

换一个角度来说，企业价值评估所依据的所有信息资料都来源于公开市场，公开市场反映出的评估经济技术参数是在充分竞争条件下产生的，这些信息资料既是整个市场众多参与者认同和可以接受的数据资料，也是反映企业正常经营（最佳使用）的基本数据。

评估企业的市场价值要求评估人员评估所使用的信息资料都来源于市场，就是说，即使是企业提供的并且是真实的数据资料，评估人员也需要进行认真分析，判断这些信息资料是否符合公开市场信息的标准，用于企业市场价值评估的信息资料必须符合公开市场信息的标准和要求。由于评估企业价值评估中的市场价值所依据的信息资料都来源于公开市场信息，企业价值评估中的市场价值的公允合理性是面向整个市场的，而不是针对某个特殊投资者的。

企业价值评估中的市场价值以外的价值（非市场价值）并不是一种具体的企业价值存在形式，它是一系列不符合企业价值评估中的市场价值定义条件的价值形式的总称或组合。企业价值评估中的非市场价值也是企业公允价值具体表现形式的概括，企业价值评估中的非市场价值的具体表现形式，就出现的概率而言，主要有持续经营价值、投资价值、清算价值等。

持续经营价值是指被评估企业按照评估基准日时的用途、经营方式、管理模式等持续经营下去所能实现的预期收益（现金流量）的折现值，即企业按照在用续用持续经营假设前提评估出来的价值，并假定企业的在用续用持续经营并没有达到企业的最佳经营状态。企业的持续经营价值是一个整体的价值概念，是相对于被评估企业自身既定的经营方向、经营方式、管理模式等所能产生的现金流量和获利能力的整体价值。由于企业的各个组成部分对企业的整体价值都有相应的贡献，企业持续经营价值可以按企业各个组成部分资产的相应贡献被分配给企业的各个组成部分资产，即构成企业各局部资产的在用价值，但所有这些组成部分本身的价值并不构成市场价值，而构成企业持续经营的各要素资产的在用价值之和也就是企业的持续经营价值。企业的持续经营价值本身并不是市场价值，但其数量可能正好等于企业的市场价值，也可能高于或低于企业的市场价值。客观地讲，在资产评估实践中评估人员把握企业的持续经营价值具有一定的难度，特别是与企业的市场价值又不易区分。国际评估准则委员会2007年出版的第八版《国际评估准则》，不再将持续经营价值作为企业价值评估中的价值定义。

投资价值是指被评估企业对于具有明确投资目标和特定投资偏好的特定投资者或某一类投资者所具有的价值。投资价值反映了特定投资者对于被评估企业具有的特殊价值，主要体现在企业并购重组等经济事项中包含了并购与被并购双方企业整合效应及合并溢价的因素。企业的投资价值通常要高于企业的市场价值和企业的持续经营价值。企业的投资价值与投资性企业价值是两个不同的概念，投资性企业价值是指特定主体以投资获利为目的而持有的企业在公开市场上按其最佳用途实现的市场价值。

清算价值从性质上讲，是指企业处于清算、迫售、快速变现等非正常市场条件下所具有的价值，或设定企业处于清算、迫售、快速变现等非正常市场条件下所具有的价值。从数量上看，企业的清算价值是指企业快速变卖所有的企业资产减去所有负债后的现金余额。这时企业价值很可能是其构成要素资产的可变现价值。破产清算企业的价值评估，不一定是对企业持续经营前提下的价值揭示，清算企业作为生产要素整体可能已经丧失了盈利能力，因而也就不具有通常意义上的企业所具有的价值。对破产清算企业进行价值评估，在一些情况下，实际上是对该企业的单项资产的变现价值之和进行判断和估计。

在企业作为生产要素整体已经丧失了盈利能力的情况下，企业在清算前提下的清算价值并不必然小于该企业在持续经营前提下的价值。如果出现了企业生产要素整体已经丧失了盈利能力的情况，评估人员可以向委托方提出咨询建议，建议相关权益人启动被评估企业的清算程序。如果相关权益人有权启动被评估企业的清算程序，资产评估人员应当根据委托，分析被评估企业在清算前提下价值大于在持续经营前提下价值的可能性和评估价值。

由于我国市场发育程度较低，经济处于转型时期，许多企业产权变动与经济体制改革相关联，在企业产权变动中经常要体现政策因素和改革因素，服务于国有企业改制的企业价值评估中的价值类型有可能不同于规范市场经济条件下的价值类型。或者说，可能会超出上面所提及的非市场价值的具体表现形式。

在我国的转型经济条件下，国有企业实行低工资、高就业政策，职工对企业价值的贡献一大部分以国家所有的形式被抽走，职工所获报酬远低于其对企业价值的贡献。虽然国家在形式上作为全国人民的代表行使企业财产的所有权，但它忽视了企业职工个体间的差异。在企业改制中，如果投资者独享企业价值就会失去合理性。在这种情况下，企业价值评估不仅需要正确揭示企业的价值，而且需要分析企业价值的形成过程，正确评估各种要素对企业价值贡献的大小，从而为解决企业价值多元贡献与投资者一元所有的矛盾提供技术支持，维护企业相关利益主体的权益。政府在国有企业改制中实施的一些特殊政策，可能有大部分是对相关利益者的一种补偿。如果在国有企业改制评估中将国家的某些特殊政策作为评估企业价值的因素，此时的企业价值类型就有可能是具有中国特色的企业价值的具体表现形式。

在转型经济条件下，企业价值的增加往往得益于企业无偿或廉价取得的自然资源使用权和开采权的资本化，但由于理论研究和管理体制改革的滞后，又出现了下列问题：一是自然资源储量、品位和价格的不确定性成为评估的技术障碍。二是自然资源占用和开采中事实上的价格双轨制，除了导致自然资源的低效使用和掠夺性开采之外，还产生了企业间不平等竞争的问题。三是伴随自然资源资本化过程出现愈演愈烈的资源收益分配的企业倾向和地区倾向。评估人员在进行企业价值评估时，必须对上述问题产生的历史背景进行分析，才能在评估中正确处理这些问题。在我国，自然资源所有权归国家。在计划经济条件下，这些自然资源由国家分配给各个企业无偿使用，但同时企业也为政府承担了大量的社会责任，给企业背上了巨大的包袱。在经济转型过程中，政府在解除企业承担的社会责任的同时，也应有偿向企业提供自然资源的使用权，并按市场价格对自然资源进行定价。在企业价值评估时应充分考虑上述情况。

在成熟市场经济条件下，企业产权明晰，各投资主体的权责是清晰的，从而为企业价值评估提供了既定的前提。而在转型经济条件下，由于企业的产权模糊，对企业价值评估将会产生以下影响：首先，产权模糊容易引致政府对企业行为的干预，不仅使评估人员对企业行为的预期困难，而且影响市场机制对企业价值的作用。在没有对各产权主体的权利责任进行明确界定的情况下，政府各部门往往会为既得利益干预企业行为，使企业无法按市场原则有效配置资源，做出正确的投资决策，从而掩盖了企业的真实盈利能力。其次，政府对企业的干预随着转型的深入会不断发生变化，因而它对企业价值的影响也存在不确定性，这种不确定性的预期直接影响评估人员对企业价值的判断。企业价值评估通常涉及企业兼并重组，但由于产权模糊，导致兼并主体不明确，企业作为受托人无权决定是否兼并，而由政府决定是否兼并。许多国有企业的产权主体由国家代为行使，致使它们之间的并购事实上是在同一产权主体下的交易行为，评估人员应当充分考虑国有企业改制、交易中的具体因素，选择恰当的价值类型。

11.3.3　企业价值评估中的信息资料收集与风险估计

企业价值评估中的信息资料收集是做好企业价值评估的一项非常重要的工作。评估人员可以根据本次企业价值评估所选择的价值类型，以及评估途径和方法，收集与本次企业价值评估相关的、有针对性的、有用的信息资料。根据企业价值评估相关准则的要求以及评估实践经验，企业价值评估需要收集的信息资料涉及以下几个方面：（1）企业内部信息；（2）企业经营环境（外部）信息；（3）市场信息。

1）企业价值评估中的主要信息

从本质上讲，企业价值评估是评估人员根据资产评估原理和技术方法，利用所掌握的信息资料，对影响企业价值的各种因素进行综合分析和判断的过程。评估人员占有信息量的多少将直接影响评估人员对企业价值的判断和估计，占有充分的信息资料是合理评价企业价值的重要基础。

（1）企业内部信息

与企业价值评估相关的企业内部信息主要包括企业的法律文件、经营信息、财务信息、管理信息和其他信息。

①企业的法律文件，如公司章程、企业各项规章制度、企业重要经营协议合同，包括供货、销货、特许经营、技术转让、房屋设备租赁、银行贷款、保险、劳动协议合同等。

②企业的经营信息，如企业的类型、规模、主要产品或服务、行业竞争地位、企业年度生产经营计划及执行情况分析、企业发展规划及其相应配套规划等。

③企业的财务信息，如企业的财务报表，包括近几年的资产负债表、利润表、现金流量表，企业资产清单，以及上述资料的比较表等。

④企业管理信息，如企业机构组织示意图、主要领导人简介、人力资源管理模式等。

⑤企业其他信息，如企业已做过的资产评估报告、尚未判决的法律诉讼、税务信息等。

（2）企业经营环境（外部）信息

这里所称的企业经营环境信息主要是指与企业经营发展密切相关的宏观经济信息以及产业经济信息。

①宏观经济信息，如国家经济发展趋势、经济增长速度、国家宏观经济政策等。

②产业经济信息，如产业发展趋势、产业布局、产业在国民经济发展中的地位作用、产业发展速度、产业技术指标、经济指标和财务指标等。

（3）市场信息

企业价值评估需要的市场信息从大的方面讲主要是资本市场上的相关信息，如与被评估企业类似的上市公司的市场价格、投资回报率、各种价值比率；与被评估企业类似的并购企业交易价格、投资回报率、各种价值比率等。

2）转型经济条件下，企业价值评估的风险估计问题

在企业价值评估中，收益途径及其方法是被国内外公认的主要评估途径与方法，我国评估界也开始从过去的资产基础途径（成本法）转向收益途径评估企业价值。运用收益途径的一个关键因素就是需要找到能够充分反映企业风险的折现率来折现企业的未来预期收益。在成熟市场经济条件下，企业面临的宏观经济环境较为稳定，市场行为较为规范，企业面临的未来风险相对更易预期和估计。但在转型经济条件下，企业交易双方所面临的风险和障碍远大于成熟市场，企业价值评估也变得格外困难。在我国转型经济中，企业面临的风险包括通胀率波动、经济不稳定、资本控制权变动、国家有关政策变化、合同法和投资者权益定义模糊、法律保护不力、会计制度松弛等。如果对这些风险的评估不同，那么对企业的估值就会大相径庭。传统的评估方法大多数将企业风险集中反映在折现率中，这样做原本没有错误，但是这样做可能会加大折现率估测的难度和精度要求。评估人员可以采用另外一种方法考虑风险，即将企业风险也反映在企业的预期现金流量预测中。评估人员可以根据宏观经济各项指标及行业和公司未来可能面临的风险建立不同的假设情景，并对各种假设情景的概率进行估计；然后，分析各种假设情景下企业预期现金流的各组成部分是如何变化的，并对出现最大概率情况下的企业现金流量进行测算；结合企业现金流量预测的情况，再考虑在折现率中应当包含的风险报酬率的高低，最终确定折现率。

[相关链接11-1]

《资产评估准则——企业价值》

2011年，中国资产评估协会发布《资产评估准则——企业价值》。该准则共6章53条，分别从总则、基本要求、操作要求、评估方法、评估披露和附则等方面对企业价值评估业务进行了规范，自2012年7月1日起施行。这是我国关于企业价值评估的全新的准则性文件。

详细内容请登录网站：http：//www.cicpa.org。

11.4　收益途径及其方法在企业价值评估中的应用

11.4.1　收益途径及其方法评估企业价值的核心问题

在运用收益途径对企业价值进行评估时，一个必要的前提是判断企业是否具有

持续的盈利能力和获利的机会。只有当企业具有持续的盈利能力和获利机会时，运用收益途径对企业价值进行评估才具有意义。运用收益途径对企业价值进行评估，关键在于对以下三个问题的解决：

首先，要对企业的收益形式予以界定。企业的收益可以多种形式出现，包括净利润、净现金流量（股权自由现金流量）、息前净现金流量（企业自由现金流量）等。运用收益途径评估企业价值就存在着一个选择何种形式的收益作为企业价值评估中的收益问题。虽然这种选择不会从根本上影响评估人员对企业价值的最终判断，但极有可能会在一定程度上影响企业价值评估的效率及其精度。

其次，要对企业的预期收益进行合理的预测。由于企业价值决定因素的综合性和复杂性，要求评估人员非常精确地预测企业的预期收益是不现实的。但是，由于企业收益的预测直接影响对企业盈利能力的判断，是决定企业评估值的关键因素。所以，在企业价值评估中既要全面考虑影响企业盈利能力的因素，又要抓住影响企业价值的最重要的因素，客观、公正地对企业的预期收益做出合理的预测。

最后，在对企业的预期收益做出合理的预测后，要选择恰当的折现率。恰当折现率的选择与企业取得未来收益面临的风险，以及在收益预测中所考虑的风险因素的程度有关。紧紧抓住企业取得未来收益的风险程度，从而选择合适的折现率，对企业的最终评估值具有较大影响。

11.4.2 收益途径中的具体评估方法及其说明

评估实务界习惯将收益途径称为收益法，不管将其称为收益途径还是收益法，它们都包含了许多具体评估技术方法。这些具体评估方法的称谓可能并不统一，下面介绍的用于企业价值评估的收益途径中的几个主要的具体评估方法，其称谓主要是基于企业未来预期收益持续的时间，以及企业预期收益取得的形式两个方面，这里并不排除这些具体的评估方法还有其他的称谓。

1）企业永续经营假设前提下的评估方法

企业永续经营假设前提下的具体评估方法主要有年金法和分段法两大类。

（1）年金法。年金法是评价企业价值的一种具体技术思路和方法，适用于未来预期收益相对稳定、所在行业发展相对稳定的企业价值评估。

年金法的数学表达式为：

$$P = \frac{A}{r} \tag{11-1}$$

式中：P 为企业重估价值；

A 为企业每年的年金收益；

r 为资本化率。

由于企业预期收益并不能表现为年金形式，评估人员如果要运用年金法评估企业价值，还需要对被评估企业的预期收益进行综合分析，确定被评估企业的预期年金收益。将企业未来若干年的预期收益进行年金化处理而得到企业年金是若干种分析测算企业年金收益方法中的一种。年金法的数学表达式（11-1）又可以写成：

$$P = \sum_{i=1}^{n} [R_i \cdot (1+r)^{-i}] \cdot (A/P, r, n) \div r \qquad (11-2)$$

式中：$\sum_{i=1}^{n} [R_i \cdot (1+r)^{-i}]$ 为企业前 n 年预期收益折现值之和；

$(A/P, r, n)$ 为年金现值系数（也可以表示为 $\sum_{i=1}^{n} [(1+r)^{-i}]$）；

r 为折现率及资本化率。

用于企业价值评估的年金法，是将已处于均衡状态，其未来收益具有充分的稳定性和可预测性的企业未来若干年的预期收益进行年金化处理，然后再把已年金化的企业预期收益进行收益资本化，估测企业的价值。将企业相对稳定的、可预测的未来若干年预期收益进行年金化处理，仅仅是评估人员分析判断企业未来预期收益的一种方式，如果评估人员认为通过将企业未来若干年的预期收益进行年金化处理而得到的这个企业年金足以反映出被评估企业未来预期收益的能力和水平，这个企业年金就可以作为评价企业价值的收益额。如果评估人员并不能确信通过年金化处理而得到的这个企业年金可以反映出被评估企业未来预期收益能力和水平，这个企业年金就不可以直接作为企业价值评估的收益额，而需要通过其他方法估测适合于被评估企业价值评估的收益额。

［例 11-1］待估企业预计未来 5 年的预期收益额为 100 万元、120 万元、110 万元、130 万元、120 万元，假定企业永续经营，不改变经营方向、经营模式和管理模式，折现率及资本化率均为 10%，运用年金法估测待估企业的持续经营价值接近于 1 150 万元。具体计算过程如下：

$$P = \sum_{i=1}^{n} [R_i \cdot (1+r)^{-i}] \div \sum_{i=1}^{n} [(1+r)^{-i}] \div r$$

$$= (100 \times 0.9091 + 120 \times 0.8264 + 110 \times 0.7513 + 130 \times 0.6830 + 120 \times 0.6209) \div (0.9091 + 0.8264 + 0.7513 + 0.6830 + 0.6209) \div 10\%$$

$$= (90.91 + 99.168 + 82.643 + 88.79 + 74.508) \div 3.7907 \div 10\%$$

$$= 436.019 \div 3.7907 \div 10\%$$

$$= 1\ 150(万元)$$

（2）分段法。分段法是将永续经营企业的收益预测分为前段和后段。将企业的收益预测分为前段和后段的理由在于：在企业发展的某一个期间，企业的生产经营可能处于不稳定状态，因此企业的收益也是不稳定的，而在这个不稳定期间之后，企业的生产经营可能会达到某种均衡状态，其收益是稳定的或按某种规律进行变化的。对于不稳定阶段企业的预期收益采取逐年预测，并折现累加的方法。而对于稳定阶段的企业收益，则可以根据企业预期收益稳定程度按企业年金收益，或按企业的收益变化规律所对应的企业预期收益形式进行折现和资本化处理。将企业前段和后段收益现值加在一起便构成企业的评估价值。

假设企业评估基准日后的第二段收益是年金收益，分段法的数学表达式可写成：

$$P = \sum_{i=1}^{n} \left[R_i \cdot (1 + r)^{-i} \right] + \frac{R_{n+1}}{r} \cdot (1 + r)^{-n} \tag{11-3}$$

假设从（n+1）年起的后段，企业预期年收益将按某一固定比率（g）增长，则分段法的数学表达式可写成：

$$P = \sum_{i=1}^{n} \left[R_i \cdot (1 + r)^{-i} \right] + \frac{R_n(1 + g)}{(r - g)} \cdot (1 + r)^{-n} \tag{11-4}$$

［例11-2］被评估企业预计未来5年的预期收益额为100万元、120万元、150万元、160万元、200万元，并根据企业的实际情况推断，从第6年开始，企业的年收益额将维持在200万元的水平上，假定折现率与资本化率均为10%，使用分段法估测企业的价值。

运用分段法的数学表达式（11-3）：

$$P = \sum_{i=1}^{n} \left[R_i \cdot (1 + r)^{-i} \right] + \frac{R_{n+1}}{r} \cdot (1 + r)^{-n}$$

$= (100×0.9091+120×0.8264+150×0.7513+160×0.6830+200×0.6209) +$

  $200÷10\% ×0.6209$

$= 536.233+2\,000×0.6209$

$= 1\,778$（万元）

［例11-3］承上例资料，假如评估人员根据企业的实际情况推断，企业从第6年起，收益额将在第5年的水平上以2%的增长率保持增长，其他条件不变，试估测被评估企业的价值。

运用分段法的数学表达式（11-4）：

$$P = \sum_{i=1}^{n} \left[R_i \cdot (1 + r)^{-i} \right] + \frac{R_n(1 + g)}{(r - g)} \cdot (1 + r)^{-n}$$

$= (100×0.9091+120×0.8264+150×0.7513+160×0.6830+200×0.6209) +$

  $200×（1+2\%）÷（10\% -2\%）×0.6209$

$= 536.233+204÷8\% ×0.6209$

$= 2\,120$（万元）

2）企业有限持续经营假设前提下的评估方法

（1）关于企业有限持续经营假设的使用说明。对企业而言，它的价值在于其所具有的持续的盈利能力。一般而言，对企业价值的评估应该在持续经营前提下进行。只有在特殊的情况下，才能在有限持续经营假设前提下对企业价值进行评估。如企业章程已对企业经营期限做出规定，而企业的所有者无意逾期继续经营企业，则可在该假设前提下对企业进行价值评估。评估人员在运用该假设对企业价值进行评估时，应对企业能否适用该假设做出合理判断。

（2）企业有限持续经营假设是从最有利于回收企业投资的角度，争取在不追加资本性投资的前提下，充分利用企业现有的资源，最大限度地获取投资收益，直至企业无法持续经营为止。

（3）对于有限持续经营假设前提下企业价值评估的具体方法，其评估思路与分段法类似。首先，将企业在可预期的经营期限内的收益加以估测并折现；其次，将企业在经营期限后的残余资产的价值加以估测及折现；最后，将两者相加。其数学表达式为：

$$P = \sum_{i=1}^{n} [R_i \cdot (1 + r)^{-i}] + P_n \cdot (1 + r)^{-n} \tag{11-5}$$

式中：P_n 为第 n 年企业资产的变现值；其他符号含义同前。

在企业价值评估中应用收益法的具体技术思路和方法还有许多，评估人员可以参考本教材关于评估途径和方法的有关章节的内容，在遵循收益法基本原理的基础上，依据被评估企业的具体情况设计具体的评估技术思路和方法，这里不进行过多的介绍。

[小提示 11-1]

在企业价值评估领域，也有将收益途径在企业价值评估中的具体方法按其实现评估目标的直接程度划分为直接法和间接法两类的。

11.4.3　企业收益及其预测

企业的收益额是运用收益途径对企业价值进行评估的关键参数。在企业的价值评估中，企业的收益额需要从两个方面来认识和把握：其一，在将企业收益额作为企业获利能力的标志来认识和把握的时候，企业的收益额是指企业在合法的前提下，企业所获得的归企业所有的所得额。其二，在将企业收益额作为运用收益途径评价企业价值的一种媒介的时候，企业的收益额可以是广义上的企业收益额，如息税前利润、企业自由现金流量等。作为企业获利能力标志的企业收益额，是评估人员衡量企业价值的根本依据。作为运用收益途径评价企业价值的一种媒介的企业收益额，是评估人员衡量和判断企业价值的工具。

1）企业收益的界定

在对企业收益进行具体界定时，应首先注意以下两个方面：

（1）从性质上讲，即从企业价值决定因素的角度上讲，企业创造的不归企业权益主体所有的收入，不能作为企业价值评估中的企业收益。如税收，不论是流转税还是所得税都不能视为企业收益。

（2）凡是归企业权益主体所有的企业收支净额，都可视为企业的收益。无论是营业收支、资产收支还是投资收支，只要形成净现金流入量，就可视为企业收益。

企业的收益有企业净利润和企业净现金流量两种基本表现形式。是选择净利润还是净现金流量作为企业价值评估的收益基础对企业的最终评估值存在一定的影响。因此，在对企业的收益进行具体界定时除了需要对企业创造的收入是否归企业所有进行确认之外，还要对企业的收益形式进行明确的界定。一般而言，应选择企业的净现金流量作为运用收益途径进行企业价值评估的收益基础。就企业价值与收益额的关系而言，实证研究表明，企业的利润虽然与企业价值高度相关，但企业价值最终由其现金流量决定而非由其利润决定。就反映企业价值的可靠性而言，企业的净现金流量是企业实际收支的差额，不容易被更改，而企业的利润则要通过一系列复杂的会计程序进行确定，而且可能由于企业管理当局的利益而被更改。当然，作为运用收益途径评价企业价值的一种媒介的企业收益还可以通过息前净现金流量（企业自由现金流量）、息税前利润、息税前净现金流量等具体指标反映和表示，并通过间接法评估出企业价值。在企业价值评估中选择什么形式和口径的收益额作为折现的基础和标的，则要与每次的评估目标和评估效率相关。

在对企业的收益形式做出说明之后，在企业价值的具体评估中还需要根据评估目标的不同，对不同口径的收益做出选择，如净现金流量（股权自由现金流量）、净利润、息前净现金流量（企业自由现金流量）等的选择，因为不同口径的收益额，其折现值的价值内涵和数量是有差别的。在假设折现率口径与收益额口径保持一致或不冲突的前提下，净利润或净现金流量（股权自由现金流量）折现或资本化的结果是企业股东全部权益价值（净资产价值或所有者权益价值）；净利润或净现金流量加上扣税后的长期负债利息折现或资本化的结果则是企业的投资资本价值（所有者权益+长期负债）；净利润或净现金流量加上扣税后的全部利息（企业自由现金流量）折现或资本化的结果是企业整体价值（所有者权益价值和付息债务之和）。

至于选择什么口径的企业收益作为收益途径评估企业价值的基础，从效率的角度来说，首先，应服从企业价值评估的目的和目标，即企业价值评估的目的和目标是什么。企业股东全部权益价值（企业所有者权益或净资产价值），或企业所有者权益及长期债权人权益之和的投资资本价值，或企业整体价值（所有者权益价值和付息债务之和）。其次，对企业收益口径的选择，应在不影响企业价值评估目的的前提下，选择最能客观反映企业正常盈利能力的收益额。对于某些企业，净现金流量（股权自由现金流量）最能客观地反映企业的获利能力。而另一些企业，可能息前净现金流量（企业自由现金流量）更能反映企业的获利能力。如果企业评估的目标是企业的股东全部权益价值（净资产价值），使用净现金流量（股权自由现金流量）最为直接，即评估人员直接利用企业的净现金流量（股权自由现金流量）评估出企业的股东全部权益价值来。此种评估方式也被称作企业价值评估的直接法。当然，评估人员也可以利用企业的息前净现金流量（企业自由现金流量）首先估算出企业的整体价值（所有者权益价值和付息债务之和），然后再从企业整体价值中扣减企业的付息债务后得到股东全部权益价值。此种评估方式也被称作企业价值评估的间接法。评估人员是运用企业的净现金流量（股权自由现金流量）直接估算出企业的股东全部权益价值（净资产价值），还是采用间接的方法先估算企业的整体价值，再估算企业的股东全部权益价值（净资产价值），取决于是企业的净现金流量还是企业的息前净现金流量更能客观地反映出企业的获利能力。掌握收益口径和表现形式与不同层次的企业价值的对应关系，以及不同层次企业价值之间的关系是企业价值评估中非常重要的事情。

2）企业收益预测

企业收益预测大致分为二个阶段：首先是对企业收益的历史及现状的分析与判

断；其次是对企业未来可预测的若干年的预期收益的预测；最后是对企业未来持续经营条件下的长期预期收益趋势的判断。

（1）对企业收益的历史及现状进行分析与判断的目的，是对企业正常的盈利能力进行掌握和了解，为企业收益的预测创造一个工作平台。

通过对企业收益的历史及现状的分析判断来预测企业的正常盈利能力，首先要根据企业的具体情况确定分析的重点。对于已有较长经营历史且收益稳定的企业，应着重对其历史收益进行分析，并在该企业历史收益平均趋势的基础上判断企业的盈利能力。而对于发展历史不长的企业，就要着重对其现状进行分析并主要在分析该企业未来发展机会的基础上判断企业的盈利能力。此外，还要将财务数据结合企业的实际生产经营情况加以综合分析。可以作为分析判断企业盈利能力参考依据的财务指标有企业资金利润率、投资资本利润率、净资产利润率、成本利润率、销售收入利润率、企业资金收益率、投资资本收益率、净资产收益率、成本收益率、销售收入收益率等。有关利润率指标与收益率指标的区别主要在于：前者是企业的利润总额与企业资金占用额之比，而后者是企业的净利润与企业的资金占用额之比。

为了客观地判断企业的正常盈利能力，还必须结合影响企业盈利能力的内部及外部因素进行分析。首先，要对影响企业盈利能力的关键因素进行分析与判断。评估人员应通过与企业管理人员的充分交流和自身的分析判断，对企业的核心竞争力存在一个较为清晰的认识。其次，要对企业所处的产业及市场地位有一个客观的认识。企业所处产业的发展前景、企业在该产业及市场中的地位、企业的主要竞争对手的情况等都是评估人员应该了解和掌握的。最后，对影响企业发展的可以预见的宏观因素，评估人员也应该加以分析和考虑。如对某家污染严重的企业价值进行评估时，评估人员就应该考虑国家的环境政策对企业未来盈利的影响。总之，只有结合企业内部与外部的因素进行分析，才能对企业的正常盈利能力做出正确的判断。

（2）企业收益预测的基础。对用于衡量企业盈利能力的企业收益不仅存在不同形式及口径上的界定问题，还存在收益预测基础的问题。企业收益预测的基础存在以下两个方面的问题：

①预期收益预测的出发点是什么，即是否以企业的实际收益为出发点。企业在评估时点的实际收益是企业内部与外部各种因素共同作用的结果。在这些因素中，许多是属于一次性的或偶然性的因素。如果以企业评估时点的实际收益作为预测企业未来预期收益的基础而不加以调整，意味着将在企业未来经营中不复存在的因素仍然作为影响企业未来预期收益的因素加以考虑。因此，企业价值评估的预期收益的基础，应该是在正常的经营条件下，排除影响企业盈利能力的偶然因素和不可比因素之后的企业正常收益。

②如何客观把握新的产权主体的行为对企业预期收益的影响。企业的预期收益既是企业存量资产运作的函数，又是未来新产权主体经营管理的函数。但评估人员对企业价值的判断，只能基于对企业存量资产运作的合理判断，而不能基于对新产权主体行为的估测。因此，新产权主体的行为对企业预期收益的影响，也不应成为

预测企业预期收益的影响因素。从这个角度来说，对企业预期收益的预测，应以企业的存量资产为出发点，可以考虑对存量资产的合理改进乃至合理重组，但必须以反映企业的正常盈利能力为基础，不正常的个人因素或新产权主体的超常行为等因素对企业预期收益的影响不应予以考虑。

（3）企业收益预测的基本步骤。企业收益的预测大致可分为以下几个步骤：评估基准日审计后企业收益的调整；企业预期收益趋势的总体分析和判断；企业预期收益预测。

第一步，评估基准日审计后企业收益的调整。评估基准日审计后企业收益的调整包括两部分工作。其一是对审计后的财务报表进行非正常因素调整，主要是利润表和现金流量表的调整。将一次性、偶发性，或以后不再发生的收入或费用剔除，把企业评估基准日的利润和现金流量调整到正常状态下的数量，为企业预期收益的趋势分析打好基础。其二是研究审计后的报表附注和相关揭示，对在相关报表中揭示的影响企业预期收益的非财务因素进行分析，并在该分析的基础上对企业的收益进行调整，使之能反映企业的正常盈利能力。

第二步，企业预期收益趋势的总体分析和判断。企业预期收益趋势的总体分析和判断，是在对企业评估基准日审计后实际收益调整的基础上，结合企业提供的预期收益预测和资产评估机构调查收集到的有关信息的资料进行的。这里需要强调的是：首先，对企业评估基准日审计后的调整财务报表，尤其是客观收益的调整仅作为评估人员进行企业预期收益预测的参考依据，不能用于其他目的。其次，企业提供的关于预期收益的预测是评估人员预测企业未来预期收益的重要参考资料。但是，评估人员不能仅将企业提供的收益预测作为对企业未来预期收益预测的唯一根据，评估人员应在自身专业知识和所收集的其他资料的基础上做出客观、独立的判断。最后，尽管对企业在评估基准日的财务报表进行了必要的调整，并掌握了企业提供的收益预测，评估人员还必须深入到企业现场进行实地考察和现场调研，与企业的核心管理层进行充分的交流，了解企业的生产工艺过程、设备状况、生产能力和经营管理水平，再辅之以其他数据资料对企业未来收益趋势做出合乎逻辑的总体判断。

第三步，企业预期收益预测。企业预期收益的预测是在前两个步骤完成的前提下，运用具体的技术方法和手段进行测算。在一般情况下，企业的收益预测也分两个时间段。对于已步入稳定期的企业而言，收益预测的分段较为简单：一是对企业评估基准日后前若干年的收益进行预测；二是对企业评估基准日后若干年后的各年收益进行预测。而对于仍处于发展期，其收益尚不稳定的企业而言，对其收益预测的分段应该首先判断出企业在何时步入稳定期，其收益呈现稳定性。而后将其步入稳定期的前一年作为收益预测分段的时点。对企业何时步入稳定期的判断，应在与企业管理人员的充分沟通和占有大量资料并加以理性分析的基础上进行，其确定较为复杂。以下主要介绍处于稳定期的企业预期收益的预测。

对企业评估基准日后若干年的预期收益进行预测，若干年既可以是 3 年，也可以是 5 年，或其他时间跨度。若干年的时间跨度的长短取决于评估人员对预测值的精度要求，以及评估人员的预测手段和能力。对评估基准日后若干年的收益预测是在评估基准日调整的企业收益或企业历史收益的平均收益趋势的基础上，结合影响企业收益实现的主要因素在未来预期变化的情况，采用适当的方法进行的。目前较为常用的方法有综合调整法、产品周期法、实践趋势法等。不论采用何种预测方法，首先都应进行预测前提条件的设定，因为企业未来可能面临的各种不确定性因素是无法一项不漏地纳入评估工作中的。科学合理地设定预测企业预期收益的前提条件是必需的，这些前提条件包括国家的政治、经济等政策变化对企业预期收益的影响，除已经出台尚未实施的以外，只能假定其将不会对企业预期收益构成重大影响；不可抗拒的自然灾害或其他无法预期的突发事件，不作为预期企业收益的相关因素考虑；企业经营管理者的某些个人行为也未在预测企业收益时考虑等。当然，根据评估对象、评估目的和评估条件，还可以对评估的前提做出必要的限定。但是，评估人员对企业预期收益预测的前提条件设定必须合情合理；否则，这些前提条件不能构成合理预测企业预期收益的前提和基础。

在明确企业收益预测前提条件的基础上，就可以着手对企业评估基准日后若干年的预期收益进行预测。预测的主要内容有：对影响被评估企业及所属行业的特定经济及竞争因素的估计；未来若干年市场的产品或服务的需求量或被评估企业市场占有份额的估计；未来若干年销售收入的估计；未来若干年成本费用及税金的估计；完成上述生产经营目标需追加的投资及技术、设备更新改造因素的估计；未来若干年预期收益的估计等。关于企业的收益预测，评估人员不得不加分析地直接引用企业或其他机构提供的方法和数据，应把企业或其他机构提供的有关资料作为参考，根据可收集到的数据资料，在经过充分分析论证的基础上做出独立的预测判断。

当然，企业收益的预测和选择还与企业价值评估中的价值类型有关。评估企业市场价值的收益额应该是企业的客观收益，即并不一定完全以评估基准日企业的经营方式、经营水平、管理水平所能实现的收益作为评价企业价值的基础，而是以企业本身具有的、企业外部环境允许的、企业在正常合理的经营方式、经营水平、管理水平下所能实现的收益，即企业的客观收益作为评价企业价值的收益基础。无论是在预测的过程中，还是在具体选择过程中，都应该注意所使用的收益额与评估结果的价值类型的匹配与协调。如果评估结果是市场价值以外的价值的某一具体价值表现形式，则要根据评估结果的具体价值定义对收益额的要求，合理预测企业收益，选择恰当的收益额在具体运用预测技术的方法测算企业收益时，大多采用财务报表格式予以表现，如利用利润表的形式表现或采用现金流量表的形式表现。运用利润表或现金流量表的形式表现预期企业收益的结果通俗易懂、便于理解和掌握。需要说明的是，用企业利润表或现金流量表来表现企业预期收益的结果，并不等于说企业预期收益预测就相当于企业利润表或现金流量表的编制。企业收益预测的过程是一个比较具体、需要大量数据并运用科学方法的分析运作过程。用利润表或现金流量表表现的仅仅是该过程的结果。所以，企业的收益预测不能简单地等同于企业利润表或现金流量表的编制，而是利用利润表或现金流量表的已有栏目或项目，通过对影响企业收益的各种因素变动情况的分析，在评估基准日企业收益水平的基础上，对应表内各项目（栏目）进行合理的测算、汇总分析得到所测年份的各年企业收益。

企业收益预测表（见表 11-1）是一张可供借鉴的收益预测表。如测算的收益层次和口径与该表有差异，可在该表的基础上进行适当的调整。如采用其他方式测算企业收益，评估人员可自行设计企业收益预测表。

表 11-1　　　　　　　　　　企业 2×16—2×19 年收益预测表

年份　　　　　　　项目	2×16	2×17	2×18	2×19
一、产品销售收入				
减：产品销售税金				
产品销售成本				
其中：折旧				
二、产品销售利润				
加：其他业务利润				
减：管理费用				
财务费用				
三、营业利润				
加：投资收益				
营业外收入				
减：营业外支出				
四、利润总额				
减：所得税费用				
五、净利润				
加：折旧和无形资产摊销				
减：追加资本性支出				
六、净现金流量				

不论采用何种方法测算企业收益，都需要注意以下几个基本问题：（1）一定收益水平是一定资产运作的结果。在企业收益预测时应保持企业预期收益与资产及其获利能力之间的协调关系。（2）企业的销售收入或营业收入与产品销售量（服务量）及销售价格的关系，会受到价格需求弹性的制约，不可以不考虑价格需求弹性而想当然地认为价量并长。（3）企业销售收入或服务收入的增长与其费用的变化是有规律性的，评估人员应根据不同行业企业的特点，尽可能科学、合理地预测企业的销售收入及各项费用。（4）企业的预期收益与企业所采用的会计政策、税收政策关系极为密切，评估人员不能违背会计政策及税收政策，以不合理的假设作为预测的基础，企

业收益预测应与企业未来实行的会计政策和税收政策保持一致。

企业未来前若干年的预期收益测算可以通过一些具体的方法来进行。而企业未来更久远年份的预测收益，则难以具体地进行测算。可行的方法是在企业未来前若干年预算收益测算的基础上，从中找出企业收益变化的取向和趋势，并借助某些手段，诸如采用假设的方式把握企业未来长期收益的变化区间和趋势。比较常用的假设是保持假设，即假设企业未来若干年以后各年的收益水平维持在一个相对稳定的水平上不变。当然，也可以根据企业的具体情况，假设企业收益在未来若干年以后将在某个收益水平上，每年保持一个递增比率。但是，不论采用何种假设，都必须建立在合乎逻辑、符合客观实际的基础上，以保证企业预期收益预测的相对合理性和准确性。

由于对企业预期收益的预测存在较多难以准确把握的因素和易受评估人员主观的影响，而该预测又直接影响企业的最终评估值，因此，评估人员在对企业的预期收益预测基本完成之后，应该对所做预测进行严格检验，以判断所做预测的合理性。检验可以从以下几个方面进行：第一，将预测与企业历史收益的平均趋势进行比较，如预测的结果与企业历史收益的平均趋势明显不符，或出现较大变化，又无充分理由加以支持，则该预测的合理性值得质疑。第二，对影响企业价值评估的敏感性因素加以严格的检验。在这里，敏感性因素具有两方面的特征：一是该类因素未来存在多种变化；二是其变化能对企业的评估值产生较大影响。如对销售收入的预测，评估人员可能基于对企业所处市场前景的不同假设而会对企业的销售收入做出不同的预测，并分析不同预测结果可能对企业评估价值产生的影响。在此情况下，评估人员就应对销售收入的预测进行严格的检验，对决定销售收入预测的各种假设反复推敲。第三，对所预测的企业收入与成本费用变化的一致性进行检验。企业收入的变化与其成本费用的变化存在较强的一致性，如预测企业的收入变化而成本费用不进行相应变化，则该预测值得质疑。第四，企业预期收益的预测应与评估结果的价值类型联系起来，保证收益预测相对合理。

11.4.4　折现率和资本化率及其估测

折现率是将未来有限期收益还原或转换为现值的比率。资本化率是指将未来非有限期收益转换成现值的比率。资本化率在资产评估业务中有着不同的称谓：资本化率、本金化率、还原利率等。折现率和资本化率本质是相同的，都属于投资报酬率。投资报酬率通常由两部分组成：一是无风险报酬率（正常投资报酬率）；二是风险投资报酬率。正常报酬率亦称为无风险报酬率、安全利率，它取决于资金的机会成本，即正常的投资报酬率不能低于该投资的机会成本。这个机会成本通常以政府发行的国库券利率和银行储蓄利率作为参照依据。风险报酬率的高低主要取决于投资风险的大小，风险大的投资，要求的风险报酬率就高。由于折现率和资本化率反映了企业在未来有限期和非有限期的持续获利能力和水平，而企业未来的获利能力在有限期与永续期能否保持一致，则取决于企业在未来有限期与永续期所面对的风险是否一样，从理论上讲，折现率与资本化率并不一定是一个恒等不变的量，它们既可以相等也可以不相等，这取决于评估师对企业未来有限经营期与永续经营期的风险的判断。因此，必须强调折现率与资本化率并不一定恒等，折现率与资本化率既可以是完全相等的一个数值，也可以是两个不同的数值。

1）企业评估中选择折现率的基本原则

在运用收益法评估企业价值时，折现率起着至关重要的作用，它的微小变化会对评估结果产生较大的影响。因此，在选择和确定折现率时，必须注意以下几方面的问题。由于折现率与资本化率的构成相同，测算及选择思路也相同（在数量上未必相同），下面我们就以折现率为代表来说明折现率与资本化率的测算原则和方法。

（1）折现率不低于投资的机会成本。在存在着正常的资本市场和产权市场的条件下，任何一项投资的回报率不应低于该投资的机会成本。在现实生活中，政府发行的国库券利率或银行储蓄利率可以作为投资者进行其他投资的机会成本。由于国库券的发行主体是政府，几乎没有破产或无力偿付的可能，投资的安全系数大，银行虽大多属于商业银行，但我国的银行仍属国家垄断或严格监控，其信誉也非常高，储蓄也是一种风险极小的投资，因此，国库券利率和银行储蓄利率可看成是其他投资的机会成本，相当于无风险投资报酬率。

（2）行业基准收益率不宜直接作为折现率，但行业平均收益率可作为确定折现率的重要参考指标。我国的行业基准收益率是基本建设投资管理部门为筛选建设项目，从拟建项目对国民经济的净贡献方面，按照行业统一制定的最低收益率标准，凡是投资收益率低于行业基准收益率的拟建项目不得审批。只有投资收益率高于行业基准收益率的拟建项目才有可能得到批准进行建设。行业基准收益率旨在反映拟建项目对国民经济的净贡献的高低，包括拟建项目可能提供的税收收入和利润，而不是对投资者的净贡献。因此，不宜直接将其作为企业产权变动时价值评估的折现率。再者，行业基准收益率的高低也体现着国家的产业政策：在一定时期，属于国家鼓励发展的行业，其行业基准收益率可以相对低一些；属于国家控制发展的行业，国家就可以适当调高其行业基准收益率，达到限制项目建设的目的。因此，行业基准收益率不宜直接作为企业评估中的折现率。而随着我国证券市场的发展，行业的平均收益率日益成为衡量行业平均盈利能力的重要指标，可作为确定折现率的重要参考指标。

（3）贴现率不宜直接作为折现率。贴现率是商业银行对未到期票据提前兑现，所扣金额（贴现息）与期票票面金额的比率。贴现率虽然也是将未来值换算成现值的比率，但贴现率通常是银行根据市场利率和贴现票据的信誉程度来确定的，且票据贴现大多数是短期的，并无固定期间周期。从本质上讲，贴现率接近于市场利率。而折现率是针对具体评估对象的风险而生成的期望投资报酬率。从内容上讲，折现率与贴现率并不一致，简单地把银行贴现率直接作为企业评估的折现率是不妥当的。但也要看到，在有些情况下，如对采矿权评估所使用的贴现现金流量法，正是以贴现率折现评估价值的。但就是在这种场合，所使用的贴现率也包括安全利率和风险溢价两部分，与真正意义的贴现率也不完全一样。

折现率或资本化率从本质上讲是投资者对被评估企业的期望报酬率。期望报酬率体现的是被评估企业在未来可能出现的各种情况下的预计收益率的加权平均值，在各种不确定因素影响下，它代表着投资者的合理预期。从其构成上讲，期望报酬率由无风险报酬率与风险报酬率组成。就企业价值评估而言，无风险报酬率几乎可以适用于各类不同的企业，不同企业价值评估中适用的折现率或资本化率的差异主要体现在风险报酬率上。

2）风险报酬率的估测

在折现率的测算过程中，无风险投资报酬率的选择相对比较容易，通常是以政府债券利率或银行储蓄利率为参考依据。而风险投资报酬率的测算相对比较困难，它因评估对象、评估时点的不同而不同。就企业而言，在未来的经营过程中要面临着经营风险、财务风险、行业风险、通货膨胀风险等。从投资者的角度来说，要投资者承担一定的风险，就要有相对应风险补偿，风险越大，要求补偿的数额也就越大。风险补偿额相对于风险投资额的比率叫风险报酬率。

在测算风险报酬率的时候，评估人员应注意以下因素：

（1）国民经济增长率及被评估企业所在行业在国民经济中的地位；

（2）被评估企业所在行业的发展状况及被评估企业在行业中的地位；

（3）被评估企业所在行业的投资风险；

（4）企业在未来的经营中可能承担的风险等。

在充分考虑和分析以上各种因素以后，风险报酬率可通过以下两种方法估测：

（1）风险累加法。企业在其持续经营过程中可能要面临许多风险，如前面已经提到的行业风险、经营风险、财务风险、通货膨胀风险等。将企业可能面临的风险对回报率的要求予以量化并累加，便可得到企业评估折现率中的风险报酬率。其数学表达式为：

$$\frac{风险}{报酬率} = \frac{行业风险}{报酬率} + \frac{经营风险}{报酬率} + \frac{财务风险}{报酬率} + \frac{其他风险}{报酬率} \tag{11-6}$$

行业风险主要是指由企业所在的行业的市场特点、投资开发特点，以及国家产业政策调整等因素造成的行业发展不确定性给企业预期收益带来的不确定性影响。

经营风险是指企业在经营过程中，市场需求变化、生产要素供给条件变化，以及同类企业间的竞争给企业的预期收益带来的不确定性影响。

财务风险是指企业在经营过程中的资金融通、资金调度、资金周转可能出现的变化给企业的预期收益带来的不确定性影响。

其他风险包括了国民经济景气状况、通货膨胀等因素的变化可能给企业预期收益带来的不确定性影响。注意，如果在折现率中的风险报酬率考虑了通货膨胀因素，则在企业收益额的预测中也应当考虑通货膨胀可能对企业预期收益的影响。

量化上述各种风险所要求的回报率，可以采取参照物类比加经验判断的方式测算。它要求评估人员充分了解国民经济的运行态势、行业发展方向、市场状况、同类企业竞争情况等。只有在充分了解和掌握上述数据资料的基础上，对于风险报酬率的判断才能较为客观、合理。当然，在条件许可的情况下，评估人员应尽量采取统计和数理分析方法对风险回报率进行量化。

（2）β系数法。β系数法主要用于估算企业所在行业的风险报酬率。其基本思路是，行业风险报酬率是社会平均风险报酬率与被评估企业所在行业平均风险和社会平均风险的相关系数（β系数）的乘积。

从理论上讲，β系数是指某个上市公司相对于充分风险分散的市场投资组合的风险水平的参数。在企业价值评估中，β系数代表了相对于充分风险分散的市场投资组合而言的某个行业的系统风险是多少。在拥有成熟市场的国家和地区，β系数可以采用参照行业比较法、参照企业比较法，以及相关的数学模型测算。其数学模型的数学表达式为：

$$\beta_J = \frac{COV(K_J, K_M)}{\sigma_M^2} = \frac{r_{JM}\sigma_J\sigma_M}{\sigma_M^2} = r_{JM}\left(\frac{\sigma_J}{\sigma_M}\right) \tag{11-7}$$

式中：$COV(K_J, K_M)$ 是第 J 种证券的收益与市场组合收益之间的协方差。它等于该证券的标准差、市场组合的标准差及两者相关系数的乘积。

β系数法估算风险报酬率的步骤为：

（1）将市场期望报酬率扣除无风险报酬率，求出市场期望平均风险报酬率；

（2）将企业所在行业的平均风险与充分风险分散的市场投资组合的风险水平进行比较及测算，求出企业所在行业的β系数；

（3）用市场平均风险报酬率乘以企业所在行业的β系数，便可得到被评估企业所在行业的风险报酬率。

用数学公式表示为：

$$R_r = (R_m - R_f) \cdot \beta \tag{11-8}$$

式中：R_r 为被评估企业所在行业的风险报酬率；R_m 为市场期望报酬率；R_f 为无风险报酬率；β 为被评估企业所在行业的系统风险系数。

在评估某一个具体的企业价值时，应再考虑企业的规模、经营状况及财务状况，确定企业在其所在的行业中的地位系数，即企业特定风险调整系数（α），然后与企业所在行业的风险报酬率相乘，得到该企业的风险报酬率 R_q。其数学表达式为：

$$R_q = (R_m - R_f) \cdot \beta \cdot \alpha \tag{11-9}$$

当然，也可以通过上述方法直接求出被评估企业的β系数，而不必再单独确定企业在其所在的行业中的地位系数，即企业特定风险调整系数（α）。

3）折现率的测算

如果能通过一系列方法测算出风险报酬率，则企业评估的折现率的测算就相对简单了。其中，累加法、资本资产定价模型和加权平均资本成本模型是测算企业价值评估中的折现率及资本化率较为常用的方法。

（1）累加法。累加法是采用无风险报酬率加风险报酬率的方式确定折现率或资本化率。如果风险报酬率是通过 β 系数法或资本资产定价模型估测出来的，此时，累加法测算的折现率或资本化率适用于股权收益的折现或资本化。累加法测算折现率的数学表达式为：

$$R = R_f + R_r \qquad\qquad (11-10)$$

式中：R 为企业价值评估中的折现率；R_f 为无风险报酬率；R_r 为风险报酬率。

（2）资本资产定价模型。资本资产定价模型通常是用来测算权益资本折现率的一种工具，其数学表达式是：

$$R = R_f + (R_m - R_f) \cdot \beta \cdot \alpha \qquad\qquad (11-11)$$

式中：R 为企业价值评估中的折现率；R_f 为无风险报酬率；R_m 为市场期望报酬率；β 为被评估企业所在行业权益的系统风险系数；α 为企业特定风险调整系数。

（3）加权平均资本成本模型。加权平均资本成本模型是以企业的所有者权益和企业负债所构成的全部资本，以及全部资本所需求的回报率，经加权平均计算来获得企业价值评估所需折现率的一种数学模型。其数学表达式为：

$$R = E/(D+E) \cdot K_e + D/(D+E) \cdot (1-t) \cdot K_d \qquad\qquad (11-12)$$

式中：E 为权益的市场价值；D 为债务的市场价值；K_e 为权益资本要求的投资回报率；K_d 为债务资本要求的回报率；t 为被评估企业适用的所得税税率。

加权平均资本成本模型作为一种工具有时也可以利用其他参数测算评估人员需要求取的资本成本或投资回报率。例如，使用企业的权益资本与长期负债所构成的投资资本，以及投资资本组成要素各自要求的回报率和它们各自的权重，经加权平均获得企业投资资本价值评估所需要的折现率。其数学表达式为：

$$\text{企业投资资本要求的折现率} = \text{长期负债占投资资本的比重} \times \text{长期负债成本} + \text{权益资本占投资资本的比重} \times \text{权益资本成本} \qquad (11-13)$$

权益资本要求的回报率＝无风险报酬率＋风险报酬率

负债成本是指扣除了所得税后的长期负债成本。

确定各种资本权数的方法一般有三种：

（1）以企业资产负债表中（账面价值）各种资本的比重为权数；

（2）以占企业外发证券市场价值（市场价值）的现有比重为权数；

（3）以在企业的目标资本构成中应该保持的比重为权数。

11.4.5　收益额与折现率口径一致问题

根据不同的评估目的和评估价值目标，用于企业评估的收益额可以有不同的口径，如净利润、净现金流量（股权自由现金流量）、息前净利润、息前净现金流量（企业自由现金流量）等。而折现率作为一种价值比率，就要注意折现率的计算口径。如果运用行业平均资金收益率作为折现率，就要注意计算折现率时的分子与分母的口径与收益额的口径一致的问题。折现率既有以不同口径收益额为分子计算的折现率，也有以同一口径收益额为分子，而以不同口径资金占用额或投资额作为分母计算的折现率。如企业资产总额收益率、企业投资资本收益率、企业净资产收益率等。所以，在运用收益途径评估企业价值时，必须注意收益额与计算折现率所使用的收益额之间结构与口径上的匹配和协调，以保证评估结果合理且有意义。

在收益额与折现率的口径一致的问题上，还有一种较为流行的理论和方法，大概是评估人士借鉴国外企业财务管理中的企业价值评估思想和方法形成的，即将企业预期收益划分为股权自由现金流量和企业自由现金流量两类，同时也将折现率划分为股权投资回报率和股权与债权综合投资回报率两类。净利润、净现金流量（股权自由现金流量）是股权收益形式，因此只能用股权投资回报率作为折现率。而息前净利润、息前净现金流量（企业自由现金流量）等是股权与债权收益的综合形式，因此，只能运用股权与债权综合投资回报率，即只能运用通过加权平均资本成本模型获得的折现率。上述关于企业收益的划分方法（股权自由现金流量和企业自由现金流量）、折现率的分类（股权投资回报率和股权与债权综合投资回报率），以及收益额与折现率口径对应关系的说法是否正确有待进一步检验。

［小提示 11-2］

在运用收益途径及其方法时，注意收益额与折现率口径的一致是非常重要的。由于折现率可以有多种选择，特别是采用行业平均收益率作为折现率时，就存在着不同口径的行业平均收益率可供选择，此时就应注意所选的行业收益率口径与收益额口径的匹配和一致。

11.4.6 运用收益途径评估企业的案例及其说明

［例 11-4］某大型化工企业有与外商合资的意向（已签订意向书），需要了解企业股东全部权益价值，因此要进行企业价值评估。评估基准日为 2015 年 1 月 1日。根据委托方的要求，以及评估人员对本次评估目的及相关条件的分析，同意将持续经营价值作为本次评估结果的价值类型。评估过程和结果如下：

1）被评估企业有关历史资料的统计分析

根据本次评估目的及价值类型对评估信息资料的要求，对被评估企业评估基准日以前年度的财务决算和有关资料进行了整理分析，2009—2014 年收支情况见表11-2 和表 11-3。

评估人员采用的主要指标有销售收入、成本、利润以及企业净现金流量。其分析结果如下：

（1）从近几年被评估企业的发展情况看，只有 2010 年出现过负增长，但下降幅度很小，销售收入下降 5% 左右。从 2011 年开始出现稳定的增长趋势。

（2）2009—2014 年企业收支结构的比例没有太大的变化，销售成本占销售收入的比例基本上维持在 40% 左右。

表 11-2　　　　企业 2009—2014 年各项收入支出在年度之间的比较　　　金额单位：万元

项目	2014 年		2013 年		2012 年		2011 年		2010 年		2009 年	
	金额	增长比例（%）	金额	增长比例（%）	金额	增长比例（%）	金额	增长比例（%）	金额	增长比例（%）	金额	增长比例（%）
销售收入	4 200	14.5	3 668.3	9	3 366.6	18.8	2 834.9	17.8	2 406.5	-5	2 533	100
销售税金	626.6	14.5	547.3	11.2	492.3	15.9	424.6	23.7	343.3	-1.4	348.3	100
销售成本	2 283.7	18.2	1 932.6	31.1	1 473.8	30	1 133.7	15.6	980.9	1.4	967.1	100
其中：折旧	374		354		303		254		238		214	100
销售及其他费用	162.3	-5.3	171.3	3.8	165.1	69.5	97.4	135.3	41.4	7.5	38.5	100
产品销售利润	1 127.4	10.8	1 017	-17.7	1 235	4.8	1 179.2	13.3	1 040.9	-11.7	1 179.2	100
其他销售利润			306.8	9 024	3.4	54.1	7.4	3 700	0.2	-88.9	1.8	100
营业外支出	100	4.9	95.3	29.8	73.4	33	55.2	129.1	24.1	84	13.1	100
营业外收入	22	-39.6	36.4	413.6	8.8	49.7	17.5	32.6	13.2	26.9	10.4	100
利润总额	1 049.4	-16.5	1 264.9	7	1 174	2.2	1 148.9	11.5	1 030.2	-12.6	1 178.3	100
税款（按实际税额）	356.1	-32.1	524.3	4.4	502.1	-0.9	506.6	2.5	494.3	-4.8	519	100
净利润	693.3	6.4	740.6	10.2	672	4.6	642.3	19.9	535.9	-18.7	659.3	100
（+）折旧	374		354		303		254		238		214	100
（-）追加投资	662.5	27.6	519.2	27.1	408.6	27.9	319.5	18.4	269.9	15.3	234	100
企业净现金流量	404.8	-29.7	575.4	1.6	566.4	1.8	576.8	14.4	504	-21.2	639.3	100

表 11-3　　　　　　　　企业 2009—2014 年各年收入支出结构比例　　　　　　金额单位：万元

项目	2014 年		2013 年		2012 年		2011 年		2010 年		2009 年	
	金额	占销售额比例（%）	金额	占销售额比例（%）	金额	占销售额比例（%）	金额	占销售额比例（%）	金额	占销售额比例（%）	金额	占销售额比例（%）
销售收入	4 200	100	3 668.3	100	3 366.6	100	2 834.9	100	2 406.5	100	2 533	100
销售税金	626.6	14.6	547.3	14.9	492.3	14.6	424.6	15	343.3	14.3	348.3	13.7
销售成本	2 283.7	54.4	1 932.6	53	1 473.8	43.8	1 133.7	40	980.9	40.7	967.1	38.2
其中：折旧	374	8.9	354	9.6	303	9	254	9	238	9.9	214	8.4
销售及其他费用	162.3	3.9	171.3	5	165.1	4.9	97.4	3.4	41.4	1.7	38.5	1.5
产品销售利润	1 127.4	26.8	1 017	27.7	1 235	36.7	1 179.2	41.6	1 040.9	43.3	1 179.2	46.5
其他销售利润			306.8	8.4	3.4	0.1	7.4	0.3	0.2		1.8	0.1
营业外支出	100	2.4	95.3	2.6	73.4	2.2	55.2	1.9	24.1	1	13.1	0.6
营业外收入	22	0.5	36.4	1	8.8	0.3	17.5	0.6	13.2	0.5	10.4	0.4
利润总额	1 049.4	25	1 264.9	34.2	1 174	34.8	1 148.9	40.5	1 030.2	47	1 178.3	46.5
税款按（实际税额）	356.1	8.5	524.3	14.3	502.1	14.9	506.6	17.9	494.3	20.5	519	20.5
净利润	693.33	16.5	740.6	20.2	672	20	642.3	22.7	535.9	22.3	659.3	26
(+) 折旧	374	8.9	354	9.6	303	9	254	9	238	9.9	214	8.5
(-) 追加投资	662.5		519.2		408.6		319.5		269.9		234	
企业净现金流量	404.8	9.6	575.4	15.7	566.4	16.8	576.8	20.4	504	21	639.3	25.3

2）分析、预测企业未来发展情况

根据本次评估目的及价值类型对评估信息资料预测的要求，对被评估企业评估基准日以后年度的相关资料进行了分析预测，分析预测都是基于被评估企业现有的经营方向、经营能力、管理能力及合理改进的前提下进行的，具体情况如下：

（1）按被评估企业目前设备使用状况及其他生产条件分析，被评估企业每年只要有 200 万元左右的技术改造资金投入，企业的生产经营就能长期进行下去，并能保持略有增长的势头。

（2）对被评估企业未来市场的预测。从目前及可以预测的年份来看，被评估企业生产的主要产品具有较高的声誉，产品行销全国 20 多个省市，现有用户

15 000 多个。企业所在地区有 23 条送货上门的供应渠道，其他地区有 31 个代销网点。该企业产品的主要用户均为重点骨干企业，从经济发展的趋势来看，市场对该企业产品的需求还会进一步增加。因此，被评估企业拥有一个比较稳定且能发展的销售市场。

（3）未来产品成本预测。该企业产品的主要原料来源并不稀缺，也不受季节影响，故未来市场物价变动对其产品的影响不大。占成本比重较大的电费，在 2013 年和 2014 年已进行了较大的调整，在今后一段时间里不会有太大的升幅。如果以后电价继续调整，产品价格也会相应调整，从而电价因素不会对企业未来收益造成太大的影响。

（4）从目前情况来看，在今后一段时间里，国家主要经济政策不会有太大变化，经济将继续保持平稳增长。

（5）未来 5 年（2015—2019 年）企业收益情况预测见表 11-4。

表 11-4　　　　　　　　对企业未来 5 年收益的预测　　　　　　　　金额单位：万元

年份 项目	2015	2016	2017	2018	2019
销售收入	4 437.6	4 705.8	5 213.8	5 473.9	5 730.9
销售税金	670.8	704.9	746.6	775.1	813.5
销售成本	2 350	2 500	2 700	2 900	3 100
销售及其他费用	200.9	211.7	222.4	233	223.7
产品销售利润	1 215.9	1 289.2	1 544.8	1 565.8	1 593.7
其他销售利润					
营业外收入	8	8	8	8	8
营业外支出	90	95	100	105	110
利润总额	1 133.9	1 202.2	1 452.8	1 468.8	1 491.7
税款（税率 25%）	283.5	301	363	367	373
净利润	850	901	1 090	1 102	1 119
（+）折旧	385	410	442	480	508
（−）追加投资	655.2	425.4	454.1	501	541
企业净现金流量	580	886	1 078	1 080.6	1 086
折现系数（按 9%）	0.917	0.842	0.772	0.708	0.65
净现值	532	746	832	748	706

3）评定估算

（1）依据企业以前年度生产增减变化及企业财务收支分析，以及对未来市场的预测，评估人员认为被评估企业未来 5 年的销售收入将在 2014 年的基础上略有增长，增长速度将保持在 4% ~6% 之间（剔除 2014 年销售收入异常增长的情况）。

（2）根据企业的生产能力状况，尽管从 2016 年开始需要追加的投资将会减少（2015 年追加的投资高于正常年份水平），但由于从 2013 年开始净利润逐年增加，且折旧逐年增加，所以，从 2016 年起企业的净现金流量将会增加，2020 年及以后各年的预期收益将维持在 2019 年的收益水平上。

（3）适用的折现率及资本化率的确定。根据本次评估目标是企业股东全部权益价值，以及评估的价值类型，适用的折现率及资本化率的测算方式采用了资本资产定价模型。

根据评估人员对资本市场的深入调查分析，初步测算证券市场平均期望报酬率为 10%，被评估企业所在行业对于风险分散的市场投资组合的系统风险水平 β 为 0.8，无风险报酬率为 3%，由于被评估企业是一个非上市公司，股权的流动性不强，且企业规模不大，在行业中的地位并不突出，但由于被评估企业产品信誉较高，生产经营稳步增长，而且未来市场潜力很大，企业的投资风险并不很大。所以，确定企业在其所在行业中的地位系数，即企业特定风险调整系数 α 为 1.07。依据资本资产定价模型测算被评估企业的折现率为 9%。

$$R = R_f + (R_m - R_f) \cdot \beta \cdot \alpha$$
$$= 3\% + (10\% - 3\%) \times 0.8 \times 1.07$$
$$= 9\%$$

（4）所得税税率按 25% 进行计算。

（5）评估人员根据其掌握的数据对被评估企业永续经营期间的风险因素进行了初步分析，没有发现明显高于已预测年份的风险迹象，因此假设资本化率与折现率相同。

4）评估结果

按收益法中的分段法评估思路估算，企业股东全部权益价值为 10 128 万元。企业股东全部权益价值的评估步骤为：

（1）计算未来 5 年（2015—2019 年）企业净现金流量的折现值之和。

532+746+832+748+706 = 3 564（万元）

（2）从未来第 6 年（2020 年）开始，计算永久性现金流量现值。

①将未来永久性收益折成未来第 5 年（2019 年）的价值：

1 086÷9% = 12 067（万元）

②按第 5 年的折现系数，将企业预期第二段收益价值折成现值：

12 067×0.65 = 7 844（万元）

（3）企业股东全部权益价值的评估价值。

3 564+7 844 = 11 408（万元）

11.5　市场途径在企业价值评估中的应用

11.5.1　市场途径在企业价值评估中的技术思路和基本步骤

1）市场途径在企业价值评估中的技术思路

市场途径在企业价值评估中的基本技术思路是通过在市场上找出若干个与被评估企业相同或相似的参照企业，利用以参照企业的市场交易价格及其财务数据为基础测算出来的价值比率，通过分析、比较、修正被评估企业的相关财务数据，在此基础上确定被评估企业的价值比率，并通过这些价值比率得到被评估企业的初步评估价值，最后通过恰当的方式确定被评估企业的评估价值。

（1）企业价值评估的市场途径是基于相同或类似企业应该具有相同或类似交易价格的理论推断。因此，企业价值评估市场途径的技术路线是首先在市场上寻找与被评估企业相类似的可比企业的交易案例，通过对所寻找到的交易案例中类似可比企业交易价格及其价值比率的分析，从而确定适用于被评估企业的价值比率和评估价值。

（2）运用市场途径评估企业价值存在两个障碍：一是被评估企业与参照企业之间的可比性问题。企业不同于普通的资产，企业间或多或少都存在着个体差异。每一个企业都存在不同的特性，除了所处行业、规模大小等可确认的因素各不相同外，影响企业形成盈利能力的无形因素更是纷繁复杂。因此，几乎难以找到能与被评估企业直接进行比较的类似企业。二是企业交易案例的差异。即使存在能与被评估企业进行直接比较的类似企业，要找到能与被评估企业的产权交易相比较的交易案例也相当困难。首先，目前我国市场上不存在一个可以共享的企业交易案例资料库，因此，评估人员无法以较低的成本获得可以应用的交易案例；其次，即使有渠道获得一定的案例，但这些交易的发生时间、市场条件和宏观环境又各不相同，评估人员对这些影响因素的分析也会存在主观和客观条件上的障碍。因此，运用市场途径对企业价值进行评估，不能基于直接比较的简单思路，而要通过间接比较分析影响企业价值的相关因素，对企业价值进行评估。市场途径中常用的两种具体方法是上市公司比较法和并购案例比较法。

2）市场途径在企业价值评估中的基本步骤

运用市场途径评估企业价值的基本操作步骤如下：

（1）明确被评估企业的基本情况，包括评估对象范围及相关权益情况。

（2）恰当选择与被评估对象进行比较分析的参照企业。参照企业应与被评估对象在同一行业或受同一经济因素影响，已经完成交易或具有交易价格，参照企业与被评估企业之间具有可比性。

（3）将参照企业与被评估企业的财务数据和经济指标进行必要的分析、对比和调整，保证它们之间在财务报告的编制基础、评估对象范围、重要数据的计算、反映方式等方面具有可比性。例如，调整非正常收入和支出、调整非经营性资产和无效资产等。

（4）选择并计算恰当的价值比率。在选择并计算价值比率的过程中，评估人员应当注意以下若干事项：

①选择的价值比率应当有利于对评估对象价值的判断；

②用于价值比率计算的参照企业的相关数据应当恰当可靠；

③用于价值比率计算的相关数据口径和计算方式应当一致；

④被评估企业与参照企业相关数据的计算方式应当一致；

⑤将参照企业的价值比率合理应用于被评估企业。

（5）将价值比率应用于被评估企业所对应的财务数据，并考虑通过适当的调整得出初步评估结论。

（6）根据被评估企业的特点，在考虑对缺乏控制权、流动性，以及拥有控制权和流动性等因素可能对评估对象的评估价值产生影响的基础上，以及评估人员在进行必要分析的基础上，以恰当的方式进行调整，以形成最终评估结论并在评估报告中明确披露。

11.5.2 市场途径在企业价值评估中的具体评估方法

上市公司比较法是指通过对资本市场上与被评估企业处于同一或类似行业的上市公司的经营和财务数据进行分析，计算适当的价值比率或经济指标，在与被评估企业比较分析的基础上，得出评估对象价值的方法。

并购案例比较法是指通过分析与被评估企业处于同一或类似行业的公司的买卖、收购及合并案例，获取并分析这些交易案例的数据资料，计算适当的价值比率，在与被评估企业比较分析的基础上，得出评估对象价值的方法。

1）上市公司比较法和并购案例比较法的应用介绍

不论是上市公司比较法，还是并购案例比较法，运用上述方法的核心问题是确定适当的价值比率，价值比率的测算思路可用公式表示如下：

$$\frac{V_1}{X_1} = \frac{V_2}{X_2} \tag{11-14}$$

即 $V_1 = X_1 \cdot \dfrac{V_2}{X_2}$

式中：V_1 为被评估企业价值；

V_2 为参照可比企业价值；

X_1 为被评估企业与企业价值相关的可比指标；

X_2 为参照可比企业与企业价值相关的可比指标。

$\dfrac{V}{X}$ 通常又称为可比价值倍数。式中 X 参数通常选用以下财务或非财务指标：

（1）利息、折旧和税收前利润，即 EBIT；（2）无负债净现金流量，即企业自由现金流量；（3）净现金流量，即股权自由现金流量；（4）净利润；（5）销售收入；（6）净资产；（7）吞吐量；（8）装卸量等。

2）确定价值比率的关键点

（1）对可比企业的选择。判断企业的可比性存在两个标准：首先是行业标准。处于同一行业的企业存在着某种可比性，但在同一行业内选择可比企业时应注意，目前的行业分类过于宽泛，处于同一行业的企业可能所生产的产品和所面临的市场完全不同，在选择时应加以注意。即使是处于同一市场，生产同一产品的企业，由于其在该行业中的竞争地位不同、规模不同，相互之间的可比性也不同。因此，在选择时应尽量选择与被评估企业的地位相类似的企业。其次是财务标准。既然企业都可以视为是在生产同一种产品——现金流，那么存在相同的盈利能力的企业通常具有相类似的财务结构。因此，可以从财务指标和财务结构的分析对企业的可比性进行判断。

（2）对可比指标的选择。对可比指标的选择需要遵循的原则是与企业价值相关，即可比指标应与企业的价值直接相关。与企业的价值直接相关的可比指标可以是企业的财务指标，也可以是企业的非财务指标。与企业价值直接相关的财务指标主要有现金流量、利润、销售收入和净资产等；与企业价值直接相关的非财务指标主要有生产量、吞吐量、仓储量和装卸量等。

（3）价值比率选择和使用要恰当。由于企业种类及行业属性等存在差异，由不同可比指标计算出的各种价值比率，在反映企业价值方面还是具有一定的差异。因此，结合被评估企业自身的特点及所属行业的特点选择恰当的价值比率，也是运用市场途径评估企业价值的一项专业性很强的工作。熟悉不同价值比率的特性及其内涵，是恰当选择价值比率的基础。价值比率的分类主要是根据价值比率中的分母——与资产价值密切相关的指标的性质和种类划分的，具体可以划分为：收益类价值比率、资产类价值比率和非财务指标类价值比率。

①收益类价值比率包括但不限于以下各种价值比率：

销售收入价值比率（P/S）= 企业价值÷销售收入

净利润价值比率（P/E）= 企业价值÷净利润

净现金流量比率倍数 = 企业价值÷净现金流量

②资产类价值比率包括但不限于以下各种价值比率：

总资产价值比率 = 企业价值÷总资产价值

净资产价值比率（P/B）= 企业价值÷净资产价值

③非财务指标类价值比率包括但不限于以下各种价值比率：

仓储量价值比率 = 企业价值÷仓库储量

装卸量（或吞吐量）价值比率 =（股权价值+债权价值）÷装卸量（或吞吐量）

矿山可开采储量价值比率 =（股权价值+债权价值）÷矿山可开采储量

在上述三类价值比率中，收益类和资产类的价值比率经常用于大部分类型的企业价值评估。非财务指标类的价值比率则更多地适用于一些特殊的企业价值评估。

基于成本和便利的原因，目前运用市场途径对企业价值进行评估主要是在证券市场上寻找与被评估企业可比的上市公司作为参照企业，即采用上市公司比较法。在运用上市公司比较法的过程中，通常使用市盈率乘数（P/E）、市净率乘数

（P/B）和市销率乘数（P/S）对企业价值进行评估。例如，利用市盈率乘数评估企业价值的思路是将上市公司的股票年收益和被评估企业的利润作为可比指标，在此基础上评估企业价值。其基本思路是：首先，从证券市场上收集与被评估企业相似的可比企业，按企业的不同收益口径，如利息、折旧和税前利润、息前净现金流、净利润等，计算出与之相应的市盈率。其次，确定被评估企业不同口径的收益额。再次，以可比企业相应口径的市盈率乘以被评估企业相应口径的收益额，初步评定被评估企业的价值。最后，对于按不同样本计算的企业价值分别给出权重，加权平均计算企业价值。在运用该方法时，还需对评估结果进行适当调整，以充分考虑被评估企业与上市公司的流动性、控制权等差异。

由于企业的个体差异始终存在，把某一个相似企业的某个关键参数作为比较的唯一标准，往往会产生一定的误差。为了降低单一样本、单一参数所带来的误差和变异性，目前国际上比较通用的方法是采用多样本、多参数的综合方法。例如评估 W 公司的价值，我们从市场上找到了三个（一般为三个以上的样本）相似的公司 A、B、C，然后分别计算各公司的市场价值与销售额的比率、与账面价值的比率以及与净现金流量的比率，这里的比率即为可比价值倍数（V/X），得到的结果见表 11-5。

表 11-5　　　　　　　　　　　　参照公司价值比率汇总表

项　目	A 公司	B 公司	C 公司	平均
市价/销售额	1.2	1.0	0.8	1.0
市价/账面价值	1.3	1.2	2.0	1.5
市价/净现金流	20	15	25	20

把三个样本公司的各项可比价值倍数分别进行平均，就得到了应用于 W 公司评估的三个倍数。需要注意的是，计算出来的各个公司的比率或倍数在数值上相对接近是十分重要的。如果它们差别很大，就意味着平均数附近的离差是相对较大的，所选样本公司与目标公司在某项特征上就存在着较大的差异，此时的可比性就会受到影响，需要重新筛选样本公司。

如表 11-5 所示，得出的数值结果具有较强的可比性。此时假设 W 公司的年销售额为 10 000 万元，账面价值为 6 000 万元，净现金流量为 500 万元，然后我们使用从表 11-5 得到的 3 个倍数计算出 W 公司的指示价值，再将 3 个指示价值进行算术平均，见表 11-6。

表 11-6　　　　　　　　　　　　W 公司的评估价值　　　　　　　　　金额单位：万元

项　目	W 公司实际数据	可比公司平均比率	W 公司指示价值
销售额	10 000	1.0	10 000
账面价值	6 000	1.5	9 000
净现金流量	500	20	10 000
W 公司的初步评估价值			9 700

表 11-6 中得到的 3 个可比价值倍数分别是 1.0、1.5、20，然后分别以 W 公司的 3 个指标 10 000 万元、6 000 万元、500 万元分别乘以 3 个可比价值倍数，得到 W 公司的 3 个指标价值 10 000 万元、9 000 万元、10 000 万元，将 3 个指标价值进行平均后得到 W 公司的初步评估价值，为 9 700 万元。如果 W 公司与可比公司之间还存在着流动性等方面的差异，评估人员还需要在 W 公司的初步评估价值基础上做必要的修正，从而得到 W 公司的评估结论。

11.6　资产基础途径在企业价值评估中的应用

企业价值评估中的资产基础途径，是指在合理评估企业各项资产价值和负债的基础上确定企业价值的评估思路与实现该评估思路的各种评估具体技术方法的总称。

资产基础途径实际上是通过对企业账面价值的调整得到企业价值。其理论基础是替代原则，即任何一个精明的潜在投资者，在购置一项资产时所愿意支付的价格不会超过建造一项与所购资产具有相同用途的替代品所需的成本。正是基于评估思路的考虑，资产基础途径有时也被视为模拟成本途径。由于资产基础途径以企业单项资产为具体评估对象和出发点，有忽视企业获利能力的可能性，而且在评估中很难考虑那些未在财务报表上出现但实际发挥作用的资产，如企业的管理效率、人力资本、企业文化等。因此，以持续经营为前提对企业进行评估时，资产基础途径及其方法一般不应当作为唯一使用的评估途径和方法。

在具体运用资产基础途径评估企业价值时，主要有两种具体方法：其一是资产加和法；其二是有形资产评估价值加整体无形资产评估价值法。

11.6.1　资产加和法在企业价值评估中的应用

资产加和法是指将构成企业的各种要素资产的评估值加总求得企业价值的方法。

1）运用加和法应注意的有关事项

在运用资产加和法评估之前，应对企业的盈利能力以及相匹配的单项资产进行认定，以便在委托方委托的评估一般范围基础上，进一步界定纳入企业盈利能力范围内的有效资产和闲置资产的界限，明确企业价值评估的具体范围及其具体评估对象和评估前提。作为一项原则，评估人员在对评估具体范围内构成企业的各个单项资产进行评估时，应该首先明确各项资产的评估前提，即持续经营假设前提和非持续经营假设前提。在不同的假设前提下，运用资产加和法评估出的企业价值是有区别的。对于持续经营假设前提下的各个单项资产的评估，应按贡献原则评估其价值。而对于非持续经营假设前提下的单项资产的评估，则按变现原则进行。

在正常情况下，运用资产加和法评估持续经营的企业应同时运用收益途径及其方法进行验证。特别是在我国目前的条件下，企业的社会负担和非正常费用较多，企业的财务数据难以真实反映企业的盈利能力，影响了基于企业财务数据进行的企业预期收益预测的可靠性。因此，将资产加和法与收益途径及其具体方法配合使用，可以起到互补的作用。这样既便于评估人员对企业盈利能力的把握，又可使企业的预期收益预测建立在较为坚实的基础上。运用资产加和法评估持续经营企业，对构成企业的各单项资产进行评估的简要介绍见下文。

2）资产加和法在企业价值评估中的应用

由于房地产、机器设备、无形资产的评估已经在前述各章进行了较为详细的讨论，这里只就流动资产和长期投资性资产运用资产加和法评估的情况作简要的介绍。

（1）流动资产的评估

将流动资产作为企业的组成部分或要素资产评估时，需要注意以下特点：

第一，合理确定流动资产评估的基准时间对流动资产评估具有非常重要的意义。由于流动资产不同于其他资产的显著特点在于其资产的流动性和价值的波动性，不同形态的流动资产随时都在变化，而评估则是确定其某一时点上的价值，不可能人为地停止流动资产的周转。因此，评估基准日应与企业价值评估基准日保持一致并尽可能选择在会计期末，必须在规定的时点进行资产清查、登记和确定流动资产数量及账面价值，避免重登和漏登现象的发生。

第二，既要认真进行资产清查，同时又要分清主次，掌握重点。由于流动资产一般具有数量大、种类多的特点，清查工作量大，所以流动资产清查应考虑评估的时间要求和评估成本。对流动资产评估往往需要根据不同企业的生产经营特点和流动资产分布情况，对流动资产分清主次、重点和一般，选择不同的方法进行清查和评估，做到突出重点，兼顾一般。清查采用的方法是抽查、重点清查和全面清查。当抽查中发现原始资料或清查盘点工作可靠性较差时，应扩大抽查面，直至核查全部流动资产。

第三，流动资产的账面价值基本上可以反映其现值。由于流动资产周转快、变现能力强，在物价水平相对比较稳定的情况下，流动资产的账面价值基本上可以反映出流动资产的现值。因此，在特定情况下，可以采用企业账面价值作为其评估值。同时，评估流动资产时一般可以不需要考虑资产的功能性贬值因素，其有形损耗（实体性损耗）的计算只适用于诸如低值易耗品、呆滞、积压存货类流动资产的评估。

流动资产评估涉及的主要具体对象的评估可参照以下建议：

①现金

除对现金进行点钞核数外，还要通过对现金及企业运营的分析，判断企业的资金流动能力和短期偿债能力，以及是否存在溢余现金的情况，为准确进行企业价值整体评估了解必要的信息。

②应收账款及预付账款

在评估应收账款及预付账款时，要关注并分析债务方的经营情况，合理判断其风险。在对应收账款及预付账款这些资产估算时，一般应从两方面进行：一是清查核实应收账款数额；二是估计可能的坏账损失。应收账款及预付账款的评估可用下列数学表达式概括：

应收账款评估价值＝应收账款账面余额－已确定的坏账损失及费用－预计可能发生的坏账损失及费用   (11-15)

其中，预计坏账损失的估计方法主要有：

A. 坏账比例法

此法是按坏账占全部应收账款的比例来判断不可收回的应收账款，从而确定坏账损失的数额。坏账比例的确定，可以根据被评估企业前若干年（一般为 3～5 年）的实际坏账损失额与其应收账款发生额的比例确定。其数学表达式为：

坏账比例＝（评估前若干年发生的坏账数额÷评估前若干年应收账款发生额）×100%

(11-16)

当然，如果一个企业的应收账款多年未清理，账面找不到处理坏账的数额，也就无法推算出坏账损失率，在这种情况下就不能采用这种方法。

B. 账龄分析法

此法是根据应收账款账龄的长短，分析应收账款预计可收回的金额及其产生坏账的可能性。一般来说，应收账款账龄越长，产生坏账损失的可能性就越大。因此，可将应收账款按账龄长短分成不同的组别，按不同组别估计坏账损失的可能性，进而估计坏账损失的金额。

从企业财务的角度，应收账款及预付账款都构成企业的资产。而从企业资金周转的角度，企业的应收账款必须保持一个合理比例。企业应收账款占销售收入的比例，以及账龄的长短大致可以反映一个企业的销售情况、企业产品的市场需求及企业的经营能力等，做好应收账款及预付账款的评估可以为企业价值评估，特别是为预期收益的预测提供参考。

③应收票据

应收票据的评估可参照下列两种方法进行：

A. 按票据的本利和计算，即应收票据的评估价值为票据的面值加上应计的利息。

B. 按应收票据的贴现值计算，即应收票据的评估价值为评估基准日到银行申请贴现的贴现值。

④存货

企业中的存货可能有许多品种，这里主要以存货中的材料、在库低值易耗品、在产品和产成品及库存商品为例说明存货的评估。

A. 材料评估

a. 材料评估的内容

企业中的材料，按其存放地点可分为库存材料和在用材料。在用材料在生产过程中已形成产成品或半成品，已不再作为单独的材料存在，故材料评估主要是对库存材料进行评估。

b. 材料评估的步骤

进行实物盘点，使其账实相符；根据不同评估目的和待估资产的特点，选择相应的评估方法；在具体评估方法的选择上，更多的是采用重置核算法或现行市价法；运用存货管理的 ABC 分析法，突出重点。

c. 材料评估的方法

近期购进的材料库存时间较短，在市场价格变化不大的情况下，其账面值与现行市价基本接近，可采用账面价值，也可以采用现行市价法；对购进批次间隔时间长、价格变化较大的库存材料进行评估时，可以采用最接近市场价格的材料价格或直接以市场价格作为其评估值；企业库存的某些材料可能购进的时间早，市场已经脱销，目前无明确的市价可供参考或使用，对这类材料的评估，可以通过寻找替代品的价格变动资料来修正材料价格，也可以在分析市场供需的基础上，判断该项材料的供需关系，并以此修正材料价格，还可以通过市场可比同类商品的平均物价指数进行评估；呆滞材料是指从企业库存材料中清理出来，需要进行处理的材料，首先应对其数量和质量进行核实和鉴定，然后区别不同情况进行评估，对其中失效、变质、残损、报废、无用的，应通过分析计算，扣除相应的贬值数额后，确定其评估值。

B. 低值易耗品的评估

在库低值易耗品的评估，可以根据具体情况，采用与库存材料评估相同的方法；在用低值易耗品的评估，可以采用重置成本法和现行市价法进行评估。

C. 在产品的评估

对在产品进行评估时，一般可采用重置核算法或约当产量法进行评估。

D. 产成品及库存商品的评估

对产成品及库存商品应依据其变现能力和市场可接受的价格进行评估，应该分析产成品的销售及周转情况，适用的方法有重置核算法和现行市价法；同时应该结合资产评估的经济行为，注意对其可能实现的利润情况进行分析。

存货本身的评估并不复杂，但通过对存货进行评估，可以了解企业的经营状况，至少可以了解企业产品在市场中的竞争地位。畅销产品、正常销售产品、滞销产品和积压产品的比重，将直接反映企业在市场上的竞争地位，并为企业预期收益预测提供基础。

⑤待摊费用和预付费用

对于待摊费用的评估，原则上应按其形成的具体资产价值来确定。预付费用的评估依据其未来是否可产生效益而定，只有那些在评估日之后仍将发挥作用的预付费用，才是评估的对象。

（2）长期投资性资产的评估

长期投资性资产是指企业不准备随时变现、持有时间超过 1 年以上的投资。长期投资按其投资的性质可分为长期股权投资、持有至到期日投资和混合性投资。

①债券投资评估

债券投资本身具有投资风险较小，安全性较强，到期还本付息，收益相对稳定，具有较强的流动性的特点。债券评估主要是指非上市债券的评估。

由于上市债券一般可以直接采用市场中的现行市价进行计量，如果需要评估可以以评估基准日上市债券收盘价为准。

对于非上市交易债券不能直接采用现行市价进行评估，应该采取相应的评估方法进行价值评估。

对距评估基准日 1 年内到期的债券，可以根据本金加上持有期间的利息确定评估值。

超过 1 年到期的债券，可以根据本利和的现值确定评估值。

但对于不能按期收回本金和利息的债券，评估人员应在调查取证的基础上，通过分析预测，合理确定评估值。

通过本利和的现值确定其评估值的债券，宜采用收益途径及其方法进行评估。根据债券付息方法，债券又可分为到期一次还本付息债券和分次付息、到期一次还本债券两种。评估时应采用不同的方法计算。

A. 到期一次还本付息债券的价值评估

对于一次还本付息的债券，其评估价值的数学表达式为：

$$P = F / (1+r)^n \qquad (11\text{--}17)$$

式中：P 为债券的评估值；

　　　F 为债券到期时的本利和；

　　　r 为折现率；

　　　n 为评估基准日到债券到期日的期限（以年或月为单位）。

本利和 F 的计算还可区分单利和复利两种计算方式。

a. 债券本利和采用单利计算

在采用单利计算时：

$$F = A \cdot (1 + m \cdot r)$$

b. 债券本利和采用复利计算

在采用复利计算时：

$$F = A \cdot (1+r)^m$$

式中：A 为债券面值；

　　　m 为计息期限；

　　　r 为债券利息率。

B. 分次付息、到期一次还本债券的评估

前已述及，分次付息，到期一次还本债券的价值评估宜采用收益法，其数学表达式为：

$$P = \sum_{i=1}^{n} \left[R_i (1 + r)^{-i} \right] + A(1 + r)^{-n} \qquad (11\text{--}18)$$

式中：P 为债券的评估值；

　　　R_i 为第 i 年的预期利息收益；

　　　r 为折现率；

　　　A 为债券面值；

　　　i 为评估基准日距收取利息日期限；

　　　n 为评估基准日距到期还本日期限。

②股权投资的评估

长期股权投资的评估包括了股票形式股权的评估和非股票形式股权的评估，股票形式股权的评估又具体分为上市交易股票评估和非上市股票评估，整个股权评估又包括控股股权评估和少数股权评估。

A. 股票形式股权的评估

上市股票评估一般采用评估基准日市场收盘价作为评估价值，非上市交易的股票，一般应采用收益法评估，即综合分析股票发行企业的经营状况及风险、历史利润水平和分红情况、行业收益等因素，合理预测股票投资的未来收益，并选择合理的折现率确定评估值。在具体评估非上市股票时又有以下参考方法：

a. 固定红利模型

固定红利模型是假设企业经营稳定，分配红利固定，并且今后也能保持固定水平。在这种假设条件下，普通股股票评估应采用收益途径中的年金法。该评估方法的数学表达式为：

$$P = R/r \qquad\qquad\qquad (11-19)$$

式中：P 为股票评估值；

　　　R 为股票未来收益额；

　　　r 为折现率。

b. 红利增长模型

红利增长模型适用于成长型股票的评估。成长型企业发展潜力大，收益率会逐步提高。该类型的假设条件是发行企业并未将剩余收益分配给股东，而是用于追加投资扩大再生产，因此，红利呈增长趋势。在这种假设前提下，普通股股票价值评估应考虑将股票收益的预期增长率包含在资本化率中。普通股股票价值评估的数学表达式为：

$$P = R/(r-g) \qquad (r>g) \qquad\qquad (11-20)$$

式中：P 为股票评估值；

　　　R 为股票未来收益额；

　　　r 为折现率；

　　　g 为股利增长率。

股利增长率 g 有两种计算方法：一是统计分析法，即根据过去股利的实际数据，利用统计学的方法计算出的平均增长率，作为股利增长率；二是趋势分析法，即根据被评估企业的股利分配政策，以企业剩余收益中用于再投资的比率与企业净资产利润率相乘确定股利增长率。

c. 分段模型

分段型股利政策下股票价值评估的原理是：第一段，指能够较为客观预测股票的收益期间或股票发行企业某一经营周期；第二段，以不易预测收益的时间为起点，以企业持续经营到永续为第二段。将两段收益现值相加，得出评估值。实际计算时，第一段以预测收益直接折现；第二段可以采用固定红利型或红利增长型，收益额采用趋势分析法或其他方法确定，先资本化再折现。

B. 非股票形式股权的评估

对于非股票形式股权的评估，首先应了解非股票形式股权投资收益的分配形式，再根据投资协议的有关规定及股权比例等因素，运用具体评估技术和方法评估其价值。

股权投资收益的分配形式，比较常见的有如下几种类型：一是按投资额占被投资企业实收资本的比例，参与被投资企业净利润的分配；二是按被投资企业销售收入或利润的一定比例提成；三是按投资方出资额的一定比例支付资金使用报酬等。

a. 非控股型股权投资评估

——对于非控股型长期股权投资评估，可以采用收益途径及其方法，即根据历史上收益情况和被投资企业的未来经营情况及风险，预测未来收益，再用适当折现率折算为现值得出评估值。

——对于合同、协议明确约定了投资报酬的长期投资，可将按规定应获得的收益折为现值，作为评估值。

——对到期收回资产的实物投资情况，可按约定或预测出的收益折为现值，再加上到期收回资产的现值，计算评估值。

——对于不是直接获取资金收入，而是取得某种权利或其他间接经济效益的，可通过了解分析，测算相应的经济效益，折现计值。

——对于明显没有经济利益，也不能形成任何经济权利的投资则按零价值计算。在未来收益难以确定时，有条件的可以采用通过对被投资企业进行评估，确定净资产数额，再根据投资方所占的份额确定评估值。

——如果进行该项投资的期限较短，价值变化不大，被投资企业资产账实相符，则可根据核实后的被投资企业资产负债表上的净资产数额，再根据投资方所占的份额确定评估值。

非控股型长期股权投资也可以采取成本途径及其方法评估，若被评估企业长期投资收益相对稳定，收益水平正常，可以以被评估企业的长期投资账面价值经审核无误后作为评估值。

不论采用什么方法评估非控股型长期股权投资，都应考虑少数股权因素对评估值的影响。

b. 控股型股权投资评估

对于控股型的股权投资，应对被投资企业进行整体评估后再测算被评估股权投资的价值。整体评估应以收益途径及其方法为主，在特殊情况下，可以采用其他途径及其方法，对于企业整体价值评估方法这里不再重述。对被投资企业整体评估，评估日与投资方的评估基准日相同。

评估人员评估控股股权价值，应当在适当及切实可行的情况下考虑由于控股权因素产生的溢价。

在对企业各个单项资产实施评估并将评估值加和后，就可以以此作为运用成本加和法评估出的企业价值。

资产评估人员如对同一企业采用多种评估方法评估其价值时，应当对运用各种评估方法形成的各种初步价值结论进行分析，在综合考虑运用不同评估方法及其初步价值结论的合理性及所使用数据的质量和数量的基础上，形成合理评估结论。

[小提示 11-3]

2006 年 2 月 5 日，财政部颁布了新的企业会计准则，企业的会计资产分类发生了较大的变化。本教材中的企业流动资产、长期投资性资产分类可能与现行会计准则存在差异，但这并不妨碍对这些资产评估原理与方法的理解。

11.6.2 有形资产评估值之和加整体无形资产价值法

有形资产评估值之和加整体无形资产价值法是将企业价值分为两个部分：其一是企业的所有有形资产价值；其二是企业的全部无形资产价值。企业所有有形资产的评估可以采取单项资产评估值加总的方法，具体方法如前面所述资产加和法。企业整体无形资产价值的评估则用被评估企业投资回报率与行业平均投资回报率的差率，乘以被评估企业的资产额而得到被评估企业的超额收益，再用行业平均投资回报率作为折现率或资本化率，将被评估企业超额收益资本化，得到被评估企业的整体无形资产价值。将被评估企业的所有有形资产价值加上被评估企业的整体无形资产价值，便得到被评估企业的整体价值。

资产评估人员如对同一企业采用多种评估方法评估其价值时，应当对运用各种评估方法形成的各种初步价值结论进行分析，在综合考虑运用不同评估方法及其初步价值结论的合理性及所使用数据的质量和数量的基础上，形成合理的评估结论。

▌本章小结▐

由于企业本身就是一个资产综合体，对于企业价值评估自然就有多种评估思路，掌握企业价值评估的本质，即企业获利能力是影响和决定企业价值的关键因素，围绕着企业获利能力的判断、预测，企业获利能力面临的不确定性，企业获利能力载体的边界，企业价值评估具体范围等，来安排评估技术思路，选择具体评估方法和合理的评估经济技术参数，通过缜密的评估过程，得出令人信服的评估结论。

关键概念

企业整体价值　企业自由现金流量　价值比率　资产基础途径

思考题

1. 简述企业价值评估的特点。
2. 如何理解企业价值评估的对象和范围？
3. 预测企业预期收益应当注意什么？
4. 为什么要保证收益额与折现率口径一致？
5. 运用资产基础途径评估企业价值应当注意什么？

第 章
12

以财务报告为目的的评估

学习目标

通过本章的学习，学生应能够基本了解与掌握以财务报告为目的的评估中的基本概念、原则、评估对象界定、评估技术途径与方法、评估技术和技巧。

目前，公允价值已经成为国际会计界越来越重要的一个概念。我国 2006 年年初发布的新的会计准则引入了公允价值的概念和计量模式，标志着公允价值在我国已经从研究阶段进入到了实际应用时期。2014 年 1 月 26 日，财政部发布了《企业会计准则第 39 号——公允价值计量》，为利用估值手段判断公允价值提供了技术指引和制度保证。资产评估已经成为公允价值计量的重要途径之一，国际上通常将由评估专业人士为公允价值的计量提供专业估值意见的行为或业务称为以财务报告为目的的评估。

12.1　以财务报告为目的的评估的特点

12.1.1　以财务报告为目的的评估

笼统地讲，以财务报告为目的的评估是资产评估业务中的一个特定领域，是专门为企业会计核算和财务信息披露服务的一类专项评估活动。以财务报告为目的的评估活动开展得非常广泛，在世界许多国家都进行此项资产评估活动。世界各国关于以财务报告为目的的评估的表述虽然有所不同，但其内涵大同小异。

2005 年 1 月 1 日，欧盟及世界各地 90 多个国家和地区开始采用《国际会计准则》。《国际会计准则》的发展和实质性应用，推动了以财务报告为目的的评估在欧洲和北美地区的发展。资产评估如何更好地服务于以财务报告为目的的评估，成为各国评估界和会计界重点研究的课题，为此各国评估界和会计界就以财务报告为目的的评估业务进行了广泛的合作和探索。我国 2006 年颁布的新的企业会计准则也引入了公允价值，并要求所有上市公司于 2007 年执行新的会计准则。新会计准则引入了"公允价值"的计量属性，为在我国开展以财务报告为目的的评估奠定了制度基础。

同时，美国财务会计准则委员会（FASB）提倡在更大范围内采用公允价值概念，在商誉和企业并购会计准则中已经做出了相关规定，并指出，在进行公允价值计价时遵循的一个原则是："公允价值的估计应当建立在评估技术结果的基础上，评估技术应当尽可能地吸收来自活跃市场的市场信息，即使所计量的资产（负债）并不在活跃市场上交易……总而言之，市场信息吸收得越多，公允价值估计的可靠性就越大。"

《国际会计准则》中规定，如果采用公允价值模式，可能会涉及对资产的评估和重估，有的具体会计准则甚至直接要求由专业评估师进行评估，如 IAS 16。应当说，只有当采用公允价值模式计价以后，才产生了以财务报告为目的的评估业务，而在严格的历史成本模式下，没有必要进行以会计为目的的评估。资产评估由于其专业性和独立性，在公允价值的确定过程中发挥着越来越重要的作用。国际评估准则委员会近年来也积极与国际会计准则委员会进行对话，并根据《国际会计准则》的变化对《国际评估准则》进行必要的修改。如 2005 年第七版《国际评估准则》中规定："资产评估能够在财务报告中反映资产现时价值的重要性受到了越来越广泛的认可。在会计处理和财务报告中列示资产价值时，以评估的现时价值为基础取代历史成本的做法已成为一种日益普遍的趋势。"

我国 2006 年颁布的企业会计准则也引入了公允价值，并要求所有上市公司自 2007 年起执行。会计准则引入了"公允价值"的计量属性，为在我国开展以财务报告为目的的评估奠定了制度基础。2007 年 9 月，中国资产评估协会颁布的《以财务报告为目的的评估指南（试行）》对以财务报告为目的的评估作了如下表述：以财务报告为目的的评估业务是指基于中国企业会计准则或相关会计核算、披露要求，注册资产评估师运用评估技术，对财务报告中各类资产和负债的公允价值或特定价值进行分析、估算，并发表专业意见的行为。2014 年 1 月 26 日，财政部又发布了《企业会计准则第 39 号——公允价值计量》，对公允价值计量进行了更加专业和细致的规范，该准则自 2014 年 7 月 1 日起实施。

12.1.2 以财务报告为目的的评估涉及的基本业务

以财务报告为目的的评估在市场经济发达国家已经是一项较为普遍的资产评估业务。在我国，以财务报告为目的的评估是一项即将要广泛开展的资产评估业务。就目前而言，可以预计以财务报告为目的的评估可能涉及的经济业务主要有以下几个方面：

由定义可知，以财务报告为目的的评估是为会计的计量、核算及披露提供专业意见。以财务报告为目的的评估涉及企业合并、资产减值、投资性房地产、金融工具、股份支付等多项会计核算业务。例如，与资产后续计量有关的会计事项、与资产及商誉减值测试有关的会计事项、与企业合并对价分摊有关的会计事项、与金融资产、持有至到期投资、贷款和应收账款、可供出售金融资产和股权支付公允价值计量有关的会计事项、与投资性房地产公允价值计量有关的会计事项等。

当然，随着以财务报告为目的的评估的深入，也可能还有其他的业务出现。

12.1.3　以财务报告为目的的评估的特点

以财务报告为目的的评估服务于企业财务报告的编制和披露，是资产评估在企业财务报告方面的具体运用。实际上，以财务报告为目的的评估涉及了资产评估、财务会计和审计等专业的知识和专业要求。以财务报告为目的的评估除了需要满足资产评估专业要求以外，还需要满足相关专业的要求。因此，以财务报告为目的的评估具有了一些自身的特点。

1）以财务报告为目的的评估需要满足会计准则对资产计价的要求

会计准则对资产计价的要求，首先表现在会计资产计价的计量属性方面，我国会计计量属性包括历史成本、重置成本、可变现净值、现值和公允价值。以财务报告为目的的评估需要衔接资产评估价值类型与会计计量属性的规定，通过对特定评估业务价值类型的定义，避免与会计准则中的计量属性之间产生冲突，只有通过这种衔接，才能更好地服务于会计的需求，且有利于评估业务的开展。

2）以财务报告为目的的评估需要满足会计核算的规则及要求

以财务报告为目的的评估应当满足会计核算的规则及要求。例如，合并对价分摊（PPA）的评估需要满足会计准则关于合并对价分摊的核算要求，需要通过识别所收购企业的各项资产和负债（包括未在被收购企业资产负债表上反映的资产和负债），评估各项资产和负债的公允价值，将收购企业的收购价格根据合并中取得的被购买方可辨认资产（包括各类可辨认无形资产）、负债及或有负债的公允价值进行分配。

3）以财务报告为目的的评估应该参照会计准则有关计量方法的规定

以财务报告为目的的评估在评估方法的选择和使用方面应该参照会计准则中有关计量方法特殊性规定的要求，分析市场法、收益法和成本法三种资产评估基本方法的具体适用范围。同时需要考虑会计准则认可的其他技术方法的适用性，以及资产评估的借鉴意义，考虑了以财务报告为目的的评估方法的多样性。

4）以财务报告为目的的评估需要与审计准则相衔接

以财务报告为目的的评估的结果不仅应当满足会计准则的要求，同时应当与审计准则的要求相衔接。以财务报告为目的的评估在很大程度上是为了会计报表的披露，会计信息披露之前通常是要经过审计，尽管审计准则中的很多要求和规定源于会计准则，然而审计准则仍然有着其独立的要求。保证以财务报告为目的的评估及其结果与审计准则衔接，是以财务报告为目的的评估的重要特征之一。

12.2　以财务报告为目的的评估中的评估范围、对象、价值类型与评估基准日

12.2.1　以财务报告为目的的评估中的评估范围

以财务报告为目的的评估范围实际上是指以财务报告为目的的评估涉及的基本业务。换一个角度说，以财务报告为目的的评估范围是指引起以财务报告为目的的

评估的会计事项，即由这些会计事项可能会引起以财务报告为目的的评估。笼统地讲，包括与资产后续计量有关的会计事项涉及的资产、负债和或有负债等。具体来说，包括资产减值测试涉及的资产及负债、企业合并对价分摊涉及的资产及负债、金融资产、持有至到期投资、贷款和应收账款、可供出售金融资产和股权等涉及的资产及负债等。

合并对价分摊事项是指会计准则规定的非同一控制下企业合并成本在取得的可辨认资产、负债和或有负债之间的分配。合并对价分摊事项涉及的评估业务所对应的评估对象应当是合并中取得的被购买方各项的可辨认资产、负债及或有负债，这与被购买方所做的企业并购中的企业价值评估所对应的对象（即企业整体价值、股东全部权益（价值）或部分权益（价值））明显不同。

资产减值，是指资产的可收回金额低于其账面价值，企业所有的资产在发生减值时，应当及时加以确认和计量。在执行会计准则规定的包括商誉在内的各类资产减值测试涉及的评估业务时，对应的评估对象可能是单项资产，也可能是资产组或资产组组合。其中，固定资产减值测试一般以资产组的形式出现；商誉减值测试主要以资产组或资产组组合出现。

投资性房地产是指为赚取租金或资本增值，或两者兼有而持有的房地产。在执行会计准则规定的投资性房地产评估业务时，对应的评估对象包括：（1）已出租的土地使用权和已出租的建筑物，是指以经营租赁方式出租的土地使用权和建筑物。其中，用于出租的土地使用权是指企业通过出让或转让方式取得的土地使用权；用于出租的建筑物是指企业拥有产权的建筑物。（2）持有并准备增值后转让的土地使用权，是指企业取得的、准备增值后转让的土地使用权。按照国家有关规定认定的闲置土地，不属于持有并准备增值后转让的土地使用权。（3）某项房地产，部分用于赚取租金或资本增值、部分用于生产商品、提供劳务或经营管理，能够单独计量和出售的、用于赚取租金或资本增值的部分，应当确认为投资性房地产；不能够单独计量和出售的、用于赚取租金或资本增值的部分，不确认为投资性房地产。（4）企业将建筑物出租，按租赁协议向承租人提供的相关辅助服务在整个协议中不重大的，如企业将办公楼出租并向承租人提供保安、维修等辅助服务，应当将该建筑物确认为投资性房地产。企业拥有并自行经营的宾馆，其经营目的主要是通过提供客房服务赚取服务收入，该宾馆不确认为投资性房地产。

金融工具是指形成一个企业的金融资产，并形成其他单位的金融负债或权益工具的合同。金融工具可以分为基础金融工具和衍生工具。基础金融工具包括企业持有的现金、存放于金融机构的款项、普通股，以及代表在未来期间收取或支付金融资产的合同权利或义务等，如应收账款、应付账款、应收票据、贷款、债权投资等。衍生工具包括远期合同、期货合同、互换和期权，以及具有远期合同、期货合同、互换和期权中一种或一种以上特征的工具。

12.2.2　以财务报告为目的的评估中的评估对象

从大的方面讲，以财务报告为目的的评估中的评估对象是会计准则中特定会计事项所对应的对象，它们可以是企业中的要素资产、要素资产组合以及企业负债等。企业价值评估中所对应的评估对象应该是企业整体价值、股东全部权益价值以及股东部分权益价值。正确认识以财务报告为目的的评估中的评估对象，以及以财务报告为目的的评估中的评估对象与企业价值评估中的评估对象的区别，将有助于评估人员做好以财务报告为目的的评估。例如，在执行会计准则规定的合并对价分摊事项涉及的评估业务时，对应的评估对象应当是合并中取得的被购买方可辨认资产（包括各类可辨认无形资产）、负债及或有负债。此时的评估对象与被购买方企业价值评估所对应的对象不同，即并不是与被购买方企业的企业整体价值、股东全部权益价值或者部分股东权益价值。合并对价分摊的评估是通过识别所收购企业的各项资产和负债（包括未在被收购企业资产负债表上反映的资产和负债），评估各项资产和负债的公允价值，将收购企业的收购价格根据合并中取得的被购买方可辨认资产（包括各类可辨认无形资产）、负债及或有负债的公允价值进行分配，其分配差额为商誉。

与传统资产评估业务相比，以财务报告为目的的评估对象不是因产权变动涉及的各类单项资产、负债、资产组或资产组组合，而是因会计准则中特定会计事项所对应的对象涉及初始计量、后续计量、减值测试和对价分摊等引起的估值需求。所以，评估人员需要通过关注会计准则中特定会计事项所对应的对象，关注相关资产、负债在企业营运中的作用等来确定所评估对象是单项资产、负债还是资产组或资产组组合。

以财务报告为目的的评估，实际上就是对企业中的要素资产及负债公允价值的评估，基本上不涉及企业整体价值和整体性评估。就一般情况而言，当企业中的那些存在活跃的交易市场，或不存在活跃交易市场的单项可辨认资产或负债成为会计准则中特定会计事项所对应的对象，同时要求取得这些资产或负债的公允价值的时候，这些单项可辨认资产或负债就成了以财务报告为目的的评估中的单项评估对象。例如，在执行会计准则规定的以固定资产的公允价值作为其后续计量的计量属性时，不论活跃交易市场是否存在，涉及的单项固定资产都会成为以财务报告为目的的评估中的单项评估对象；又如，在执行会计准则规定的以投资性房地产公允价值作为计量属性时，不论活跃交易市场是否存在，投资性房地产也都会成为以财务报告为目的的评估中的单项评估对象。

按照我国会计准则的规定和要求，只有当企业中的要素资产存在活跃交易市场并且成为会计准则中特定会计事项所对应的对象的前提下，这些要素资产才可能成为以财务报告为目的的评估中的评估对象。当然，当企业中的单项可辨认资产能够可靠地取得重置成本、可变现净值和现值的情况下，这些单项可辨认资产成为会计准则中特定会计事项所对应的对象时，也可以成为以财务报告为目的的评估中的单项资产评估对象。

1）以财务报告为目的的评估中的负债评估对象

当企业中的负债成为会计准则中特定会计事项所对应的对象，同时要求取得这些负债的公允价值的时候，这些负债就可能成为以财务报告为目的的评估中的评估对象。在执行会计准则规定的合并对价分摊事项涉及的评估业务时，对应的评估对象就涉及企业中的负债（包括未在被收购企业资产负债表上反映的负债）。企业资产负债表上反映的债务的界定相对简单，未在被收购企业资产负债表上反映的负债的界定存在一定的难度。以财务报告为目的的评估中的负债评估对象可以是企业的某项实际债务，也可能是企业的某项或有负债，还可以是企业的全部负债。

2）以财务报告为目的的评估中的资产组或资产组组合评估对象

当企业中的要素资产不存在活跃交易市场并且成为会计准则中特定会计事项所对应的对象，而且这些单项要素资产难以单独形成或难以单独计量现金流量时，需要借助于资产组或资产组组合及可计量的现金流量判断其公允价值。此时的资产组及资产组组合就可能成为以财务报告为目的的评估中的评估对象。

资产组是企业可以认定的最小资产组合，其产生的现金流入应当基本上独立于其他资产或者资产组。资产组应当由创造现金流入的相关资产组成。

资产组组合是指由若干个资产组组成的最小资产组组合，包括资产组或者资产组组合，以及按合理方法分摊的总部资产部分。

以财务报告为目的的评估中的资产组或资产组组合的具体确认应当按照会计准则的要求进行。会计准则要求对资产组的认定应当考虑以下因素：

第一，资产组的认定，应当以资产组产生的主要现金流入是否独立于其他资产或者资产组的现金流入为依据。因此，资产组能否独立产生现金流入是认定资产组的最为关键的因素。

第二，资产组的认定，应当考虑企业管理层对生产经营活动的管理或者监控方式（如是按照生产线、业务种类还是按照地区或者区域等）和对资产的持续使用或者处置的决策方式等。

在执行会计准则规定的资产减值事项涉及的评估业务时，对应的评估对象可能会涉及企业中的资产组或资产组组合等。

12.2.3 以财务报告为目的的评估中的价值类型

资产评估中的价值类型涉及评估结论的价值定义及其合理性指向，是资产评估中最为核心的问题。以财务报告为目的的评估属于特定的评估业务，也是资产评估的重要组成部分。既然以财务报告为目的的评估属于资产评估的重要组成部分，以财务报告为目的的评估中所使用的重要专业术语就必须与其他的资产评估业务中使用的重要专业术语保持一致。以财务报告为目的的评估是为会计核算和会计信息披露的需要而做的，评估结论首先需要满足会计准则有关会计计量属性的要求。同时作为一种资产评估业务，评估结论的价值定义也应当符合资产评估准则的规范要求。中国资产评估协会于 2007 年 11 月 28 日发布的《资产评估价值类型指导意见》是注册资产评估师和评估人员选择与应用资产评估价值类型的基本规范，该规范的第十一条规定："某些特定评估业务评估结论的价值类型可能会受到相关法律、法规或者契约的约束，这些评估业务的评估结论应当按照相关法律、法规或者契约等的规定选择评估结论的价值类型；相关法律、法规或契约没有规定的，可以根据实际情况选择市场价值或市场价值以外的价值类型，并予以定义。"

以财务报告为目的的评估属于特定评估业务。毫无疑问，以财务报告为目的的资产评估业务应当遵循会计准则等相关规范和制度对会计核算的基本要求，应当符合会计准则等相关规范涉及的主要计量属性及价值定义的要求。与此同时，在保证以财务报告为目的的资产评估业务遵循会计准则等相关规范涉及的主要计量属性及价值定义的前提下，应当充分考虑以财务报告为目的的评估结论与资产评估价值类型之间的匹配。

会计准则等相关规范涉及的主要计量属性及价值定义主要包括公允价值、现值、可变现净值、重置成本、可收回金额等，这是以财务报告为目的的资产评估业务遵循会计准则等相关规范涉及的主要计量属性及价值定义。熟悉和理解会计准则等相关规范涉及的主要计量属性及价值定义，是恰当选择和使用以财务报告为目的的评估中的价值类型的基础。

会计准则下的公允价值是指在公平交易中，熟悉情况的交易双方自愿进行资产交换或者债务清偿的金额。

会计准则下的现值是指资产按照预计从其持续使用和最终处置中所产生的未来净现金流入量折现的金额，负债按照预计期限内需要偿还的未来净现金流量折现的金额。

会计准则下的可变现净值是指资产正常对外销售所能收到现金或者现金等价物的金额扣减该资产至完工时估计将要发生的成本、销售费用以及相关税费后的金额。

会计准则下的重置成本是指现在购买相同或者相似资产所需支付的现金或者现金等价物的金额，或者现在偿付债务所需支付的现金或者现金等价物的计量金额。

会计准则下的可收回金额是指资产的公允价值减去处置费用后的净额与资产预计未来现金流量的现值两者之间的较高者。

以财务报告为目的的评估中的价值类型选择，在很大程度上取决于会计准则对资产计价的要求，即评估的具体目标属于哪种会计计量属性。从以往的经验来看，会计中的公允价值是以财务报告为目的的评估中的最主要的目标。从会计准则中的公允价值的定义可以发现，对公允价值的评估是建立在以下前提或基础之上的：（1）假设交易；（2）从市场参与者的角度；（3）主要的或最有利的市场；（4）资产变现或在用状态。根据会计准则下的公允价值的定义及其使用要求，在符合会计准则使用要求的前提下，会计中的公允价值十分接近或相当于资产评估中的市场价值。在这里必须重申只有在符合会计准则计量属性规定的条件时，会计准则下的公允价值等同于资产评估中的市场价值，即在符合会计准则计量属性规定的条件下，通过评估市场价值可以实现以财务报告为目的的评估中的公允价值目标。

会计准则下的其他计量属性，如重置成本、可变现净值或公允价值减去处置费用后的余额、现值或资产预计未来现金流量的现值等，则需要分析具体情况及评估目的将其理解为市场价值或相对应的市场价值以外的其他价值类型。例如，会计准则中的重置成本，在符合会计准则计量属性规定的条件下，等同于资产评估中的净重置成本或重置成本净值，即资产评估中的重置成本扣除贬值后的净值。如果以财务报告为目的的评估所要评估的是评估对象的会计重置成本，评估人员可以通过评估资产评估中的重置成本并扣减相应贬值来实现会计准则中的重置成本目标，并可以使用重置成本净值或净重置成本来定义评估结论。当然，也可以根据评估人员在评估重置成本净值时所选择和使用的参数数据来源等选择其他恰当的价值定义表达。

会计准则中的可变现净值，在符合会计准则计量属性的规定，以及存在变现资产活跃市场的条件下，接近于资产评估中的市场价值扣减处置费用后的余额。

会计准则中的预计未来现金流量的现值，在采用特定会计主体的相关数据的条件下，如果评估对象是企业中的单项资产，其等同于资产评估中的在用价值。会计准则中的预计未来现金流量的现值通常是作为企业中的要素资产的计量属性，即主要针对企业的单项资产或资产组的计量属性，但并不排除预计未来现金流量的现值作为资产组组合的计量属性。预计未来现金流量的现值作为企业中的要素资产的计量属性，在采用特定会计主体的相关数据的条件下，等同于资产评估中的在用价值。如果会计准则中的预计未来现金流量的现值是作为资产组组合（相当于企业整体）的计量属性，则等同于持续经营价值。评估人员可以通过对企业的单项资产、资产组或资产组组合的具体情况对企业的贡献来把握其在用价值或持续经营价值的选择，并可以使用在用价值或持续经营价值来定义评估结论。会计准则中的预计未来现金流量的现值，如果评估采用的相关数据均来自于公开市场，其评估结论则等同于资产评估中的市场价值。

在以财务报告为目的的评估中，会计准则中的主要计量属性在符合会计准则计量属性规定的条件下通常有相应的资产评估价值定义与之相匹配，例如会计准则中的公允价值与资产评估中的市场价值，以及会计准则中的现值与资产评估中的在用价值或持续经营价值等。当然，也不排除在某些情况下，会计计量属性所对应的资产评估价值定义和价值类型需要评估人员根据评估过程中使用的经济技术参数和数据来判断，会计准则中的计量属性与资产评估价值定义之间的匹配关系并不是一一对应的。

12.2.4 以财务报告为目的的评估中的评估基准日

相对于传统资产评估业务，以财务报告为目的的评估的评估基准日可能会受到会计准则相关要求和规定的制约而具有特殊性。资产评估准则和相关规范对传统资产评估业务评估基准日的要求是尽可能与评估目的的实现日接近。由于会计准则对会计核算和信息披露涉及的会计事项有资产负债表日、购买日、减值测试日、首次执行日等的具体规定和规范，这些具体的时间要求使得在以财务报告为目的的评估中的评估基准日的选择上有了相对统一的基础。会计准则对资产及负债计量、确认和披露等的时间规范，要求评估师应当提醒委托方根据会计准则的相关要求合理确定评估基准日，以满足以财务报告为目的的评估在评估基准日选择上同时符合会计准则和资产评估规范两个方面的要求。

12.3 评估途径及其方法在以财务报告为目的的评估中的应用

《企业会计准则第39号——公允价值计量》规定："企业以公允价值计量相关资产或负债，使用的估值技术主要包括市场法、收益法和成本法。企业应当使用与其中一种或多种估值技术相一致的方法计量公允价值。企业使用多种估值技术计量公允价值的，应当考虑各估值结果的合理性，选取在当前情况下最能代表公允价值的金额作为公允价值。"

相对于传统资产评估技术方法的选择和应用，以财务报告为目的的评估在评估技术方法的选择和应用方面更多的是需要考虑会计准则的要求，特别是可靠性要求。会计准则对以财务报告为目的的评估结论可靠性的要求，通常是通过评估依据的数据来源的可靠性来把握。在具体运用资产评估技术方法的过程中，评估人员应当按照会计准则有关计量方法的规定，结合会计准则中有关计量方法特殊性规定的要求，分析市场途径及其方法、收益途径及其方法和成本途径及其方法三种资产评估途径及其方法的适用性。同时，还要考虑其他评估方法使用的可能性和适用性，以满足以财务报告为目的的评估对评估技术方法多样性的需求。

12.3.1 以财务报告为目的的评估中的市场途径及其方法

按照会计准则对以财务报告为目的的评估结论可靠性的要求，特别是对数据来源的可靠性要求，市场途径及其方法应当是服务于以财务报告为目的的评估的首选方法。我国《企业会计准则第39号——公允价值计量》规定："企业应当将公允价值计量所使用的输入值划分为三个层次，并首先使用第一层次输入值，其次使用第二层次输入值，最后使用第三层次输入值。第一层次输入值是在计量日能够取得的相同资产或负债在活跃市场上未经调整的报价。活跃市场，是指相关资产或负债的交易量和交易频率足以持续提供定价信息的市场。第二层次输入值是除第一层次输入值外相关资产或负债直接或间接可观察的输入值。第三层次输入值是相关资产或负债的不可观察输入值。"

美国财务会计准则委员会（FASB）发布的《财务会计准则公告第157号——公允价值计量》（下称FASB第157号公告）中构建了三个层次的公允价值层级，通过将基于特定假设的信息的优先次序进行排序，位于公允价值层级中最高优先地位的是活跃市场中的报价，位于最低优先地位的是不可观察的数据，例如报告实体自己的内部数据，并要求公允价值计量按照公允价值层级中的不同级别分别进行披露。欧洲评估师在评估某项资产的公允价值时，选用哪种方法要考虑公允价值的三个层次。公允价值层次也将活跃市场上同一资产或负债的报价（未调整）定为最高等级（第一层次），将不可观测数据定为最低等级（第三层次）。在公允价值层次中，公允价值计量整体属于何种等级，取决于对公允价值层次有重要影响的最低等级数据。公允价值评估方法的选用有先后顺序，最优先考虑的是能够充分利用活跃市场数据的评估途径及其方法。评估公允价值的三种评估途径及其方法不存在"天然"的先后顺序。公允价值评估方法选用的顺序完全取决于评估时点各种评估途径及其方法所依据的"数据来源"的可靠性。当然，由于市场途径及其方法的运用依赖于活跃的市场，在存在活跃市场的前提下，市场途径及其方法可能是公允价值评估的首选方法。

1）市场途径及其方法的适用范围

对于以财务报告为目的的评估而言，市场途径及其方法通常适用于单项资产的评估。如果企业中的资产组或者资产组组合确实具有活跃市场且有公开市场交易价格，也不排除采用市场途径及其方法评估资产组或者资产组组合的价值。

2）运用市场途径及其方法应当考虑的因素

运用市场途径及其方法服务于以财务报告为目的的评估时，应当考虑以下几个方面的因素：

第一，应当有公开和活跃的市场，相当于会计准则要求的最大市场和最有利市场的内涵。公开和活跃的市场是运用市场途径及其方法的重要前提，是信息客观性、可核实性以及真实性的重要保障。当采用市场途径及其方法进行评估时，能够对观察到的数据进行比较分析，才能得出可靠性较高的公允价值，满足会计计量的可靠性要求。

第二，应当获取足够的参考样本（包括交易案例或其他比较对象），判断其可比性、适用性和合理性。一定数量的参考样本有助于减少市场途径及其方法的误差，排除偏差性和倾向性。对参考样本还有质量上的要求，要进行筛选，判断其可比性、适用性和合理性，分析相似度。应当选择最接近的、比较因素调整较少的参考样本作为参照物。按照一般要求，至少需要选择三个以上与评估对象最为接近、比较因素调整较少的参照物。

3）市场途径中的直接比较法

直接比较法是市场途径及其方法中使用频率最高的一类方法。直接比较法是指直接利用参照物的交易价格作为评估对象评估价值，或利用参照物的交易价格，以评估对象的基本特征与参照物的基本特征直接进行比较得到两者的基本特征修正系数或基本特征差额，在参照物交易价格的基础上进行修正从而得到评估对象价值的一类方法。

当市场上与评估对象完全相同的资产具有市场交易价格且交易市场活跃的时候，资产评估师可以直接利用与评估对象完全相同的资产或参照物在评估基准日的现行市场交易价格作为评估对象的评估价值。例如，属于批量生产的设备、汽车等成为评估对象时，可以相同厂家、相同品牌、相同型号、相同规格、相同批量的设备（汽车）等的现行市场价格作为评估价值。

如果市场上没有与评估对象完全相同的资产及其市场交易价格，但是有与评估对象基本相同的参照物及其市场交易价格且交易市场活跃，资产评估师可以考虑采用功能价值类比法、成新率价格调整法以及市场售价类比法等评估方法进行评估。例如，对于类似存在活跃市场的存货、长期股权投资、固定资产和无形资产等非货币性资产都可以采用市场途径中的直接法进行评估。

在市场途径及其方法的运用方面，以财务报告为目的的评估与传统的资产评估并没有大的区别。只是以财务报告为目的的评估更加强调信息的客观性、可核实性以及真实性，强调评估方法所依据的信息要直接来源于市场。在存在活跃市场的情况下，可以直接采用同一资产或负债的报价或以实际成交价格作为评估结果。

12.3.2　以财务报告为目的的评估中的收益途径及其方法

1）收益途径及其方法的适用范围

在评估对象不具有公开、活跃的市场或者没有足够的参考样本的情况下，资产评估师可以考虑采用收益途径及其方法进行评估。对于以财务报告为目的的评估而言，收益途径及其方法通常适用于资产组及资产组组合的评估。当然，也并不排除适用于那些没有活跃市场但有独立现金流入的单项资产的评估。

2）运用收益途径及其方法应当考虑的因素

收益途径及其方法是依据资产未来预期收益经折现或资本化处理来估测资产价值的，它涉及三个基本要素：一是评估对象的预期收益；二是折现率或资本化率；三是评估对象取得预期收益的持续时间。因此，能否清晰地把握上述三要素就成为能否恰当运用收益途径及其方法的基本前提。上述前提条件表明，运用收益途径及其方法应当考虑的因素包括：①评估对象的预期收益可以较为客观合理地估测，进而要求评估对象与其经营收益之间存在着较为明确和稳定的关系，即影响评估对象预期收益的主要因素，包括主观因素和客观因素也应是比较清晰的，评估人员可以据此分析和测算出评估对象的预期收益。②评估对象取得其收益可能面临的风险是可以比较和测算的，包括市场风险、技术风险及经营风险等，这是确定折现率或资本化率的基本依据。评估对象所处的行业不同、地区不同和企业差别都会不同程度地体现在评估对象的获利风险上。对于投资者来说，风险大的投资，要求的回报率就高，投资风险小，其回报率也可以相应降低。③评估对象获利期限的长短，即评估对象的经济寿命，也是影响其价值和评估值的重要因素之一。

收益途径及其方法服务于以财务报告为目的的现值评估时，对资产未来现金流量的预测是基于特定实体现有管理模式下可能实现的收益。预测一般只考虑单项资产或资产组内主要资产项目在简单维护下的剩余经济年限，即不考虑单项资产或资产组内主要资产项目的改良或重组；资产组内资产项目于预测期末的变现净值应当纳入资产预计未来现金流量现值的计算。

采用收益途径及其方法服务于以财务报告为目的的公允价值评估时，评估师通常应站在市场参与者的角度并假定公开市场存在，适当考虑单项资产或资产组内资产的有效配置、改良或重组的可能，确保其能反映计量项目公允价值的下列要素：①能够估计评估对象的未来现金流量；②能够对评估对象取得未来现金流量的金额或时间的不确定性做出合理的预期；③以无风险利率表示货币的时间价值；④需要考虑评估对象非流动性和市场非完美性因素对其价值的影响；⑤需要考虑资产和负债的其他不确定性因素。

3）收益途径中的具体技术方法

收益途径中估测评估对象价值最常用的方法是现金流量折现或净收益折现。根据未来现金流量或净收益的预测及判断方式，以及不同的假设，现金流量及净收益折现还可以区分为多种具体技术方法。

现金流量及净收益折现中的具体技术方法的划分有多种标准，例如按评估对象预期收益量的相对稳定或不稳定划分；按评估对象取得未来预期收益在时间上的相对确定或不确定划分；按评估对象取得预期收益的形式和途径的差异等方面划分。现金流量及净收益折现中的具体技术方法的称谓在评估业内也可能并不统一，对收益途径中的具体评估技术方法更多的是要掌握每一种具体技术方法的内容而不仅仅是名称。

（1）单一现金流量法

单一现金流量法，通常是根据资产未来每期最有可能产生的现金流量进行预测，它使用单一的未来每期预计现金流量和单一折现率计算资产未来现金流量的现值。这是最为传统的评估方法，也是使用频率最高的一种具体技术方法。例如，某项资产未来第 3 年预计可能带来 30 万元、35 万元和 40 万元的预期收益，其出现的概率分别为 0.2、0.3 和 0.5，采用预计现金流量最大可能性为 40 万元，假定折现率为 10%，则第 3 年该资产预计的现金流量现值为 30.05 万元（40×0.7513）。

（2）期望现金流量法

在实务中，有时影响资产未来现金流量的因素较多，情况较为复杂，带有很大不确定性，为此，使用单一的现金流量可能并不会如实地反映资产创造现金流量的实况。有时需要采用期望现金流量法预计资产未来现金流量，在期望现金流量法下，资产未来现金流量应当根据每期现金流量期望值进行预计，每期现金流量期望值按照各种可能情况下的现金流量与其发生概率加权计算。如果是资产的未来预期现金流量存在不确定性，可以只考虑各种可能的不同数额现金流量出现的概率并加以技术处理再进行折现。例如，某项资产未来第 3 年预计可能带来 30 万元、35 万元和 40 万元的预期收益，其出现的概率分别为 0.2、0.3 和 0.5，假设折现率为 10%，则第 3 年该资产预计的现金流量为 36.5 万元（30×0.2+35×0.3+40×0.5），其现值为 27.42 万元（36.5×0.7513）。

在预计资产未来现金流量的现值时，如果资产未来现金流量的发生时间不确定，应当根据资产在每一种可能情况下的现值及其发生概率直接加权计算资产未来现金流量的现值。例如，某项资产在未来 3 年内预计可能带来 30 万元（现金流量），但具体是在哪一年并不确定。在第 1 年取得的概率为 0.2，第 2 年取得的概率为 0.6，第 3 年取得的概率为 0.2，而同期第 1 年的利率为 4%，第 2 年的利率为 4.5%，第 3 年的利率为 5%，则该项资产的预计现金流量的现值为 27.43 万元

（30×0.2÷（1+4%）+30×0.6÷（1+4.5%）²+30×0.2÷（1+5%）³）。

在以财务报告为目的的评估中，资产减值测试主要使用单一现金流量法及期望现金流量法。

（3）增量收益折现法

增量收益折现法是从评估对象取得收益或现金流量的途径和方式的角度进行划分的方法。该方法是将包括无形资产在内的实体未来预测现金流与不含无形资产的可比实体产生的相应现金流进行比较，判断是否有无形资产在价格方面所产生的差额。增额现金流体现在两个方面：一是价格的溢价，即一个产品采用某一个商标或品牌，与不采用这个商标或品牌之间的差异额；二是成本费用的节省，就是采用这项无形资产所能节约的成本，所导致的差异额。通过将这些增额现金流用这个资产的特定加权资本成本折现可以得到这个资产的（税后）公允价值，再将税收摊销收益加回到这个现值。增量收益法要求可比实体未使用无形资产所产生的现金流能够可靠地估算。

（4）节省许可费折现法

节省许可费折现法也是从评估对象取得收益或现金流量的途径和方式的角度进行划分的方法。该方法认为，当财务报告的编制者不是相关无形资产的所有者，需要付费从相关无形资产的所有者的手上获得一个许可权，这个特许使用费就是必要的资金流出，如果财务报告的主体拥有了该无形资产或该无形资产的许可权，就可以节约该无形资产的许可权使用费，所节约的该无形资产的许可权使用费就成了财务报告主体的一种收益。将财务报告主体在以后各年节约的无形资产许可权使用费折现得出的现值，就是财务报告主体拥有的无形资产评估价值。

在以财务报告为目的的评估中，企业拥有的自创品牌、专利和技术等无形资产可以广泛应用节省许可费折现法。当然，要使用该方法，必须存在较为活跃的可比无形资产许可经营和许可贸易，即存在许可权使用费市场。

（5）多期超额收益折现法

多期超额收益折现法（MEEM）的评估思路接近于剩余法，该方法是指把包含被评估无形资产在内的全部收益进行拆分，把其中作为评估对象的无形资产得到的收益拆分出来，即扣除该无形资产以外的其他有形及无形资产所应该产生的平均收益，对剩余（超额）收益进行折现，并以此作为被评估无形资产的评估价值。在通常情况下，多期超额收益法适用于对现金流产生最大影响的无形资产或类似的无形资产组合，例如采矿权、客户关系等。

12.3.3　以财务报告为目的的评估中的成本途径及其方法

1）成本途径及其方法的适用范围

由于成本途径及其方法的运用经常要使用某些不可观测到的数据，因而在以财务报告为目的的评估中，通常是在市场途径及其方法和收益途径及其方法都不适用时，才选择成本途径及其方法。如果应用成本途径及其方法，必须获取企业的承诺（或进行必要的测试），并在评估报告中披露，其评估结论仅在相关资产的评估值可以通过资产的未来运营得以全额回收的前提下成立。该前提的限制，是为进一步明确成本途径及其方法得出的资产价值，不能脱离企业的持续经营和盈利能力。

会计准则规定的资产减值测试不适用成本途径及其方法。那么，成本途径及其方法不能作为资产减值测试的技术手段。

2）运用成本途径及其方法应当考虑的因素

成本途径及其方法是依据资产的再取得成本或现时取得成本扣减各种贬值来获取资产评估价值的各种技术方法的总称。因此，运用成本途径及其方法需要考虑的因素主要有评估对象的重置成本、实体性贬值、功能性贬值和经济性贬值。

采用成本途径及其方法评估资产时，必须同时考虑该资产未来能否给企业带来足够的经济利益流入（重置的必要）。如果该资产未来的经济利益流入不能支持成本途径及其方法评估结果，则需要考虑资产可能出现的贬值（功能性或经济性贬值）。

成本途径及其方法实际上就是围绕着评估对象的重置成本、实体性贬值、功能性贬值和经济性贬值的估测及其相互匹配衔接展开的。以财务报告为目的的评估中的评估对象是广泛和多层次的，成本途径及其方法适合于对资产的重置成本的评估，以及那些既没有活跃市场及参照物，也无法单独计量收益的资产的公允价值的评估等（资产减值测试除外）。在实际应用成本途径及其方法服务于以财务报告为目的的评估时，除了需要考虑会计准则的要求和限制外，成本途径及其方法的具体应用与传统资产评估的成本途径及其方法的运用并无技术上的差别。

12.3.4　以财务报告为目的的评估中的多种评估途径的综合运用

以财务报告为目的的评估领域，按照会计信息计量的要求，评估途径及其方法的选择最好按以下次序进行，即市场途径、收益途径和成本途径。当然，在具体执行以财务报告为目的的评估业务时，应当根据评估对象、价值类型、资料收集情况和数据来源等相关条件，参照会计准则有关计量方法的规定，分析市场途径、收益途径、成本途径，以及其他评估方法的适用性，恰当选择一种或多种资产评估途径及其方法。当评估结论需要通过多种途径和方法进行评估时，也要求评估结果必须为会计计量提供唯一性的结论，其结论的最终得出需要兼顾会计可靠性原则的要求，不仅要考虑所使用数据的质量和数量，还要通过适当地评价、权衡各结果所在范围的合理性，并确定价值范围内最具代表性的结果作为评估结论。FASB 第 157号公告规定："有些情况下，多种估值方法一起应用会更恰当（例如，对报告单位进行估值的情况）。如果使用多种估值方法进行公允价值计量，考虑到其结果所指范围的合理性，应该适当地评价、权衡结果（各自计算的公允价值）。公允价值计量是特定情况下公允价值范围之内最具代表性的一点。"在条件允许的情况下，评估师利用多种评估途径及其方法服务于以财务报告为目的的评估时，应当充分考虑以财务报告为目的的评估的特点，不能简单地采取算术平均法将多种评估途径的评估结论平均化。需要兼顾会计可靠性原则的要求，考虑各种评估途径及其方法所使用数据的质量和数量，通过适当地评价、权衡各评估途径及其方法评估结果所在范围的合理性，将评估结果所在价值范围内最具代表性的结果作为评估结论。

本章小结

以财务报告为目的的评估相对于产权变动前提下的资产评估有许多特殊的地方，从评估对象的界定、价值类型和评估方法的选择，以及经济技术参数的使用都要符合会计准则的约束和要求。从某种意义上讲，以财务报告为目的的评估是资产评估理论和技术与会计规范有机结合的产物。我国资产评估行业正处于发展过程中，以财务报告为目的的评估是在我国评估实践和会计公允价值实践都不十分成熟的基础上开展起来的，可能存在着这样或那样的不足，需要我们结合资产评估国际惯例和中国国情去学习和把握。

关键概念

以财务报告为目的的评估　会计准则　公允价值　资产组

思考题

1. 简述会计计量属性与资产评估中的价值类型的关系。
2. 简述公允价值的会计计量与评估的联系。
3. 如何界定资产组。
4. 如何把握资产减值中的可收回金额。
5. 简述以财务报告为目的的评估与企业价值评估的关系。

13

资产评估结果与报告

学习目标

通过本章的学习，学生应了解资产评估报告的基本概念，熟悉资产评估报告的作用，掌握资产评估报告的基本内容，理解资产评估报告书的制作步骤，掌握制作资产评估报告书的技术要点，领会利益相关者对资产评估报告的使用。

13.1 资产评估结果

13.1.1 资产评估结果的内涵与性质

资产评估结果是评估人员用表述性文字及数字完整地叙述资产评估机构对评估对象价值发表的结论。就一般意义上讲，不论采用文字还是数字表达的评估结论在性质上都是评估专业人员对评估对象在一定条件下特定价值（内涵及定义）的一种主观估计。

资产评估结果是评估人员的一种主观估计，首先表明资产评估行为不是定价行为，而是一种专业咨询活动；其次，表明资产评估结果是评估人员对评估对象价值判断的专家意见或专业意见，不具有强制执行力；再次，资产评估结果是评估专业人员对评估对象在一定条件下特定价值的一种主观估计，资产评估结果成立的条件与评估过程中依据的条件相匹配，资产评估结果都有特定的价值定义，不同的价值定义有着相应的合理性指向和适用范围。

13.1.2 资产评估结果与评估目的

资产评估（特定）目的是资产评估结果的具体用途的另一种表达方式。资产评估（特定）目的虽然不能直接决定资产评估结果，但对资产评估结果的性质、内涵及其价值定义有着直接或间接的影响。保持资产评估结果与评估目的在性质、内涵上的逻辑联系和协调关系至关重要，评估目的是影响评估结果价值定义及其价值类型选择的重要因素之一。

13.1.3 资产评估结果与评估途径

资产评估途径包含了资产评估技术思路与实现评估技术思路的具体技术方法，是评估资产价值的工具和手段。资产评估结果都是通过一定的评估途径完成或实现的，资产评估结果与资产评估途径有着紧密的联系。虽然资产评估结果与资产评估途径有着紧密的联系，但是资产评估结果与资产评估途径之间的联系仅仅是工具与结果之间的关系。从理论的层面上讲，评估途径对评估结果的性质、内涵及其价值定义等没有直接的影响。

13.1.4 资产评估结果的价值定义与价值类型

资产评估中的价值定义指对资产评估价值内涵、属性及其合理性指向的概括和规范说明。资产评估的价值类型是对资产评估结果的价值属性及其合理性指向的归类。根据资产评估目的及相关条件恰当选择和定义评估结果至关重要，因为资产的价值具有多重属性，不同属性的资产价值存在着量的差异。资产评估作为专业人员向非专业客户提供专业估值意见的活动，恰当定义评估结果是保证客户正确理解和使用资产评估结果的重要前提条件。另外，从资产评估专业的角度看，任何一个评估结果都需要给出确切的定义，没有定义或定义不清的评估结果是没有使用价值的。

资产评估结果的价值定义及价值类型是要根据评估的特定目的及相关条件加以选择和确定。在实际评估实践中，可根据评估资产价值所依据的数据资料的来源加以选择和确定。从大的方面来讲，评估中所使用的数据资料来源于公开市场，其评估结果就是市场价值；相反，如果评估中所使用的数据资料来源于非公开市场，其评估结果就是市场价值以外的价值中的某一种。

13.2 资产评估结果报告制度

13.2.1 资产评估报告的基本概念

资产评估报告，是指资产评估师根据资产评估准则的要求，在履行了必要评估程序后，对评估对象在评估基准日特定目的下的价值发表的、由其所在资产评估机构出具的书面专业意见。资产评估报告是按照一定格式和内容来反映评估目的、假设、程序、标准、依据、方法、结果及适用条件等基本情况的报告书。资产评估报告从其内涵及其外延的角度还可以划分为广义的资产评估报告和狭义的资产评估报告两类。

广义的资产评估报告其实是一种工作制度。作为一种工作制度，它规定资产评估机构及其资产评估师在完成评估工作之后必须按照一定程序的要求，用书面形式向委托方及相关主管部门报告评估过程和结果。

广义的资产评估报告主要是为了适应我国国有资产评估设置的，目的在于使国有资产管理部门能够较好地了解资产评估过程及其结果，便于其指导、监督和管理工作的进行。因此，服务于国有资产的资产评估报告就演变成了一种工作制度，引入了评估报告申报、备案和审核等工作环节。

狭义的资产评估报告即资产评估结果报告书。资产评估结果报告书既是资产评估机构与资产评估师完成对评估对象估价，就评估对象在特定条件下的价值所发表的专家意见，也是资产评估机构履行评估合同情况的总结，以及资产评估机构与资产评估师为资产评估项目承担相应法律责任的证明文件。它是资产评估机构及其评估师的工作成果和产品，是评估师表达其专业意见的载体。不论是国有资产评估还是非国有资产评估，资产评估结果报告书都是必须出具的。

我国资产评估报告的编制与国际资产评估报告的编制存在较大的差别，主要是我国资产评估管理体制所致，即有相当一部分资产评估的对象是国有资产，相当一部分资产评估报告需要国有资产管理部门备案审核。因此，相当一部分资产评估报告是围绕着国有资产管理部门的要求而完成的。所以，我国的资产评估报告相对复杂，既有针对国有资产评估的评估报告，也有针对非国有资产评估的评估报告。非国有资产评估的评估报告主要强调评估报告的构成要素，国有资产评估的评估报告除了强调评估报告的构成要素以外，还对评估报告的格式和内容进行规范。

国际资产评估报告有许多做法值得我国资产评估行业借鉴。例如，《国际资产评估准则》（IVS）和美国《专业评估执业统一准则》（USPAP）对资产评估报告的规定都是从报告类型与报告要素两个方面来进行规范的。随着中国加入 WTO 后国际评估业务的增加，我国评估界也被要求按照国际通行标准进行操作，而评估报告作为评估工作的最终体现也要求我国评估师熟悉国际资产评估报告的要求。2007年 11 月 28 日，由中国资产评估协会发布的《资产评估准则——评估报告》就是根据报告要素与内容对评估报告进行规范的重要评估准则。

13.2.2 资产评估报告的基本要素

不论是国有资产评估还是非国有资产评估，资产评估师在执行必要的资产评估程序后，应当根据《资产评估准则——评估报告》编制并由所在资产评估机构出具资产评估报告。资产评估报告一般应包括以下基本要素：

（1）委托方、产权持有方和委托方以外的其他评估报告使用者；

（2）评估目的；

（3）评估对象和评估范围；

（4）价值类型及其定义；

（5）评估基准日；

（6）评估依据；

（7）评估方法；

（8）评估程序实施过程和情况；

（9）评估假设；

（10）评估结论；

（11）特别事项说明；

（12）评估报告使用限制说明；

（13）评估报告日；

（14）资产评估师签字盖章、资产评估机构盖章和法定代表人或者合伙人签字。

1) 委托方、产权持有方和委托方以外的其他评估报告使用者

委托方是指资产评估项目的委托主体。他可以是被评估资产的产权持有方，也可以不是被评估资产的产权持有方。

产权持有方是指被评估资产的产权持有者。他可以是资产评估项目的委托主体，也可以不是资产评估项目的委托主体。

其他评估报告使用者是指资产评估业务约定书中约定的其他评估报告使用者和国家法律、法规规定的评估报告使用者。

2) 评估目的

评估目的是指评估结果的具体用途。评估报告中的评估目的应写明本次资产评估是为了满足委托方的何种需要，及其所对应的经济行为类型。评估报告载明的评估目的应当唯一，表述应当明确、清晰，并与资产评估业务约定书中约定的评估目的保持统一。

3) 评估对象和评估范围

评估对象是指评估标的物。评估范围是指评估对象涉及的资产及其他评估对象内容。评估报告应当载明评估对象和评估范围，表述应当明确、清晰，并与资产评估业务约定书中约定的评估对象及其范围保持统一。在评估报告中还应当具体描述评估对象的基本情况，通常包括法律权属状况、经济状况和物理状况。当评估对象与评估范围不一致的时候，评估报告还要对评估范围做出必要的说明，提示评估报告使用者注意评估对象与评估范围之间的差异。

4) 价值类型及其定义

价值类型是指评估结论的价值属性及其合理性指向。价值定义则是用文字对评估价值内涵进行描述和界定。评估报告应当明确本次评估结果的价值类型及其定义，并说明选择价值类型的理由。如果评估结果是市场价值，在评估报告中直接定义市场价值即可。如果评估结果属于市场价值以外的价值，在评估报告中则需要明确本次评估结论是市场价值以外的价值中的哪种具体价值表现形式，而不能笼统地用市场价值以外的价值表示。

5) 评估基准日

评估基准日是指评估的时间基准。评估报告应当载明评估基准日，并与资产评估业务约定书中约定的评估基准日保持一致。评估报告应当说明选取评估基准日时重点考虑的因素。评估基准日可以是现在时点，也可以是过去或者将来的时点。

6) 评估依据

评估依据通常是指资产评估应当遵循的法律依据、准则依据、权属依据及取价依据。评估报告应当说明本次评估所遵循的法律依据、准则依据、权属依据及取价依据，对评估中采用的特殊依据应作相应的披露。

7) 评估方法

评估方法是指完成评估工作的技术思路及其实现评估技术思路的具体技术手段。评估报告应当说明所选用的评估技术思路、具体评估方法和理由。

8）评估程序实施过程和情况

资产评估程序是指资产评估机构和评估人员执行资产评估业务、形成资产评估结论所履行的系统性工作步骤。评估报告应当说明评估程序实施过程中的主要环节和步骤。例如，现场调查、资料收集与分析、评定估算等。

9）评估假设

评估假设是指依据有限事实，通过一系列推理，对于所研究的事物做出合乎逻辑的假定说明。评估报告应当披露评估过程中使用的评估假设及其对评估结论的影响。

10）评估结论

评估结论是指评估结果。评估报告中应当以文字和数字形式清晰说明评估结论。在一般情况下，评估结论采用一个确定的数值表示。经与委托方沟通，评估结论可以使用区间值表达。以确定数值表达评估结论是评估行业中的一般做法，区间值只是一种特殊的表达方式。

11）特别事项说明

特别事项通常是指在评估过程中已发现可能影响评估结论，但非评估人员执业水平和能力所能左右的有关事项。例如，评估对象、评估过程中存在的特殊情况、不确定性因素，以及有限度偏离评估准则的一些具体做法等。需要在评估报告中说明的特别事项通常包括产权瑕疵、未决事项、法律纠纷、重大期后事项，以及在没有违背资产评估准则基本要求的情况下，采用的不同于资产评估准则规定的程序和方法等。评估报告应当披露特别事项可能对评估结论产生的影响，并重点提示评估报告使用者予以关注。

12）评估报告使用限制说明

评估报告使用限制说明通常包括：评估报告只能用于评估报告载明的评估目的和用途；评估报告只能由评估报告载明的评估报告使用者使用；未征得出具评估报告的资产评估机构同意，评估报告的内容不得被摘抄、引用或披露于公开媒体，法律、法规规定以及与相关当事方另有约定的除外；评估报告的使用有效期；因评估程序受限造成的评估报告的使用受限。

13）评估报告日

评估报告日通常是指资产评估师形成最终专业意见的日期。评估报告应当载明评估报告日。

14）资产评估师签字盖章、资产评估机构盖章和法定代表人或者合伙人签字

评估报告应当有资产评估机构和执行本评估项目的资产评估师的签章。在正常情况下，签章的资产评估师不得少于两人。

13.2.3　资产评估报告的基本内容

由于资产评估目的的差异、评估报告服务对象的不同，以及评估报告使用者要求的不同，资产评估报告的内容并不是千篇一律的。国有资产评估和非国有资产评估、单项资产评估和企业价值评估等的评估报告内容都存在着明显差异。例如，国

有资产评估报告通常包括评估报告书、评估明细表及专用说明材料，而非国有资产评估的评估报告可能就不一定必须有专用说明材料等内容。尽管由于评估目的的差异、评估报告服务对象的不同，以及评估报告使用者要求的不同，资产评估报告的内容并不是千篇一律的，但是不论何种资产评估报告，资产评估报告的内容大同小异。资产评估报告及其内容应该是资产评估报告的基本内容。

资产评估报告一般应该包括标题及文号、声明、摘要、正文和附件等。

1）资产评估报告的标题及文号

资产评估报告的标题及文号是指资产评估报告书上载明的评估项目名称和资产评估机构的评估报告编号。

2）资产评估报告的声明

资产评估报告的声明是指资产评估机构和资产评估师承诺遵守职业道德，独立、客观、公正执业的书面保证，以及对评估报告使用者正确使用评估报告的提示和要求。

资产评估报告中的声明通常应当包括：资产评估师恪守独立、客观和公正的原则，遵守有关法律、法规和资产评估准则的规定，并承担相应的责任；提醒评估报告使用者关注评估报告特别事项说明和使用限制；其他需要声明的内容。

3）资产评估报告的摘要

资产评估报告的摘要是指资产评估机构和资产评估师对评估报告书正文核心内容的概括和浓缩。资产评估报告摘要可以帮助评估报告使用人用较短的时间了解资产评估报告的核心内容。

4）资产评估报告的正文

资产评估报告的正文是指由资产评估报告要素组成的资产评估报告的全部内容。

5）资产评估报告的附件

资产评估报告的附件通常是指资产评估报告中的备查文件。

资产评估报告书的附件通常包括：有关经济行为文件，委托方与资产占有方营业执照复印件，委托方、资产占有方的承诺函，产权证明文件复印件，资产评估人员和资产评估机构的承诺函，资产评估机构资格证书复印件，资产评估机构营业执照复印件，参加本项评估项目的人员名单，资产评估业务约定合同，重要合同和其他文件等。

13.2.4　资产评估报告的主要作用

资产评估报告主要有以下几方面的作用：

1）资产评估报告对委托评估的资产提供价值意见

资产评估报告经具有资产评估资格的机构，根据委托评估资产的特点和要求，组织资产评估师及相应的专业人员组成的评估队伍，遵循评估准则和标准，履行必要的评估程序，运用科学的方法对被评估资产价值进行评定和估算后，通过报告书的形式提出价值意见。该价值意见不代表任何当事人一方的利益，是一种独立的专业人士提供的价值意见，具有较强的公正性与客观性，因而成为被委托评估资产作价的重要参考。

2）资产评估报告是反映和体现资产评估人员的工作情况，明确委托方、受托方及有关方面责任的依据

它用文字的形式，对受托资产评估业务的目的、背景、范围、依据、程序和方法等方面与评定的结果进行说明、总结，体现了资产评估机构的工作成果。同时，资产评估报告也反映和体现受托的资产评估机构与执业人员的权利、义务，并以此来明确委托方、受托方有关方面的法律责任。在资产评估现场工作完成后，资产评估师就要根据现场工作取得的有关资料和估算数据，进行评估结果报告的撰写工作，向委托方报告。负责评估项目的资产评估师也同时在报告书上行使签字的权利，并提出报告使用的范围和评估结果实现的前提等具体条款。当然，资产评估报告也是资产评估机构履行评估协议和向委托方或有关方面收取评估费用的依据。

3）对资产评估报告进行审核，是管理部门完善资产评估管理的重要手段

资产评估报告是反映资产评估机构和资产评估师职业道德、执业能力水平以及评估质量高低和机构内部管理机制完善程度的重要依据。有关管理部门通过审核资产评估报告书，可以有效地对资产评估机构的业务开展情况进行监督和管理。

4）资产评估报告是建立评估档案，归集评估档案资料的重要信息来源

资产评估师在完成资产评估任务之后，都必须按照档案管理的有关规定，将评估过程中收集的资料、工作记录以及资产评估过程的有关工作底稿进行归档，以便进行评估档案的管理和使用。由于资产评估报告是对整个评估过程的工作总结，其内容包括了评估过程的各个具体环节和各有关资料的收集和记录，因此，不仅评估报告书的底稿是评估档案归集的主要内容，而且撰写资产评估报告过程中采用到的各种数据、各个依据、工作底稿和资产评估报告制度中形成的有关的文字记录等也都是资产评估档案的重要信息来源。

13.3 资产评估报告的编制

13.3.1 资产评估报告的类型

由于评估对象的差异、评估基准日的差异、评估报告提供内容的差异，以及评估报告使用者的不同要求等，资产评估报告需要满足不同的要求，因而产生了不同的评估报告类型。为了便于了解和掌握各种类型的评估报告，现按一定的分类标准加以归类。

按照评估对象划分可以将评估报告分为单项资产评估报告和整体资产（企业价值）评估报告。

按照评估报告提供内容和数据资料的繁简程度，评估报告可以划分为完整型评估报告、简明型评估报告、限制型评估报告。

以评估工作内容为标准，资产评估可以划分为正常评估、评估复核和评估咨

询。与此相对应的资产评估报告可以划分为正常评估报告、评估复核报告和评估咨询报告。

依据评估基准日的时点位置，资产评估可以划分为追溯型评估、现实型评估和预期型评估。与此相对应的资产评估报告可以划分为追溯型评估报告、现实型评估报告和预期型评估报告。

1）整体资产评估报告与单项资产评估报告

按资产评估的对象划分，资产评估报告可分为整体资产评估报告和单项资产评估报告。凡是对整体资产进行评估所出具的资产评估报告称为整体资产评估报告。凡是仅对某一部分、某一项资产进行评估所出具的资产评估报告称为单项资产评估报告。尽管资产评估报告的基本格式是一样的，但因整体资产评估与单项资产评估在具体业务上存在一些差别，两者在报告的内容上也必然会存在一些差别。在一般情况下，整体资产评估报告的报告内容不仅包括资产，也包括负债和所有者权益等；而单项资产评估报告除在建工程外，一般不考虑负债和以整体资产为依托的无形资产等。

2）完整型评估报告、简明型评估报告与限制型评估报告

按照评估报告提供的内容和数据资料的繁简程度，评估报告也可以分为完整型评估报告、简明型评估报告和限制型评估报告。美国的《专业评估执业统一准则》，将评估报告区分为完整型评估报告、简明型评估报告与限制型评估报告。《专业评估执业统一准则》规定，当评估报告的使用者包括委托方以外的其他当事人时，评估报告必须采用完整型评估报告或简明型评估报告。当评估报告的使用者不包括委托方以外的其他当事人时，评估报告可以使用限制型评估报告。三种类型评估报告的显著差异在于评估报告所提供的内容和数据的繁简程度不同。

（1）在完整型评估报告或简明型评估报告中应当重点说明以下内容：

①委托方、资产占有方和其他评估报告使用者的名称或类型，并说明其相互关系。

②评估目的及与评估业务相关的经济行为。

③价值类型及其定义。

④评估基准日。

⑤评估假设与限制条件。披露影响评估分析、判断和结论的评估假设和限制条件，并说明其对评估结论的影响。

⑥评估依据。执行资产评估业务过程中遵循的法律、法规和取价标准等评估依据。

⑦评估结论。可以文字或列表方式进行表述。

⑧评估报告日。

（2）在完整型评估报告中应当详细地说明以下内容：

①评估范围和评估对象的基本情况、评估目的的表述应当清晰、具体，不得引起误导。

②评估程序实施过程和情况，重点说明：

A. 评估业务承接过程和情况；

B. 进行资产勘查、收集评估资料的过程和情况；

C. 分析、整理评估资料的过程和情况；

D. 选择评估方法的过程和依据、评估方法的基本原理、相关参数的选取与运用评估方法进行计算、分析、判断的过程；

E. 对初步评估结论进行综合分析，形成最终评估结论的过程。

（3）在简明型评估报告中应该注意说明以下内容：

①简要说明评估范围和评估对象的基本情况，评估目的的表述应当清晰、具体，不得引起误导。

②简要说明评估程序实施过程和情况。

（4）在限制型评估报告中应该注意说明以下内容：

①当评估报告的预定使用者不包括除评估委托方之外的人员时，才可以提供限制型评估报告。

②在签署评估委托协议前，评估师应使委托方正确了解报告类型的情况，并应保证委托方能恰当理解限制型评估报告的用途限制。

③限制型评估报告也必须能使预定的报告使用者得到恰当的信息并且不产生误解。

3）追溯型评估报告、现实型评估报告与预测型评估报告

根据对评估基准日的不同选择，评估报告可以分为追溯型评估报告、现实型评估报告和预测型评估报告。

追溯型评估报告是服务于追溯型评估的一种评估报告形式。追溯型评估是指对评估对象过去某一时点的价值进行的评估。它的特点是评估基准日远远早于评估报告日。在资产纳税、司法诉讼等事项中，可能会利用追溯型评估，以及追溯型评估报告。

现实型评估报告是服务于现实型评估的一种评估报告形式。现实型评估的特点是评估基准日非常接近于评估报告日。大多数评估都属于现实型评估，绝大部分评估报告都属于现实型评估报告。

预测型评估报告是服务于预测型评估的一种评估报告形式。预测型评估是指需要对评估对象未来某一时点的价值进行的评估。它的特点是评估基准日晚于评估报告日。在对正在开发的项目进行评估时，可能会利用预测型评估，以及预测型评估报告。

4）正常评估、评估复核和评估咨询

正常评估是一个较为宽泛的术语，泛指服务于产权变动和非产权交易的各种一般性资产评估。正常评估报告的报告要素和体例通常要受到评估准则的规范和约束，评估人员及其机构不仅要对评估结果的真实性和合理性负责，而且需要对评估报告的规范程度负责。

评估复核是指资产评估机构（评估师）对其他资产评估机构（评估师）出具的评估报告进行的评判分析和再评估。评估复核报告服务于特定的当事人，评估复核报告需要对被评估报告的真实性和合理性做出判断和评价。

评估咨询是一个较为宽泛的术语。它既可以是评估人员对特定资产的价值提出咨询意见，也可以是评估人员对评估标的物的利用价值、利用方式、利用效果的分析和研究，以及与此相关的市场分析、可行性研究等。评估咨询报告的表现形式和内容相对比较宽泛灵活，报告内容和体例通常不受评估准则的规范。

13.3.2 资产评估报告的编制步骤

资产评估报告的编制是资产评估机构与资产评估师完成评估工作的最后一道工序，也是资产评估工作中的一个重要环节。制作资产评估报告主要有以下几个步骤：

1）整理工作底稿和归集有关资料

整理工作底稿和归集有关资料通常是在资产评估现场工作结束后资产评估师应当着手进行的工作。工作底稿应当按资产的性质进行分类，同时对有关询证函、被评估资产背景材料、技术鉴定情况和价格取证等有关资料进行归集和登记。对现场未予确定的事项，还需进一步落实和查核，现场工作底稿和有关资料是编制资产评估报告的基础。

2）评估明细表的数字汇总

评估明细表的数字汇总工作是资产评估师在完成现场工作底稿和有关资料的归集任务后应着手进行的工作。明细表的数字汇总应根据明细表的不同级次按逻辑顺序进行，首先是明细表汇总，然后是分类汇总，再到资产负债表式的汇总。在数字汇总过程中应反复核对各有关表格数字的关联性和各表格栏目之间的数字钩稽关系，防止出错。

3）评估初步数据的分析和讨论

评估初步数据的分析和讨论是在完成评估明细表的数字汇总得出初步的评估数据的基础上，由参与此项评估工作的相关人员对评估报告的初步数据的结论进行分析和讨论。重点是比较各有关评估数据，复核记录估算结果的工作底稿，对存在作价不合理的部分评估数据进行调整。

4）编写资产评估报告

编写资产评估报告的具体步骤如下：

首先，在完成对资产评估初步数据的分析和讨论及对有关部分的数据进行调整的基础上，由具体参加评估工作的各组负责人员草拟出各自负责评估部分资产的评估说明，然后提交到负责本项目评估的负责人手中进行复核审查，并由项目负责人草拟出资产评估报告。

其次，将评估基本情况和评估报告初稿的初步结论与委托方交换意见，听取委托方的反馈意见后，在坚持独立、客观、公正的前提下，认真分析委托方提出的问题和建议，考虑是否应该修改评估报告书，就评估报告中存在的疏忽、遗漏和错误之处进行修改，待修改完毕即可撰写正式的资产评估报告。

5）资产评估报告的签发与送交

资产评估报告的签发与送交是在资产评估师撰写出资产评估正式报告后，经审核无误，按以下程序进行签名盖章：先由负责该项目的注册评估师签章（两名或两名以上），再送复核人审核签章，最后送资产评估机构负责人审定签章并加盖机构公章。

资产评估报告签发盖章后即可连同评估说明及评估明细表送交委托单位。

13.3.3　资产评估报告的编制要求

资产评估报告的编制要求是指在资产评估报告制作过程中的主要技能要求，它具体包括了文字表达、格式与内容方面的技能要求，以及复核与反馈等方面的技能要求等。

1）文字表达方面的技能要求

资产评估报告既是一份对被评估资产价值有咨询性和公正性作用的文书，又是一份用来明确资产评估机构和资产评估师工作责任的文字依据，所以它的文字表达既要清楚、准确，又要提供充分的依据说明，还要全面地叙述整个评估的具体过程。其文字的表达必须准确，不得使用模棱两可的措辞。其陈述既要简明扼要，又要把有关问题说明清楚，不得带有任何诱导、恭维和推荐性的陈述。当然，在文字表达上也不能出现夸大其词的语句，尤其是涉及承担责任条款的部分。

2）格式与内容方面的技能要求

对资产评估报告书格式与内容方面的技能要求，按照现行制度规定，应该遵循中国资产评估协会颁发的《资产评估准则——评估报告》，以及相关部门制定的评估报告规范。

3）资产评估报告的复核与反馈方面的技能要求

资产评估报告书的复核与反馈也是资产评估报告制作的具体技能要求。通过对工作底稿、评估说明、评估明细表和资产评估报告书正文的文字、格式及内容的复核和反馈，可以使有关错误、遗漏等问题在出具正式报告之前得到修正。对评估人员来说，资产评估工作是一项必须由多个评估人员同时作业的中介业务，每个评估人员都有可能因能力、水平、经验、阅历及理论方法的限制而产生工作盲点和工作疏忽，所以，对资产评估报告初稿进行复核就非常必要。就评估资产的情况熟悉程度来说，大多数资产委托方和占有方对委托评估资产的分布、结构、成新等具体情况总是会比资产评估机构和评估人员更熟悉，所以，在出具正式报告之前征求委托方意见，收集反馈意见也很有必要。

对资产评估报告必须建立起多级复核和交叉复核的制度，明确复核人的职责，防止流于形式的复核。对委托方或占有方意见的反馈信息，应谨慎对待，应本着独立、客观、公正的态度去接受其反馈意见。

4）撰写报告应注意的事项

除了需要掌握上述三个方面的技术要点外，资产评估报告的编制还应注意以下几个事项：

（1）实事求是。资产评估报告必须建立在真实、客观的基础上，客观地反映评估对象的价值，不能有虚假成分。

（2）资产评估报告前后要保持一致。资产评估报告的文字内容、数值等要前后一致，报告摘要、报告正文、评估说明、评估明细表等内容与数据要保持一致。

（3）及时提交资产评估报告并注意保密。在正式完成资产评估工作后，应按业务约定书的约定时间及时将评估报告送交委托方。涉及外商投资项目的对中方资产评估的评估报告，必须严格按照有关规定办理。此外，要做好客户保密工作，尤其是对资产评估涉及的商业秘密和技术秘密，更要加强保密工作。

（4）资产评估报告应当明确资产评估报告使用者、报告使用方式，提示评估报告使用者合理使用评估报告。应注意防止报告书的恶意使用，避免报告书的误用，以合法规避执业风险。

（5）在资产评估报告中应当对资产评估对象法律权属及其证明资料来源予以必要说明。资产评估师不得对评估对象的法律权属提供保证。

（6）在资产评估师执行资产评估业务受到限制无法实施完整的资产评估程序时，应当在资产评估报告中明确披露受到的限制、无法履行的资产评估程序和采取的替代措施，以及对资产评估报告使用者的限制。

13.3.4　资产评估报告的编制体例

以国有资产评估报告为例：

1）标题及文号

资产评估报告标题应当简明清晰，含有"企业名称+经济行为关键词+评估报告"字样。资产评估报告文号包括资产评估机构特征字、种类特征字、年份、文件序号。

2）评估报告声明

评估报告声明通常包括以下内容：

（1）我们在执行本资产评估业务中，遵循了相关法律、法规和资产评估准则，恪守独立、客观和公正的原则。根据我们在执业过程中掌握的事实，评估报告陈述的事项是客观、真实的。我们的分析、判断和推论，以及出具的评估报告遵循了资产评估准则和相关规范。

（2）我们出具的评估报告，没有以预先设定的价值作为评估结论。

（3）我们与评估报告中的评估对象无（或者有已载明的）利益关系，与相关当事方无（或者有已载明的）利益关系，对相关当事方不存在偏见。

（4）我们已（或者未）对评估报告中的评估对象进行现场勘查；我们已对评估对象的法律权属状况给予必要的关注，对评估对象法律权属资料进行查验，但无法对评估对象的法律权属真实性做任何形式的保证；我们已提请企业完善产权以满足出具评估报告的要求，并对发现的问题进行了披露。

（5）我们具备评估业务所需的执业资质和相关专业评估经验。评估报告中已披露利用其他机构报告的情形。

（6）我们出具的评估报告中的分析、判断和结论受评估报告中假设和限定条件的限制，评估报告使用者应当充分关注评估报告中载明的特别事项说明及其对评估结论的影响。

（7）我们对评估对象的价值进行估算并发表的专业意见，是经济行为实现的参考依据。我们出具的评估报告及其所披露的评估结论仅限于评估报告载明的评估目的，仅在评估结论使用有效期限内使用，因使用不当造成的后果与我们无关。

3）评估报告摘要

资产评估报告摘要（范例）

XYZ 资产评估有限公司接受 A 公司的委托，根据国家关于国有资产评估的有关规定，本着独立、公正、科学、客观的原则，按照国际公允的资产评估方法，对 A 公司为拟收购 B 公司之目的而委托评估的 B 公司资产和负债进行了实地察看与核对，并做了必要的市场调查与征询，履行了公认的其他必要评估程序。据此，我们对委托评估资产在评估基准日的市场价值分别采用成本法和收益法进行了分项及总体评估，为收购行为提供价值参考依据。目前，我们的资产评估工作已结束，现谨将资产评估结果报告如下：

经评估，截至评估基准日 2014 年 12 月 31 日，在持续经营前提下，B 公司的委估资产和负债表现出来的市场价值反映如下：

金额单位：人民币万元

资产名称	账面值	清查调整值	评估值	增减值	增减率（%）

本报告仅供委托方为本报告所列明的评估目的以及报送有关主管机关审查而作。评估报告使用权归委托方所有，未经委托方同意，不得向他人提供或公开。除依据法律需公开的情形外，报告的全部或部分内容不得发表于任何公开的媒体上。

重要提示

以上内容摘自资产评估报告，欲了解本评估项目的全面情况，应认真阅读资产评估报告全文。

XYZ 资产评估有限公司

2015 年 1 月 31 日

资产评估机构法人代表：------------------------------

资产评估师：------------------------------

4）评估报告正文

评估报告正文应当包括：

（1）绪言；

（2）委托方、被评估单位和委托方以外的其他评估报告使用者；

（3）评估目的；

（4）评估对象和评估范围；

（5）价值类型及其定义；

（6）评估基准日；

（7）评估依据；

（8）评估方法；

（9）评估程序实施过程和情况；

（10）评估假设；

（11）评估结论；

（12）特别事项说明；

（13）评估报告使用限制说明；

（14）评估报告日；

（15）尾部。

B 公司资产评估报告（范例）
XYZ 评报字（2015）第 10 号

一、绪言

XYZ 资产评估有限公司接受 A 公司的委托，根据国家有关资产评估的规定，本着独立、公正、科学、客观的原则，按照国际公允的资产评估方法，为满足 A 公司收购 B 公司之需要，对 B 公司资产进行了评估工作。本公司评估人员按照必要的评估程序对委托评估的资产和负债实施了实地查勘、市场调查与询证，对委估资产和负债在 2014 年 12 月 31 日所表现的市场价值做出了公允反映。现将资产评估情况及评估结果报告如下：

二、委托方、被评估单位及其他评估报告使用者

委托方：A 公司

被评估单位：B 公司

评估报告使用者：A 公司及相关投资者

（被评估企业基本情况及财务状况，略）

三、评估目的

本次评估的目的是为 A 公司收购 B 公司提供价值参考。

四、评估对象和评估范围

评估对象为 B 公司股东全部权益价值（净资产）；评估范围包括流动资产，长期投资，固定资产（房屋建筑物类、机器设备类），在建工程，无形资产，其他资产及负债。

评估的范围以公司提供的各类资产评估申报表为基础，凡列入表内并经核实的资产均在本次评估范围之内。

五、价值类型和定义

根据评估目的及相关评估条件的约束，本次评估选择了市场价值作为评估结论的价值类型。

六、评估基准日

根据我公司与委托方的约定，本项目资产评估的基准日期确定为 2014 年 12 月 31 日。

由于资产评估是对某一时点的资产及负债状况提出价值结论，选择会计期末作为评估基准日，能够全面反映评估对象资产及负债的整体情况，同时根据 A 公司的收购方案对时间的计划，评估基准日与评估目的的计划实现日较接近，故选择本时点作为评估基准日。

本次资产评估工作中，资产评估范围的界定、评估价值的确定、评估参数的选取等，均以该日之企业内部财务报表、外部经济环境以及市场情况确定。本报告书中一切取价标准均为评估基准日有效的价值标准。

七、评估依据

在本次资产评估工作中所遵循的国家、地方政府和有关部门的法律、法规，以及所参考的文件资料主要有：

（一）评估行为依据（略）

（二）评估法规依据（略）

（三）评估产权依据（略）

（四）评估取价依据（略）

八、评估方法

本次评估采用成本法和收益法两种方法。

九、评估实施程序和过程（略）

十、评估假设（略）

十一、评估结论

在实施了上述资产评估程序和方法后，委估的 B 公司资产于评估基准日 2014 年 12 月 31 日所表现的市场价值反映如下：

金额单位：人民币万元

资产名称	账面值	清查调整值	评估值	增减值	增减率（%）

评估结论详细情况见资产评估明细表（另册）。

十二、特别事项说明（略）

十三、评估报告使用限制说明

十四、评估报告日

本项目资产评估报告日期确定为 2015 年 1 月 31 日。

十五、尾部（略）

XYZ 资产评估有限公司

2015 年 1 月 31 日

资产评估机构法人代表：............................

资产评估师：............................

....

资产评估人员名单（略）

备查文件

有关经济行为文件；

被评估企业评估基准日会计报表；

委托方与资产占有方营业执照复印件；

产权证明文件复印件；

委托方、资产占有方承诺函；

资产评估师和资产评估机构的承诺函；

资产评估机构资格证书复印件；

资产评估机构营业执照复印件；

资产评估业务约定合同；

其他文件。

13.4　资产评估报告的使用指引

资产评估报告由资产评估机构出具后，资产评估委托方、资产评估管理方和其他评估报告使用者要对资产评估报告及其评估结论进行使用。对资产评估委托方、资产评估管理方和其他评估报告使用者进行必要的评估报告使用指引是非常必要的。

13.4.1　资产评估报告使用者界定

资产评估报告使用指引的首要环节是界定评估报告使用者。所谓界定评估报告使用者就是明确指出谁是评估报告的使用者，或者说谁有权利用评估报告及其结论。资产评估机构出具的评估报告，其内容和相关资料只服务于评估报告使用者。非授权或非指定评估报告使用者不能使用评估报告，非授权或非指定评估报告使用者使用了评估报告有可能会造成对报告内容的误解及误用。界定评估报告使用者需要注意以下三个要点：其一，资产评估是受托进行的，资产评估报告首先应当满足受托的要求，委托方通常就是评估报告的使用者；其二，评估结论都是有价值定义及其归类的，不同的价值定义及其类型的合理性指向是不同的，特定的价值定义及其类型限定了评估报告使用者的范围，对于某些特定的价值定义及其类型，评估师必须在评估报告中明确指出该评估报告的使用者；其三，有些评估项目可能会涉及公共利益，资产评估报告及其评估结论的使用者是否涵盖涉及利益的所有当事人，需要在资产评估报告中明确界定。

13.4.2 资产评估报告使用要求

在界定了资产评估报告使用者的前提下，还需要在评估报告中说明评估报告的使用要求。这里所称的评估报告使用要求是指资产评估机构及其评估师对评估报告使用者使用资产评估报告所提出的建设性意见和要求。下面是以评估委托方作为评估报告使用者的评估报告使用要求。

委托方在收到受托资产评估机构送交的正式评估报告及有关资料后，可以依据评估报告所揭示的评估目的和评估结论，合理使用资产评估结果。根据有关规定，委托方依据评估报告所揭示的评估目的及评估结论，可以作为以下几种具体的用途进行使用：

1）根据评估目的使用评估报告

评估目的（产权变动）主要包括：

（1）整体或部分改建为有限责任公司或股份有限公司；

（2）以非货币资产对外投资；

（3）合并、分立、清算；

（4）除上市公司以外的原股东股权比例变动；

（5）除上市公司以外的整体或部分产权（股权）转让；

（6）资产转让、置换、拍卖；

（7）整体资产或者部分资产租赁给非国有单位；

（8）确定涉及诉讼资产价值；

（9）国有资产占有单位收购非国有资产；

（10）国有资产占有单位与非国有资产单位置换资产；

（11）国有资产占有单位接受非国有资产单位以实物资产偿还债务；

（12）法律、行政法规规定的其他需要进行评估的事项。

2）委托方在使用资产评估报告及有关资料时必须注意的事项

（1）只能按资产评估报告所揭示的评估目的使用报告，一份资产评估报告只允许按一个用途使用。

（2）只能在资产评估报告的有效期内使用报告，超过资产评估报告的有效期，原资产评估结果无效。

（3）在资产评估报告有效期内，资产评估数量发生较大变化时，应由原资产评估机构或者资产占有单位按原评估方法做相应调整后才能使用。

（4）涉及国有资产产权变动的资产评估报告及有关资料必须经国有资产管理部门或授权部门核准或备案后方可使用。

（5）作为企业会计记录和调整企业账项使用的资产评估报告及有关资料，必须根据国家相关法规执行。

［相关链接13-1］

美国《专业评估执业统一准则》（USPAP）之准则10

关于企业价值评估报告的要求

（一）评估师在报告企业价值或无形资产评估结论时，应当以不引起误解的方式说明每一项分析、判断和结论。

准则10规范了企业价值评估报告的内容和信息披露的程度，并未指定企业价值和无形资产评估报告的形式、格式和风格，认为评估报告的形式、格式和风格取决于评估服务使用者和提供者的需要。

（二）企业价值评估报告可以采用书面形式或口头形式，应当：

1. 以不会引起误解的方式清晰、准确地说明评估；

2. 包含充分的信息资料，使评估结果使用者理解评估报告并能充分注意有关信息数据的特殊限定条件；

3. 清晰和准确地披露所有影响评估结果的特别假设和非真实性条件，并说明其对评估价值的影响。

准则10要求评估师应当在评估报告中说明这些特别假设和非真实性条件对评估价值是否构成了正面影响、负面影响或无相关影响。

（三）准则10规定书面企业价值评估报告分为评估报告（appraisal report）和限制用途评估报告（restricted use appraisal report）两种类型。如果评估报告的使用者包括委托方之外的相关当事方，评估师只能采用评估报告；如果评估报告的使用者仅指委托方，则可以采用限制用途评估报告。两种评估报告的主要区别在于报告的内容和披露的信息程度。

准则10要求选取的评估报告类型应当保证适用于评估报告的期望用途，并指出除非在评估业务中得到确认，任何收到评估报告副本的当事方并不能成为评估报告使用者。

（四）评估报告应当至少包括以下内容：

1. 说明委托方和任何期望使用者的名称或类型。

如果委托方不希望暴露其身份，评估师可以在评估报告中不说明其身份，但仍应在工作底稿中予以说明。

2. 说明评估的期望用途。

3. 以简要的方式提供足以说明被评估企业的信息。

4. 根据评估项目具体情况，说明被评估企业权益与控股权相关的信息及其判定标准。

5. 说明评估目的，包括价值标准（定义）及其来源。

6. 说明评估基准日和评估报告日。

7. 以简要的方式向委托方和任何评估报告期望使用者说明为进行评估业务所

确定的工作范围。

8. 说明所有影响评估分析、意见和结论的假设、非真实性条件和限制条件。

常用或普通的假设和限定条件可以在评估报告的特定部分予以集中说明，非真实性条件和特别假设必须与其所影响的评估结论同时出现。

9. 简要说明所分析的信息资料、采取的评估程序以及支持评估分析、意见和结论的推理。

10. 说明任何对准则 9 规定的偏离及不使用常用评估途径的理由。

11. 包括评估师签字的声明。

（五）限制用途评估报告应当至少包括以下内容：

1. 说明委托方。

2. 说明评估的期望用途。

3. 充分说明被评估企业的信息。

4. 根据评估项目具体情况，说明被评估企业权益与控股权相关的信息及其判定标准。

5. 说明评估目的，包括价值标准（定义）及其来源。

6. 说明评估基准日和评估报告日。

7. 说明收集、查验资料的程序，提供数据或指明在评估师工作底稿中包括说明工作范围的项目协议书。

8. 说明所有影响评估分析、意见和结论的假设、非真实性条件和限制条件。

常用或普通的假设和限定条件可以在评估报告的特定部分予以集中说明，非真实性条件和特别假设必须与其所影响的评估结论同时出现。

9. 说明所执行的评估程序，说明评估结论并提及与工作底稿的关系。

评估师应当形成清晰的工作底稿以支持限制用途评估报告，工作底稿的内容应当足以支持形成一份评估报告。必要时，在不违反相关法律和规定的前提下，委托方或委托方授权的人员和履行了恰当手续的相关法律授权人员及同业复核人员可以查阅工作底稿。

10. 说明任何对准则 9 规定的偏离及不使用常用评估途径的理由，说明该限制用途评估报告仅限于委托方使用，并警示如果不阅读包括在评估师工作底稿中的相关信息，将无法对限制用途评估报告中的评估结论形成正确理解。

11. 包括评估师签字的声明。

（六）评估师应当在书面企业价值评估报告中作如下声明：

我以我的学识与诚信保证：

——本报告所包含的事实叙述是真实和准确的。

——报告中的分析、判断和结论仅受报告中假设和限定条件的限制，是我个人的公正和无偏见的专业分析、判断和结论。

——对于报告中所评估的资产，我不具有任何现存的或将来的利益（如拥有一定的利益，需详细说明）；对于报告涉及的各方，也不存在我的任何个人利益

（如存在一定的个人利益，需详细说明）。

　　——对于报告中所涉及的资产和评估项目所涉及的各方，我不存有任何的偏见。

　　——我受聘于本评估项目不是为了求证或报告事先决定的结论。

　　——我完成本评估项目的报酬，与迎合委托方需要而求证和报告预先决定的价值无关，与评估结论和使用评估结论而实现的结果或发生的行为无关。

　　——我的分析、判断和推论以及本报告都是遵循《专业评估执业统一准则》的要求进行的。

　　——无人对本誓言的签署者提供企业评估业务方面的重要帮助（如得到了这样的帮助，则应当列示每一位提供企业评估业务方面的重要帮助者的姓名）。

　　（七）口头企业价值评估报告也应当包括前述基本内容。

本章小结

　　资产评估报告是资产评估过程与结果的综合反映。本章系统地描述了资产评估报告制度的具体内容，分析了资产评估报告类型的国际比较，阐释了资产评估报告书的制作步骤与制作技术要点，并介绍了利益相关者对资产评估报告的使用。按照国家现行规范的要求撰写资产评估报告，要与借鉴国际资产评估行业在资产评估报告方面的科学合理要素相结合，在不断完善我国资产评估报告制度和资产评估报告水平的基础上，更好地发挥资产评估服务社会、服务市场经济的作用。

关键概念

评估报告　完整型评估报告　限制型评估报告　评估咨询报告

思考题

1. 简述资产评估报告应当具有的报告要素。
2. 简述限制型评估报告与完整型评估报告的区别。
3. 简述国有资产评估报告制度存在的意义。
4. 如何编制资产评估报告？
5. 资产评估报告有哪些使用要求？

第 章

14

资产评估管理制度的国际比较

学习目标

通过本章的学习，学生应主要掌握资产评估管理体制的主要模式及其特点，掌握国外资产评估准则的基本框架和主要内容，了解资产评估法律规范的类型。

14.1 资产评估管理体制的比较

14.1.1 我国资产评估管理体制

20 世纪 90 年代初，受当时经济体制改革进展和资产评估工作刚刚起步等特点的影响，国家国有资产管理局代表政府直接管理资产评估行业，包括立法、机构管理和项目管理等基础工作。由于政府的高度重视，在较短的时间内即完成了《国有资产评估管理办法》的起草工作，并于 1991 年以国务院第 91 号令发布了该办法。《资产评估机构管理暂行办法》、《资产评估收费管理办法》等评估行业基本法规、制度的起草和发布工作也陆续完成。《国有资产评估管理办法》（国务院 91 号令）的发布和相关评估管理法规的出台，为建立国有资产评估项目管理制度、资产评估资格管理制度等提供了法律依据，推动了我国资产评估行业在初期阶段的快速发展，并对我国评估行业的发展发挥了长期指导作用。

《国有资产评估管理办法》（91 号令）发布以后，资产评估行业从无到有，迅速发展为初具规模的中介行业，对行业管理也提出了新的要求，迫切需要一支具有较强专业性的行业管理队伍推动行业发展。1993 年 12 月，中国资产评估协会成立，并于 1995 年代表我国资产评估行业加入国际评估准则委员会。中国资产评估协会的成立标志着中国资产评估行业已经开始成为一个独立的中介行业，我国资产评估行业管理体制也开始走向政府直接管理与行业自律管理相结合的道路。

1998 年根据政府体制改革方案，国家国有资产管理局被撤销，中国资产评估协会划归财政部，相应的资产评估管理工作移交到财政部。我国资产评估行业完成了资产评估机构脱钩改制工作。

随着我国社会主义市场经济体制的发展，资产评估管理的体制条件和形势背景发生了很大变化，资产评估业务深入发展，资产评估范围已不仅限于国有资产评估领域；资产评估机构经过脱钩改制，不再依附于政府部门，资产评估人员素质不断提高，资产评估机构和评估人员独立执业和承担责任的条件基本成熟。同时，政府对国有企业的管理方式也在进行调整，社会主义市场经济条件下的新型国有资产管理体制正在形成，在资产评估领域主要体现在以出资人身份对下属企业的有关资产评估事项进行管理。在这种背景下，取消政府部门对国有资产评估项目的立项确认制度的条件已基本成熟。2001年12月31日，国务院办公厅转发了财政部《关于改革国有资产评估行政管理方式加强资产评估监督管理工作意见的通知》（国办发〔2001〕102号），对国有资产评估管理方式进行重大改革，取消财政部门对国有资产评估项目的立项确认审批制度，实行财政部门的核准制或财政部门、集团公司及有关部门的备案制。之后财政部相继制定了《国有资产评估管理若干问题的规定》、《国有资产评估违法行为处罚办法》等配套改革文件。通过这些改革措施，评估项目的立项确认制度改为备案、核准制，加大了资产评估机构和资产评估师在资产评估行为中的责任。与此相适应，财政部将资产评估机构管理、资产评估准则制定等原先划归政府部门的行业管理职能移交给行业协会。这次重大改革不仅是国有资产评估管理的重大变化，同时也标志着我国资产评估行业的发展进入到一个强化行业自律管理的新阶段。

2003年，国务院设立国有资产监督管理委员会。根据《国务院国有资产监督管理委员会主要职责内设机构和人员编制规定》，财政部有关国有资产管理的部分职能划归国资委。国资委作为国务院特设机构，以出资人的身份管理国有资产，包括负责监管所属企业资产评估项目的核准和备案。财政部则作为政府管理部门负责资产评估行业管理工作。这次改革对我国评估行业的发展具有重大影响，从源头上彻底解决了长期以来国有资产评估管理与资产评估行业管理不分的局面，实现了国有资产评估管理与资产评估行业管理的完全分离。

2014年，国务院发布了《关于取消和调整一批行政审批项目等事项的决定》（国发【2014】27号），取消了注册资产评估师等准入类职业资格，改为水平评价类职业资格。国家工商注册登记制度改革取消了公司设立注册资本制度，评估机构的审批由前置审批改为后置审批。因此，我国的资产评估管理逐步由政府管理与行业自律管理并重转向了在政府指导下的行业自律管理为主的体制。资产评估行业管理体制的变化，表明日益壮大的我国资产评估行业在形式和实质上都朝着一个真正独立的中介行业迈进。

2016年7月2日，《中华人民共和国资产评估法》颁布，其主要内容是规范评估专业人员和评估机构、报告委托方和使用方、行业协会、行政监管部门等相关市场主体行为，成为资产评估行业发展的一个非常重要的法律。

14.1.2 国外资产评估管理体制

资产评估在国外已有百余年的发展历史，不仅具有坚实的理论基础，还建立了较为完善的管理制度。对国外资产评估管理制度的分析研究，将有助于理清我国资产评估行业的改革思路，进一步完善我国的资产评估管理制度。

由于政治体制、经济体制、法律体制和资产评估行业发展的程度不同，世界各国对资产评估行业的管理体制也各有不同，从而形成了政府干预型、行业自律型和政府监管下的行业自律型三种主要的管理模式。

1）政府干预型管理模式

政府干预型管理模式是指对资产评估行业的管理，在充分发挥资产评估行业协会自我管理的基础上，由政府进行较大范围和程度干预的一种管理模式。德国的资产评估管理体制就是典型的政府干预型模式。

在德国，房地产估价及其他产业的估价由独立的专门机构——估价委员会（估价委员会相当于评估事务所，只不过它具有较强的行政色彩）负责实施，估价委员会是联邦政府通过法令授权州政府成立的。估价委员会的办公室一般挂靠在地籍局，每个市、县均设有估价委员会，地区设有高级估价委员会，负责辖区内的估价工作。德国政府管理评估师行业的途径是联邦立法与地方立法。

在德国，评估师行业协会基本不参与管理，行业协会主要从事维护评估行业的形象、为会员组织培训、争取利益最大化等工作。

政府干预型管理模式的特点是：

（1）由国家制定和颁布专门法律，对资产评估的地位、资格、事务所的设立以及从事评估的依据、工作规范等做出明确规定；

（2）政府与协会配合密切，政府参与资产评估执业规范的制定，政府在评估执业规范和评估质量监督中起着重要作用。

政府干预型管理模式的主要优点在于通过政府与协会的相互协作，共同制定执业规范并监督其执行，可以较为全面地考虑双方意愿，协调双方利益，从而使执行规范既有科学性和指导性，又有权威性和严肃性，而能够合理有效地制定和执行评估规范正是行业自律型管理模式所欠缺的。在法律不完善、行业准则未建立的情况下，这种管理模式有其客观必然性。但是，政府干预型管理模式也具有其自身的缺点，主要表现在资产评估行业的独立性受到影响。由于在该体制下，政府在较大范围和程度上进行了干预，因而使资产评估行业自身的独立性受到影响，不利于行业的发展。

2）行业自律型管理模式

行业自律型管理模式是指主要由民间职业团体对资产评估行业进行监管的一种模式。

在这种模式下，政府除了一些必要的国家立法之外，很少干预行业的发展，一般不设立专门的资产评估政府监管机构。对行业的管理主要由民间协会实行自律管理，资产评估行业协会具有比较健全的自我管理机构，强调评估业的自我约束、自我管理的作用。行业自律型管理模式适合于资产评估依市场需求自发形成的国家和资产评估业日益发展成熟的国家。该模式以英国为代表。

英国民间资产评估机构在发展过程中，逐渐建立了行业协会组织。协会组织目前有三家，分别是皇家特许测量师协会（RICS）、估价师与拍卖师联合协会（ISVA）和税收评估协会（IRRV）。其中，影响最大的是英国皇家特许测量师协会，该协会成立于 1868 年。在此之前，英国民间已经存在一些规模较小的、地方性的测量师协会或俱乐部，其成员主要从事不动产管理、土地测量和建筑预算等。1868 年，他们中的一部分联合在一起，组成了一家规模较大的协会，即 RICS 的前身。最初的会员不到 200 人，在随后的发展过程中规模不断扩大，影响力也越来越大。目前，该协会已发展成为英国最大的、涉及面最广的、最具权威性的评估行业协会组织，拥有会员 9 万多人。RICS 的主要职能是：制定行业操作规范和行为准则；教育和培训；对评估人员进行监督；保持和政府部门的联系；为测量师和广大公众提供服务。

行业自律型管理模式具有以下优点：（1）独立性强。采用该模式，由行业协会对行业实行自律监管，政府干预很少，从而增强了资产评估行业的独立性。（2）适应性强。采用该体系，评估行业协会能够准确了解从业人员的意愿，及时发现评估环境和评估实践的变化，并通过制定和完善评估准则尽快进行调整，从而既可以保持评估规则的指导性和科学性，又能增强资产评估行业的适应性。（3）能动性强。在该体系下，由于事务所和从业人员不受部门垄断和地区封锁的阻碍，可以开展公平竞争，从而有利于促进资产评估行业整体水平的提高。

但是，行业自律型管理模式也具有一定的缺点，主要表现为行业协会制定的行业监管制度及处罚措施效力上的局限性。一是在适用范围上受到局限。行业协会制定的有关行业监管制度只能适用于其会员，而对会员以外的其他人则无约束力。二是在采取处罚措施的种类上受到局限。行业协会对违规会员最重的处罚也就是开除会籍，而不能给予吊销资产评估资格及勒令事务所停业或解散等处罚。实行行业自律型管理模式的国家近年来评估诉讼案件十分频繁，从侧面也反映了这种体制的局限性。

3）政府监管下的行业自律型管理模式

政府监督下的行业自律型管理模式既强调政府管理又强调行业自律管理。目前美国和澳大利亚都采用这种模式，以美国为例。

（1）美国政府对资产评估的管理

在 20 世纪 80 年代以前，美国政府对资产评估行业不予直接管理，80 年代末期，美国出现了银行贷款呆坏账严重的现象，大批金融机构倒闭，损失了上千亿美元的联邦储备基金。一些金融分析家认为，这种状况与资产评估机构高评银行贷款抵押品价值有关。联邦政府于 1989 年颁布了《金融机构改革、复兴和实施法案》，对金融行业进行全面的整改。针对银行贷款及抵押品评估中存在的问题，该法案第 11 章对金融评估管理进行了重大改革，引进了联邦政府监管、州政府注册管理、评估自律组织制定执业标准、金融监管部门建立相应评估规则等内容。《金融机构改革、复兴和实施法案》是美国联邦政府有关资产评估最具代表性的法律文件，各州均依据该文件制定了相应的州政府文件。该法令对从事不动产评估人员的资格标准和职业道德规范作了规定。美国联邦政府还依据该法令成立了联邦金融制度监察委员会评估分会（简称评监委），评监委的主要职责是：监督各州评估人员注册制度的实施；监督联邦金融管理机构与联邦信托公司所制定的与国有储备基金利益有关原交易中评估方面法规的实施；推行涉及联邦权益评估人员的注册工作；监督评估促进委员会（美国评估自律管理组织联合体）的工作等。美国各州均设有专职注册机构，对有能力从事与联邦储备基金利益相关资产评估业务的评估人员办理注册手续。同时，美国各州所属郡、县政府以征收不动产税为目的，也都设有资产评估操作部门，为地方征收不动产税提供依据。需要指出的是，这些政府设立的资产评估操作部门并不负责评估行业的管理，而且，它们在从事评估操作时，也需遵守政府有关法规和评估自律管理部门颁布的制度、准则及职业道德规范。

美国《金融机构改革、复兴和实施法案》的出台，以及以此为依据建立起来的美国金融评估监管体系，使得评估行业传统的完全自律管理发生了重大改变，由此形成具有美国特色的评估管理体制。

（2）美国政府监管下的行业自律性管理

美国的资产评估行业主要实行行业自律性管理，全美资产评估行业自律性管理组织主要有美国注册评估协会（AACA）、美国评估者协会（ASA）、美国评估学会（AI），以及一些专业性协会，如机器设备、不动产、公路、铁路评估师协会等。这些协会大都在 20 世纪二三十年代就成立了，它们都有自己的章程和执业标准，并制发会员证书。随着行业的发展，各协会认识到需要统一资产评估执业标准，在美国评估者协会的倡议下，联合其他协会于 1987 年成立了美国资产评估促进委员会（AF），到 1995 年已有 16 个评估协会（学会）加入该组织。AF 下设评估资格审查部和评估标准部。前者负责对申请加入该协会的会员进行资历审查，按规定的课程进行考试及后续培训；评估标准部负责制定、修改全行业的评估标准《专业评估执业统一准则》（USPAP）。

政府监管下的行业自律模式的特点是政府监管部门与资产评估行业协会在履行各自的监管职责时，相互配合、相互补充、相互协作。一是管理重点的相互补充。政府监管部门更多的是资产评估行业法律、政策的制定者与执行者，一般拥有对资产评估机构的准入审批（审核）权以及对影响行业发展的有关事件的最终调查权。而资产评估行业协会是有效维护评估市场运作最直接的执行者，它主要负责制定行业准则和规范、对会员实施日常管理、监督行业的执业质量等。二是管理职责的相互补充。资产评估业协会作为介于政府宏观管理与资产评估市场微观活动之间的自律组织，通过行使其管理职责发挥着连接政府管理部门与市场中介机构的桥梁与纽带作用，在一定程度上弥补了政府监管的不足。三是管理主体的相互协作。世界主要国家和地区的资产评估监管部门和资产评估行业协会在各自职责范围内实施管理，维持稳定的关系，并在此基础上相互协作，形成监管合力。这主要体现在信息共享方面，对资产评估机构的检查一般由资产评估行业协会的自律组织完成，资产评估行业协会有义务向政府监管部门报告其发现的资产评估机构违法、违规行为，配合政府监管机构对资产评估部门进行调查，向其提供证据，移交超出其监管职责范围的违法、违规案件，政府监管部门一般按情节轻重分别将案件交由资产评估行业协会和相关政府部门来处理。

4）对改革我国评估行业管理体制的启示

以上几种模式是世界评估行业管理体制中比较有代表性的模式，尽管各种模式具有不同的特点，但有几点是相同的：

（1）政府对评估行业的管理介入很少，而且没有多个部门插手评估管理的现象。从以上几种模式看，美国政府是在经历了20世纪80年代的金融危机以后才开始介入评估管理的。但介入的程度并不深，主要是以政府法令的形式来对评估行业进行管理。德国政府对评估行业的管理介入要深一些，但其管理评估师行业的途径也是联邦立法与地方立法。在以上几种模式中，尽管有少数国家的政府对评估行业实行某种程度的管理，但是，没有哪一个国家是多个政府部门同时管理评估行业的。

（2）行业自律性管理是评估行业管理的主要形式。从以上几种模式看，在评估行业发展比较成熟的国家，都有评估行业自律性组织，而且，评估行业自律性组织在评估行业管理中发挥主导作用，由其对评估行业的人员资格、后续培训、执业标准和职业道德等进行相应的规范管理，为评估人员和客户提供相应的服务。在评估行业的发展过程中，评估行业自律组织也不断趋于完善和成熟，许多国家的评估行业自律性组织如英国的RICS、美国的ASA和AF等已发展成为具有广泛影响的、世界知名的行业自律性管理组织。这反映了评估行业作为一种市场性的社会中介行业的特点和要求。

（3）评估行业自律性组织都经历了从分散走向联合统一的发展道路。从上面介绍的几种模式看，无论是评估行业高度发达的美国、英国等市场经济发达国家，还是评估行业发展起步稍晚的新兴的市场经济国家，其评估行业自律管理组织都经历了从分散到联合统一这样一个发展历程。实行统一管理，有利于评估行业统一行业准入条件、统一执业行为、统一执业标准、统一服务规范。实行统一管理，不仅有利于管理部门对评估行业进行科学、规范的管理，而且有利于消除评估行业的内部壁垒，使评估人员在同一起点上、在同一执业准则下，为客户提供更规范、更优质的服务，社会对评估行业更加信任，评估行业自身也能得到更好的发展。从世界范围来看，评估行业管理从分散到统一，是评估行业历史发展的客观现实，也是评估行业进一步发展的必然趋势。

总之，实行统一管理，并且主要由行业自律组织进行管理，是世界评估行业发展的趋势，这种管理体制符合评估行业的特点，符合市场经济的客观要求。

中国目前的评估管理体制在与国际惯例趋同的大背景下，还存在一定差距。这些差距主要表现在多个政府部门参与评估行业的指导、监督和管理，形成部门分割、多头指导、监督和管理的格局。按照评估行业的特点，按照市场经济的要求，对现行评估管理体制进行改革是必要的，改革的方向既要尊重国际惯例，借鉴国外的先进经验，又要结合中国的国情，考虑中国评估行业发展的自身特点。我国资产评估管理体制改革的基本目标是：在由政府部门实行统一指导、监督下，充分发挥行业协会自律性管理的主导作用。

政府应通过制定政策法规等手段对资产评估业的发展实行宏观监管。与此同时，强化资产评估协会的行业自律管理职能，使之真正成为中国资产评估业的管理主体，实现社会中介服务业由政府直接管理向政府监督、指导下的行业自律管理过渡。资产评估协会的主要职责是：建立一支稳定的具有丰富经验的评估师队伍，开展专业培训和资产评估师的后续教育；开展业务交流，继续办好协会刊物，提高评估水平；开展国际交流，与国际组织建立联系，架设通向国际市场的桥梁；开展评估理论与方法、准则和标准的研究，制定资产评估准则体系；制定本行业自律性管理规范，建立内部约束机制；向政府有关部门就评估政策法规制定提出建议或意见，协助政府做好管理工作。

14.2　资产评估行业规范的比较

资产评估准则是资产评估理论研究成果和实践经验的高度浓缩，是指导评估实践，保证评估质量，维护评估行业声誉的行业规范。衡量一个国家评估业务水平的标准之一就是其准则体系的成熟度。随着评估业务的不断发展，对评估准则的要求就越来越高，同时，评估准则体系越完善，资产评估业务就越规范。

14.2.1　我国资产评估准则体系

资产评估工作具有很强的专业性，世界各国和地区在资产评估行业发展过程中，大都根据需要制定了本国、本地区的资产评估准则，用于指导评估师执业。资产评估准则的完善和成熟度在一定程度上反映了一个国家或地区评估业发展的综合水平。1996 年，在总结资产评估理论研究和实践经验的基础上，中国资产评估协会开始启动制定资产评估准则的工作。2004 年 2 月财政部正式发布了《资产评估准则——基本准则》和《资产评估职业道德准则——基本准则》，标志着我国资产评估准则体系初步建立。目前，我国资产评估准则制定工作正在加紧进行。

资产评估准则体系直接影响着各评估具体准则和指南的内容，各国评估界在制定评估准则时都十分重视准则体系的结构设计。由于我国资产评估行业发展的综合性，我国资产评估准则将涉及各种类型资产、各种评估目的和经济行为，因此更需要设计合理、灵活的准则体系，使其不仅对资产评估中的共性问题进行规范，同时也对各类别、各目的以及各类经济行为的资产评估业务有层次地分别予以指导和规范。因此，在设计我国资产评估准则体系时主要遵循以下指导思想：

（1）我国资产评估准则应当是综合性的评估准则体系，包括不动产、动产、机器设备、企业价值和无形资产等各类别资产的评估准则。

（2）我国资产评估准则体系应当高度重视程序性准则与专业性准则。鉴于资产评估行业的特点，我国资产评估准则体系不仅应包括从程序方面规范评估行为的准则，如评估报告、工作底稿、评估程序等，也应包括针对各主要类别资产特点而进行规范的专业性准则，如企业价值评估准则、机器设备评估准则、不动产评估准则等。

（3）我国资产评估准则体系中应当将职业道德准则放在与业务性准则同等重要的位置。基于职业道德在资产评估行业中的重要作用，我国资产评估准则在重视制定规范评估行为的业务性准则的同时，更应当高度重视职业道德准则的作用。

（4）我国资产评估准则体系应当层次清晰、逻辑严密，并具有一定的灵活性。我国资产评估准则体系应当体现各层次准则文件的不同效力和不同规范领域，同时由于资产评估理论与实践在国际上发展的不均衡性，我国资产评估行业的发展尚处于不断完善的过程中，准则制定应考虑评估理论和实践的未来发展趋势。

根据上述指导思想，我国资产评估准则体系主要由以下几方面构成：

（1）从资产评估准则体系横向关系上划分，资产评估准则包括业务准则和职业道德准则两个部分。

由于资产评估工作的特点，评估师职业道德准则与业务准则的许多内容很难截然分开。在《国际评估准则》及相关国家评估准则中，业务准则与职业道德准则中有相当一部分规范内容交叉重复，如合理假设、明确披露等既是资产评估职业道德准则中的重要内容，也是资产评估业务准则的重要内容。为突出职业道德在我国资产评估行业中的重要作用，我国资产评估准则体系将资产评估职业道德准则与资产评估业务准则并列。

（2）从资产评估准则体系纵向关系上划分，资产评估准则分为不同的层次。

①资产评估职业道德准则的纵向关系较为简单，分为职业道德基本准则和具体准则两个层次。职业道德基本准则对资产评估师职业道德方面的基本要求、专业胜任能力、资产评估师与委托方和相关当事方的关系、资产评估师与其他资产评估师的关系等进行概要规范；职业道德具体准则将根据评估实践中存在的与职业道德有关的问题和职业道德基本准则中的一些重要内容如独立性、保密原则等进一步明确规范。

②资产评估业务准则由于涉及面广，在纵向关系上分为以下四个层次：

第一层次为资产评估基本准则。资产评估基本准则是资产评估师执行各种资产类型、各种评估目的资产评估业务的基本规范，是各类资产评估业务中所应当共同遵守的基本规则。由于我国资产评估行业特殊的发展背景和综合性定位，基本准则在整个评估准则体系中占有极为重要的地位。基本准则是我国评估准则体系的一大特点，目前在各国评估准则及《国际评估准则》中并没有类似的基本准则部分，我国资产评估基本准则是将各类资产评估的共同规范进行有机结合的首次尝试。

第二层次为资产评估具体准则。资产评估具体准则分为程序性准则和专业性准则两个部分。

程序性准则是关于资产评估师通过履行一定的专业程序完成评估业务、保证评估质量的规范，包括评估业务约定书、评估工作底稿、评估报告等。程序性准则的制定需要与目前我国资产评估行业的理论研究和实践发展相结合。资产评估师只有履行必要的资产评估程序，才能在程序上避免重大的遗漏或疏忽，保证资产评估的质量。

专业性准则针对不同资产类别的特点，分别对不同类别资产评估业务中的评估师执业行为进行规范。根据我国资产评估行业的惯例和国际上的通行做法，专业性准则主要包括企业价值评估准则、无形资产评估准则、不动产评估准则、机器设备评估准则、珠宝首饰艺术品评估准则等。

第三层次为资产评估指南。资产评估指南包括对特定评估目的、特定资产类别（细化）评估业务以及对资产评估中某些重要事项的规范。评估师在执行不同目的的评估业务时，应当关注的事项也各有不同。资产评估指南拟对我国资产评估行业中涉及主要评估目的的业务进行规范，同时也将涉及一些具体的资产类别评估业务，并对资产评估工作中的一些特定重要事项进行规范。

第四层次为资产评估指导意见。资产评估指导意见是针对资产评估业务中的某些具体问题的指导性文件。该层次较为灵活，针对评估业务中新出现的问题及时提出指导意见，某些尚不成熟的评估指南或具体评估准则也可以先作为指导意见发布，待实践一段时间或成熟后再上升为具体准则或指南。

截至 2012 年底，财政部与中国资产评估协会共发布了 26 项资产评估准则，其中：基本准则 2 项，即《资产评估准则——基本准则》和《资产评估职业道德准则——基本准则》；具体准则 12 项，包括《资产评估准则——评估报告》、《资产评估准则——评估程序》、《资产评估准则——业务约定书》、《资产评估准则——工作底稿》、《资产评估准则——利用专家工作》、《资产评估职业道德准则——独立性》、《资产评估准则——无形资产》，《资产评估准则——机器设备》、《资产评估准则——不动产》、《资产评估准则——珠宝首饰》、《资产评估准则——企业价值》和《资产评估准则——森林资源资产》；评估指南 4 项，包括《以财务报告为目的的评估指南（试行）》、《企业国有资产评估报告指南》、《金融企业国有资产评估报告指南》和《评估机构业务质量控制指南》；评估指导意见 8 项，《金融不良资产评估指导意见（试行）》、《注册资产评估师关注评估对象法律权属指导意见》、《资产评估价值类型指导意见》、《专利资产评估指导意见》、《投资性房地产评估指导意见（试行）》、《著作权评估指导意见》、《商标权评估指导意见》和《实物期权评估指导意见（试行）》。

这标志着我国比较完整的资产评估准则体系已初步建立。

14.2.2　国外评估准则

在国外的资产评估准则中，最为典型的是《国际评估准则》、《专业评估执业统一准则》和《欧洲评估准则》。

1）《国际评估准则》

《国际评估准则》（IVS）是由国际评估准则委员会（IVSC）制定的，是对世界资产评估业的发展有重要影响的准则之一。目前《国际评估准则》已在国际范围内得到了广泛认可，并已被许多国家的国内评估准则所采纳。

《国际评估准则》的产生有其独特的历史背景，是评估行业发展及外部经济推动等各种因素相互作用的必然结果。第一，20 世纪 80 年代以前评估业在世界范围内得到了很大发展，美国、英国、澳大利亚、加拿大和新西兰等很多国家成立了评估协会（学会）等专业性组织，制定了本国评估准则和职业道德守则，同时评估业在发展中国家也得到了一定的普及和发展。这些都为制定《国际评估准则》奠定了行业发展和理论的基础。第二，尽管各国评估业取得了长足发展，但评估行业在20世纪80年代以前始终未能形成一个世界性的中心和国际性的行业，各国评估准则以及专业术语上的差异给评估业的国际合作带来了很大困难。为适应评估行业发展的客观需要，急需制定统一的《国际评估准则》，这是制定国际评估准则的行业内在动力。第三，随着国际经济和市场全球化的迅速发展，专业资产评估在市场经济中的重要性得到了广泛认可，资产评估对各种经济行为，特别是对跨国投资者来说是十分必要的，国际经济界也迫切需要一部规范统一的《国际评估准则》，这也就成为制定《国际评估准则》的外部动力。于是在1985年第一次公布了《国际评估准则》，并随着经济的不断发展，几经修订，2007年国际评估准则委员会发布了第八版《国际评估准则》。

2008年10月，国际评估准则委员会改组为国际评估准则理事会（IVSC），2011年国际评估准则理事会发布了第九版《国际评估准则》。与第八版相比，第九版《国际评估准则》在指导思想、结构、内容和形式上都做了较大的调整。在指导思想方面，第九版《国际评估准则》更强调原则性指导而不是硬性规则，以适应更广泛的国家在各自法律框架下采用该准则。在结构及内容方面也有了较大的变化。

第九版《国际评估准则》的基本框架如下：

（1）通用准则

国际评估准则101　　　工作范围

国际评估准则102　　　操作要求

国际评估准则103　　　评估报告

（2）资产准则

国际评估准则200　　　企业及企业权益

国际评估准则210　　　无形资产

国际评估准则220　　　机器设备

国际评估准则230　　　不动产权益

　　　　　　　　　　　附件　历史性不动产

国际评估准则240　　　在建投资性不动产

国际评估准则250　　　金融工具

（3）评估指南

国际评估准则300　　　以财务报告为目的的评估

　　　　　　　　　　　附件　公共部门的固定资产

国际评估准则310　　　以担保贷款为目的的不动产权益评估

由此可见，《国际评估准则》是在各国评估业发展的基础上适应行业和经济的需要而产生的，其目的是促进各国评估准则的统一，在世界范围内致力于最终消除国际资产交易在评估领域的误解，为日益发展的全球经济提供专业化并由统一准则约束的评估服务。

[相关链接 14-1]

第八版《国际评估准则》基本框架

第八版《国际评估准则》包括 3 个准则，即《市场价值基础的评估》、《非市场价值基础的评估》和《评估报告》；2 个应用指南，即《财务报告目的评估》与《抵押目的评估》；15 个评估指南，分别是不动产评估、租赁权益评估、厂场/设备评估、无形资产评估、动产评估、企业价值评估、资产评估中对有害有毒物质的分析、财务报告目的评估中的成本法、折现的现金流量分析、农业财产评估、评估复核、特殊交易不动产评估、物业税目的批量评估、采掘业固定资产评估和历史资产评估。

[小资料 14-1]

国际评估准则委员会

国际评估准则委员会（The International Valuation Standards Committee, IVSC）于 1981 年成立，总部设在英国伦敦。该委员会是一个全球性的资产评估行业自律性机构。其宗旨是研究制定国际资产评估标准，为国际资产市场和商业经营服务，为发展中国家及新兴工业国家介绍和实施这些标准服务；研究各国各地区资产评估标准的差异，促进国际标准与地区和国家标准的协调。2008 年 10 月，国际评估准则委员会改组为国际评估准则理事会（The International Valuation Standards Council, IVSC）。改组后国际评估准则理事会由 3 个委员会组成：管理委员会、准则委员会和专业委员会。

2)《专业评估执业统一准则》

1986 年美国八个评估专业协会和加拿大评估协会联合制定了《专业评估执业统一准则》（Uniform Standards of Professional Appraisal Practice, USPAP），之后由新成立的美国评估促进会取得了该准则的版权，负责《专业评估执业统一准则》的修订、出版工作。在经历了美国 20 世纪 80 年代中期的不动产泡沫经济引发的评估业危机之后，1989 年美国国会制定的《金融机构改革、复原和强制执行法令》（FIRREA）中明确规定，评估人员执行与联邦交易相关的资产评估业务，必须遵守《专业评估执业统一准则》；美国各大评估协会也都要求其会员执行资产评估业务需遵守《专业评估执业统一准则》。因此，《专业评估执业统一准则》成为美国评估行业公认的评估准则，并随着资产评估业国际交流的发展，逐渐发展成为国际评估界最具影响力的评估准则之一。

与英国等以不动产评估为主的国家不同，美国资产评估行业呈现出综合性的特点。不仅不动产评估有着悠久的发展历史，非不动产评估也有着长足的发展，如企业价值评估、无形资产评估、机器设备评估、动产评估等。美国评估行业的综合性充分体现在准则体系上，《专业评估执业统一准则》是一部典型的综合性评估准则，包含了资产评估行业的各个专业领域。美国评估促进会（The Appraisal Foundation，AF）下属的评估准则委员会（ASB）负责准则的制定和修订工作，每年出版一部新版本的《专业评估执业统一准则》。从 2006 年开始，改为每两年出版一部新版的《专业评估执业统一准则》。最新版《专业评估执业统一准则》包括下列主要内容："定义"、"引言"、"规则"、"10 个准则（standard）"、"10 个准则说明（SMT）"和"32 个咨询意见（AO）"，其中以 10 个准则为主要构成部分，具体包括：准则 1 不动产评估；准则 2 不动产评估报告；准则 3 评估复核及报告；准则 4 不动产评估咨询；准则 5 不动产评估咨询报告；准则 6 批量评估及报告；准则 7 动产评估；准则 8 动产评估报告；准则 9 企业价值评估；准则 10 企业价值评估报告。

《专业评估执业统一准则》的组织结构十分严密，内容十分科学，同时也具有很大的灵活性。《专业评估执业统一准则》将准则分为介绍、准则条文、准则说明，在准则之外还提供另外"一种沟通方式"——评估准则委员会就某些问题的咨询意见（advisory opinions，AO），从而形成了由各个层次组成的阐述准则精神的准则体系，结构严密、用语严谨，并通过解释性注释进行适当的补充说明，将各层次有机地贯穿为一体。其中咨询意见是评估准则委员会关于评估准则在某些特定情况下如何运用的建议，仅供参考，不具有约束效力，因而在结构、用语上不如准则严格，更具有灵活性。咨询意见对评估师及客户理解某些评估中的模糊问题有很大的帮助，其本身独特的灵活性又使得评估准则委员会能够对评估业中新出现的问题和趋势发表意见，为以后成熟时纳入严格的准则体系打下基础。

[小资料 14-2]

美国资产评估促进会

美国资产评估促进会于 1987 年成立，是一个非营利性质的资产评估行业民间协会，下设评估资格委员会和评估标准委员会，评估资格委员会负责对申请加入该协会的会员进行资历审查，按规定的课程进行考试和再培训；评估标准委员会负责制定、修改全行业的评估标准 USPAP。该协会将全国主要的自律性评估组织统一到 USPAP 之下，到目前已有 17 个评估协会（学会）加入该组织，其中有 8 个资产评估专业协会、8 个金融和不动产方面的专业协会以及 1 个保险公司。在活动经费方面，不仅得到了金融、保险等其他行业协会的赞助，而且得到了联邦政府评估委员会的资助。联邦政府认同该协会制定的行业统一标准 USPAP。

3）《欧洲评估准则》

《欧洲评估准则》（European Valuation Standards，EVS）是由欧洲评估师联合会（TEGOVFA）制定的一部适用于欧洲地区的区域性评估准则，也是当前国际评估界具有重要影响力的评估准则之一。欧洲评估师联合会和《欧洲评估准则》都与欧盟的公司法特别是会计改革紧密相关，这一点与美国《专业评估执业统一准则》形成了明显的区别。

欧洲评估业受英国等传统评估业发达国家的影响，长期以来主要涉及不动产评估领域，特别是受到欧盟公司法及相关会计改革规则的影响，形成了早期以"固定资产评估"为主的特色。欧洲许多国家很早就受到公允会计理论的影响，既允许采用传统的历史成本减折旧的会计处理方式，也允许在一定情况下以评估后的市场价值作为固定资产的列示价值反映在资产负债表中。1978 年，欧共体正式发布了第四号法令公司法（78/660/EEC），该法适用于除银行、金融机构和非营利性机构以外的公司年度会计报表事项，第 35 条规定了与固定资产评估相关的规则，从立法上对这种会计改革的方向予以了肯定。为在公司年度会计报表中反映固定资产的公允（市场）价值，许多公司聘请评估师对公司固定资产进行评估，其目的是最终将固定资产的公允（市场）价值纳入年度会计报表。在此基础上，欧洲各国开展了大量的以财务报告为目的而进行的固定资产评估业务。

为指导这一业务的发展，1977 年 4 月，比利时、法国、德国、爱尔兰和英国发起成立了欧洲固定资产评估师联合会（The European Group of Valuers of Fixed Assets），后改名为欧洲评估师联合会。1978 年欧洲固定资产评估师联合会为配合欧盟公司法的有关规定，出版了《欧洲评估指南》（Guidance Notes for European Application）第一版。1951 年修订后又出版了第二版，即被称做"比利时卢森堡经济同盟指南"的《固定资产评估指南》（The Guide BLEU，Guidance Notes on the Valuation of Fixed Assets）。1993 年经过更新后出版了第三版。1996 年欧洲评估师联合会根据《关于保险企业年度会计和合并会计的欧盟法令》（European Council Directive on the Annual Accounts and Consolidated Accounts of Insurance Undertakings (91/647EEC)）又出版了《保险公司资产会计目的评估指南》（Guidance on the Valuation of Insurance Company Assets for Accounts）。1997 年 4 月 29 日在对原评估指南进行全面修订的基础上，出版了《欧洲资产评估准则》（Approved European Property Valuation Standards），简称《欧洲评估准则》（European Valuation Standards，EVS）。2003 年推出了《欧洲评估准则》第五版。

《欧洲评估准则》共分 12 部分。第一部分是介绍，系统介绍了《欧洲评估准则》的起源、历史变革、法律基础等基本情况。第二部分是效力部分，表明了《欧洲评估准则》与《国际评估准则》之间相互支持的立场，并表明《欧洲评估准则》遵守欧盟法令和各国的法律规定。第三部分详细说明了评估师的定义、能力要求、与客户关系及与审计师的关系问题。第四部分系统说明了评估中的基本概念和原则。第五部分阐明了对特殊资产评估的规定。第六部分说明了影响价值的特殊因素。第七部分阐明了关于特殊目的评估业务的规定。第八部分是关于非市场价值评估的规定。第九部分是关于评估报告的规定。第十部分介绍了部分国家关于评估的立法情况。第十一部分是附录，包括专业术语表、行为守则等。第十二部分是准则的索引。

《欧洲评估准则》在欧洲各国引起了广泛重视，各国评估界纷纷致力于《欧洲评估准则》的研究和引进工作。虽然《欧洲评估准则》本身并无强制执行力，但欧洲评估师联合会要求各会员国积极引进并将其纳入该国的评估准则体系，甚至得到该国法律认可，这对欧洲评估业乃至国际评估业的发展产生了重要的影响。

［小资料 14-3］

欧洲评估师联合会（TEGOVFA）

欧洲评估师联合会（The European Group of Valuers of Fixed Assets，TEGOVFA）是由来自 27 个欧洲国家的 40 个专业评估协会、100 000 评估师组成的非营利性专业协会，其前身是成立于 1977 年的欧洲固定资产评估师联合会（The European Group of Valuers of Fixed Assets，TEGOVOFA）。欧洲评估师联合会的主要宗旨有两个：一是提升欧洲评估师的教育和培训；二是制定和推广适用于欧洲成员国的评估准则，这些评估准则涉及评估实践，评估领域的教育和资格取得以及公司治理和评估师的道德规范等方面。为此，欧洲评估师联合会的主要工作是代表欧洲评估师向欧盟委员会提交评估师意见，以影响其政策和立法；制定、推广欧洲适用的评估准则，推荐规范的评估方法；促进欧洲评估师的教育培训工作。

4）对完善我国资产评估准则体系的启示

从国际和发达国家资产评估准则的产生和发展来看，资产评估准则通常形成了一个完整的、系统的体系，它以规范资产评估为目的，包括与评估有关的问题的规定，既有技术准则，也有与评估相关的质量控制等准则。在准则体系中，各部分互相影响、互相作用，共同对评估活动发挥作用。

我国于 2001 年 9 月颁布了第一个资产评估准则——无形资产评估准则，不仅标志着我国的准则制定工作进入一个新阶段，而且能在一定程度上指导我国的无形资产评估实践工作，是我国资产评估发展的里程碑。财政部 2008 年 2 月批准发布、5 月 1 日正式实施的由中国资产评估协会制定的《资产评估准则——基本准则》和《资产评估职业道德准则——基本准则》，具有像美国 USPAP 的行业评估标准一样的重要性；对防止行业评估偏差，提高行业评估工作水平和效率，规范和发展行业评估技术具有重要的作用。确切地说，我国的资产评估准则还不能称为体系。只有在完善的资产评估准则体系的指导和制约下，我国的资产评估业才能规范起来，从而得到较快的发展，才能够适应经济发展形势的要求，也才能够应对激烈的国际竞争，这是我们规范资产评估的当务之急。

在结合我国资产评估理论与实践发展的基础上，适当参考《国际评估准则》及其他国家评估准则体系，形成了我国的评估准则体系。

［小资料 14-4］

相关网站

中国资产评估协会（CAS）	http：//www. cas. org. cn
美国评估促进会（AF）	http：//www. appraisalfoundation. org
美国评估师协会（ASA）	http：//www. appraisers. org
国际评估委员会（IVSC）	http：//www. ivsc. org
欧洲评估师联合会（EGV）	http：//www. tegova. org

14.3 资产评估的法律规范比较

法律规范一般是由国家制定或认可，体现掌握国家政权阶级的意志，由国家的强制力保证实施的行为规则。评估法律规范，实质上是法律规范在评估中的具体应用，即评估法律规范是指由国家立法机构或国家行政机关依法制定的，体现国家利益和根本意志，强迫评估人员必须实施的行为规则，其最终目标是调整评估法律关系。

资产评估的工作性质和质量均关系到相关各方的切身利益，影响范围广且涉及面宽，因此，必须制定相关的法律和法规，从法律上来规范这项工作的开展。法律规范对于资产评估的合法地位、执业责任和自身改革不但能够起到强制约束作用，而且能够维护资产评估机构和评估人员的合法权益，有效地保障行业健康发展。

14.3.1 我国资产评估法律、制度和规范

随着我国资产评估行业的迅速发展，我国资产评估法制和规范体系建设工作也在不断完善，目前已初步形成了一套以国务院颁布的《国有资产评估管理办法》为主干，以财政部、原国家国有资产管理局等政府主管部门颁布的一系列关于资产评估的规章制度为主体，以全国人民代表大会及其常委会、司法机关和其他政府部门颁布的其他相关法律、司法解释和规章制度为补充的资产评估法律规范体系。这些法律、法规既有专门关于资产评估的行政法规、规章和规范性文件，也有从不同方面对资产评估进行规范的其他法律、法规和规章制度；从法规层次看，既有全国人民代表大会及其常委会颁布的法律，国务院颁布的行政法规，也有政府部门颁布的部门规章和规范性文件；从法规内容看，既有综合性的管理法规，也有单项的专门规定，内容涵盖资产评估综合管理、考试、培训、注册、机构审批、执业规范、项目管理、涉外管理、财务管理、收费管理、业务监管、纠纷调处、违规处罚、清理整顿和体制改革等各个方面。

1)《国有资产评估管理办法》

1991年11月16日，国务院发布《国有资产评估管理办法》（国务院91号令）。该办法是我国第一个关于资产评估管理的行政法规，也是迄今为止我国法律效力最高的资产评估专门法规。

《国有资产评估管理办法》共六章三十九条，主要内容包括：

（1）规定了必须进行国有资产评估的情形，包括：资产拍卖、转让；企业兼并、出售、联营、股份经营；设立中外合资、合作经营企业；企业清算以及依照国家有关规定需要进行资产评估的其他情形。

（2）规定了国有资产评估的范围，包括固定资产、流动资产、无形资产和其他资产。

（3）规定了国有资产评估的组织管理，包括国有资产评估项目的管理和资产评估机构的管理等。

（4）规定了评估程序，包括申请立项、资产清查、评定估算和验证确认等国有资产评估和管理程序。

（5）规定了评估方法，包括收益现值法、重置成本法、现行市价法、清算价格法和国资部门规定的其他评估方法。

（6）规定了违反本《办法》的法律责任。

《国有资产评估管理办法》不仅建立了国有资产评估管理制度，同时也推动了我国资产评估行业的产生。该办法既包括国有资产评估项目管理的内容，如资产评估的立项和评估结果的确认，也包括了资产评估行业管理的内容，如资产评估机构的管理、评估方法的确定等。《国有资产评估管理办法》的颁布，确立了我国资产评估的基本依据，是我国资产评估法制建设的重要里程碑。

2）财政部、原国家国有资产管理局等资产评估行政主管部门制定的资产评估规章制度

十多年来，作为资产评估行业的主管部门，财政部和原国家国有资产管理局等相关部门陆续制定了 120 多个有关资产评估管理的规章制度，其中有一部分文件是以部长令的形式发布的，属于部门规章，具有较强的约束力。这些规章制度构成了我国资产评估法律规范体系的最主要内容，主要有以下几个方面的内容：

（1）资产评估综合管理方面，原国家国有资产管理局颁布的《国有资产评估管理办法施行细则》（国资办发〔1992〕36 号）。

（2）资格管理与考试方面，原人事部与原国家国有资产管理局联合颁布的《注册资产评估师执业资格制度暂行规定》（人职发〔1995〕54 号），原人事部与财政部联合颁布的《关于调整注册资产评估师执业资格考试有关规定的通知》（人发〔1999〕23 号）。

（3）注册管理方面，原国家国有资产管理局颁布的《注册资产评估师执业资格注册管理暂行办法》（国资办发〔1996〕35 号）。

（4）机构管理方面，如财政部颁布的《资产评估机构审批管理办法》（财政部令第 22 号）；2008 年，财政部和中国证监会联合印发了《关于从事证券期货相关业务的资产评估机构有关管理问题的通知》（财企〔2008〕81 号）；2009 年 12 月财政部发布《财政部关于推动评估机构做大做强做优的指导意见》（财企〔2009〕453 号）；2010 年 11 月，财政部发布《关于评估机构母子公司试点有关问题的通知》。

（5）评估项目管理方面，2005 年 5 月 11 日，财政部颁布的《关于改进资产评估确认工作的通知》（财评字〔1998〕136 号）。

（6）后续教育方面，如财政部颁布的《注册资产评估师后续培训制度（试行）》（财评协字〔1998〕54 号）。

（7）执业规范方面，如原国家国有资产管理局颁布的《资产评估操作规范意见》（国资办发〔1996〕23 号）。

（8）体制改革方面，如财政部颁布的《关于资产评估机构脱钩改制的通知》

（财评字［1999］119号）。

（9）评估收费和财务管理方面，如原国家物价局与原国家国有资产管理局联合颁布的《关于资产评估收费管理暂行办法》（价费字［1992］625号）；2009年11月17日，国家发展改革委、财政部联合印发《资产评估收费管理办法》（发改价格［2009］2914号），对资产评估收费制度做了重大改革和调整。

3）资产评估相关法律、法规和规章制度

十多年来，我国立法、司法和行政管理部门陆续制定了许多涉及资产评估的法律、法规和规章制度。这些法律、法规和规章制度虽然不是关于资产评估的专门法律、法规制度，但都包含有关资产评估的规定，分别从不同的角度规范评估行业。因此也成为资产评估法律规范体系的重要组成部分。这些法律、法规和规章制度主要包括三方面的内容：

（1）全国人大或者人大常委会颁布的法律，如《公司法》、《证券法》、《合伙企业法》、《拍卖法》、《刑法》，这些法律主要从两个方面涉及资产评估行业：第一是对何时需要进行资产评估进行规定；第二是对资产评估机构、专业人员违反法律规定的罚则做出了规定。其中最为重要的是《公司法》，该法将资产评估作为组建有限责任公司和股份有限公司过程中的重要一环并予以了明确规定。

（2）司法机关颁布的司法解释，如最高人民法院颁布的《关于审理证券市场因虚假陈述引发的民事赔偿案件的若干规定》（法释［2003］2号），《关于冻结、拍卖上市公司国有股和社会法人股若干问题的规定》（法释［2001］28号），《最高人民法院关于人民法院民事执行中拍卖、变卖财产的规定》（法释［2004］16号），最高人民检察院、公安部《关于经济犯罪案件追诉标准的规定》等。

（3）相关政府部门颁布的规章制度。如国家工商行政管理局颁布《关于年检工作若干问题的意见》（工商企字［1995］第258号）、《公司注册资本登记管理暂行规定》（工商［1995］44号），中国证监会颁布的《公开发行股票公司信息披露实施细则（试行）》（证监会［1993］43号）、《证券市场禁入暂行规定》（证监［1997］7号）等。

（4）体制改革新动向。2014年国务院发布了《关于取消和调整一批行政审批项目等事项的决定》（国发【2014】27号）文件，取消了注册资产评估师等准入类职业资格，改为水平评价类职业资格。国家工商注册登记制度改革则取消了公司设立注册资本制度，评估机构的审批由前置审批改为后置审批等。

2016年7月2日，《中华人民共和国资产评估法》颁布。该法对评估专业人员和评估机构、报告委托方和使用方、行业协会、行政监管部门等相关市场主体行为进行了规范，是迄今为止资产评估行业最为重要的一个法律。

14.3.2　国外资产评估的法律规范

国外资产评估的法律规范有两种类型：

（1）针对性和独立性的评估法律规范。这种法律规范是针对评估行为而制定，使评估规范独立于其他法律规范。马来西亚是这种类型的典范，它早在1967年就制定了专门的《注册测量师法》，1981 年又制定了《评估师、估价师和不动产代理人法令》，并于 1984 年和 1997 年进行了修订，形成了马来西亚一部法律管理全评估行业的局面。这种法律规范模式的优势是针对性强，使评估行为有法可依，确立了评估的法律地位，为评估摆脱各种利益的冲突，进行客观、公正的评估提供了法律保障。

（2）散寓于有关法律之中的评估法律规范。世界上许多国家的评估法律没有单独制定，而是混合在有关的法律中，例如，美国对评估业的法律规范，主要是《金融机构改革、复原和强制执行法令》、《证券法》、《公司法》等。韩国也没有统一的资产评估法律，但相关法令却分为五大类，约近五十种，包括有关财产补偿方面，有关税收方面，有关国有财产方面的法律等等。这种类型的法律规范体系的特点是确立了评估的法律地位和相应的权力与责任，社会监督机制比较健全，但缺乏相对的独立性。

14.3.3 对完善我国资产评估的法律规范的启示

我国现行的资产评估法律规范虽然已经直接或者间接地说明了资产评估的法律责任，强化了评估人员的责任意识，提高了资产评估的执业质量，使评估人员有法可依。但是，这些法律规范广泛而零星地分布在各个法律、法规、文件中。而资产评估机构、人员主要遵守执行的法律规范《国有资产评估管理办法》无论从效力上，范围上都远远不能满足资产评估业发展的需要。《国有资产评估管理办法》主要是针对国有资产而言的，对市场经济中出现的越来越多的非国有资产评估无法进行规范。另外，虽然资产评估的相关法律，如《公司法》、《破产法》等对资产评估做出了规定，但也仅是笼统地提到在哪些具体事务中应进行评估，这些法律没有对资产评估做出具体规定，缺乏一定的可操作性。此外，资产评估相关法律、法规的规定中还存在一些互相矛盾、互不衔接的情况，从而不利于资产评估法律责任的处理。客观地讲，目前我国资产评估法律、法规体系尚不完善，落后于资产评估的快速发展。

完善我国资产评估的法律规范体系可以考虑从两个方面进行。首先，可以通过制定和颁布实施资产评估方面的专门法律，如《资产评估法》，以明确资产评估业的法律地位，赋予资产评估机构和评估人员最基本的法律保障。其次，应本着"一个法律为主兼顾其他法律"的原则和"从新"的原则，协调各个法律、法规之间的关系，并制定一部详细的解释性规则，解释法律、法规中含混不清和相互抵触的问题；对资产评估相关的法律、法规进行重新审视，剔除过时的、已不适用的条款，增加新形势下可行的、必要的条款。同时，为了公平对待资产评估行业，现行法律、法规中应该增加保护资产评估机构和资产评估师的法律条款。总之，现行法律、法规的协调与完善，不是一蹴而就的，需要相关各方的积极努力。资产评估机构应该加强与有关司法部门的联系，积极参加相关法律、法规的调整和制定，主动加强对本行业有关法律、法规条款之间协调性的研究，以及加强现行法律、法规对资产评估行业适用性的研究。

▌本章小结▐

相对于我国而言，国外的资产评估起步较早，其资产评估管理体制、行业规范和法律规范等资产评估管理制度都比较成熟。因此，有许多可供借鉴之处。但是，由于各国的国情、市场条件等差异很大，因此我们应在结合我国国情的基础上，对其进行恰当的取舍，以保证和促进我国资产评估管理制度健康地发展和完善。

关键概念

资产评估管理制度　评估准则　自律管理　政府干预

思考题

1. 我国资产评估管理制度有何特点？
2. 简述我国资产评估准则体系的构成。
3. 简述美国资产评估管理的特点。
4. 简述《国际评估准则》基本构成。
5. 如何借鉴国际资产评估管理制度中的有价值部分？

主
要
参
考
文
献

1. 姜楠．资产评估原理［M］．2 版．大连：东北财经大学出版社，2013.

2. 全国注册资产评估师考试辅导教材编写组．资产评估［M］．北京：中国财政经济出版社，2014.

3. 姜楠．无形资产评估［M］．北京：中国财政经济出版社，2015.

4. 姜楠，王景升．资产评估［M］．3 版．大连：东北财经大学出版社，2013.

5. 中国资产评估协会．资产评估价值类型指导意见［S］．2007.

6. 中国资产评估协会．资产评估准则——评估报告［S］．2007.

7. 中国资产评估协会．资产评估准则——房地产［S］．2007.

8. 中国资产评估协会．资产评估准则——机器设备［S］．2007.

9. 中国资产评估协会．资产评估准则——企业价值［S］．2011.

10. 中国资产评估协会．《资产评估价值类型指导意见》讲解［M］．北京：经济科学出版社，2008.

11. 中国资产评估协会．《以财务报告为目的的评估指南（试行）》讲解［M］．北京：经济科学出版社，2008.

12. 中国资产评估协会．《资产评估准则——评估报告》讲解［M］．北京：经济科学出版社，2008.

13. 刘萍．《企业价值评估指导意见（试行）》讲解［M］．北京：经济科学出版社，2005.

附 录 | **复利系数公式和复利系数表**

1. 复利系数公式

复利系数名称	符 号	公 式
（1）整付复本利系数	（F/P，i，n）	$(1+i)^n$
（2）整付现值系数	（P/F，i，n）	$(1+i)^{-n}$ 或 $\dfrac{1}{(1+i)^n}$
（3）年金复本利系数	（F/A，i，n）	$\dfrac{(1+i)^n-1}{i}$
（4）基金年存系数	（A/F，i，n）	$\dfrac{i}{(1+i)^n-1}$
（5）年金现值系数	（F/A，i，n）	$\dfrac{(1+i)^n-1}{i\,(1+i)^n}$
（6）投资回收系数	（A/P，i，n）	$\dfrac{i\,(1+i)^n}{(1+i)^n-1}$

从上述公式中，可以清楚地看出各种系数之间的关系。在整付复本利系数和整付现值系数之间、年金复本利系数和基金年存系数之间、年金现值系数和投资回收系数之间，都存在着一种倒数关系。

2. 复利系数表

为了便于时间价值的换算，根据上述公式计算的六种复利系数表附后。

1%**复利系数表**

年限	整付复本利系数	整付现值系数	年金复本利系数	基金年存系数	年金现值系数	投资回收系数
	已知现值求将来值	已知将来值求现值	已知年金求将来值	已知将来值求年金	已知年金求现值	已知现值求年金
1	1.0100	0.9901	1.0000	1.0000	0.9901	1.0100
2	1.0201	0.9803	2.0100	0.4975	1.9704	0.5075
3	1.0303	0.9706	3.0301	0.3300	2.9410	0.3400
4	1.0406	0.9610	4.0604	0.2463	3.9020	0.2563
5	1.0510	0.9515	5.1010	0.1960	4.8534	0.2060
6	1.0615	0.9420	6.1520	0.1625	5.7955	0.1725
7	1.0721	0.9327	7.2135	0.1386	6.7282	0.1486
8	1.0829	0.9235	8.2857	0.1207	7.6517	0.1307
9	1.0937	0.9143	9.3685	0.1067	8.5660	0.1167
10	1.1046	0.9053	10.4622	0.0956	9.4713	0.1056
11	1.1157	0.8963	11.5668	0.0865	10.3676	0.0965
12	1.1268	0.8874	12.6825	0.0788	11.2551	0.0888
13	1.1381	0.8787	13.8093	0.0724	12.1337	0.0824
14	1.1495	0.8700	14.9474	0.0669	13.0037	0.0769
15	1.1610	0.8613	16.0969	0.0621	13.8650	0.0721
16	1.1726	0.8528	17.2579	0.0579	14.7179	0.0679
17	1.1843	0.8444	18.4304	0.0543	15.5622	0.0643
18	1.1961	0.8360	19.6147	0.0510	16.3983	0.0610
19	1.2081	0.8277	20.8109	0.0481	17.2260	0.0581
20	1.2202	0.8195	22.0190	0.0454	18.0456	0.0554
21	1.2324	0.8114	23.2392	0.0430	18.8570	0.0530
22	1.2247	0.8034	24.4716	0.0409	19.6604	0.0509
23	1.2572	0.7954	25.7163	0.0389	20.4558	0.0489
24	1.2697	0.7876	26.9735	0.0371	21.2434	0.0471
25	1.2824	0.7798	28.2432	0.0354	22.0231	0.0454
26	1.2953	0.7720	29.5256	0.0339	22.7952	0.0439
27	1.3082	0.7644	30.8209	0.0324	23.5596	0.0424
28	1.3213	0.7568	32.1291	0.0311	24.3164	0.0411
29	1.3345	0.7493	33.4504	0.0299	25.0658	0.0399
30	1.3478	0.7419	34.7849	0.0287	25.8077	0.0387
31	1.3613	0.7346	36.1327	0.0277	26.5423	0.0377
32	1.3749	0.7273	37.4941	0.0267	27.2696	0.0367
33	1.3887	0.7201	38.8690	0.0257	27.9897	0.0357
34	1.4026	0.7130	40.2577	0.0248	28.7027	0.0348
35	1.4166	0.7059	41.6603	0.0240	29.4086	0.0340
40	1.4889	0.6717	48.8864	0.0205	32.8347	0.0305
45	1.5648	0.6391	56.4811	0.0177	36.0945	0.0277
50	1.6446	0.6080	64.4632	0.0155	39.1961	0.0255
55	1.7585	0.5785	72.8524	0.0137	42.1472	0.0237
60	1.8167	0.5504	81.6696	0.0122	44.9550	0.0222
65	1.9094	0.5237	90.9366	0.0110	47.6266	0.0210
70	2.0068	0.4983	100.6763	0.0099	50.1685	0.0199
75	2.0191	0.4741	110.9128	0.0090	52.5870	0.0190
80	2.2167	0.4511	121.6715	0.0082	54.8882	0.0182
85	2.3298	0.4292	132.9789	0.0075	57.0777	0.0175
90	2.4486	0.4084	144.8632	0.0069	59.1609	0.0169
95	2.5735	0.3886	157.3537	0.0064	61.1430	0.0164
100	2.7048	0.3697	174.4813	0.0059	63.0289	0.0159

2% 复利系数表

年限	整付复本利系数 已知现值求将来值	整付现值系数 已知将来值求现值	年金复本利系数 已知年金求将来值	基金年存系数 已知将来值求年金	年金现值系数 已知年金求现值	投资回收系数 已知现值求年金
1	1.0200	0.9804	1.0000	1.0000	0.9804	1.0200
2	1.0404	0.9612	2.0200	0.4951	1.9416	0.5151
3	1.0612	0.9423	3.0604	0.3268	2.8839	0.3468
4	1.0824	0.9238	4.1216	0.2426	3.8077	0.2626
5	1.1041	0.9057	5.2040	0.1922	4.7135	0.2122
6	1.1262	0.8880	6.3081	0.1585	5.6014	0.1785
7	1.1487	0.8706	7.4343	0.1345	6.4720	0.1545
8	1.1717	0.8535	8.5829	0.1165	7.3255	0.1365
9	1.1951	0.8368	9.7546	0.1025	8.1622	0.1225
10	1.2190	0.8203	10.9497	0.0913	8.9826	0.1113
11	1.2434	0.8043	12.1687	0.0822	9.7868	0.1022
12	1.2682	0.7885	13.4120	0.0746	10.5753	0.0946
13	1.2936	0.7730	14.6803	0.0681	11.3484	0.0881
14	1.3195	0.7579	15.9739	0.0626	12.1062	0.0826
15	1.3459	0.7430	17.2934	0.0578	12.8492	0.0778
16	1.3728	0.7284	18.6392	0.0537	13.5777	0.0737
17	1.4002	0.7142	20.0120	0.0500	14.2918	0.0700
18	1.4282	0.7022	21.4122	0.0467	14.9920	0.0667
19	1.4568	0.6864	22.8405	0.0438	15.6784	0.0638
20	1.4859	0.6730	24.2973	0.0412	16.3514	0.0612
21	1.5157	0.6598	25.7832	0.0388	17.0112	0.0588
22	1.5460	0.6486	27.2989	0.0366	17.6580	0.0566
23	1.5769	0.6342	28.8449	0.0347	18.2922	0.0547
24	1.6084	0.6217	30.4218	0.0329	18.9139	0.0529
25	1.6406	0.6095	32.0302	0.0312	19.5234	0.0512
26	1.6734	0.5976	33.6708	0.0297	20.1210	0.0497
27	1.7069	0.5859	35.3442	0.0283	20.7069	0.0483
28	1.7410	0.5744	37.0511	0.0270	21.2812	0.0470
29	1.7758	0.5631	28.7921	0.0258	21.8443	0.0458
30	1.8114	0.5521	40.5679	0.0247	22.3964	0.0447
31	1.8476	0.5413	42.3793	0.0236	22.9377	0.0436
32	1.8845	0.5306	44.2269	0.0226	23.4683	0.0426
33	1.9222	0.5202	46.1114	0.0217	23.9885	0.0417
34	1.9607	0.5100	48.0336	0.0208	24.4985	0.0408
35	1.9999	0.5000	49.9943	0.0200	24.9986	0.0400
40	2.2080	0.4529	60.4017	0.0166	27.3554	0.0366
45	2.4378	0.4102	71.8924	0.0139	29.4901	0.0339
50	2.6916	0.3715	84.5790	0.0118	31.4236	0.0318
55	2.9717	0.3365	98.5861	0.0101	33.1747	0.0301
60	3.2810	0.3048	114.0510	0.0088	34.7608	0.0288
65	3.6225	0.2761	131.1255	0.0076	36.1974	0.0276
70	3.9995	0.2500	149.9771	0.0067	37.4986	0.0267
75	4.4158	0.2265	170.7909	0.0059	38.6771	0.0259
80	4.8754	0.2051	193.7709	0.0052	39.7445	0.0252
85	5.3829	0.1858	219.2417	0.0046	40.7112	0.0246
90	5.9431	0.1683	247.1552	0.0040	41.5869	0.0240
95	6.5617	0.1524	278.0832	0.0036	42.3800	0.0236
100	7.2446	0.1380	312.2303	0.0032	43.0983	0.0232

3% 复利系数表

年限	整付复本利系数	整付现值系数	年金复本利系数	基金年存系数	年金现值系数	投资回收系数
	已知现值求将来值	已知将来值求现值	已知年金求将来值	已知将来值求年金	已知年金求现值	已知现值求年金
1	1.0300	0.9709	1.0000	1.0000	0.9709	1.0300
2	1.0609	0.9426	2.0300	0.4926	1.9135	0.5226
3	1.0927	0.9151	3.0909	0.3235	2.8286	0.3535
4	1.1255	0.8885	4.1836	0.2390	3.7171	0.2690
5	1.1593	0.8626	5.3091	0.1884	4.5797	0.2184
6	1.1941	0.8375	6.4684	0.1546	5.4172	0.1846
7	1.2299	0.8131	7.6625	0.1305	6.2303	0.1605
8	1.2668	0.7894	8.8923	0.1125	7.0917	0.1425
9	1.3048	0.7664	10.1591	0.0984	7.7861	0.1284
10	1.3439	0.7441	11.4639	0.0872	8.5302	0.1172
11	1.3842	0.7224	12.8078	0.0781	9.2526	0.1081
12	1.4258	0.7014	14.1920	0.0705	9.9540	0.1005
13	1.4685	0.6810	15.6178	0.0640	10.6350	0.0940
14	1.5126	0.6611	17.0863	0.0585	11.2961	0.0885
15	1.5580	0.6419	18.5989	0.0538	11.9379	0.0838
16	1.6047	0.6232	20.1569	0.0496	12.5611	0.0796
17	1.6528	0.0605	21.7616	0.0460	13.1661	0.0760
18	1.7024	0.5874	23.4144	0.0427	13.7535	0.0727
19	1.7535	0.5703	25.1169	0.0398	14.3238	0.0698
20	1.8061	0.5537	26.8704	0.0372	14.8775	0.0672
21	1.8603	0.5373	28.6765	0.0349	15.4150	0.0649
22	1.9161	0.5219	30.5368	0.0327	15.9369	0.0627
23	1.9736	0.5067	32.4529	0.0308	16.4436	0.0608
24	2.0328	0.4919	34.4265	0.0290	16.9355	0.0590
25	2.0938	0.4776	36.4593	0.0274	17.4131	0.0574
26	2.1566	0.4637	38.5530	0.0259	17.8768	0.0559
27	2.2213	0.4502	40.7096	0.0246	18.3270	0.0546
28	2.2879	0.4371	42.9309	0.0233	18.7641	0.0533
29	2.3566	0.4243	45.2188	0.0221	19.1882	0.0521
30	2.4273	0.4120	47.5754	0.0210	19.6004	0.0510
31	2.5001	0.4000	50.0027	0.0200	20.0004	0.0500
32	2.5751	0.3883	52.5027	0.0190	20.3888	0.0490
33	2.6523	0.3770	55.0778	0.0182	20.7658	0.0482
34	2.7319	0.3660	57.7302	0.0173	21.1318	0.0473
35	2.8139	0.3554	60.4621	0.0165	21.4872	0.0465
40	3.2620	0.3066	75.4012	0.0133	23.1148	0.0433
45	3.7816	0.2644	92.7198	0.0108	24.5187	0.0408
50	4.3839	0.2281	112.7968	0.0089	25.7298	0.0389
55	5.0821	0.1968	136.0716	0.0073	26.7744	0.0373
60	5.8916	0.1697	163.0534	0.0061	27.6756	0.0361
65	6.8300	0.1464	194.3327	0.0051	28.4529	0.0351
70	7.9178	0.1263	230.5940	0.0043	29.1234	0.0343
75	9.1789	0.1089	272.6307	0.0037	29.7018	0.0337
80	10.6409	0.0940	321.3629	0.0031	30.2008	0.0331
85	12.3357	0.0811	377.8567	0.0026	30.6312	0.0326
90	14.3005	0.0699	443.3487	0.0023	31.0024	0.0323
95	16.5782	0.0603	519.2717	0.0019	31.3227	0.0319
100	19.2186	0.0520	607.2874	0.0016	31.5989	0.0316

4% 复利系数表

年限	整付复本利系数 已知现值求将来值	整付现值系数 已知将来值求现值	年金复本利系数 已知年金求将来值	基金年存系数 已知将来值求年金	年金现值系数 已知年金求现值	投资回收系数 已知现值求年金
1	1.0400	0.9615	1.0000	1.0000	0.9615	1.0400
2	1.0816	0.9246	2.0400	0.4902	1.8861	0.5302
3	1.1249	0.8890	3.1216	0.3203	2.7751	0.3603
4	1.1699	0.8548	4.2465	0.2355	3.6299	0.2755
5	1.2167	0.8219	5.4163	0.1846	4.4518	0.2246
6	1.2653	0.7903	6.6330	0.1508	5.2421	0.1908
7	1.3159	0.7599	7.8983	0.1266	6.0021	0.1666
8	1.3686	0.7307	9.2142	0.1085	6.7327	0.1485
9	1.4233	0.7026	10.5828	0.0945	7.4353	0.1345
10	1.4802	0.6756	12.0061	0.0833	8.1109	0.1233
11	1.5395	0.6496	13.4863	0.0741	8.7605	0.1141
12	1.6010	0.6246	15.0258	0.0666	9.3851	0.1066
13	1.6651	0.6006	16.6268	0.0601	9.9856	0.1001
14	1.7317	0.5775	18.2919	0.0547	10.5631	0.0947
15	1.8009	0.5553	20.0236	0.0499	11.1184	0.0899
16	1.8730	0.5339	21.8245	0.0458	11.6523	0.0858
17	1.9479	0.5134	23.6975	0.0422	12.1657	0.0822
18	2.0258	0.4936	25.6454	0.0390	12.6593	0.0790
19	2.1068	0.4746	27.6712	0.0361	13.1339	0.0761
20	2.1911	0.4564	29.7781	0.0336	13.5903	0.0736
21	2.2788	0.4388	31.9692	0.0313	14.0292	0.0713
22	2.3699	0.4220	34.2479	0.0292	14.4511	0.0692
23	2.4647	0.4057	36.6179	0.0273	14.8568	0.0673
24	2.5633	0.3901	39.0826	0.0256	15.2470	0.0656
25	2.6658	0.3751	41.6459	0.0240	15.6221	0.0640
26	2.7725	0.3607	44.3117	0.0226	15.9828	0.0626
27	2.8834	0.3468	47.0842	0.0212	16.3296	0.0612
28	2.9987	0.3335	49.9675	0.0200	16.6631	0.0600
29	3.1186	0.3207	52.9662	0.0189	16.9837	0.0589
30	3.2434	0.3083	56.0849	0.0178	17.2920	0.0578
31	3.3731	0.2965	59.3283	0.0169	17.5885	0.0569
32	3.5081	0.2851	62.7014	0.0159	17.8735	0.0559
33	3.6484	0.2741	66.2095	0.0151	18.1476	0.0551
34	3.7943	0.2636	69.8578	0.0143	18.4112	0.0543
35	3.9461	0.2534	73.6521	0.0136	18.6646	0.0536
40	4.8010	0.2083	95.0254	0.0105	19.7928	0.0505
45	5.8412	0.1712	121.0292	0.0083	20.7200	0.0483
50	7.1067	0.1407	152.6669	0.0066	21.4822	0.0466
55	8.6464	0.1157	191.1589	0.0052	22.1086	0.0452
60	10.5219	0.0951	237.9903	0.0042	22.6235	0.0442
65	12.7987	0.0781	294.9679	0.0034	23.0467	0.0434
70	15.5716	0.0642	364.2898	0.0027	23.3945	0.0427
75	18.9452	0.0528	448.6305	0.0022	23.6804	0.0422
80	23.0498	0.0434	551.2438	0.0018	23.9154	0.0418
85	28.0435	0.0357	676.0886	0.0015	24.1085	0.0415
90	34.1193	0.0293	827.9814	0.0012	24.2673	0.0412
95	41.5113	0.0241	1 012.7820	0.0010	24.3978	0.0410
100	50.5048	0.0198	1 237.6210	0.0008	24.5050	0.0408

5% 复利系数表

年限	整付复本利系数	整付现值系数	年金复本利系数	基金年存系数	年金现值系数	投资回收系数
	已知现值求将来值	已知将来值求现值	已知年金求将来值	已知将来值求年金	已知年金求现值	已知现值求年金
1	1.0500	0.9524	1.0000	1.0000	0.9524	1.0500
2	1.1025	0.9070	2.0500	0.4878	1.8594	0.5378
3	1.1576	0.8638	3.1525	0.3172	2.7232	0.3672
4	1.2155	0.8227	4.3101	0.2320	3.5459	0.2820
5	1.2763	0.7835	5.5256	0.1810	4.3295	0.2310
6	1.3401	0.7462	6.8019	0.1470	5.0757	0.1970
7	1.4071	0.7107	8.1420	0.1228	5.7864	0.1728
8	1.4775	0.6768	9.5491	0.1047	6.4632	0.1547
9	1.5513	0.6446	11.0265	0.0907	7.1078	0.1407
10	1.6289	0.6139	12.5779	0.0795	7.7217	0.1295
11	1.7103	0.5847	14.2068	0.0704	8.3064	0.1204
12	1.7959	0.5568	15.9171	0.0628	8.8632	0.1128
13	1.8856	0.5303	17.7129	0.0565	9.3936	0.1065
14	1.9799	0.5051	19.5986	0.0510	9.8986	0.1010
15	2.0789	0.4810	21.5785	0.0463	10.3796	0.0963
16	2.1829	0.4518	23.6574	0.0423	10.8378	0.0923
17	2.2920	0.4363	25.8403	0.0387	11.2741	0.0887
18	2.4066	0.4155	28.1323	0.0355	11.6896	0.0855
19	2.5269	0.3957	30.5389	0.0327	12.0853	0.0827
20	2.6533	0.3769	33.0659	0.0302	12.4622	0.0802
21	2.7860	0.3589	35.7192	0.0280	12.8211	0.0780
22	2.9253	0.3419	38.5051	0.0260	13.1630	0.0760
23	3.0715	0.3256	41.4304	0.0241	13.4886	0.0741
24	3.2251	0.3101	44.5019	0.0225	13.7986	0.0725
25	3.3863	0.2953	47.7270	0.0210	14.0939	0.0710
26	3.5557	0.2812	51.1133	0.0196	14.3752	0.0696
27	3.7334	0.2678	54.6690	0.0183	14.6430	0.0683
28	3.9201	0.2551	58.4024	0.0171	14.8981	0.0671
29	4.1161	0.2429	62.3225	0.0160	15.1411	0.0660
30	4.3219	0.2314	66.4386	0.0151	15.3724	0.0651
31	4.5380	0.2204	70.7606	0.0141	15.5928	0.0641
32	4.7649	0.2099	75.2986	0.0133	15.8027	0.0633
33	5.0032	0.1999	80.0635	0.0125	16.0025	0.0625
34	5.2533	0.1904	85.0667	0.0118	16.1929	0.0618
35	5.5160	0.1813	90.3200	0.0111	16.3742	0.0611
40	7.0400	0.1420	120.7993	0.0083	17.1591	0.0583
45	8.9850	0.1113	159.6995	0.0063	17.7741	0.0563
50	11.4674	0.0872	209.3470	0.0048	18.2559	0.0548
55	14.6356	0.0683	272.7113	0.0037	18.6335	0.0537
60	18.6791	0.0535	353.5818	0.0028	18.9293	0.0528
65	23.8398	0.0419	456.7954	0.0022	19.1611	0.0522
70	30.4262	0.0329	588.5249	0.0017	19.3427	0.0517
75	38.8324	0.0258	756.6487	0.0013	19.4850	0.0513
80	49.5611	0.0202	971.2220	0.0010	19.5965	0.0510
85	63.2539	0.0158	1 245.0780	0.0008	19.6838	0.0508
90	80.7297	0.0124	1 594.5950	0.0006	19.7523	0.0506
95	103.0338	0.0097	2 040.6770	0.0005	19.8059	0.0505
100	131.5001	0.0076	2 610.0030	0.0004	19.8479	0.0504

6% 复利系数表

年限	整付复本利系数 已知现值求将来值	整付现值系数 已知将来值求现值	年金复本利系数 已知年金求将来值	基金年存系数 已知将来值求年金	年金现值系数 已知年金求现值	投资回收系数 已知现值求年金
1	1.0600	0.9434	1.0000	1.0000	0.9434	1.0600
2	1.1236	0.8900	2.0600	0.4854	1.8334	0.5454
3	1.1910	0.8396	3.1836	0.3141	2.6730	0.3741
4	1.2625	0.7921	4.3746	0.2286	3.4651	0.2886
5	1.3382	0.7473	5.6371	0.1774	4.2124	0.2374
6	1.4185	0.7050	6.9753	0.1434	4.9173	0.2034
7	1.5036	0.6651	8.3938	0.1191	5.5824	0.1791
8	1.5938	0.6274	9.8975	0.1010	6.2098	0.1610
9	1.6895	0.5912	11.4913	0.0870	6.8017	0.1470
10	1.7908	0.5584	13.1808	0.0759	7.3601	0.1359
11	1.8983	0.5268	14.9716	0.0668	7.8869	0.1268
12	2.0122	0.4970	16.8699	0.0593	8.3838	0.1193
13	2.1329	0.4688	18.8821	0.0530	8.8527	0.1130
14	2.2609	0.4423	21.0150	0.0476	9.2950	0.1076
15	2.3966	0.4173	23.2759	0.0430	9.7122	0.1030
16	2.5403	0.3936	25.6725	0.0390	10.1059	0.0990
17	2.6928	0.3714	26.2128	0.0354	10.4773	0.0954
18	2.8543	0.3503	30.9056	0.0324	10.8276	0.0924
19	3.0256	0.3305	33.7589	0.0296	11.1581	0.0896
20	3.2071	0.3118	36.7885	0.0272	11.4699	0.0872
21	3.3996	0.2942	39.9927	0.0250	11.7641	0.0850
22	3.6035	0.2775	43.3992	0.0230	12.0416	0.0830
23	3.8197	0.2618	46.9957	0.0213	12.3034	0.0813
24	4.0489	0.2470	50.8155	0.0197	12.5504	0.0797
25	4.2919	0.2330	54.8644	0.0182	12.7834	0.0782
26	4.5494	0.2198	59.1563	0.0169	13.0032	0.0769
27	4.8223	0.2074	63.7057	0.0157	13.2105	0.0757
28	5.1117	0.1956	68.5280	0.0146	13.4062	0.0746
29	5.4148	0.1846	73.6397	0.0136	13.5907	0.0736
30	5.7435	0.1741	79.0580	0.0126	13.7648	0.0726
31	6.0881	0.1643	84.8015	0.0118	13.9291	0.0718
32	6.4534	0.1550	90.8896	0.0110	14.0840	0.0710
33	6.8406	0.1462	97.3430	0.0103	14.2302	0.0703
34	7.2510	0.1379	104.1835	0.0096	14.3681	0.0696
35	7.6861	0.1301	111.4345	0.0090	14.4982	0.0690
40	10.2857	0.0972	154.7616	0.0065	15.0463	0.0665
45	13.7646	0.0727	212.7435	0.0047	15.4558	0.0647
50	18.4202	0.0543	290.3351	0.0034	15.7619	0.0634
55	24.6502	0.0406	394.1708	0.0025	15.9905	0.0625
60	32.9876	0.0303	533.1263	0.0019	16.1614	0.0619
65	44.1448	0.0227	719.0803	0.0014	16.2891	0.0614
70	59.0757	0.0169	967.9284	0.0010	16.3845	0.0610
75	79.0566	0.0126	1 300.9430	0.0008	16.4558	0.0608
80	105.7955	0.0095	1 746.5920	0.0006	16.5091	0.0606
85	141.5783	0.0071	2 342.9710	0.0004	16.5489	0.0604
90	189.4636	0.0053	3 141.0600	0.0003	16.5787	0.0603
95	253.5449	0.0039	4 209.0820	0.0002	16.6009	0.0602
100	339.3002	0.0029	5 638.3680	0.0002	16.6175	0.0602

7% 复利系数表

年限	整付复本利系数 已知现值求将来值	整付现值系数 已知将来值求现值	年金复本利系数 已知年金求将来值	基金年存系数 已知将来值求年金	年金现值系数 已知年金求现值	投资回收系数 已知现值求年金
1	1.0700	0.9346	1.0000	1.0000	0.9346	1.0700
2	1.1449	0.8734	2.0700	0.4831	1.8080	0.5531
3	1.2250	0.8163	3.2149	0.3111	2.6243	0.3811
4	1.3108	0.7629	4.4399	0.2252	3.3872	0.2952
5	1.4026	0.7130	5.7507	0.1739	4.1002	0.2439
6	1.5007	0.6663	7.1533	0.1398	4.7665	0.2098
7	1.6058	0.6227	8.6540	0.1156	5.3893	0.1856
8	1.7182	0.5820	10.2598	0.0975	5.9713	0.1675
9	1.8385	0.5439	11.9780	0.0835	6.5152	0.1535
10	1.9672	0.5083	13.8165	0.0724	7.0236	0.1424
11	2.1049	0.4751	15.7836	0.0634	7.4987	0.1334
12	2.2522	0.4440	17.8885	0.0559	7.9427	0.1259
13	2.4098	0.4150	20.1407	0.0497	8.3577	0.1197
14	2.5785	0.3878	22.5505	0.0443	8.7455	0.1143
15	2.7590	0.3624	25.1291	0.0398	9.1079	0.1098
16	2.9522	0.3387	27.8881	0.0359	9.4467	0.1059
17	3.1588	0.3166	30.8403	0.0324	9.7632	0.1024
18	3.3799	0.2959	33.9991	0.0294	10.0591	0.0994
19	3.6165	0.2765	37.3790	0.0268	10.3356	0.0968
20	3.8697	0.2584	40.9955	0.0244	10.5940	0.0944
21	4.1406	0.2415	44.8652	0.0223	10.8355	0.0923
22	4.4304	0.2257	49.0058	0.0204	11.0612	0.0904
23	4.7405	0.2109	53.4362	0.0187	11.2722	0.0887
24	5.0724	0.1971	58.1768	0.0172	11.4693	0.0872
25	5.4274	0.1842	63.2491	0.0158	11.6536	0.0858
26	5.8074	0.1722	68.6766	0.0146	11.8258	0.0846
27	6.2139	0.1609	74.4840	0.0134	11.9867	0.0834
28	6.6488	0.1504	80.6978	0.0124	12.1371	0.0824
29	7.1143	0.1406	87.3467	0.0114	12.2777	0.0814
30	7.6123	0.1314	94.4609	0.0106	12.4090	0.0806
31	8.1451	0.1228	102.0732	0.0098	12.5318	0.0798
32	8.7153	0.1147	110.2184	0.0091	12.6466	0.0791
33	9.3254	0.1072	118.9336	0.0084	12.7538	0.0784
34	9.9781	0.1002	128.2590	0.0078	12.8540	0.0778
35	10.6766	0.0937	138.2371	0.0072	12.9477	0.0772
40	14.9745	0.0668	199.6355	0.0050	13.3317	0.0750
45	21.0025	0.0476	285.7500	0.0035	13.6055	0.0735
50	29.4571	0.0339	406.5300	0.0025	13.8007	0.0725
55	41.3151	0.0242	575.9302	0.0017	13.9399	0.0717
60	57.9466	0.0173	813.5228	0.0012	14.0392	0.0712
65	81.2731	0.0123	1 146.7552	0.0009	14.1099	0.0709
70	113.9898	0.0088	1 614.1342	0.0006	14.1604	0.0706
75	159.8766	0.0063	2 269.6574	0.0004	14.1964	0.0704
80	224.2352	0.0045	3 189.0627	0.0003	14.2220	0.0703
85	314.5016	0.0032	4 478.5761	0.0002	14.2403	0.0702
90	441.1049	0.0023	6 287.1854	0.0002	14.2533	0.0702
95	618.6726	0.0016	8 823.8535	0.0001	14.2626	0.0701
100	867.7204	0.0012	12 381.6618	0.0001	14.2693	0.0701

8% 复利系数表

年限	整付复本利系数 已知现值求将来值	整付现值系数 已知将来值求现值	年金复本利系数 已知年金求将来值	基金年存系数 已知将来值求年金	年金现值系数 已知年金求现值	投资回收系数 已知现值求年金
1	1.0800	0.9259	1.0000	1.0000	0.9259	1.0800
2	1.1664	0.8573	2.0800	0.4808	1.7833	0.5608
3	1.2597	0.7938	3.2464	0.3080	2.5771	0.3880
4	1.3605	0.7350	4.5061	0.2219	3.3121	0.3019
5	1.4693	0.6806	.8666	0.1705	3.9927	0.2505
6	1.5869	0.6302	7.3359	0.1363	4.6229	0.2163
7	1.7138	0.5835	8.9228	0.1121	5.2064	0.1921
8	1.8509	0.5403	10.6366	0.0940	5.7466	0.1740
9	1.9990	0.5002	12.4876	0.0801	6.2469	0.1601
10	2.1589	0.4632	14.4866	0.0690	6.8101	0.1490
11	2.3316	0.4289	16.6455	0.0601	7.1390	0.1401
12	2.5182	0.3971	18.9771	0.0527	7.5361	0.1327
13	2.7196	0.3677	21.4953	0.0465	7.9038	0.1265
14	2.9372	0.3405	24.2149	0.0413	8.2442	0.1213
15	3.1722	0.3152	27.1521	0.0368	8.5595	0.1168
16	3.4259	0.2919	30.3243	0.0330	8.8514	0.1130
17	3.7000	0.2703	33.7503	0.0296	9.1216	0.1096
18	3.9960	0.2502	37.4503	0.0267	9.3719	0.1067
19	4.3157	0.2317	41.4463	0.0241	9.6036	0.1041
20	4.6610	0.2145	45.7620	0.0219	9.8181	0.1019
21	5.0338	0.1987	50.4230	0.0198	10.0168	0.0998
22	5.4365	0.1839	55.4568	0.0180	10.2007	0.0990
23	5.8715	0.1703	60.8933	0.0164	10.3711	0.0964
24	6.3412	0.1577	66.7648	0.0150	10.5288	0.0950
25	6.8485	0.1460	73.1060	0.0137	10.6748	0.0937
26	7.3964	0.1352	79.9545	0.0125	10.8100	0.0925
27	7.9881	0.1252	87.3509	0.0114	10.9352	0.0914
28	8.6271	0.1159	95.3389	0.0105	11.0511	0.0905
29	9.3173	0.1073	103.9660	0.0096	11.1584	0.0896
30	10.0627	0.0994	113.2833	0.0088	11.2578	0.0888
31	10.8677	0.0920	123.3460	0.0081	11.3498	0.0881
32	11.7371	0.0852	134.2137	0.0075	11.4350	0.0875
33	12.6761	0.0789	145.9508	0.0069	11.5139	0.0869
34	13.6901	0.0730	158.6269	0.0063	11.5869	0.0863
35	14.7854	0.0676	172.3170	0.0058	11.6546	0.0858
40	21.7245	0.0460	259.0569	0.0039	11.9246	0.0839
45	31.9205	0.0313	386.5062	0.0026	12.1084	0.0826
50	46.9017	0.0213	573.7711	0.0017	12.2335	0.0817
55	68.9140	0.0145	848.9247	0.0012	12.3186	0.0812
60	101.2573	0.0099	1 253.2160	0.0008	12.3766	0.0808
65	148.7802	0.0067	1 847.2481	0.0005	12.4160	0.0805
70	218.6069	0.0046	2 720.0801	0.0004	12.4428	0.0804
75	321.2053	0.0031	4 002.5566	0.0002	12.4611	0.0802
80	471.9560	0.0021	5 886.9354	0.0002	12.4735	0.0802
85	693.4583	0.0014	8 655.7061	0.0001	12.4820	0.0801
90	1 018.9180	0.0010	12 723.9386	0.0001	12.4877	0.0801
95	1 497.1250	0.0007	18 701.5069	0.0001	12.4917	0.0801
100	2 199.7680	0.0005	27 484.5157	0.0000	12.4943	0.0800

9% 复利系数表

年限	整付复本利系数 已知现值求将来值	整付现值系　数 已知将来值求　现值	年金复本利系数 已知年金求将来值	基金年存系　数 已知将来值求　年金	年金现值系　数 已知年金求　现值	投资回收系　数 已知现值求　年金
1	1.0900	0.9174	1.0000	1.0000	0.9174	1.0900
2	1.1881	0.8417	2.0900	0.4785	1.7591	0.5685
3	1.2950	0.7722	3.2781	0.3051	2.5313	0.3951
4	1.4116	0.7084	4.5731	0.2187	3.2397	0.3087
5	1.5386	0.6499	5.9847	0.1671	3.8897	0.2571
6	1.6771	0.5963	7.5233	0.1329	4.4859	0.2229
7	1.8280	0.5470	9.2004	0.1087	5.0330	0.1987
8	1.9926	0.5019	11.0285	0.0907	5.5348	0.1807
9	2.1719	0.4604	13.0210	0.0768	5.9952	0.1668
10	2.3674	0.4224	15.1929	0.0658	6.4177	0.1558
11	2.5804	0.3875	17.5603	0.0569	6.8052	0.1469
12	2.8127	0.3555	20.1407	0.0497	7.1607	0.1397
13	3.0658	0.3262	22.9534	0.0436	7.4869	0.1336
14	3.3417	0.2992	26.0192	0.0384	7.7862	0.1284
15	3.6425	0.2745	29.3609	0.0341	8.0607	0.1241
16	3.9703	0.2519	33.0034	0.0303	8.3126	0.1203
17	4.3276	0.2311	36.9737	0.0270	8.5436	0.1170
18	4.7171	0.2120	41.3014	0.0242	8.7556	0.1142
19	5.1417	0.1945	46.0185	0.0217	8.9501	0.1117
20	5.6044	0.1784	51.1602	0.0195	9.1285	0.1095
21	6.1088	0.1637	56.7646	0.0176	9.2922	0.1076
22	6.6586	0.1502	62.8734	0.0159	9.4424	0.1059
23	7.2579	0.1378	69.5320	0.0144	9.5802	0.1044
24	7.9111	0.1264	76.7899	0.0130	9.7066	0.1030
25	8.6231	0.1160	84.7010	0.0118	9.8226	0.1018
26	9.3992	0.1064	93.3241	0.0107	9.9290	0.1007
27	10.2451	0.0976	102.7233	0.0097	10.0266	0.0997
28	11.1672	0.0895	112.9684	0.0089	10.1161	0.0989
29	12.1722	0.0822	124.1355	0.0081	10.1983	0.0981
30	13.2677	0.0754	136.3077	0.0073	10.2737	0.0973
31	14.4618	0.0691	149.5754	0.0067	10.3428	0.0967
32	15.7634	0.0634	164.0372	0.0061	10.4062	0.0961
33	17.1821	0.0582	179.8006	0.0056	10.4644	0.0956
34	18.7284	0.0534	196.9827	0.0051	10.5178	0.0951
35	20.4140	0.0490	215.7111	0.0046	10.5667	0.0946
40	31.4095	0.0318	337.8831	0.0030	10.7574	0.0930
45	48.3274	0.0207	525.8598	0.0019	10.8812	0.0919
50	74.3577	0.0134	815.0853	0.0012	10.9617	0.0912
55	114.4085	0.0087	1 260.0950	0.0008	11.0140	0.0908
60	176.0318	0.0057	1 944.7970	0.0005	11.0480	0.0905
65	270.8468	0.0037	2 998.2885	0.0003	11.0701	0.0903
70	416.7314	0.0024	4 619.2232	0.0002	11.0844	0.0902
75	641.1931	0.0016	7 113.2321	0.0001	11.0938	0.0901
80	986.5552	0.0010	10 950.5741	0.0001	11.0998	0.0901
85	1 517.9380	0.0007	16 854.8003	0.0001	11.1038	0.0901
90	2 335.5360	0.0004	25 939.1843	0.0000	11.1064	0.0900
95	3 593.5130	0.0003	39 916.6350	0.0000	11.1080	0.0900
100	5 529.0660	0.0002	61 422.6755	0.0000	11.1091	0.0900

10% 复利系数表

年限	整付复本利系数	整付现值系数	年金复本利系数	基金年存系数	年金现值系数	投资回收系数
	已知现值求将来值	已知将来值求现值	已知年金求将来值	已知将来值求年金	已知年金求现值	已知现值求年金
1	1.1000	0.9091	1.0000	1.0000	0.9091	1.1000
2	1.2100	0.8264	2.2100	0.4762	1.7355	0.5762
3	1.3310	0.7513	3.3100	0.3021	2.4879	0.4021
4	1.4641	0.6830	4.6410	0.2155	3.1699	0.3155
5	1.6105	0.6209	6.1051	0.1638	3.7908	0.2638
6	1.7716	0.5645	7.7156	0.1296	4.3553	0.2296
7	1.9487	0.5132	9.4872	0.1054	5.8684	0.2054
8	2.1436	0.4665	11.4359	0.0874	5.3349	0.1874
9	2.3579	0.4241	13.5795	0.0736	5.7590	0.1736
10	2.5937	0.3855	15.9374	0.0627	6.1446	0.1627
11	2.8531	0.3505	18.5312	0.0540	6.4951	0.1540
12	3.1384	0.3186	21.3843	0.0468	6.8137	0.1468
13	3.4523	0.2897	24.5227	0.0408	7.1034	0.1408
14	3.7975	0.2633	27.9750	0.0357	7.3667	0.1357
15	4.1772	0.2394	31.7752	0.0315	7.6061	0.1315
16	4.5950	0.2176	35.9697	0.0278	7.8237	0.1278
17	5.0545	0.1978	40.5447	0.0247	8.0216	0.1247
18	5.5599	0.1799	45.5992	0.0219	8.2014	0.1219
19	6.1159	0.1635	51.1591	0.0195	8.3649	0.1195
20	6.7275	0.1486	57.2750	0.0175	8.5136	0.1175
21	7.4003	0.1351	64.0025	0.0156	8.6487	0.1156
22	8.1403	0.1228	71.4028	0.0140	8.7715	0.1140
23	8.9543	0.1117	79.5431	0.0126	8.8832	0.1126
24	9.8497	0.1015	88.4974	0.0113	8.8947	0.1113
25	10.8347	0.0923	98.3471	0.0102	9.0770	0.1102
26	11.9182	0.0839	109.1818	0.0092	9.1609	0.1092
27	14.4210	0.0693	134.2100	0.0075	9.3066	0.1075
27	15.8631	0.0630	148.6310	0.0067	9.3696	0.1067
29	15.8631	0.0630	164.4941	0.0061	9.4269	0.1061
30	17.4494	0.0573	164.4941	0.0061	9.4790	0.1055
31	19.1944	0.0521	181.9435	0.0055	9.4790	0.1055
32	21.1138	0.0474	201.1379	0.0050	9.5264	0.1050
33	23.2252	0.0431	222.2517	0.0045	9.5694	0.1045
34	25.5477	0.0391	245.4768	0.0041	9.6086	0.1041
35	28.1025	0.0356	271.0245	0.0037	9.6442	0.1037
40	45.2593	0.0221	442.5928	0.0023	9.7791	0.1023
45	72.8905	0.0137	718.9053	0.0014	9.8628	0.1014
50	117.3909	0.0085	1 163.9085	0.0009	9.9148	0.1009
55	189.0593	0.0053	1 880.5914	0.0005	9.9471	0.1005
60	304.4819	0.0033	3 034.8164	0.0003	9.9672	0.1003
65	490.3712	0.0020	4 893.7073	0.0002	9.9796	0.1002
70	789.7478	0.0013	7 887.4696	0.0001	9.9873	0.1001
75	1 271.8970	0.0008	12 708.9537	0.0001	9.9921	0.1001
80	2 048.4030	0.0005	20 474.0022	0.0000	9.9951	0.1000
85	3 298.9730	0.0003	32 979.6903	0.0000	9.9970	0.1000
90	5 313.0300	0.0002	53 120.2261	0.0000	9.9981	0.1000
95	8 556.6880	0.0001	85 556.7605	0.0000	9.9988	0.1000
100	13 780.6300	0.0001	137 796.1234	0.0000	9.9993	0.1000

11% 复利系数表

年限	整付复本利系数 已知现值求将来值	整付现值系数 已知将来值求现值	年金复本利系数 已知年金求将来值	基金年存系数 已知将来值求年金	年金现值系数 已知年金求现值	投资回收系数 已知现值求年金
1	1.1100	0.9009	1.0000	1.0000	0.9009	1.1100
2	1.2321	0.8116	2.1100	0.4739	1.7125	0.5839
3	1.3676	0.7312	3.3421	0.2992	2.4437	0.4092
4	1.5181	0.6587	4.7097	0.2123	3.1024	0.3223
5	1.6851	0.5935	6.2278	0.1606	3.6959	0.2706
6	1.8704	0.5346	7.9129	0.1264	4.2305	0.2364
7	2.0762	0.4817	9.7833	0.1022	4.7122	0.2122
8	2.3045	0.4339	11.8594	0.0843	5.1461	0.1943
9	2.5580	0.3909	14.1640	0.0706	5.5370	0.1806
10	2.8394	0.3522	16.7220	0.0598	5.8892	0.1698
11	3.1518	0.3173	19.5614	0.0511	6.2065	0.1611
12	3.4985	0.2858	22.7132	0.0440	6.4924	0.1540
13	3.8833	0.2575	26.2116	0.0382	6.7499	0.1482
14	4.3104	0.2320	30.0949	0.0332	6.9819	0.1432
15	4.7846	0.2090	34.4054	0.0291	7.1909	0.1391
16	5.3109	0.1883	39.1900	0.0255	7.3792	0.1355
17	5.8951	0.1696	44.5008	0.0225	7.5488	0.1325
18	6.5436	0.1528	50.3959	0.0198	7.7016	0.1298
19	7.2633	0.1377	56.9395	0.0176	7.8393	0.1276
20	8.0623	0.1240	64.2028	0.0156	7.9633	0.1256
21	8.9492	0.1117	72.2652	0.0138	8.0751	0.1238
22	9.9336	0.1007	81.2143	0.0123	8.1757	0.1223
23	11.0263	0.0907	91.1479	0.0110	8.2664	0.1210
24	12.2392	0.0817	102.1742	0.0098	8.3481	0.1198
25	13.5855	0.0736	114.4133	0.0087	8.4217	0.1187
26	15.0799	0.0663	127.9988	0.0078	8.4881	0.1178
27	16.7386	0.0597	143.0786	0.0070	8.5478	0.1170
28	18.5799	0.0538	159.8173	0.0063	8.6016	0.1163
29	20.6327	0.0485	178.3972	0.0056	8.6501	0.1156
30	22.8923	0.0437	199.0209	0.0050	8.6938	0.1150
31	25.4105	0.0394	221.9132	0.0045	8.7331	0.1145
32	28.2056	0.0355	247.3237	0.0040	8.7686	0.1140
33	31.3082	0.0319	275.5292	0.0036	8.8005	0.1136
34	34.7521	0.0288	306.8375	0.0033	8.8293	0.1133
35	38.5749	0.0259	341.5896	0.0029	8.8552	0.1129
40	65.0009	0.0154	581.8261	0.0017	8.9511	0.1117
45	109.5303	0.0091	986.6387	0.0010	9.0079	0.1110
50	185.5649	0.0054	1 668.7710	0.0006	9.0417	0.1106
55	311.0025	0.0032	2 818.2050	0.0004	9.0617	0.1104
60	524.0573	0.0019	4 755.0670	0.0002	9.0736	0.1102
65	883.0671	0.0011	8 018.7920	0.0001	9.0806	0.1101
70	1 488.0190	0.0007	13 518.3600	0.0001	9.0848	0.1101
75	2 507.3990	0.0004	22 785.4500	0.0000	9.0873	0.1100
80	4 225.1140	0.0002	38 401.0300	0.0000	9.0888	0.1100
85	7 119.5620	0.0001	64 714.2000	0.0000	9.0896	0.1100
90	11 996.8800	0.0001	109 053.4000	0.0000	9.0902	0.1100
95	20 215.4400	0.0000	183 767.6000	0.0000	9.0905	0.1100
100	34 064.1800	0.0000	309 665.3000	0.0000	9.0906	0.1100

12% **复利系数表**

年限	整付复本利系数 已知现值求将来值	整付现值系数 已知将来值求现值	年金复本利系数 已知年金求将来值	基金年存系数 已知将来值求年金	年金现值系数 已知年金求现值	投资回收系数 已知现值求年金
1	1.1200	0.8929	1.0000	1.0000	0.8929	0.1200
2	1.2544	0.7972	2.1200	0.4717	1.6901	0.5917
3	1.4049	0.7118	3.3744	0.2963	2.4018	0.4163
4	1.5735	0.6355	4.7793	0.2092	3.0373	0.3292
5	1.7623	0.5674	6.3528	0.1574	3.6048	0.2774
6	1.9738	0.5066	8.1152	0.1232	4.1114	0.2432
7	2.2107	0.4523	10.0890	0.0991	4.5638	0.2191
8	2.4760	0.4039	12.2997	0.0813	4.9676	0.2013
9	2.7731	0.3606	14.7757	0.0677	5.3283	0.1877
10	3.1058	0.3220	17.5487	0.0570	5.6502	0.1770
11	3.4785	0.2875	20.6546	0.0484	5.9377	0.1684
12	3.8960	0.2567	24.1331	0.0414	6.1944	0.1614
13	4.3635	0.2292	28.0291	0.0357	6.4235	0.1557
14	4.8871	0.2046	32.3926	0.0309	6.6282	0.1509
15	5.4736	0.1827	37.2797	0.0268	6.8109	0.1468
16	6.1304	0.1631	42.7533	0.0234	6.9740	0.1434
17	6.8660	0.1456	48.8837	0.0205	7.1196	0.1405
18	7.6900	0.1300	55.7497	0.0179	7.2497	0.1379
19	8.6128	0.1161	63.4397	0.0158	7.3658	0.1358
20	9.6463	0.1037	72.0524	0.0139	7.4694	0.1339
21	10.8038	0.0926	81.6987	0.0122	7.5620	0.1322
22	12.1003	0.0826	92.5026	0.0108	7.6446	0.1308
23	13.5523	0.0738	104.6029	0.0096	7.7184	0.1296
24	15.1786	0.0659	118.1552	0.0085	7.7843	0.1285
25	17.0001	0.0588	133.3339	0.0075	7.8431	0.1275
26	19.0401	0.0525	150.3339	0.0067	7.8957	0.1267
27	21.3249	0.0469	169.3740	0.0059	7.9426	0.1259
28	23.8839	0.0419	190.6989	0.0052	7.9844	0.1252
29	26.7499	0.0374	214.5828	0.0047	8.0218	0.1247
30	29.9599	0.0334	241.3327	0.0041	8.0552	0.1241
31	33.5551	0.0298	271.2926	0.0037	8.0850	0.1237
32	37.8517	0.0266	304.8577	0.0033	8.1116	0.1233
33	42.0915	0.0238	342.4295	0.0029	8.1354	0.1229
34	47.1425	0.0212	384.5210	0.0026	8.1566	0.1226
35	52.7996	0.0189	431.6635	0.0023	8.1755	0.1223
40	93.0510	0.0107	767.0914	0.0013	8.2438	0.1213
45	163.9876	0.0061	1 358.2300	0.0007	8.2825	0.1207
50	289.0022	0.0035	2 400.0180	0.0004	8.3045	0.1204
55	509.3206	0.0020	4 236.0050	0.0002	8.3170	0.1202
60	897.5969	0.0001	7 741.6410	0.0001	8.3240	0.1201
65	1 581.8720	0.0006	13 173.9374	0.0001	8.3281	0.1201
70	2 787.8000	0.0004	23 223.3319	0.0000	8.3303	0.1200
75	4 913.0550	0.0002	40 933.7987	0.0000	8.3316	0.1200
80	8 658.4820	0.0001	72 145.6925	0.0000	8.3324	0.1200
85	15 259.8100	0.0001	127 151.7140	0.0000	8.3328	0.1200
90	26 891.9300	0.0000	224 091.1185	0.0000	8.3330	0.1200
95	47 392.7800	0.0000	394 931.4719	0.0000	8.3332	0.1200
100	83 522.2700	0.0000	696 010.5477	0.0000	8.3332	0.1200

13% 复利系数表

年限	整付复本利系数 已知现值 求将来值	整付现值系数 已知将来值 求现值	年金复本利系数 已知年金 求将来值	基金年存系数 已知将来值 求年金	年金现值系数 已知年金 求现值	投资回收系数 已知现值 求年金
1	1.1300	0.8850	1.0000	1.0000	0.8850	1.1300
2	1.2769	0.8731	2.1300	0.4695	1.6681	0.5995
3	1.4429	0.6931	3.4069	0.2935	2.3612	0.4235
4	1.6305	0.6133	4.8498	0.2062	2.9745	0.3362
5	1.8424	0.5428	6.4803	0.1543	3.5172	0.2843
6	2.0820	0.4803	8.3227	0.1202	3.9975	0.2502
7	2.3526	0.4251	10.4047	0.0961	4.4226	0.2261
8	2.6584	0.3762	12.7573	0.0784	4.7988	0.2084
9	3.0040	0.3329	15.4157	0.0649	5.1317	0.1949
10	3.3946	0.2946	18.4197	0.0543	5.4262	0.1843
11	3.8359	0.2607	21.8143	0.0458	5.6869	0.1758
12	4.3345	0.2307	25.6502	0.0390	5.9176	0.1690
13	4.8980	0.2042	29.9847	0.0334	6.1218	0.1634
14	5.5348	0.1807	34.8827	0.0287	6.3025	0.1587
15	6.2543	0.1599	40.4174	0.0247	6.4624	0.1547
16	7.0673	0.1415	46.6717	0.0214	6.6039	0.1514
17	7.9861	0.1252	53.7390	0.0186	6.7291	0.1486
18	9.0243	0.1108	61.7251	0.0162	6.8399	0.1462
19	10.1974	0.0981	70.7494	0.0141	6.9380	0.1441
20	11.5241	0.0868	80.9468	0.0124	7.0248	0.1424
21	13.0211	0.0768	92.4699	0.0108	7.1015	0.1408
22	14.7138	0.6080	105.4909	0.0059	7.1695	0.1395
23	16.6266	0.0601	120.2048	0.0083	7.2297	0.1383
24	18.7881	0.0532	136.8314	0.0073	7.2829	0.1373
25	21.2305	0.0471	155.6194	0.0064	7.3300	0.1364
26	23.9905	0.0417	176.8501	0.0057	7.3717	0.1357
27	27.1093	0.0369	200.8404	0.0050	7.4086	0.1350
28	30.6335	0.0326	227.9497	0.0044	7.4412	0.1344
29	34.6158	0.0289	258.5831	0.0039	7.4701	0.1339
30	39.1159	0.0256	293.1990	0.0034	7.4957	0.1334
31	44.2009	0.0226	332.3148	0.0030	7.5183	0.1330
32	49.9470	0.0200	376.5157	0.0027	7.5383	0.1327
33	56.4402	0.0177	426.4627	0.0023	7.5560	0.1323
34	63.7774	0.0157	482.9029	0.0021	7.5717	0.1321
35	72.0684	0.0139	546.6803	0.0018	7.5856	0.1318
40	132.7814	0.0075	1 013.7030	0.0010	7.6344	0.1310
45	244.6410	0.0041	1 874.1620	0.0005	7.6609	0.1305
50	450.7352	0.0022	3 459.5020	0.0003	7.6752	0.1303
55	830.4503	0.0012	6 380.3870	0.0002	7.6830	0.1302
60	1 530.0500	0.0007	11 761.9300	0.0001	7.6873	0.1301
65	2 819.0180	0.0004	21 677.0700	0.0000	7.6896	0.1300
70	5 193.8580	0.0002	39 945.0600	0.0000	7.6908	0.1300
75	9 569.3450	0.0001	73 602.6600	0.0000	7.6915	0.1300
80	17 630.9000	0.0001	135 614.6000	0.0000	7.6919	0.1300
85	32 483.7700	0.0000	249 867.5000	0.0000	7.6921	0.1300
90	59 849.2400	0.0000	460 371.1000	0.0000	7.6922	0.1300
95	110 268.3000	0.0000	848 210.2000	0.0000	7.6922	0.1300
100	203 162.2000	0.0000	1 562 779.0000	0.0000	7.6923	0.1300

14% 复利系数表

年限	整付复本利系数 已知现值求将来值	整付现值系数 已知将来值求现值	年金复本利系数 已知年金求将来值	基金年存系数 已知将来值求年金	年金现值系数 已知年金求现值	投资回收系数 已知现值求年金
1	1.1400	0.8772	1.0000	1.0000	0.8772	1.1400
2	1.2996	0.7695	2.1400	0.4673	1.6467	0.6073
3	1.4815	0.6750	3.4396	0.2907	2.3216	0.4307
4	1.6890	0.5921	4.9211	0.2032	2.9137	0.3432
5	1.9254	0.5194	6.6101	0.1513	3.4331	0.2913
6	2.1950	0.4556	8.5355	0.1172	3.8887	0.2572
7	2.5023	0.3996	10.7305	0.0932	4.2883	0.2332
8	2.8526	0.3506	13.2328	0.0756	4.6389	0.2156
9	3.2519	0.3075	16.0853	0.0622	4.9464	0.2022
10	3.7072	0.2697	19.3373	0.0517	5.2161	0.1917
11	4.2262	0.2366	23.0445	0.0434	5.4527	0.1834
12	4.8179	0.2076	27.2708	0.0367	5.6603	0.1767
13	5.4924	0.1821	32.0887	0.0312	5.8424	0.1712
14	6.2613	0.1597	37.5811	0.0266	6.0021	0.1666
15	7.1379	0.1401	43.8424	0.0228	6.1422	0.1628
16	8.1373	0.1229	50.9804	0.0196	6.2651	0.1596
17	9.2765	0.1078	59.1176	0.0169	6.3729	0.1569
18	10.5752	0.0946	68.3941	0.0146	6.4674	0.1546
19	12.0557	0.0829	78.9692	0.0127	6.5504	0.1527
20	13.7435	0.0728	91.0249	0.0110	6.6231	0.1510
21	15.6676	0.0638	104.7684	0.0095	6.6870	0.1495
22	17.8610	0.0560	120.4360	0.0083	6.7429	0.1483
23	20.3616	0.0491	138.2971	0.0072	6.7921	0.1472
24	23.2122	0.0431	158.6587	0.0063	6.8351	0.1463
25	26.4619	0.0378	181.8708	0.0055	6.8729	0.1455
26	30.1666	0.0331	208.3328	0.0048	6.9061	0.1448
27	34.3899	0.0291	238.4994	0.0042	6.9352	0.1442
28	39.2045	0.0255	272.8893	0.0037	6.9607	0.1437
29	44.6931	0.0224	312.0938	0.0032	6.9830	0.1432
30	50.9502	0.0196	356.7869	0.0028	7.0027	0.1428
31	58.0832	0.0172	407.7371	0.0025	7.0199	0.1425
32	66.2148	0.0151	465.8203	0.0021	7.0350	0.1421
33	75.4849	0.0132	532.0351	0.0019	7.0482	0.1419
34	86.0528	0.0116	607.5200	0.0016	7.0599	0.1416
35	98.1002	0.0102	693.5728	0.0014	7.0700	0.1414
40	188.8836	0.0053	1 342.0250	0.0007	7.1050	0.1407
45	363.6792	0.0027	2 590.5650	0.0004	7.1232	0.1404
50	700.2331	0.0014	4 994.5230	0.0002	7.1327	0.1402
55	1 348.2390	0.0007	9 623.1370	0.0001	7.1376	0.1401
60	2 595.9200	0.0004	18 535.1400	0.0001	7.1401	0.1401
65	4 998.2210	0.0002	35 694.4300	0.0000	7.1414	0.1400
70	9 623.6490	0.0001	68 733.2100	0.0000	7.1421	0.1400
75	18 529.5100	0.0001	132 346.5000	0.0000	7.1425	0.1400
80	35 676.9900	0.0000	254 828.5000	0.0000	7.1427	0.1400
85	68 693.0000	0.0000	490 657.2000	0.0000	7.1428	0.1400
90	132 262.5000	0.0000	944 725.1000	0.0000	7.1428	0.1400
95	254 660.2000	0.0000	1 818 994.0000	0.0000	7.1428	0.1400
100	490 326.5000	0.0000	3 592 325.0000	0.0000	7.1428	0.1400

15% 复利系数表

年限	整付复本利系数	整付现值系数	年金复本利系数	基金年存系数	年金现值系数	投资回收系数
	已知现值求将来值	已知将来值求现值	已知年金求将来值	已知将来值求年金	已知年金求现值	已知现值求年金
1	1.1500	0.8696	1.0000	1.0000	0.8696	1.1500
2	1.3225	0.7561	2.1500	0.4651	1.6257	0.6151
3	1.5209	0.6575	3.4725	0.2880	2.2832	0.4380
4	1.7490	0.5718	4.9934	0.2003	2.8550	0.3503
5	2.0114	0.4972	6.7424	0.1483	3.3522	0.2983
6	2.3131	0.4323	8.7537	0.1142	3.7845	0.2642
7	2.6600	0.3759	11.0668	0.0904	4.1604	0.2404
8	3.0590	0.3269	13.7268	0.0729	4.4873	0.2229
9	3.5179	0.2843	16.7858	0.0596	4.7716	0.2096
10	4.0456	0.2472	20.3037	0.0493	5.0188	0.1993
11	4.6524	0.2149	24.3493	0.0411	5.2337	0.1911
12	5.3503	0.1869	29.0017	0.0345	5.4206	0.1845
13	6.1528	0.1625	34.3519	0.0291	5.5831	0.1791
14	7.0757	0.1413	40.5047	0.0247	5.7245	0.1747
15	8.1371	0.1229	47.5804	0.0210	5.8474	0.1710
16	9.3576	0.1069	55.7175	0.0179	5.9542	0.1679
17	10.7613	0.0929	65.0751	0.0154	6.0472	0.1654
18	12.3755	0.0808	75.8364	0.0132	6.1280	0.1632
19	14.2318	0.0703	88.2118	0.0113	6.1982	0.1613
20	16.3665	0.0611	102.4436	0.0098	6.2593	0.1598
21	18.8215	0.0531	118.8101	0.0084	6.3125	0.1584
22	21.6447	0.0462	137.6316	0.0073	6.3587	0.1573
23	24.8915	0.0402	159.2764	0.0063	6.3988	0.1563
24	28.6252	0.0349	184.1679	0.0054	6.4338	0.1554
25	32.9190	0.0304	212.7930	0.0047	6.4641	0.1547
26	37.8568	0.0264	245.7120	0.0041	6.4906	0.1541
27	43.5353	0.0230	283.5688	0.0035	6.5135	0.1535
28	50.0656	0.0200	327.1041	0.0031	6.5335	0.1531
29	57.5755	0.0174	377.1697	0.0027	6.5509	0.1527
30	66.2118	0.0151	434.7452	0.0023	6.5660	0.1523
31	76.1436	0.0131	500.9570	0.0020	6.5791	0.1520
32	87.5651	0.0114	577.1005	0.0017	6.5905	0.1517
33	100.6998	0.0099	664.6655	0.0015	6.6005	0.1515
34	115.8048	0.0086	765.3653	0.0013	6.6091	0.1513
35	133.1755	0.0075	881.1701	0.0011	6.6166	0.1511
40	267.8636	0.0037	1 779.0900	0.0006	6.6418	0.1506
45	538.7693	0.0019	3 585.1280	0.0003	6.6543	0.1503
50	1 083.6580	0.0009	7 217.7170	0.0001	6.6605	0.1501
55	2 179.6220	0.0005	14 524.1500	0.0001	6.6636	0.1501
60	4 383.9990	0.0002	29 219.9900	0.0000	6.6651	0.1500
65	8 817.7870	0.0001	58 778.5800	0.0000	6.6659	0.1500
70	17 735.7200	0.0001	118 231.5000	0.0000	6.6663	0.1500
75	35 672.8700	0.0000	237 812.5000	0.0000	6.6665	0.1500
80	71 750.8800	0.0000	478 332.6000	0.0000	6.6666	0.1500
85	144 316.7000	0.0000	962 104.3000	0.0000	6.6666	0.1500
90	290 272.4000	0.0000	1 935 142.0000	0.0000	6.6666	0.1500
95	583 814.5000	0.0000	3 892 270.0000	0.0000	6.6667	0.1500
100	1 174 313.5000	0.0000	7 828 750.0000	0.0000	6.6667	0.1500

20% **复利系数表**

年限	整付复本利系数 已知现值求将来值	整付现值系数 已知将来值求现值	年金复本利系数 已知年金求将来值	基金年存系数 已知将来值求年金	年金现值系数 已知年金求现值	投资回收系数 已知现值求年金
1	1. 2000	0. 8333	1. 0000	1. 0000	0. 8333	1. 2000
2	1. 4400	0. 6944	2. 2000	0. 4545	1. 5278	0. 6545
3	1. 7280	0. 5787	3. 6400	0. 2747	2. 1065	0. 4747
4	2. 0736	0. 4823	5. 3680	0. 1863	2. 5887	0. 3863
5	2. 4883	0. 4019	7. 4416	0. 1344	2. 9906	0. 3344
6	2. 9860	0. 3349	9. 9299	0. 1007	3. 3255	0. 3007
7	3. 5882	0. 2791	12. 9159	0. 0774	3. 6046	0. 2774
8	4. 2998	0. 2326	16. 4991	0. 0606	3. 8372	0. 2606
9	5. 1598	0. 1938	20. 7989	0. 0481	4. 0310	0. 2481
10	6. 1917	0. 1615	25. 9587	0. 0385	4. 1925	0. 2385
11	7. 4301	0. 1346	32. 1504	0. 0311	4. 3271	0. 2311
12	8. 9161	0. 1122	39. 5805	0. 0253	4. 4392	0. 2253
13	10. 6993	0. 0935	48. 4966	0. 0206	4. 5327	0. 2206
14	12. 8392	0. 0779	59. 1959	0. 0169	4. 6106	0. 2169
15	15. 4070	0. 0649	72. 0351	0. 0139	4. 6755	0. 2139
16	18. 4884	0. 0541	87. 4421	0. 0114	4. 7296	0. 2114
17	22. 1861	0. 0451	105. 9306	0. 0094	4. 7746	0. 2094
18	26. 6233	0. 0376	128. 1167	0. 0078	4. 8122	0. 2078
19	31. 9480	0. 0313	154. 7400	0. 0065	4. 8435	0. 2065
20	38. 3376	0. 0261	186. 6880	0. 0054	4. 8696	0. 2054
21	46. 0051	0. 0217	225. 0256	0. 0044	4. 8913	0. 2044
22	55. 2061	0. 0181	271. 0307	0. 0037	4. 9094	0. 2037
23	66. 2474	0. 0151	326. 2369	0. 0031	4. 9245	0. 2031
24	79. 4969	0. 0126	392. 4843	0. 0025	4. 9371	0. 2025
25	95. 3962	0. 0105	471. 9811	0. 0021	4. 9476	0. 2021
26	114. 4755	0. 0087	567. 3773	0. 0018	4. 9563	0. 2018
27	137. 3706	0. 0073	681. 8529	0. 0015	4. 9636	0. 2015
28	164. 8447	0. 0061	819. 2233	0. 0012	4. 9697	0. 2012
29	197. 8136	0. 0051	984. 0681	0. 0010	4. 9747	0. 2010
30	237. 3764	0. 0042	1 181. 8820	0. 0008	4. 9789	0. 2008
31	284. 8516	0. 0035	1 419. 2580	0. 0007	4. 9824	0. 2007
32	341. 8219	0. 0029	1 704. 1100	0. 0006	4. 9854	0. 2006
33	410. 1863	0. 0024	2 045. 9310	0. 0005	4. 9878	0. 2005
34	492. 2236	0. 0020	2 456. 1180	0. 0004	4. 9898	0. 2004
35	590. 6683	0. 0017	2 948. 3410	0. 0003	4. 9915	0. 2003
40	1 469. 7720	0. 0007	7 343. 8580	0. 0001	4. 9966	0. 2001
45	3 657. 2630	0. 0003	18 281. 3100	0. 0001	4. 9986	0. 2001
50	9 100. 4390	0. 0001	45 497. 1900	0. 0000	4. 9995	0. 2000

25% 复利系数表

年限	整付复本利系数	整付现值系数	年金复本利系数	基金年存系数	年金现值系数	投资回收系数
	已知现值求将来值	已知将来值求现值	已知年金求将来值	已知将来值求年金	已知年金求现值	已知现值求年金
1	1.2500	0.8000	1.0000	1.0000	0.8000	1.2500
2	1.5625	0.6400	2.2500	0.4444	1.4400	0.6944
3	1.9531	0.5120	3.8125	0.2623	1.9520	0.5123
4	2.4414	0.4096	5.7656	0.1734	2.3616	0.4234
5	3.0518	0.3277	8.2070	0.1218	2.6893	0.3718
6	3.8147	0.2621	11.2588	0.0888	2.9514	0.3388
7	4.7684	0.2097	15.0735	0.0663	3.1611	0.3163
8	5.9605	0.1678	19.8419	0.0504	3.3289	0.3004
9	7.4506	0.1342	25.8023	0.0388	3.4631	0.2888
10	9.3132	0.1074	33.2529	0.0301	3.5705	0.2801
11	11.6415	0.0859	42.5661	0.0235	3.6564	0.2735
12	14.5519	0.0687	54.2077	0.0184	3.7251	0.2684
13	18.1899	0.0550	68.7596	0.0145	3.7801	0.2615
14	22.7374	0.0440	86.9495	0.0115	3.8241	0.2615
15	28.4217	0.0352	109.6868	0.0091	3.8593	0.2591
16	35.5271	0.0281	138.1086	0.0072	3.8874	0.2572
17	44.4089	0.0225	173.6357	0.0058	3.9099	0.2558
18	55.5112	0.0180	218.0446	0.0046	3.9279	0.2546
19	69.3889	0.0144	273.5558	0.0037	3.9424	0.2537
20	86.7362	0.0115	342.9447	0.0029	3.9539	0.2529
21	108.4202	0.0092	429.6809	0.0023	3.9631	0.2523
22	135.5253	0.0074	538.1011	0.0019	3.9705	0.2519
23	169.4066	0.0059	673.6263	0.0015	3.9764	0.2515
24	211.7583	0.0047	843.0329	0.0012	3.9811	0.2512
25	264.6978	0.0038	1 054.7910	0.0009	3.9849	0.2500
26	330.8723	0.0030	1 319.4890	0.0008	3.9879	0.2508
27	413.5903	0.0024	1 650.3612	0.0006	3.9903	0.2506
28	516.9879	0.0019	2 063.9515	0.0005	3.9923	0.2505
29	646.2349	0.0015	2 580.9394	0.0004	3.9938	0.2504
30	807.7936	0.0012	3 227.1743	0.0003	3.9950	0.2503
31	1 009.7420	0.0010	4 034.9678	0.0002	3.9960	0.2502
32	1 262.1780	0.0008	5 044.7098	0.0002	3.9968	0.2502
33	1 577.7220	0.0006	6 306.8872	0.0002	3.9975	0.2502
34	1 972.1520	0.0005	7 884.6091	0.0001	3.9980	0.2501
35	2 465.1910	0.0004	9 856.7613	0.0001	3.9984	0.2501
40	7 523.1640	0.0001	30 088.6654	0.0000	3.9995	0.2500
45	22 958.8800	0.0000	91 831.4962	0.0000	3.9998	0.2500
50	70 064.9300	0.0000	280 255.6929	0.0000	3.9999	0.2500

30% 复利系数表

年限	整付复本利系数 已知现值求将来值	整付现值系数 已知将来值求现值	年金复本利系数 已知年金求将来值	基金年存系数 已知将来值求年金	年金现值系数 已知年金求现值	投资回收系数 已知现值求年金
1	1.3000	0.7692	1.0000	1.0000	0.7692	1.3000
2	1.6900	0.5917	2.3000	0.4348	1.3609	0.7348
3	2.1970	0.4552	3.9900	0.2506	1.8161	0.5506
4	2.8561	0.3501	6.1870	0.1616	2.1662	0.4616
5	3.7129	0.2693	9.0431	0.1106	2.4356	0.4106
6	4.8268	0.2072	12.7560	0.0784	2.6427	0.3784
7	6.2748	0.1594	17.5828	0.0569	2.8021	0.3569
8	8.1573	0.1226	23.8577	0.0419	2.9247	0.3419
9	10.6045	0.0943	32.0150	0.0312	3.0190	0.3312
10	13.7858	0.0725	42.6195	0.0235	3.0915	0.3235
11	17.9216	0.0558	56.4053	0.0177	3.1473	0.3177
12	23.2981	0.0429	74.3269	0.0135	3.1903	0.3135
13	30.2875	0.0330	97.6250	0.0102	3.2233	0.3102
14	39.3737	0.0254	127.9124	0.0078	3.2487	0.3078
15	51.1859	0.0195	167.2862	0.0060	3.2682	0.3060
16	66.5416	0.0150	218.4720	0.0046	3.2832	0.3046
17	86.5041	0.0116	285.0136	0.0035	3.2948	0.3035
18	112.4553	0.0089	371.5177	0.0027	3.3037	0.3027
19	146.1919	0.0068	483.9729	0.0021	3.3105	0.3021
20	190.0494	0.0053	630.1648	0.0016	3.3158	0.3016
21	247.0643	0.0040	820.214	0.0012	3.3198	0.3012
22	321.1835	0.0031	1 067.278	0.0009	3.3230	0.3009
23	417.5385	0.0024	1 388.462	0.0007	3.3253	0.3007
24	542.8001	0.0018	1 806.000	0.0006	3.3272	0.3006
25	705.6400	0.0014	2 348.800	0.0004	3.3286	0.3004
26	917.3320	0.0011	3 054.4400	0.0003	3.3297	0.3003
27	1 192.5320	0.0008	3 971.7720	0.0003	3.3305	0.3003
28	1 550.2910	0.0006	5 164.3030	0.0002	3.3312	0.3002
29	2 015.3780	0.0005	6 714.5940	0.0001	3.3317	0.3001
30	2 619.9910	0.0004	8 729.9710	0.0001	3.3321	0.3001

35%复利系数表

年限	整付复本利系数	整付现值系数	年金复本利系数	基金年存系数	年金现值系数	投资回收系数
	已知现值求将来值	已知将来值求现值	已知年金求将来值	已知将来值求年金	已知年金求现值	已知现值求年金
1	1.3500	0.7407	1.0000	1.0000	0.7407	1.3500
2	1.8225	0.5487	2.3500	0.4255	1.2894	0.7755
3	2.4604	0.4064	4.1725	0.2397	1.6959	0.5897
4	3.3215	0.3011	6.6329	0.1508	1.9969	0.5008
5	4.4840	0.2230	9.9544	0.1005	2.2200	0.4505
6	6.0534	0.1652	14.4384	0.0693	2.3852	0.4193
7	8.1722	0.1224	20.4919	0.0488	2.5075	0.3988
8	11.0324	0.0906	28.6640	0.0349	2.5982	0.3849
9	14.8937	0.0671	39.6964	0.0252	2.6653	0.3752
10	20.1066	0.0497	54.5902	0.0183	2.7150	0.3683
11	27.1439	0.0368	74.6967	0.0134	2.7519	0.3634
12	36.6442	0.0273	11.8406	0.0098	2.7792	0.3598
13	49.4697	0.0202	138.4848	0.0072	2.7994	0.3572
14	66.7841	0.0150	187.9544	0.0053	2.8144	0.3553
15	90.1585	0.0111	254.7385	0.0039	2.8255	0.3539
16	121.7139	0.0082	344.8970	0.0029	2.8337	0.3529
17	163.3138	0.0061	466.6109	0.0021	2.8398	0.3521
18	221.8237	0.0045	630.9247	0.0016	2.8443	0.3516
19	299.4620	0.0033	852.7484	0.0012	2.8476	0.3512
20	404.2736	0.0025	1 152.2100	0.0009	2.8501	0.3509
21	545.7694	0.0018	1 556.4840	0.0006	2.8519	0.3506
22	736.7886	0.0014	2 102.2530	0.0005	2.8533	0.3505
23	994.6648	0.0010	2 839.0420	0.0004	2.8543	0.3504
24	1 342.7970	0.0007	3 833.7070	0.0003	2.8550	0.3502
25	1 812.7760	0.0006	5 176.5040	0.0002	2.8556	0.3502
26	2 447.2480	0.0004	6 989.2810	0.0000	2.8560	0.3501
27	3 303.7850	0.0003	9 436.5290	0.0001	2.8563	0.3501
28	4 460.1100	0.0002	12 740.3200	0.0001	2.8565	0.3501
29	6 021.1480	0.0002	17 200.4200	0.0001	2.8567	0.3501
30	8 128.5500	0.0001	23 221.5700	0.0000	2.8568	0.3500

40% 复利系数表

年限	整付复本利系数 已知现值 求将来值	整付现值系数 已知将来值 求现值	年金复本利系数 已知年金 求将来值	基金年存系数 已知将来值 求年金	年金现值系数 已知年金 求现值	投资回收系数 已知现值 求年金
1	1.4000	0.7143	1.0000	1.0000	0.7143	1.4000
2	1.9600	0.5102	2.4000	0.4167	1.2245	0.8167
3	2.7440	0.3644	4.3600	0.2294	1.5889	0.6294
4	3.8416	0.2603	7.1040	0.1408	1.8492	0.5408
5	5.3782	0.1859	10.9456	0.0914	2.0352	0.4914
6	7.5295	0.1328	16.3238	0.0613	2.1680	0.4613
7	10.5414	0.0949	23.8534	0.0419	2.2628	0.4419
8	14.7579	0.0678	34.3947	0.0291	2.3306	0.4291
9	20.6610	0.0484	49.1526	0.0203	2.3790	0.4203
10	28.9255	0.0346	69.8136	0.0143	2.4136	0.4143
11	40.4956	0.0247	98.7391	0.0101	2.4383	0.4101
12	56.6939	0.0176	139.2347	0.0072	2.4559	0.4072
13	79.3715	0.0126	195.9287	0.0051	2.4685	0.4051
14	111.1200	0.0090	275.3001	0.0036	2.4775	0.4036
15	155.5681	0.0064	386.4201	0.0026	2.4829	0.4026
16	217.7953	0.0046	541.9882	0.0018	2.4885	0.4018
17	304.9134	0.0033	759.7834	0.0013	2.4918	0.4013
18	426.8787	0.0023	1 064.6970	0.0009	2.4941	0.4009
19	597.6302	0.0017	1 491.5760	0.0007	2.4958	0.4007
20	836.6822	0.0012	2 089.2050	0.0005	2.4970	0.4005
21	1 171.3550	0.0009	2 925.8880	0.0003	2.4979	0.4003
22	1 639.8970	0.0006	4 097.2430	0.0002	2.4985	0.4002
23	2 295.8560	0.0004	5 737.1400	0.0002	2.4989	0.4002
24	3 214.1980	0.0003	8 032.9950	0.0001	2.4992	0.4001
25	4 499.8770	0.0002	11 247.1900	0.0001	2.4994	0.4001
26	6 299.8280	0.0002	15 747.0700	0.0001	2.4996	0.4001
27	8 819.7590	0.0001	22 046.9000	0.0000	2.4997	0.4000
28	12 347.6600	0.0001	30 866.6600	0.0000	2.4998	0.4000
29	17 286.7300	0.0001	43 214.3200	0.0000	2.4999	0.4000
30	24 201.4200	0.0000	60 501.0500	0.0000	2.4999	0.4000

45% **复利系数表**

年限	整付复本利系数	整付现值系数	年金复本利系数	基金年存系数	年金现值系数	投资回收系数
	已知现值求将来值	已知将来值求现值	已知年金求将来值	已知将来值求年金	已知年金求现值	已知现值求年金
1	1.4500	0.6897	1.0000	1.0000	0.6897	1.4500
2	2.1025	0.4756	2.4500	0.4082	1.1653	0.8582
3	3.0486	0.3280	4.5525	0.2197	1.4933	0.6697
4	4.4205	0.2262	7.6011	0.1316	1.7195	0.5816
5	6.4097	0.1560	12.0216	0.0832	1.8755	0.5332
6	9.2941	0.1076	18.4314	0.0543	1.9831	0.5043
7	13.4765	0.0742	27.7255	0.0361	2.0573	0.4861
8	19.5409	0.0512	41.2020	0.0243	2.1085	0.4763
9	28.3343	0.0353	60.7428	0.0165	2.1438	0.4665
10	41.0847	0.0243	89.0771	0.0112	2.1681	0.4612
11	59.5728	0.0168	130.1619	0.0077	2.1849	0.4577
12	86.3806	0.0116	189.7347	0.0053	2.1965	0.4553
13	125.2519	0.0080	276.1153	0.0036	2.2045	0.4536
14	181.6153	0.0055	401.3672	0.0025	2.2100	0.4525
15	263.3421	0.0038	582.9825	0.0017	2.2138	0.4517
16	381.8461	0.0026	846.3246	0.0012	2.2164	0.4512
17	553.6768	0.0018	1 228.1710	0.0008	2.2182	0.4508
18	802.8315	0.0012	1 781.8480	0.0006	2.2195	0.4506
19	1 164.1060	0.0009	2 584.6800	0.0004	2.2203	0.4504
20	1 687.9530	0.0006	3 748.7850	0.0003	2.2209	0.4503
21	2 447.5320	0.0004	5 436.7390	0.0002	2.2213	0.4502
22	3 548.9220	0.0003	7 884.2720	0.0001	2.2216	0.4501
23	5 145.9370	0.0002	11 433.1900	0.0001	2.2218	0.4501
24	7 461.6090	0.0001	16 579.1300	0.0001	2.2219	0.4501
25	10 819.3300	0.0001	24 040.7400	0.0000	2.2220	0.4500
26	15 688.0400	0.0001	34 860.0800	0.0000	2.2221	0.4500
27	22 747.6500	0.0000	50 548.1200	0.0000	2.2221	0.4500
28	32 984.1000	0.0000	73 295.7700	0.0000	2.2221	0.4500
29	47 826.9400	0.0000	106 279.9000	0.0000	2.2221	0.4500
30	69 349.0700	0.0000	154 106.8000	0.0000	2.2221	0.4500

50% **复利系数表**

年限	整付复本利系数	整付现值系数	年金复本利系数	基金年存系数	年金现值系数	投资回收系数
	已知现值求将来值	已知将来值求现值	已知年金求将来值	已知将来值求年金	已知年金求现值	已知现值求年金
1	1.5000	0.6668	1.0000	1.0000	0.6667	1.5000
2	2.2500	0.4444	2.5000	0.4000	1.1111	0.9000
3	3.3750	0.2963	4.7500	0.2105	1.4074	0.7105
4	5.0625	0.1975	8.1250	0.1231	1.6049	0.6231
5	7.5938	0.1317	13.1875	0.0758	1.7366	0.5758
6	11.3906	0.0878	20.7813	0.0481	1.8244	0.5481
7	17.0859	0.0585	32.1719	0.0311	1.8829	0.5311
8	25.6289	0.0390	49.2578	0.0203	1.9220	0.5203
9	38.4434	0.0260	74.8867	0.0134	1.9480	0.5134
10	57.6650	0.0173	113.3301	0.0088	1.9653	0.5088
11	86.4976	0.0116	70.9951	0.0058	1.9769	0.5058
12	129.7463	0.0077	257.4927	0.0039	1.9846	0.5039
13	194.6195	0.0051	387.2390	0.0026	1.9897	0.5026
14	291.9293	0.0034	581.8585	0.0017	1.9931	0.5017
15	437.8939	0.0023	873.7878	0.0011	1.9954	0.5011
16	656.8408	0.0015	1 311.6820	0.0008	1.9970	0.5008
17	985.2612	0.0010	1 968.5230	0.0005	1.9980	0.5005
18	1 477.8920	0.0007	2 953.7840	0.0003	1.9986	0.5003
19	2 216.8380	0.0005	4 431.6760	0.0002	1.9991	0.5002
20	3 325.2570	0.0003	6 648.5130	0.0002	1.9994	0.5002
21	4 987.8850	0.0002	9 973.7690	0.0001	1.9996	0.5001
22	7 481.8280	0.0001	14 961.6600	0.0001	1.9997	0.5001
23	11 222.7400	0.0001	22 443.4800	0.0000	1.9998	0.5000
24	16 834.1100	0.0001	33 666.2200	0.0000	1.9999	0.5000
25	25 251.1700	0.0000	50 500.3400	0.0000	1.9999	0.5000
26	37 876.7500	0.0000	75 751.5000	0.0000	1.9999	0.5000
27	56 815.1300	0.0000	113 628.3000	0.0000	2.0000	0.5000
28	85 222.6900	0.0000	170 443.1000	0.0000	2.0000	0.5000
29	127 834.0000	0.0000	255 666.1000	0.0000	2.0000	0.5000
30	191 751.1000	0.0000	383 500.1000	0.0000	2.0000	0.5000